Stress Management
für Dummies

Stress Management für Dummies – Schummelseite

Die Stresssymptome-Skala

Beurteilen Sie, wie oft Sie jeden der unten aufgelisteten Punkte erlebt haben. Nehmen Sie als Zeitrahmen die letzten zwei Wochen. Verwenden Sie diese hilfreiche Beurteilungsskala:

0 = nie

1 = manchmal

2 = oft

3 = sehr oft

Erschöpfung oder Müdigkeit	_____	Übermäßiger Alkoholkonsum	_____
Herzklopfen	_____	Überessen	_____
Schneller Puls	_____	Übermäßiges Rauchen	_____
Verstärktes Schwitzen	_____	Übermäßiges Geldausgeben	_____
Schnelle Atmung	_____	Missbrauch von Drogen oder Medikamenten	_____
Schmerzender Nacken oder Schultern	_____	Gefühl der Verwirrung	_____
Rückenschmerzen	_____	Nervosität oder Ängstlichkeit	_____
Zähneknirschen oder -zusammenbeißen	_____	Erhöhte Gereiztheit	_____
Pickel oder Hautausschläge	_____	Sorgenvolle Gedanken	_____
Kopfschmerzen	_____	Ungeduld	_____
Kalte Hände oder Füße	_____	Gefühle der Depression	_____
Engegefühl in der Brust	_____	Fehlendes sexuelles Interesse	_____
Übelkeit	_____	Gefühl der Wut	_____
Durchfall oder Verstopfung	_____	Schlafstörungen	_____
Magenprobleme	_____	Vergesslichkeit	_____
Nägelkauen	_____	Rasende oder störende Gedanken	_____
Nervöse Zuckungen oder Ticks	_____	Gefühl der Rastlosigkeit	_____
Schwierigkeiten beim Schlucken oder trockener Mund	_____	Konzentrationsstörungen	_____
Erkältungen oder Grippe	_____	Weinanfälle	_____
Fehlende Energie	_____	Regelmäßige Abwesenheit vom Arbeitsplatz	_____
Gefühl der Hilflosigkeit oder Hoffnungslosigkeit	_____	Ihre Gesamtpunktzahl Stresssymptome	_____

Ihre Stressbeurteilung

Ihre Punktzahl	Ihr relatives Ergebnis
0 bis 19	niedriger als der Durchschnitt
20 bis 39	durchschnittlich
40 bis 49	etwas höher als der Durchschnitt
50 und höher	viel höher als der Durchschnitt

Stress Management für Dummies – Schummelseite

Nutzen Sie Ihre Vorstellungskraft, um mit Stress umzugehen

Wenn Sie diesen stressenden Gedanken oder das Bild durch etwas ersetzen können, das entspannend ist, werden Sie sich wahrscheinlich viel besser fühlen. So funktioniert es:

1. **Suchen Sie sich einen Ort, an dem Sie für einige Minuten nicht gestört werden und machen Sie es sich bequem, entweder auf Ihrem Lieblingsstuhl oder legen Sie sich hin.**

2. **Denken Sie an ein Bild – einen Ort, eine Szene, eine Erinnerung –, das Sie entspannt.**

   Benutzen Sie all Ihre Sinne, um diese Szene zum Leben zu erwecken. Fragen Sie sich: Was sehe ich? Was kann ich hören? Was kann ich riechen? Was kann ich fühlen?

3. **Lassen Sie sich komplett von Ihrem Bild einnehmen und entspannen Sie sich vollkommen.**

Versuchen Sie die Progressive Entspannung

Die folgende Technik ist höchst effektiv und hat sich als ein wertvolles Werkzeug erwiesen, wenn es um schnelle Reduzierung von Muskelspannungen und die Förderung von Entspannung geht.

1. **Legen oder setzen Sie sich so bequem wie möglich hin und schließen Sie Ihre Augen.**

   Suchen Sie sich einen ruhigen Ort mit gedämpftem Licht, der Ihnen zumindest für eine Weile etwas Privatsphäre gibt.

2. **Spannen Sie die Muskeln eines bestimmten Körperteils an.**

   Beginnen Sie zu Übungszwecken damit, Ihre rechte Hand und Ihren rechten Arm anzuspannen. Machen Sie zunächst einfach eine Faust. Während Sie Ihre Hand zur Faust ballen, achten Sie auf die Anspannung und Anstrengung in Ihrer Hand und Ihrem Unterarm. Ohne diese Anspannung zu lösen, beugen Sie Ihren rechten Arm und spannen Sie Ihren Bizeps an, so als wollten Sie einige Kids im Schulhof mit Ihren Muskeln beeindrucken.

   Strengen Sie sich bei diesen Übungen zur Muskelspannung nicht an, übertreiben Sie nicht. Wenn Sie eine Muskelgruppe anspannen, tun Sie dies nicht mit voller Kraft. Spannen Sie etwa bis zu ¾ Ihrer Leistung an. Wenn Sie Schmerzen bemerken, lockern Sie die Spannung etwas, und wenn es Ihnen immer noch weh tut, verschieben Sie die Übung auf ein anderes Mal.

3. **Halten Sie die Anspannung in dem Körperteil etwa sieben Sekunden lang.**

4. **Lassen Sie die Spannung relativ schnell los, so dass Ihre Muskeln schlaff werden.**

   Achten Sie auf den Unterschied in der Art, wie sich Ihre Hand und Ihr Arm anfühlen. Spüren Sie, wie es sich anfühlt, wenn Sie Ihre Muskeln anspannen und entspannen. Lassen Sie das Gefühl der Entspannung etwa 30 Sekunden lang tiefer werden.

5. **Wiederholen Sie die Schritte 1 bis 4 für die gleiche Muskelgruppe.**

6. **Fahren Sie mit einer anderen Muskelgruppe fort.**

   Wiederholen Sie einfach die Schritte 1 bis 4, jedesmal für eine andere Muskelgruppe. Fahren Sie mit Ihrer linken Hand und Ihrem linken Arm fort und arbeiten Sie sich dann durch die anderen wichtigen Muskelgruppen.

Allen Elkin

Stress Management für Dummies

Für ein stressfreies Leben

Übersetzung aus dem
Amerikanischen von
Marion Thomas

mitp

Die Deutsche Bibliothek – CIP-Einheitsaufnahme:

Elkin, Allen:
Stress Management für Dummies / Allen Elkin. Übers. aus dem Amerikan. von Marion Thomas. - Bonn : MITP-Verlag, 2000
Einheitssacht.: Stress Management For Dummies <dt.>
ISBN 3-8266-2882-9

ISBN 3-8266-2882-9
1. Auflage 2000

Übersetzung der amerikanischen Originalausgabe:
Allen Elkin: Stress Management For Dummies

Printed in Germany

Ein Unternehmen der verlag moderne industrie AG & Co. KG, Landsberg

Lektorat: Sabine Müthing
Korrektorat: Johanna Schmitz
Druck: Media-Print, Paderborn
Umschlaggestaltung: Sylvia Eifinger, Bornheim
Satz und Layout: Lieselotte und Conrad Neumann, München

Inhaltsverzeichnis

Teil III
Stressmanagement für Fortgeschrittene 157

Kapitel 9
Das Geheimnis Stress widerstehenden Denkens 159

Kapitel 10
Ihre Wut bezwingen 175

Einführung

Fast jeder hat das Gefühl, zu viel Stress in seinem Leben zu haben. Tag für Tag höre ich Menschen, die sich darüber beschweren, dass Stress sie belastet, ihnen die Lebensfreude schmälert und die Zufriedenheit nimmt. Und das gilt nicht nur für die Menschen, die in mein Büro oder zu einem meiner Workshops über Stressmanagement kommen – Stress scheint überall zu sein. Werfen Sie mal einen Blick in das Zeitschriftenregal Ihres Supermarkts. Sie werden wahrscheinlich einige Titelstories über Stress sehen, die Sie vor den Gefahren von Stress warnen und Ihnen raten, was Sie tun sollen. Heutzutage melden sich immer mehr Menschen für Workshops über Stressmanagement an, belegen Yoga-Kurse und lernen, wie sie meditieren, ihren Körper massieren und ihren Geist zur Ruhe bringen können.

Vielleicht haben Sie erwartet, dass Sie mit der Jahrtausendwende weniger Stress in Ihrem Leben haben würden. Mit all der Technologie, die Ihnen Zeit und Mühen spart, sollte Ihr Leben heutzutage rundherum angenehm sein – ein langer stressfreier Urlaub. Es ist klar, dass dies nicht der Fall ist – für niemanden.

Der Stress in Ihrem Leben ist mehr geworden, nicht weniger. Ihr Stress kann viele Formen annehmen: zu viel Druck im Beruf, finanzielle Sorgen, zu wenig Zeit für sich selbst oder die Anforderungen, die damit einher gehen, eine Familie zu haben oder Teil einer solchen zu sein. Vielleicht erleben Sie ganz spezielle Formen von Stress – Krankheit, Arbeitslosigkeit, ein neues Baby oder ein neuer Kredit für den Hausbau. Was auch immer Ihren Stress hervorruft, es wäre hilfreich, einen Helfer zu haben, oder? Leider gibt es weder eine Gebrauchsanweisung noch ein Benutzerhandbuch für das Leben. Sie müssen Ihre eigene Form der Hilfe finden.

»Don't worry, be happy!«

Vor Jahren gab es einmal einen großen Hit, der uns riet, uns nicht zu sorgen, sondern glücklich zu sein. Wenn es doch nur so einfach wäre! Wenn ein kleiner, weiser Rat Sie auf den rechten Weg bringen und Ihren Stress beseitigen könnte! Aber leider bringt ein kleiner Rat, egal wie weise er auch sein mag, nicht viel, wenn er zum Thema Stressmanagement kommt. Es bringt nichts, wenn Ihr Doktor, Partner oder bester Freund Ihnen sagt: »Entspann Dich. Nimm es nicht so schwer.« Der Rat kann gut gemeint sein und sich toll anhören, aber er reicht nicht aus.

Um den Stress in Ihrem Leben wirksam managen zu können, brauchen Sie die richtigen Werkzeuge zur Verminderung Ihres Stresses. Tatsächlich brauchen Sie einen ganzen Werkzeugkasten, der mit einer Reihe an Techniken, Strategien und Taktiken für das Stressmanagement gefüllt ist.

Stress: Aushalten oder Erleichtern

Stressmanagement für Dummies wurde geschrieben, um Ihnen diese Werkzeuge zu geben. Dieses Buch ist Ihr Helfer, der Ihnen bei der Navigation durch das oft verwirrende Angebot der Stressmanagement-Optionen und -Angebote hilft. Es gibt Ihnen die nötigen Grundlagen und Fähigkeiten, die Sie brauchen, um den Stress in Ihrem Leben wirksam zu managen und zu vermindern. Praktisch jeder wichtige Aspekt des Stressmanagements wird in diesem Buch dargestellt. Es hilft Ihnen zu verstehen, woher Stress kommt, wie er sich auf Sie auswirkt und, das Wichtigste, was Sie dagegen tun können. Es zeigt Ihnen, wie Sie Ihren Körper entspannen, Ihren Geist beruhigen und die Anspannung beseitigen können, die mit zu viel Stress einhergeht. Es zeigt Ihnen, wie Sie Ihre Wut kontrollieren, sich weniger Sorgen machen und einen Lebensstil entwickeln können, der Stress widersteht.

Ich habe auf diesen Seiten versucht sicherzustellen, dass Ihr Stressmanagement-Programm nicht noch zu dem Stress in Ihrem Leben beiträgt. Ich habe versucht, praktisch und realistisch zu sein, immer mit dem Gedanken im Hinterkopf, dass es für Sie vielleicht nicht möglich ist, zweimal täglich für jeweils 20 Minuten zu meditieren, ohne Ihren Job zu verlieren. Und obwohl ein Chauffeur, ein tolles Haus auf dem Land oder eine bei Ihnen lebende Haushälterin natürlich den Stress in Ihrem Leben vermindern kann, ist mir klar, dass diese Optionen für Sie möglicherweise nicht in Frage kommen (und für mich auch nicht!).

Es gibt keine einzelne Methode oder Technik, die Ihnen auf magische Art und Weise Ihren ganzen Stress nehmen kann. Und auch nicht jede Technik oder jeder Ansatz funktioniert für jeden Menschen gleich gut. Sie sollten ein Paket aus Methoden und Techniken zusammenschnüren, das Sie in die verschiedenen Aspekte Ihres Leben integrieren können. Dazu gehört, dass Sie sich Gedanken darüber machen, was Sie in Ihren Mund stecken und auf welcher Art von Stuhl Sie sitzen, wie viel Schlaf Sie bekommen und wie Sie Ihre sich überschlagenden Gedanken ausschalten. Wirksames Stressmanagement bedeutet gleichzeitig auch ein effektives Management Ihres Lebensstils. Darum finden Sie auf diesen Seiten viele Ansätze für ein mögliches Stressmanagement. Sie füllen Ihren Stress-Werkzeugkasten mit den Techniken in diesem Buch und nehmen dann das Werkzeug heraus, das Sie zu einem bestimmten Zeitpunkt brauchen.

Fünf gute Gründe, Ihren Stress zu managen

Falls Sie noch nicht davon überzeugt sind, dass Sie dieses Buch lesen sollten, schauen Sie sich an, was Sie gewinnen können, wenn Sie es tun:

- ✔ Bessere Gesundheit
- ✔ Ein wahrscheinlich längeres Leben
- ✔ Mehr Spaß
- ✔ Mehr Energie
- ✔ Ein Gesprächsthema für Ihre nächste Party

Wie Sie dieses Buch benutzen können

Zwar habe ich dieses Buch so geschrieben, dass Sie es von der ersten bis zur letzten Seite lesen können, aber Sie müssen dies nicht tun. Sie können bei jedem Teil beginnen, der Sie interessiert. Die meisten Themen stehen für sich allein und sind nicht von den anderen Kapiteln abhängig. Allerdings gibt es eine Abweichung davon. Die Kapitel, die Ihnen zeigen, wie Sie Ihren Körper entspannen und Ihren Geist beruhigen – Kapitel 4 und 5 – sind besonders wichtig, und einige andere Kapitel bauen darauf auf. Versuchen Sie, diese Kapitel möglichst vorher zu lesen.

Versuchen Sie nicht, das ganze Material auf einmal zu bewältigen. Oder auch nicht in zwei Durchgängen. Es braucht seine Zeit, bis Sie mit vielen der beschriebenen Übungen vertraut sind und sie beherrschen. Setzen Sie sich selbst nicht unter Druck. Schließlich hat die Entwicklung vieler Ihrer stressenden Gewohnheiten Jahre gedauert, also sollten Sie nicht erwarten, sie mit einem Schlag wieder loszuwerden. Nehmen Sie sich jeden Tag wenigstens etwas Zeit, die Sie irgendeinem Aspekt Ihres Stressmanagement-Programms widmen. Dies mögen nur einige Minuten sein, aber die Minuten summieren sich und können zu beeindruckenden Stressmanagement-Fähigkeiten führen.

Es wäre toll, wenn Sie jemanden finden könnten – einen Freud, ein Familienmitglied oder einen Kollegen –, dem Sie Ihre neu erworbenen Fähigkeiten präsentieren können. Die meisten Menschen lernen am besten, wenn sie jemand anderem etwas beibringen. Noch besser wäre es, wenn Sie jemanden finden könnten, der mit Ihnen zusammen an Ihrem Stressmanagement-Programm arbeitet. Ein Stresskollege kann Sie dabei unterstützen, Ihr Interesse und Ihre Motivation beizubehalten. Und der wichtigste Punkt: Sie sollten Ihre Beschäftigung mit diesem Buch als fortwährende Reise ansehen, die einige Zeit – und Mühen – braucht, aber sie lohnt sich. Viel Glück!

Wie dieses Buch aufgebaut ist

Das Buch ist folgendermaßen strukturiert:

Teil I: Stressmanagement – ohne Stress

Ich beginne das Buch mit einer Beschreibung darüber, was Stress ist und wie er Sie mental, physisch und emotional beeinträchtigen kann. Dann stelle ich verschiedene Techniken vor, die Ihnen ein grobes Maß dafür geben, wie viel Stress Sie eigentlich erleben.

Teil II: Die Grundlagen meistern

Was meine ich mit »Grundlagen«? Dieser Teil behandelt allgemeine Methoden, wie Sie mit Stress umgehen können. Ich zeige Ihnen, wie Sie die physischen Symptome von Stress behandeln, Ihren Geist beruhigen und mit alltäglichen Problemen umgehen können, die möglicherweise Stress hervorrufen: Vielleicht sind Sie nicht so organisiert, wie Sie es gerne wären, oder vielleicht nimmt Ihre Karriere zu viel von der Zeit in Anspruch, die Sie mit Ihrer Familie verbringen wollen, oder vielleicht ernähren Sie sich nicht richtig. Ich kann Ihnen helfen.

Teil III: Stressmanagement für Fortgeschrittene

Stellen Sie sich diesen Teil als vorbeugende Medizin vor. Hier finden Sie fortschrittliche Techniken, mit deren Hilfe Sie die Menge des Stresses in Ihrem Leben reduzieren können. Wenn Sie in potentiell stressenden Situationen nur kleine Veränderungen Ihrer Denkweise vornehmen, können Sie Stress tatsächlich reduzieren und vielleicht sogar vermeiden.

Teil IV: Stressmanagement in der Praxis

Dieser Teil unterstützt Sie dabei, alltägliche Gewohnheiten für Zuhause und im Beruf zu entwickeln, die Ihnen langfristig helfen, ein weniger stressiges Leben zu führen. So kann z.B. die einfache Aktion, eine Pause und einige Streckübungen zu machen, die Auswirkungen von Stress im Beruf wirklich reduzieren. Und haben Sie sich schon einmal klargemacht, dass Sie viel besser mit Stress umgehen können, wenn Sie mehr Dinge in Ihrem Leben tun, die Spaß machen – z.B. mit Freunden ausgehen oder Zeit für Ihr Hobby reservieren?

Teil V: Teil der Zehner

Dieser Teil beinhaltet einige kurze Top-Ten-Listen, wie z.B. die zehn Gewohnheiten erfolgreicher Stressmanager, die 10 stressigsten Berufe usw.

Icons in diesem Buch

Dieses Buch zeigt am Rand viele kleine runde Grafiken, die Ihre Aufmerksamkeit auf verschiedene Details im Text lenken. Die Icons haben folgende Bedeutung:

Ich benutze dieses Icon, um auf einen besonderen Punkt hinzuweisen, den Sie beachten sollten.

Wenn ich ein Konzept präsentiere, das Sie nicht vergessen sollten, benutze ich dieses Icon.

Wenn ich Ihnen eine kleine Warnung geben muss, sehen Sie dieses Icon.

Nach diesem Icon finden Sie eine spezielle Technik für den Umgang mit Stress.

An einigen Stellen im Buch fordere ich Sie auf, Ihre Situation selbst zu beurteilen – bestimmen Sie den Umfang des Stresses, den Sie erleben, untersuchen Sie, wie Sie in bestimmten Situationen reagieren usw. Ich benutze dieses Icon, wenn ich Ihnen ein solches Quiz präsentiere.

Hinter diesem Icon finden Sie Anekdoten und Triviales, das für Sie von Interesse ist.

Und wie geht es jetzt weiter?

Wie ich bereits erwähnt habe, müssen Sie dieses Buch nicht von Anfang bis Ende lesen, aber ich denke, dass Sie mehr davon profitieren, wenn Sie es tun. Oder Sie suchen im Inhaltsverzeichnis oder Index nach den Themen, die Sie besonders interessieren, und schlagen diese gleich auf. Wenn Sie z.B. gerade in diesem Moment etwas gegen Stress tun wollen, blättern Sie doch gleich zu den Kapiteln in Teil II.

Teil I

Stressmanagement – ohne Stress

»Okay, du warst deprimiert, weil du nicht gewonnen hast, aber hättest du dich nicht wenigstens genug über den zweiten Preis freuen können, um den Scheck über 100.000 Dollar mitzunehmen?«

In diesem Teil...

Ich beschreibe, was Stress ist und wie er Sie mental, physisch und emotional beeinträchtigen kann. Danach stelle ich verschiedene Techniken dar, mit deren Hilfe Sie eine ungefähre Vorstellung davon erhalten, wie viel Stress Sie eigentlich erleben.

Völlig gestresst? Willkommen im Club!

1

In diesem Kapitel

- Herausfinden, warum Sie in letzter Zeit mehr Stress empfinden
- Feststellen, woher der Stress kommt
- Verstehen, wie Stress sich auf Sie auswirkt
- Ein Blick auf die guten Arten von Stress

Fühlen Sie sich in letzer Zeit müder als früher? Geraten Sie schneller in Wut? Machen Sie sich vermehrt Sorgen? Genießen Sie das Leben weniger? Wenn Sie derzeit mehr Stress in Ihrem Leben verspüren als früher, sind Sie kein Einzelfall. Sie können sich in die Schlange der Übergestressten einreihen. Ihr Stress kann durch Ihren Beruf oder Ihr Privatleben ausgelöst werden, oder auch ganz einfach dadurch, dass Sie nicht genügend Zeit haben, all das zu tun, was Sie tun müssen – oder tun *wollen*. Sie könnten etwas Hilfe gebrauchen. Glücklicherweise können Sie eine ganze Menge Stress in Ihrem Leben vermeiden oder zumindest vermindern und den verbleibenden Stress managen. Dieses Kapitel hilft Ihnen dabei, den richtigen Weg einzuschlagen.

Haben Sie auch das Gefühl einer Stressepidemie?

Wahrscheinlich vergeht kein einziger Tag, an dem Sie nicht irgendwo das Wort *Stress* sehen oder hören. Werfen Sie einfach einen Blick in ein Zeitschriftenregal, und Sie werden mehrere Titelstories über Stress finden. In den meisten größeren Buchhandlungen ist ein ganzer Bereich für Bücher über Stress reserviert. Auch im Fernsehen oder Radio finden Sie regelmäßig Berichte über die negativen Auswirkungen von Stress auf Ihr Leben. Warum all dieser Wirbel? Gab es Stress nicht schon immer? Empfand nicht auch Adam Stress, als er mit kleinen Apfelstückchen zwischen den Zähnen in Flagranti ertappt wurde? Ist all das nur von den Medien aufgebauscht, oder empfinden die Menschen heute wirklich mehr Stress?

Eine gute Methode festzustellen, wie viel Stress die Menschen empfinden, besteht darin, sie nach dem Stress in ihrem Leben zu befragen. Hier sind einige Ergebnisse von aktuellen Umfragen und Studien, die genau das taten:

- ✔ Eine Studie von *U.S. News*/Bozell fand heraus, dass sieben von zehn Menschen an irgendeinem Punkt eines typischen Wochentages Stress empfanden. Innerhalb dieser Gruppe gaben 30 Prozent an, dass Sie viel Stress begegneten, und 40 Prozent sagten, dass sie an Wochentagen etwas Stress empfinden.
- ✔ In einer Umfrage der Zeitschrift *Prevention* gaben 54 Prozent der Befragten an, dass sie mehr Stress in ihrem Leben haben, als ihre Eltern es hatten.

- Die befragten Personen antworteten außerdem, dass sie im Durchschnitt fünfmal pro Monat in Wut geraten. Mehr als die Hälfte (56 Prozent) gaben an, dass Sie aufgrund von Stress etwas taten, das sie später bedauerten.
- Etwa 75 Prozent der Befragten gaben an, dass Stress sie davon abhielt, ihr Leben mehr zu genießen.

Es scheint, dass unser Leben tatsächlich gestresster geworden ist. Aber warum? Der nächste Abschnitt stellt einige Gründe dar.

Verstehen, woher all dieser Stress kommt

In seinem beliebten Buch *Future Shock* (1984 erstmals veröffentlicht) beobachtete Alvin Toffler, dass die Menschen immer dann mehr Stress empfanden, wenn sie viele Veränderungen in kurzer Zeit durchleben mussten. Wenn etwas unser Leben heute kennzeichnet, dann ist es eine extreme Zunahme der Veränderungen. Wir befinden uns in einem dauernden Zustand des Wandels. Wir haben weniger Kontrolle über unser Leben, wir leben mit größerer Unsicherheit, und wir fühlen uns oft bedroht und – manchmal – überlastet. Die folgenden Abschnitte erklären einige der häufigsten Ursachen von Stress in unserem Leben.

Sich bei der Arbeit kaputtmachen

Für die meisten Menschen sind Beruf und Karriere die größten Verursacher von Stress in ihrem Leben. Mörderische Arbeitszeiten, ein langer Fahrtweg, unrealistische Termine, ein höllischer Boss, Unternehmensrichtlinien, ätzende Mitarbeiter und anspruchsvolle Kunden – all das sind nur einige der vielen berufsbedingten Stressfaktoren, die Menschen heute erfahren. Die Arbeitsbelastung ist jetzt höher als sie es früher war, und damit steht immer weniger Zeit für Familie und den Rest Ihres Lebens zur Verfügung. Es gibt ein neues Wörterbuch der berufsbedingten Stressfaktoren: Arbeitskraftreduzierung, organisatorische Reformierung, Frührente. Wie auch immer es bezeichnet wird, die Auswirkung ist die gleiche: Unsicherheit, Unwissen und Angst. Die Menschen empfinden mehr Stress im Beruf als jemals zuvor, wie diese Ergebnisse illustrieren:

- Eine Gallup-Umfrage ergab, dass 90 Prozent der Befragten sich mindestens einmal pro Woche an ihrem Arbeitsplatz gestresst fühlten. 25 Prozent gaben an, bei der Arbeit *jeden Tag* gestresst zu sein.
- Der Prozentsatz der Angestellten, die ihre Arbeitslast als »übermäßig« bezeichneten, stieg von 37 Prozent im Jahr 1988 auf 44 Prozent im Jahr 1995 (WSJ-International Survey Research Corporation).
- Der Prozentsatz der Angestellten, die sich »regelmäßig darüber sorgen, entlassen zu werden«, stieg von 25 Prozent im Jahr 1991 auf 46 Prozent im Jahr 1995 (WSJ-International Survey Research Corporation).

All dies wirkt sich in vermehrt auftretenden Spannungskopfschmerzen, schmerzenden Nacken und Rücken und einem überwältigenden Gefühl von zu viel Stress in unserem Leben aus.

Ein Rezept für Stress

Der Forscher Robert Karasek und seine Kollegen an der University of Southern California haben festgelegt, was sie als Rezept für einen stressigen Arbeitsplatz ansehen:

1. **Finden Sie jemanden mit einem typischen Job.**
2. **Fügen Sie viel Leistungsdruck hinzu.**
3. **Fügen Sie fehlende Kontrolle über den Arbeitsprozess hinzu.**

   Das Resultat ist eine sehr gestresste Person.

Wenn Sie zu viel zu tun haben, von Ihnen verlangt wird, dass Sie alles fertig bekommen, und das Ganze kombiniert ist mit einem Fehlen von Angaben, wann und wie das passieren soll, haben Sie ein Rezept für Stress. Um sich ein Bild von einer Szene zu machen, die den schlimmsten Fall mit viel Druck und wenig Kontrolle darstellt, denken Sie zurück an diese Episode von *I love Lucy*, in der Lucy sich wild Schokolade in den Mund stopft, um mit einem unerbittlichen Fließband mitzuhalten. Sind Sie das an Ihrem Arbeitsplatz?

Sich wie eine Frau benehmen, wie ein Mann denken, wie ein Pferd arbeiten

Sind Sie eine Frau, erleben Sie möglicherweise noch mehr Stress in Ihrem Beruf. Trotz des ganzen Traras über die Rechte der Frauen und Gleichberechtigung, gibt es für Frauen im Beruf zusätzlichen Druck und Einschränkungen. Frauen verdienen häufig weniger und werden seltener befördert als ihre männlichen Gegenstücke, auch wenn sie besser qualifiziert sind. Hat eine Frau Kinder, wird ihre Karriere möglicherweise auf dem »Mama-Gleis« ausrangiert, ein Abstellgleis, das Fortschritte in der Karriere behindert.

Weiterer subtiler Druck geht vom vorherrschenden Rollenverständnis und dem Verhalten aus, das von Männern und Frauen erwartet wird. Männer und Frauen können ein ähnliches Verhalten an den Tag legen, das ihre Karrieren vorantreiben kann – konkurrenzfähig, aggressiv, selbstbewusst – aber eine doppelte Moral ist weit verbreitet. Kommt ein solches Verhalten von einer Frau, wird es oft als negativ betrachtet, als unweiblich und nicht angemessen. Kommt es dagegen von einem Mann, wird es als stark und kontrolliert angesehen.

Sexuelle Belästigung am Arbeitsplatz ist für Frauen keine geringe Ursache für Stress. Eine Frau kann sich in einer Situation wiederfinden, aus der es keinen Ausweg gibt. Es hilft weder, sich öffentlich zu beschweren noch den Missbrauch still zu ertragen. Beide Optionen können extremen Stress verursachen. Frauen, die einer Minderheit angehören, erfahren vielleicht noch mehr Stress. Einstellungs- und Beförderungsmethoden können versteckt oder auch nicht so versteckt diskriminierend sein. In Unternehmen, die Richtlinien zur Gleichberechtigung einsetzen, können Frauen Stress empfinden, der durch das Gefühl hervorgerufen wird, dass andere ihre Einstellung oder Beförderung als unfaire Gleichsetzungsmaßnahme sehen statt als legitimen Verdienst.

Der Stress zu Hause

Nachdem Sie Ihren Arbeitsplatz verlassen haben, stellen Sie möglicherweise fest, dass auch der Rest Ihres Lebens nicht gerade frei von Stress ist. Heute wird der Stress durch unser Leben zu Hause noch erhöht, durch unsere Beziehungen und dem Druck, alles andere, das noch zu tun bleibt, irgendwie unter einen Hut zu bringen.

Das Leben zu Hause ist von mehr Druck und Forderungen gekennzeichnet. Zwar haben wir jetzt Mikrowellen, Staubsauger und den Pizzaservice, aber die Mühen und der damit einhergehende Stress scheinen sich zu vermehren statt zu vermindern. Essen vorbereiten, Haus aufräumen, Wäsche waschen, Rechnungen bezahlen, Aufgaben erledigen, einkaufen, Rasen mähen, Garten pflegen, Auto pflegen und reparieren, Anrufe erledigen, Hausaufgaben überprüfen, Kinder chauffieren. All das muss erledigt werden, und das ist nur der Anfang. Habe ich den Hund erwähnt?

»Wenn mein Tag doch nur zwei Stunden mehr hätte!«

Dieses Stoßgebet ist ein oft gehörter Ausspruch. Der Stress, nicht genug Zeit zu haben, um alle notwendigen Dinge zu erledigen, ist enorm groß. Wir machen Überstunden zu Hause und in unserem Beruf. Das Ergebnis? Wir haben einfach nicht genug Zeit.

- ✔ Forschungen zeigen, dass amerikanische Frauen durchschnittlich 290 Stunden mehr im Jahr arbeiten als vor 30 Jahren. Das sind etwa sieben volle Wochen.
- ✔ Zwischen 1973 und 1993 ist die Anzahl der Männer, die 49 oder mehr Stunden arbeiten, von 23,9 auf 29,2 Prozent gestiegen, so das amerikanische *Bureau of Labor Statistics*.

Verändertes Familienbild

Ein bestimmtes Maß an Stress liegt darin begründet, wie sich das Familienleben über die Jahre geändert hat. Das stereotype Bild der Familie, in dem Papa zur Arbeit geht, während Mama zu Hause bleibt und sich um die Kinder kümmert, entspricht meistens auch nicht mehr annähernd dem, wie es wirklich aussieht. Es ist wahrscheinlicher, dass heute beide Elternteile arbeiten, und in einer wachsenden Anzahl von Familien sind nicht einmal beide Elternteile vorhanden. Fast die Hälfte aller Ehen enden mit der Scheidung. Die Anzahl der Ein-Eltern-Haushalte wächst. Familien sind heute oft auseinandergerissen, mit Verwandten, die in großer Entfernung leben. Zwar kann in manchen Fällen diese Situation weniger Stress bedeuten, aber oft führt dies zu einem stärkeren Gefühl der fehlenden Verbundenheit und Entfremdung.

Weniger Freizeit?

In ihrem interessanten Buch, *The Overworked American*, weist die Volkswirtschaftlerin Juliet Schor darauf hin, dass wir trotz all der Innovationen und modernen Apparate, die unser Leben einfacher machen könnten, immer noch in etwa die gleiche Zeit benötigen, um unsere Hausarbeit zu erledigen. Um 1910 verbrachte eine Vollzeithausfrau etwa 52 Stunden in der Woche mit Hausarbeit. Sechzig Jahre später, um 1970, war die Zahl in etwa gleich. Ja, einige Aktivitäten sind tatsächlich weniger zeitaufwendig geworden. Die Zubereitung des Essens nahm etwa 10 Stunden weniger Zeit pro Woche in Anspruch, aber dies wurde durch mehr Zeit für das Einkaufen und die Beschäftigung mit dem Haus und den Kindern ausgeglichen. Im Gegensatz zu allen vorhergesagten Erwartungen haben wir heute weniger Freizeit als vor 50 Jahren.

Die Arbeit einer Frau ist niemals getan

Fügen Sie den zusätzlichen Stress hinzu, der mit dem Leben als Mutter einhergeht, die eine Familie zu Hause zu versorgen hat, und Sie erhöhen das Maß an Stress. Frauen finden sich vielleicht in der nicht so ungewöhnlichen Situation wieder, dass sie sich mit den Problemen alternder und kränkelnder Eltern zusätzlich zu den Problemen mit den eigenen Kindern auseinandersetzen müssen. Es kann unglaublich erschöpfend sein, sich in dieser Klammer der Generationen, diesem »Stress-Sandwich«, zu befinden, sowohl physisch als auch emotional. Obwohl Männer oft Hilfe mit den Kindern und Älteren zusagen (und sie helfen tatsächlich mehr als ihre Väter oder Großväter), ist immer noch die Frau diejenige, welche die Hauptverantwortung für diese versorgenden Rollen übernimmt.

Eine vom *Family and Work Institute* durchgeführte Umfrage ergab, dass berufstätige Frauen, auch wenn sie einen Partner haben, immer noch den größten Teil der Einkäufe (87 Prozent), des Kochens (81 Prozent), des Putzens (78 Prozent) und der Rechnungszahlungen (63 Prozent) übernehmen. Wie ein altes Sprichwort sagt: »Vater schafft von früh bis nacht, Mutters Tat ist nie vollbracht«.

Die lieben Finanzen

Geld mag die Ursache des Bösen sein oder auch nicht, aber die Sorgen über Ihre Finanzlage ist sicher eine der Hauptursachen für Stress in Ihrem Leben. Tatsächlich ist das Fehlen von Geld das Problem. Wenn Sie am Ende des Monats Ihr Geld einteilen müssen (wenn Sie das tun), werden Sie daran erinnert, dass das Leben teuer ist. Sie denken daran, dass Ihre Eltern ihr Haus für ein Butterbrot gekauft haben, und realisieren jetzt, dass Sie es sich nicht leisten könnten, dieses Haus heute zu kaufen, wenn Sie es wollten. Der Baukredit, Sparen und Zahnklammern für die Kinder, Reisen, Steuern, Altersvorsorge – dies alles summiert sich. Und damit auch der Stress. Geld kann jedoch auch auf andere Weise Stress erzeugen, besonders für uns Männer. Viele Männer tendieren dazu, ihr Selbstwertgefühl an ihrem Verdienst zu messen. Ist unser finanzieller Wert gering, fühlen wir uns selbst gering. Und die Gesellschaft ist keine Hilfe. Andere Menschen messen Erfolg an Ihrer Brieftasche, und wenn Sie nicht das erreichen, was Ihnen vorschwebt, fühlen Sie sich vielleicht deprimiert, besorgt oder sogar wütend.

Neuen Stress anhäufen (Hinweis: Oma hatte keinen Pager)

Unser Leben ist auf eine Art und Weise stressig geworden, die wir uns vor zehn Jahren niemals hätten vorstellen können. Wer behauptet, dass es nichts Neues gibt, ist wahrscheinlich noch nie im Internet gesurft oder hat noch nie einen Laptop mit sich herumgetragen. Die Fortschritte der Technologie haben neuen Druck und neue Forderungen mit sich gebracht, kurz, neue Ursachen für Stress. Stellen Sie sich diese unwahrscheinliche Situation vor:

Sie haben die letzten 12 Jahre im Koma gelegen. Eines Tages wachen Sie plötzlich auf und nehmen den Bus vom Krankenhaus nach Hause. Sie werden schnell feststellen, dass sich das Leben geändert hat. Technologie regiert. Ihre vertraute Schreibmaschine ist jetzt völlig veraltet. Ihr Kassettenrecorder ist ein Witz. Ihr Telefon hat kein Kabel und passt perfekt in Ihre Hemdtasche. Genauso schnell wird Ihnen klar, dass Sie keine Ahnung haben, wie Sie all diese elektronischen Kinkerlitzchen bedienen. Sie können weder die Uhr an Ihrem Videorecorder einstellen, noch das Datum auf Ihrem Laptop ändern. Noch schlimmer, Sie können dieser Technologie nicht entkommen, weder zu Hause noch auf der Straße oder in Ihrem Auto. Sie können über Ihren Pager, Ihr Fax, Ihre E-Mail oder Voice-Mail ständig erreicht oder von irgendeinem Typen im Zug gestört werden, der laut und endlos über sein Handy mit seinem Buchhalter spricht. All diese Technologie fängt an, Sie etwas verrückt zu machen. Sie merken, dass Ihr Nachbar, der nie im Koma gelegen hat, auch nicht weiß, wie er die Uhrzeit an seinem Videorecorder einstellt, und ebenso gestresst ist wie Sie, weil er versucht, mit all diesen technologischen Änderungen Schritt zu halten.

Die Bedeutung von kleinen Ärgernissen (Oder, Kleinigkeiten summieren sich)

Wenn wir an Stress denken, denken wir normalerweise an die großen stressenden Ereignisse, die uns gelegentlich begegnen: Tod, Scheidung, finanzieller Ruin, eine ernsthafte Krankheit. Und dann sind da natürlich noch die so genannten moderaten Stresssituationen: die Brieftasche verlieren, eine Beule im Auto oder eine Erkältung. Und schließlich gibt es noch die kleineren Stressursachen: die Mini- und Mikrostresssituationen. Diese Art von Stress nennen wir *Ärgernisse*.

Hier sind nur einige Beispiele für Ärgernisse, denen wir Tag für Tag begegnen (eine komplette Liste wäre endlos):

- ✔ Lauter Verkehr
- ✔ Laute Nachbarn
- ✔ Unhöfliche Verkäufer
- ✔ Menschenmassen
- ✔ Telefonzellen, die nicht funktionieren

- ✔ Fahrradfahrer, die plötzlich aus dem Nichts auftauchen
- ✔ Lieferungen, die »irgendwann zwischen 9 und 17 Uhr« gemacht werden
- ✔ Warteschlangen
- ✔ Fehlende öffentliche Toiletten
- ✔ Pager, die während einer Theatervorstellung piepsen
- ✔ Handies in Restaurants oder öffentlichen Verkehrsmitteln

Ja, ich weiß, dass diese Dinge wirklich Kleinigkeiten sind. Aber Kleinigkeiten können sich summieren. Wir können mit einer, vielleicht zwei oder sogar drei dieser Kleinigkeiten auf einmal umgehen. Aber mit wachsender Zahl steigt auch unser Stresslevel. Wenn Sie einen genügend hohen Stresslevel erreicht haben, bemerken Sie, dass Sie beim nächsten Ärgernis, das Ihnen begegnet, überreagieren. Und das führt zu noch mehr Stress. Leider ist das Leben voller kleiner Ärgernisse. Das Witzige ist, dass wir gewöhnlich relativ gut mit den großen Problemen umgehen können. Die großen Stresssituationen im Leben – Tod, Krankheiten, Scheidung oder finanzielle Rückschläge – bringen irgendwie versteckte Kräfte in uns ans Tageslicht. Wir stellen uns jeder Herausforderung, erwecken unerkannte innere Kraft zum Leben und schaffen es irgendwie, damit umzugehen. Was uns schafft, sind die kleinen Dinge. Es sind die Kleinigkeiten – die kleinen Belästigungen, Frustrationen und Ärgernisse –, die letztendlich zu einem anhaltenden Gefühl von Stress führen. Die kleinen Ärgernisse des Lebens sind die tatsächliche Ursache unseres Stresses.

(Zu) große Erwartungen

Ich erinnere mich, wie ich vor vielen Jahren meinem Großvater erzählte, dass ich an meinem Arbeitsplatz nicht glücklich sei. Im Wesentlichen war seine Antwort: »Warum musst du es mögen, solange sie dir am Ende der Woche dein Gehalt geben?« Für ihn war Zufriedenheit im Beruf zwar nett, aber ganz klar ein Bonus. Heutzutage wollen wir und erwarten wir mehr. Wir erwarten einen hohen Grad an Zufriedenheit in unserem Beruf und unseren zwischenmenschlichen Beziehungen, und wir erwarten einen bestimmten Lebensstil, der zu all dem dazugehört. Kurz, wir erwarten ein Leben persönlichen Glücks und erreichter Ziele. Wir wollen alles – oder zumindest fast alles. Zwar mögen unsere Erwartungen verständlich sein, aber sie sind auch eine große Ursache für eine ganze Menge unseres Stresses.

Die Auswirkungen von Stress erkennen

Wenn Sie Stress erleben, und wahrscheinlich ist das der Fall, zahlen Sie in irgendeiner Art und Weise dafür. Werfen Sie einen Blick auf einige ernüchternde Statistiken, die in aktuellen Umfragen und Studien gesammelt wurden:

- ✔ Etwa 50 Prozent der Befragten gaben an, dass Stress sich auf ihre Gesundheit auswirke.
- ✔ 21 Prozent sagten, dass Stress ihre Freundschaften negativ beeinflusse.

- 19 Prozent gaben an, dass Stress ihre Ehen zerstöre.
- 15 Prozent sagten, dass Stress ihre Leistungen im Beruf beeinträchtige.
- Es wird geschätzt, dass Stress im Beruf der amerikanischen Industrie jährlich 200 bis 300 Milliarden Dollar in Form von Abwesenheit, fehlender Produktivität, Unfällen und Krankenversicherung kostet.

Diese Statistiken reichen aus, um *jeden* Stress empfinden zu lassen!

Ein Blick auf die Zeichen und Symptome von Stress

Die Zeichen und Symptome von Stress reichen von mild bis dramatisch – von einer einfachen Müdigkeit am Ende des Tages bis hin zum Herzanfall. Die ernsthafteren, durch Stress ausgelösten Probleme tauchen mit intensiven und langen Stressperioden auf. Auf diese Störungen und Krankheiten komme ich später in diesem Kapitel zurück. Hier sind einige der milderen, häufig erlebten Zeichen und Symptome von Stress. Viele davon werden Ihnen nur allzu bekannt sein.

Physische Zeichen von Stress:

- Müdigkeit, Abgeschlagenheit, Lethargie
- Herzklopfen, rasender Puls, schnelle, flache Atmung
- Muskelverspannungen und -schmerzen
- Schwächeanfälle, Zittern, Ticks, Zucken
- Sodbrennen, Verdauungsstörungen, Durchfall, Verstopfung, Nervosität
- trockener Mund und Rachen
- übermäßiges Schwitzen, feuchte Hände, kalte Hände und/oder Füße
- Hautstörungen, Nesselausschlag, Jucken
- Nägel kauen, Zappeligkeit, Haare drehen oder ziehen
- häufiges Urinieren
- weniger Lust auf Sex
- Überessen, Appetitlosigkeit
- Schlafschwierigkeiten
- Erhöhter Gebrauch von Alkohol und/oder Drogen und Medikamenten

Psychische Zeichen von Stress sind:

- Reizbarkeit, Ungeduld, Wut, Feindseligkeit
- Sorgen, Angst, Panik

- ✔ Launenhaftigkeit, Traurigkeit, Gefühl der zu großen Belastung
- ✔ störende und/oder rasende Gedanken
- ✔ Gedächtnislücken, Konzentrationsschwierigkeiten, fehlende Entscheidungskraft
- ✔ Häufige Abwesenheit am Arbeitsplatz, sinkende Produktivität
- ✔ Gefühl der Überforderung
- ✔ Fehlender Sinn für Humor

Das ist nur der Anfang. Lange und/oder intensive Phasen von Stress können ernsthaftere Auswirkungen haben.

Verstehen, wie Stress Sie krank machen kann

Forscher schätzen, dass 75 bis 90 Prozent aller Besuche bei Allgemeinärzten wegen Beschwerden und Zuständen stattfinden, die in irgendeiner Art und Weise mit Stress zusammenhängen. Jede Woche unterziehen sich 112 Millionen Menschen irgendeiner Form von Behandlung wegen stressbedingter Symptome. Diese Statistik ist mit Blick auf die vielfältigen physischen Veränderungen, die eine Stressreaktion begleiten, nicht weiter überraschend. Fast jedes körperliche System oder fast jeder Körperteil wird von Stress beeinträchtigt. Werfen Sie einen Blick auf Abbildung 1.1. Stress kann außerdem bei der Verschlimmerung der Symptome einer ganzen Reihe anderer Störungen und Krankheiten eine Rolle spielen. Die folgenden Abschnitte zeigen einige der Hauptwege, wie Stress Ihre Gesundheit und Ihr Wohlbefinden negativ beeinflussen kann.

Wie Stress auf die Nerven gehen kann (und Schmerzen verursachen kann)

Ihre Muskeln sind ein primäres Angriffsziel für Stress. Wenn Sie unter Stress stehen, ziehen sich Ihre Muskeln zusammen und spannen sich an. Diese Muskelspannung kann Ihre Nerven, Blutbahnen, Organe, Haut und Knochen beeinträchtigen. Chronisch verspannte Muskeln können eine ganze Reihe von Zuständen und Erkrankungen mit sich bringen, darunter Muskelzucken, -krämpfe, Schmerzen der Gesichts- oder Kinnmuskeln, Bruxismus (Zähneknirschen), Zittern und Schwächeanfälle. Viele Arten von Kopfschmerzen, Brustschmerzen und Rückenschmerzen sind unter den am weitesten verbreiteten Auswirkungen, die stressbedingte Muskelverspannungen hervorrufen.

Stress geht ans Herz

Stress kann eine Rolle spielen in Blutkreislauferkrankungen wie Herzkranzgefäßerkrankungen, Herzinfarkt oder Schlaganfällen. Diese Tatsache ist nicht verwunderlich, da Stress Ihren Blutdruck erhöhen, Ihre Blutgefäße verengen, Ihren Cholesterinspiegel erhöhen, Herzrhythmusstörungen auslösen und Ihre Blutgerinnungsrate erhöhen kann. Stress wird heute als einer der Hauptrisikofaktoren für Herzerkrankungen angesehen, gleichwertig mit Rauchen, Übergewicht und fehlender Bewegung. All dies bekommt eine sehr große Bedeutung, wenn Sie bedenken, dass mehr Männer über 50 und Frauen über 65 einem Herzleiden zum Opfer fallen als jeder anderen Krankheit.

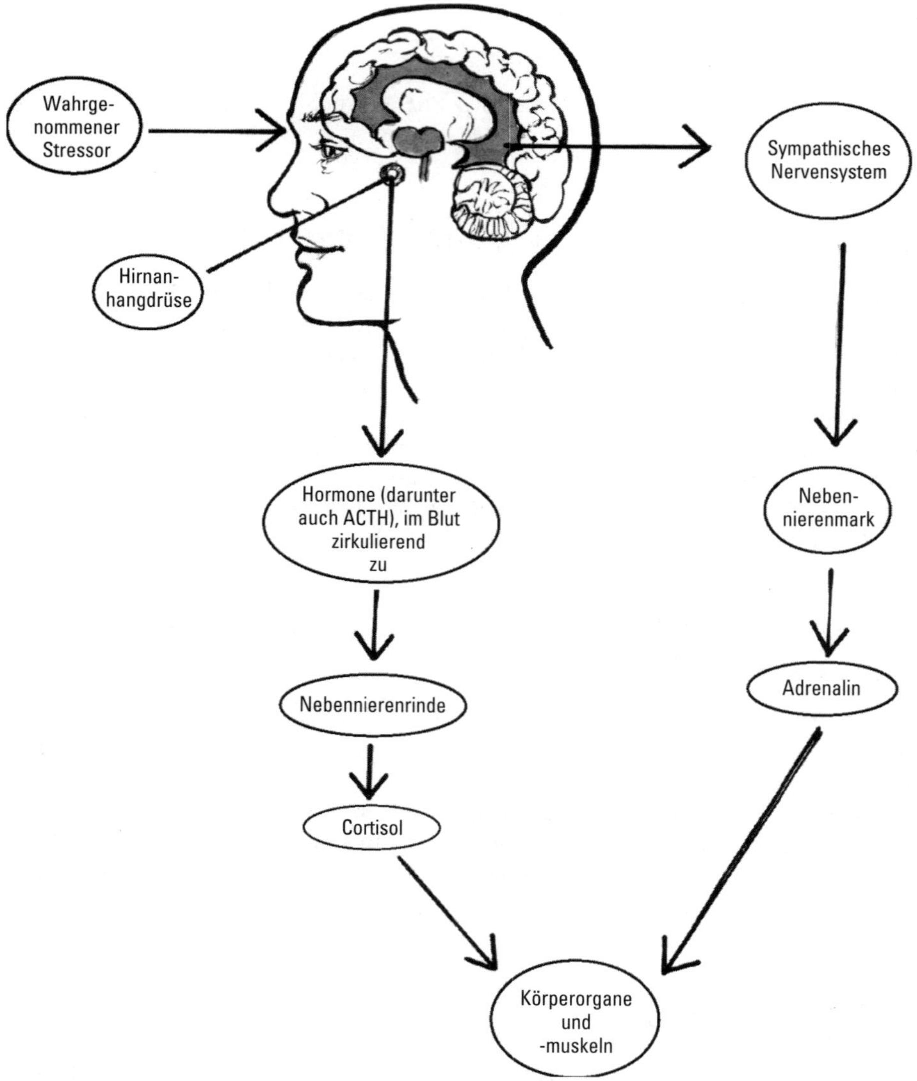

Abbildung 1.1: Wie Stress sich auf uns auswirken kann

Stress kann anstrengend sein

Eine Reihe von Studien hat gezeigt, dass Ihr Cholesterinspiegel steigt, wenn Sie unter Stress stehen. In einer jetzt klassischen Studie haben sich Forscher die Stresslevel von Buchhaltern vor und nach dem Monat April angesehen, eine bekannt umtriebige Zeit für Steuerbuchhalter. Sie haben sich außerdem die Cholesterinspiegel von Unternehmensbuchhaltern angesehen, die stressige Termine sowohl im April als auch im Januar haben.

Die Forscher fanden für beide Gruppen heraus, dass die Cholesterinspiegel vor den Abgabeterminen im April merklich stiegen und danach wieder abfielen. Sie erkannten einen zweiten Anstieg des Cholesterinspiegels für die Unternehmensbuchhalter, wenn sich ihr Januartermin näherte. Auch hier fielen die Lipidblutwerte nach dem Abgabetermin auf ihre normalen Werte zurück.

Unter der Gürtellinie

Haben Sie schon einmal bemerkt, dass Ihr Stress sich seinen Weg zu Ihrem Magen bahnt? Ihr Magen-Darm-System kann ein willkommenes Ziel für eine ganze Menge Stress in Ihrem Leben sein. Stress kann die Absonderung von Magensäure beeinflussen und den Prozess der Peristaltik (die rhythmische Kontraktion der Muskeln in Ihrem Darm) beschleunigen oder verlangsamen. Verstopfung, Durchfall, Gasbildung, Blähungen und Gewichtsverlust – all das kann stressbedingt sein. Stress kann an einer Reflux-Speiseröhrenentzündung beteiligt sein und auch bei der Verschlimmerung eines Reizkolons und der Kolitis eine Rolle spielen.

Stress kann Ihr Immunsystem beeinträchtigen

Etwa in den letzten zehn Jahren haben wachsende Beweise die Theorie unterstützt, dass Stress Ihr Immunsystem beeinträchtigt. Tatsächlich haben Forscher diesem neuen Forschungsfeld sogar einen Namen gegeben. Sie nennen es *Psycho-Neuro-Immunologie*. Ganz schön kompliziert! Forscher, die in dieses Feld gehen, studieren die Beziehung zwischen Stimmungen, emotionalen Zuständen, Hormonspiegeln und Änderungen im Nerven- und Immunsystem. Ohne mich in die Details zu verstricken, Stress – besonders chronischer Stress – kann Ihr Immunsystem beeinträchtigen und es weniger resistent gegen Bakterien und Viren werden lassen. Forschungen haben gezeigt, dass Stress möglicherweise bei der Verschlimmerung einer Reihe von Immunsystemstörungen eine Rolle spielt, z.B. HIV, AIDS, Herpes, Krebsgeschwulsten, viralen Infekten, Rheumatoidarthritis und bestimmten Allergien sowie anderen autoimmunen Zuständen. Einige aktuelle Studien scheinen dies zu bestätigen.

Wie steht es mit Stress und Geschwüren?

Einst als Vorzeigekrankheit für Stress betrachtet, haben Geschwüre in den letzten Jahren viel ihres stressbedingten Charakters verloren. Stress wird nicht länger als primäre Ursache für Geschwüre angesehen. Es scheint nun, dass ein Bakterium mit dem Namen Helicobacter pylori, oder kurz H. pylori, der Übeltäter ist.

Aber das letzte Wort in der Beziehung zwischen Stress und Geschwüren ist noch nicht gesagt. Aktuellere Überlegungen fragen nun, ob Stress eine Rolle spielt. Wir wissen, dass Stress Sekretionen im Magen beeinflussen kann, die Geschwüre hervorrufen können. Wir wissen auch, dass die Mehrheit der Menschen, die das H-pylori-Bakterium tragen, kein Geschwür entwickeln, und viele, die das Bakterium nicht tragen, trotzdem Geschwüre bekommen. Und natürlich gibt es die Gruppe der Forscher, die Stress mit Geschwüren verbunden hat. Die Bombardierung von London im zweiten Weltkrieg und das Erdbeben in Kobe, Japan, z.B. führten beide zu einem Ausbruch von Geschwüren. Bleiben Sie dran.

Holen Sie sich eine zweite Meinung

Alle Symptome, Krankheiten und Zustände, die ich in diesem Kapitel beschreibe, können durch eine ganze Reihe medizinischer Umstände hervorgerufen sein, nicht nur Stress. Und für viele der erwähnten Störungen und Krankheiten ist Stress vielleicht nicht die *direkte* Ursache des Zustands, aber Stress kann ihn verschlimmern. Wenn Sie sich über eins oder mehrere der Symptome Sorgen machen, konsultieren Sie Ihren Arzt. Er oder sie ist die beste Person, um Ihnen Rat und Hilfe zu geben.

Die nackten Tatsachen: Stress kann Sie schniefen lassen

In diesem wundervollen Musical *Guys and Dolls* lamentiert eine liebeskranke Adelaide darüber, dass »man eine Erkältung bekommen kann«, wenn das Leben mit Stress gefüllt ist. Es sieht so aus, als hätte sie Recht. Aktuelle Forschungen, die von Dr. Sheldon Cohen, einem Psychologen an der Carnegie Mellon University, durchgeführt wurden, haben ergeben, dass Stress Ihre Resistenz gegenüber Erkältungen wirklich mindert. Cohen und seine Mitarbeiter fanden heraus, dass, je höher eine Person auf der Stressskala punktete, desto wahrscheinlicher war es, dass sie eine Erkältung einfing, wenn sie einem Erkältungsvirus ausgesetzt wurde. Chronischer Stress, der über einen Monat oder länger anhält, führte mit höchster Wahrscheinlichkeit zu einer Erkältung. Viel Stress über mehr als einen Monat, aber weniger als sechs Monate, verdoppelte das Risiko einer Person, eine Erkältung zu bekommen, verglichen mit den Personen, die nur kurzfristig Stress erlebten. Stress, der mehr als zwei Jahre andauert, vervierfachte das Risiko fast. Die Studie fand auch heraus, dass Arbeitslosigkeit und Unterbeschäftigung oder zwischenmenschliche Schwierigkeiten mit Familienangehörigen oder Freunden die größten Auswirkungen hatten. Der exakte Mechanismus, wie Stress die Immunfunktionen schwächt, ist immer noch unklar. Braucht jemand Taschentücher?

»Nicht heute, Schatz. Ich habe (Stress)-Kopfschmerzen«

Kopfweh ist nur einer der vielen Wege, wie Stress Ihr Sexualleben beeinträchtigen kann. Stress kann Ihre sexuelle Leistung schwächen und Sie Ihrer Lust berauben. Wenn Sie sich gestresst fühlen, zählt es wahrscheinlich nicht zu Ihren Prioritäten, sich sexy zu fühlen. Gestörte sexuelle Leistungen können sich in Form von frühzeitiger Ejakulation, Störungen der Erektionsfähigkeit und anderen Schwierigkeiten, einen Orgasmus zu erreichen, auswirken. Die Ironie ist, dass Sex eine Methode sein kann, Stress zu *lindern*. Tatsächlich führt Stress für manche Leute zu *erhöhter* sexueller Aktivität.

Stress kann gut sein?

Nicht alle Nachrichten über Stress sind schlecht. Wie Hans Selye, der Forschungspionier im Bereich Stress, sagte: »Stress ist die Würze des Lebens«. Er nannte die gute Art von Stress *Eustress*, im Gegensatz zu *Disstress*, der schlechten Art von Stress. (Die Vorsilbe *Eu* stammt aus dem Griechischen und bedeutet *gut*.) Stress kann eine positive Kraft in Ihrem Leben sein. Ein spannendes Endspiel ansehen, Achterbahn fahren, ein interessantes Problem lösen, sich verlieben – all das kann Stress auslösen. Aber diese Art von Stress bringt uns Freude und Zufriedenheit in unserem Leben. Wir wollen *mehr* von dieser Art von Stress, nicht weniger.

Und auch viele der weniger angenehmen Unsicherheiten und Überraschungen im Leben können eine Quelle der Herausforderung oder aufregend und interessant sein. Änderungen und der Druck des modernen Lebens rufen nicht unbedingt die schlechte Art von Stress hervor. Der Unterschied liegt darin, wie Sie die potentiellen Stressfaktoren in Ihrem Leben sehen und wie Sie damit umgehen. Die gute Nachricht ist, dass es, mit ein wenig Hilfe in die richtige Richtung, einfacher ist, Ihren Stress zu managen, als Sie denken.

Aber ich blühe auf unter Stress

»Ich fühle mich am besten, wenn ich unter Druck stehe – ein enger Termin, eine große Krise. Dann fühle ich mich sehr lebendig, sehr vital.« Eine überraschend hohe Zahl von Leuten sagt, dass sie unter Stress aufblüht. Sie mögen es, herausgefordert zu werden, ihre Fähigkeiten auszuweiten und zu testen. Für diese Menschen ist es positiver Stress, der befriedigend und lohnend sein kann. Viele Menschen, die angeben, unter Stress aufzublühen, sind Workaholics. Sie fühlen sich gestresst, wenn sie nichts zu tun haben. Am Strand herumliegen, in einem Park sitzen – nun, *das* ist für sie Stress!

Es ist interessant, dass einige Forschungen davon ausgehen, dass ein Teil der zu Abhängigkeit führenden Eigenschaften von Stress mehr als einfach nur psychischer Art sein könnten. Es könnte sein, dass Menschen von der Adrenalinausscheidung süchtig werden, die während einer Stressreaktion vorkommt. Wie andere Suchterscheinungen, kann dieser Adrenalinstoß von einigen Leuten als angenehm empfunden werden. Dies könnte das Gefühl des »wirklich lebendig«-Seins erklären, das manche Leute fühlen, wenn sie sehr gestresst sind. Die meisten von uns aber könnten sehr gut ohne diesen Stoß leben, vielen Dank.

Stress erklärt (auf überraschend wenigen Seiten)

2

In diesem Kapitel

- Stress verstehen
- Ein Blick auf ein Stressmodell
- Die richtige Balance finden

Sie haben das Wort *Stress* schon tausendmal gehört. Aber wenn Sie es erklären sollten, kommen Sie vielleicht ins Stocken. Intuitiv wissen Sie, was Stress ist, aber es ist nicht leicht, Stress zu erklären. Dieses Kapitel hilft Ihnen, die Frage »Was genau ist Stress?« zu beantworten. Wenn Sie sich also beim nächsten Mal bei einem Abendessen wiederfinden und jemand fragt »Weiß hier eigentlich jemand, was Stress ist?«, werden Sie wissend grinsen, Ihre Hand heben und damit fortfahren, Ihre Tischnachbarn zu verblüffen und zu erfreuen.

Was ist Stress eigentlich?

Man könnte denken, dass es relativ einfach ist, Stress zu definieren. Aber diejenigen, die die meiste Zeit ihres Berufslebens damit verbracht haben, Stress zu studieren, haben immer noch Schwierigkeiten, den Begriff zu definieren. Wie ein Stressforscher geistreich bemerkte: »Stress zu definieren ist, als würden Sie versuchen, Pudding an die Wand zu nageln. Es ist schwierig zu tun!« Entgegen den Bemühungen im letzen halben Jahrhundert existiert keine zufriedenstellende Definition von Stress. *Stress* zu definieren ist so ähnlich wie *Glück* zu definieren. Jeder weiß, was es ist, aber niemand kann sich über eine Definition einigen.

»Entschuldigung, aber ich brauche wirklich eine Definition«

Vielleicht waren Sie eine dieser Personen, die ihre Aufsätze immer mit einer Definition aus dem Lexikon begannen (»Der Brockhaus definiert *Tragödie* als...«), und Sie müssen *immer noch* mit einer Definition beginnen. Okay, hier ist sie:

Stress ist, was Sie erleben, wenn Sie denken, dass Sie mit einer bedrohlichen Situation nicht richtig umgehen können.

Das bedeutet, dass Sie immer dann Stress fühlen, wenn Sie mit einem Ereignis oder einer Situation konfrontiert werden, das bzw. die Sie als herausfordernd für Ihre Bewältigungsfähigkeiten betrachten. Wenn Sie das Ereignis oder die Situation nur als wenig herausfordernd ansehen, werden Sie nur wenig Stress empfinden. Betrachten Sie die Situation jedoch als bedrohlich oder überwältigend für Ihre Bewältigungsfähigkeiten, werden Sie wahrscheinlich viel Stress empfinden. Wenn Sie also auf einen Bus warten müssen, während Sie alle Zeit der Welt haben, ruft dies nur wenig Stress hervor. Warten Sie aber auf den gleichen Bus und kommen zu spät zu einem Flugzeug, das ohne Sie starten wird, dann ruft das sehr viel mehr Stress hervor.

Der Unterschied zwischen den Anforderungen einer Situation und Ihrer Wahrnehmung dessen, wie gut Sie damit umgehen können, bestimmt, wie viel Stress Sie empfinden werden.

Die andere Definition von Stress

Vielleicht ziehen Sie die ironischere Definition vor, die oft in Büros zu sehen ist, meistens an eine Wand in den Toilettenräumen der Angestellten geklebt:

Stress wird ausgelöst, wenn Ihr Kopf das dringende Bedürfnis Ihres Körpers überstimmt, irgendeinem Idioten an die Gurgel zu gehen, der es wirklich verdient hat.

Bleiben Sie bei der ersten Definition.

Stress führt zu Stress?

Ein Teil des Problems, auf das wir bei der Definition von Stress treffen, lässt sich mit dem Wort *Verwirrung* beschreiben. Wir verwenden die Bezeichnung Stress, um die Sache oder den Umstand da draußen zu beschreiben, die oder der uns stresst (Stress = der Bus, der nie kommt, der Termin, der Stau, der plötzliche Lärm usw.). Und dann benutzen wir das gleiche Wort, um die physischen und/oder emotionalen Störungen zu beschreiben, die wir wegen dieser Situation fühlen (Stress = Sorgen, Kopfweh, Gereiztheit usw.). Also fühlen wir uns am Ende wegen des Stresses gestresst! Dies kann zu Verwirrung führen. Mein Ratschlag? Machen Sie sich darüber keine Gedanken. Dieses Kapitel hilft Ihnen zu verstehen, was Stress ist, auch wenn Sie keine Definition parat haben.

»Hups, entschuldigen Sie bitte mein Englisch!«

Es war ein in Österreich geborener Endokrinologe mit dem Namen Hans Selye, der das Stresskonzept als eine physiologische und emotionale Reaktion erfand. In den 30er Jahren traf Selye während seiner Arbeit mit Tieren in seinem Labor an der McGill University in Montreal auf die Stressreaktion. Selye machte viele Veröffentlichungen im Bereich Stress und wird heute als »Vater des Stress« angesehen.

Selye gab später zu, dass er dem, was er studierte, möglicherweise einen falschen Namen gegeben hat. Er lieh den Begriff aus dem Bereich der Physik und Technik aus, in dem die Konzepte von Druck (englisch *stress*) und Spannung (englisch *strain*) weithin gebräuchlich waren. Englisch war nicht seine Muttersprache. Er wählte den Begriff *Stress*, realisierte aber später, dass das Wort *Strain* angemessener gewesen wäre. Zu spät. Der Begriff ist hängen geblieben und bleibt uns erhalten.

Wo diese ganze Stresssache ihren Ursprung hat

Ob Sie es glauben oder nicht, Sie haben aus einem guten Grund Stress in Ihrem Leben. Um Ihnen zu zeigen, warum Stress eine nützliche, brauchbare Reaktion ist, müssen wir eine kleine Zeitreise in die Vergangenheit unternehmen.

Stellen Sie sich vor, Sie wären ein Höhlenmensch

Stellen Sie sich Folgendes vor: Sie sind Millionen von Jahren zurückgegangen zu der Zeit, als Männer und Frauen in Höhlen lebten. Sie stellen fest, dass Sie durch den Dschungel streifen, bekleidet mit einem Lendenschurz, mit einer Keule in Ihrer Hand. Ihr Tag war bisher Routine. Nichts als die üblichen Höhlenmachenschaften und die andauernden Probleme mit Ihren Schwiegereltern. Nichts, was Sie nicht handhaben können. Plötzlich sehen Sie während Ihres Spaziergangs einen Tiger. Dies ist kein gewöhnlicher Tiger, es ist ein Säbelzahntiger. Sie empfinden etwas, das als *Cannonsche Notfallreaktion* (*Kampf-oder-Flucht*-Reaktion) bezeichnet wird. Diese Reaktion trägt einen angemessenen Namen, da Sie genau dann realisieren, dass Sie eine Entscheidung treffen müssen. Sie können bleiben und kämpfen (das ist der Kampf-Teil) oder Sie können schnell wie der Wind rennen (der Flucht-Teil, und wahrscheinlich die intelligentere Lösung hier). Ihr Körper, bewaffnet mit dieser automatischen Stressreaktion, bereitet Sie auf beides vor. Sie sind bereit für alles. Sie stehen unter Strom.

Wie reagiert Ihr Körper?

Wenn Sie sich im Kampf-oder-Flucht-Modus befinden, schaltet Ihr physisches System in einen hohen Gang. Zunächst bemerken Sie, dass Sie Angst haben, sehr viel Angst. Sie bemerken außerdem, dass Sie viel schneller atmen, als Sie es normalerweise tun, und dass sich Ihre Hände kühl und mehr als ein bisschen feucht anfühlen. Aber das ist nur der Anfang. Wenn Sie sehen könnten, was unter der Oberfläche passiert, würden Sie noch einige andere Änderungen feststellen. Ihr sympathisches Nervensystem, einer der zwei Teile Ihres automatischen Nervensystems, produziert Veränderungen in Ihrem Körper. Ihr Hypothalamus, ein Teil Ihres Gehirns, aktiviert Ihre Hirnanhangdrüsen, kleine Drüsen in der Nähe Ihrer Gehirnbasis, die ein Hormon in den Blutkreislauf absondern. Dieses Hormon (es heißt ACTH oder adrenocorticotropes Hormon) erreicht Ihre Adrenaldrüsen, die wiederum mehr Adrenalin (auch bekannt als Epinephrin) und weitere Hormone mit dem Namen Glukokortikoide (Cortisol ist eins davon) produzieren. Diese Mischung biochemischer Veränderungen ist verantwortlich für eine Reihe anderer bemerkenswerter Veränderungen in Ihrem Körper. Dies sind die wichtigsten:

- ✔ Ihre Herzfrequenz wird schneller und Ihr Blutdruck steigt (es wird mehr Blut in Ihre Muskeln und Ihre Lunge gepumpt).
- ✔ Sie atmen schneller. Ihre Nasenlöcher flackern, was zu einer erhöhten Sauerstoffversorgung führt.
- ✔ Ihre Verdauung wird verlangsamt. (Wer hat jetzt schon Zeit zu essen?)

- Blut wird von Ihrer Haut und Ihren inneren Organen weg zu Ihrem Gehirn und Ihren Skelettmuskeln geleitet. Ihre Muskeln spannen sich an. Sie fühlen sich stärker. Sie sind bereit zu handeln.
- Ihr Blut gerinnt schneller, um bereit zu sein, Beschädigungen Ihrer Arterien zu reparieren.
- Ihre Pupillen erweitern sich, Sie können besser sehen.
- Ihre Leber wandelt Glykogen in Glukose um, die sich mit freien Fettsäuren verbindet, um Sie mit Kraft und schneller Energie zu versorgen. (Sie werden dies wahrscheinlich brauchen.)

Kurz, wenn Sie Stress empfinden, wird Ihr gesamter Körper einer Reihe dramatischer Änderungen unterzogen, die Sie auf einen lebensbedrohlichen Notfall vorbereiten. Stress hat ganz klar angemessenes Überlebenspotenzial. Vor langer, langer Zeit war Stress die natürliche Methode, Ihr Leben zu retten.

Stress kann Sie überführen

Wie ich in Kapitel 1 erwähnt habe, ist eine der Reaktionen Ihres Körpers auf eine bedrohliche Situation eine trockene Kehle. Im alten China wurde dieses Phänomen als Lügendetektor eingesetzt. Verdächtigen Kriminellen wurde der Mund mit gekochtem Reis gefüllt, und dann mussten sie Fragen beantworten. Es wurde angenommen, dass ein Schuldiger unter einem derart hohen Grad von Stress stehen würde, dass seine Kehle zu trocken wäre, um gleichzeitig schlucken und reden zu können. Haben Sie Milch?

Überleben im modernen Dschungel

Sie haben wahrscheinlich bemerkt, dass Sie nicht in einer Höhle leben. Und die Wahrscheinlichkeit, dass Sie einem Säbelzahntiger begegnen, ist sehr gering, insbesondere aufgrund der Tatsache, dass diese bereits ausgestorben sind. Aber diese unglaublich wichtige, lebensrettende Stressreaktion ist immer noch in Ihr System eingebaut. Und manchmal kann sie immer noch sehr nützlich sein. Wenn Sie auf einer Gleisstrecke picknicken und Sie einen Zug auf sich zurasen sehen, ist es gut, eine aggressive Stressreaktion zu erleben. Sie wollen sehr schnell da herauskommen.

Tatsache ist, dass wir in unserer modernen Gesellschaft normalerweise nur mit sehr wenigen lebensbedrohlichen Stresssituationen umgehen müssen. Leider wird die Kampf-oder-Flucht-Reaktion Ihres Körpers von einer ganzen Reihe von stressigen Ereignissen und Situationen hervorgerufen, die Sie *nicht* umbringen werden. Die physischen Gefahren wurden durch soziale oder psychologische Stressoren ersetzt, die einer vollständigen Kampf-oder-Flucht-Stressreaktion nicht angemessen sind. Ihr Körper weiß dies jedoch nicht und reagiert in der Art und Weise, wie er es getan hat, als Ihre Vorfahren in Gefahr waren.

Panik auf dem Podium

Stellen Sie sich folgendes modernes Szenario vor: Sie stehen in einem Auditorium vor mehreren hundert platzierten Leuten. Sie sollen eine Präsentation geben, die für Ihre Karriere wichtig ist. Plötzlich merken Sie, dass Sie einige Seiten Ihres vorbereiteten Materials auf Ihrem Nachttisch zu Hause vergessen haben. Während Ihnen klar wird, dass dies kein schlechter Traum ist, über den Sie später lachen werden, beginnen Sie, einige physische und emotionale Veränderungen zu bemerken. Ihre Hände werden kalt und feucht. Ihre Muskeln verspannen sich, und Sie bemerken ein leichtes Zittern, als Sie hoffnungslos nach den fehlenden Seiten suchen. Ihr Magen fühlt sich ein bisschen empfindlich an, und Sie bemerken ein Gefühl, das Sie definitiv als Angst bezeichnen würden. Sie haben Kapitel 1 gelesen, also wissen Sie, dass Sie eine Stressreaktion erleben. Sie erkennen außerdem, dass Sie die gleiche Kampf-oder-Flucht-Reaktion durchmachen, die Ihre Vorfahren in ihren Höhlen erlebt haben. Der Unterschied besteht darin, dass Sie wahrscheinlich dort auf dem Podium nicht sterben werden, auch wenn es sich so anfühlt.

Im heutigen modernen Dschungel sind Situation wie eine Präsentation geben, im Stau stecken bleiben, sich mit einem verärgerten Kunden konfrontieren, einem wütenden Ehepartner gegenüberstehen oder der Versuch, einen unrealistischen Termin einzuhalten, die Situationen, die Sie stressen. Diese bei weitem weniger bedrohlichen Stressoren rufen jetzt die gleiche intensive Stressreaktion hervor. Das ist zu viel. Ihr Körper reagiert jetzt nicht nur, er *reagiert über*. Und *das* ist definitiv nicht gut.

Es ist, als würden Sie ein Auto mit dem Fuß auf der Bremse fahren.

Die wiederholte Auslösung dieser Kampf-oder-Flucht-Reaktion kann Sie auslaugen. Die Stressreaktion sollte am besten in kurzen Ausbrüchen kommen – zuschlagen und dann rennen, oder vielleicht nur rennen – nicht als der anhaltende und chronische Stress, mit dem wir heute routinemäßig umgehen.

Ich kann mich daran erinnern, wie ich als Kind mit meiner Mutter im Auto fuhr. Sie hatte die übervorsichtige Angewohnheit, mit ihrem rechten Fuß auf dem Gaspedal und ihrem linken Fuß auf der Bremse zu fahren. Abgesehen davon, dass es eine unglaublich ruckweise Fahrt war, bin ich sicher, dass die Bremsen des Autos öfter repariert werden mussten. Sie nutzte sie ab. Stress kann auf Sie eine ähnlich abnutzende und zerstörerische Auswirkung haben. Zu viel Stress tagein, tagaus, hat seinen Preis.

Stress verstehen ist so einfach wie das ABC

Am leichtesten können Sie Stress verstehen, wenn Sie sich ein Modell von emotionalem Disstress ansehen, das der Psychologe Albert Ellis ausgearbeitet hat. Er nennt sein Modell das ABC-Modell, und es ist so einfach, wie es sich anhört:

A→B→C, d.h.

- ✔ A steht für *Activating Event*, also den auslösenden Moment oder die potentiell stressende Situation.
- ✔ B steht für Beliefs, also Ihre Annahmen, Gedanken oder Wahrnehmungen über A.
- ✔ C steht für *Emotional Consequence*, also die emotionale Konsequenz oder der Stress, der aus diesen Annahmen resultiert.

Mit anderen Worten:

Eine potentiell stressende Situation→Ihre Wahrnehmung→Ihr Stress (oder Fehlen von Stress)

Ein Beispiel, bitte

Denken Sie an eine der weit verbreiteten Ursachen für Stress in unserem Leben: warten zu müssen. Das könnte das Warten in einer Schlange an der Supermarktkasse oder am Bankschalter sein oder auch das Warten auf den Bus, der schon vor 15 Minuten hätte da sein sollen. Das Warten ist Ihr Teil »A« der Formel. Nun, ob Sie Stress (Ihr »C«) wegen des Wartens empfinden, hängt davon ab, wie Sie die Situation wahrnehmen – von Ihren Gedanken, Ihrem Verhalten und Ihren Interpretationen. Das heißt, Ihr »C« hängt von Ihrem »B« ab.

Die Stresssequenz sieht ungefähr so aus:

A→B→C

Warten müssen→meine Gedanken über das Warten→potentieller Stress

Es ist der Gedanke, der zählt

Was in der Phase »B« passiert – Ihre Annahmen, Gedanken, Wahrnehmungen und Interpretationen – ist der kritische Punkt, der bestimmt, wie viel Stress Sie empfinden werden. Wenn Sie also in einer Warteschlange stehen und denken: »Ich halte das nicht aus! Ich hasse es zu warten! Warum können die das nicht besser machen? Ich hasse Schlangen! Ich hasse Schlangen! Ich hasse Schlangen!«, sind die Chancen groß, dass Sie sich selbst mehr als ein wenig Stress machen. Wenn Sie dagegen denken: »Perfekt. Jetzt habe ich endlich Zeit, diese faszinierenden Artikel über außerirdische Babies und Liz Taylors Gewichtsprobleme in dieser Zeitschrift zu lesen. Was für ein Glück!«, würden Sie sich viel weniger gestresst fühlen. Wann immer wir eine Situation oder ein Ereignis als überwältigend oder außerhalb unserer Kontrolle wahrnehmen, oder wann immer wir denken, dass wir nicht damit umgehen können, empfinden wir Stress.

Stressmanagement: Ein dreiteiliger Ansatz

Dieser dreiteilige Ansatz für den Umgang mit Stress bietet Ihnen ein nützliches Werkzeug, die vielen Methoden zu verstehen, mit denen Sie Ihren Stress managen und kontrollieren können. Sie haben drei Hauptoptionen, die in den folgenden Abschnitten grob skizziert sind.

Sie können Ihr »A« ändern

Ihr »A« zu ändern bedeutet, Ihre Umgebung zu ändern. Spinnen stressen Sie? Vermeiden Sie Begegnungen mit Spinnen. Der Verkehr stresst Sie? Fahren Sie früher von zu Hause weg. Hassen Sie enge Termine? Stellen Sie Ihr Projekt früher fertig.

Viele der Stressmanagement-Werkzeuge in diesem Buch sollen Ihnen dabei helfen, die Situationen zu ändern, die Ihren Stress hervorrufen. Aber was ist, wenn Sie das nicht können? Sie können Spinnen nicht vermeiden – sie arbeiten in der Schädlingsbekämpfung. Sie können nicht früher zu Ihrem Arbeitsplatz fahren. Sie können das Projekt nicht vor dem Abgabetermin fertigstellen. Dann müssen Sie *sich selbst* ändern.

Sie können Ihr »B« ändern

Auch wenn Sie die Situationen und Ereignisse, die Ihren Stress hervorrufen, nicht bedeutend ändern können, können Sie die Art und Weise ändern, wie Sie sie wahrnehmen. Ein wichtiger Unterpunkt der Stressmanagement-Fähigkeiten konzentriert sich darauf, die Art und Weise zu ändern, in der Sie die Welt sehen. Sie werden sehen, dass viel, wenn nicht das meiste Ihres Stressempfindens selbst erzeugt ist, und Sie können lernen, die Dinge anders zu sehen.

Sie können Ihr »C« ändern

Auch wenn Sie die Situation und die Art und Weise, wie Sie die Situation sehen, nicht ändern können, können Sie Ihren Stress immer noch managen, indem Sie andere Fähigkeiten zur Perfektion bringen. Sie können lernen, wie Sie Ihren Körper entspannen und Ihren Geist beruhigen. Sie können die Geheimnisse lernen, wie Sie ruhig werden und Ihren Stress ausschalten.

Ihre Saiten spannen: Die richtige Balance finden

Stress ist ein Teil unseres Lebens. Niemand kann komplett ohne Stress durch das Leben gehen, und Sie würden dies auch nicht wollen. Sie wollen sicherlich den guten Stress und auch etwas von der Art von Stress, die dem Umgang mit den Herausforderungen und Enttäuschungen im Leben innewohnt. Was Sie nicht wollen, ist zu viel Stress in Ihrem Leben oder zu wenig Stress. Zu viel (oder zu lange anhaltender) Stress kann eine negative Kraft werden und kann Ihnen die Freude am Leben verderben. Zu wenig Stress heißt, Sie verpassen etwas, riskieren zu wenig, leben zu sicher. Die richtige Menge von Stress in Ihrem Leben zu finden ist wie die richtige Spannung einer Geigensaite: Zu viel Spannung und die Saite reißt. Zu wenig Spannung und es gibt keine Musik.

Sie wollen die Musik hören, ohne die Saiten reißen zu lassen.

Erste Schritte

3

In diesem Kapitel

- Ihren Stress messen
- Ihre Startwerkzeuge
- Hindernisse vermeiden

Ein chinesisches Sprichwort erinnert uns: »Eine Reise von tausend Meilen muss mit einem einzigen Schritt beginnen«. Sie sind diesen ersten Schritt gegangen, indem Sie dieses Buch lesen. So weit, so gut. Aber da ist noch mehr. Der Autor des Sprichworts hätte vielleicht hinzufügen sollen, dass der erste Schritt Sie in die richtige Richtung führen sollte. Bei jeder langen Reise sollten Sie eine relativ gute Vorstellung davon haben, wohin Sie gehen wollen, und sicherstellen, dass Sie die richtige Ausrüstung haben, um dorthin zu gelangen. Die gleiche Weisheit gilt, wenn Sie sich auf den Weg machen, Ihr eigener Stressmanager zu werden. Sie sollten mit der angemessen Ausrüstung beginnen – einem genauen Wegweiser, einem guten Kompass und der richtigen Einstellung (und vielleicht einem leichten Mittagessen). Dieses Kapitel gibt Ihnen diese Werkzeuge und lässt Sie auf dem richtigen Fuß starten.

Wie gestresst sind Sie eigentlich?

Wenn Sie Ihren Stress meistern wollen, besteht einer der allerersten Schritte sicherlich darin, zu wissen, wie gestresst Sie eigentlich sind. Möglicherweise denken Sie, dass das Messen von Stress eine relativ simple Sache ist. Tatsächlich ist das Messen Ihres Stresslevels aber ein kompliziertes Unternehmen. Ein Teil der Schwierigkeiten liegt in der umfangreichen Natur von Stress begründet. Stress ist sowohl ein Reiz als auch eine Reaktion. Er ist das, was auf Ihrem Teller liegt, und auch Ihre Reaktion auf das, was auf Ihrem Teller liegt. Stress erscheint in Form verschiedener biochemischer und physiologischer Veränderungen in Ihrem Körper. Es wäre schön, wenn man Sie mit einer Maschine verbinden und Ihren Stresslevel ebenso einfach messen könnte, wie Ihr Arzt Ihren Blutdruck oder Ihre Herzrate misst. Leider ist dies nicht der Fall. Aber es ist dennoch möglich, Ihren Stress zu messen. Im Folgenden stelle ich Ihnen einige relativ einfache Methoden vor, mit denen Sie die Zahl finden können, die Ihnen sagt, wie gestresst Sie eigentlich sind.

Die einfachste Methode, Ihren Stress zu messen

Seltsamerweise besteht eine der einfachsten Methoden zum Messen Ihres Stresses darin, sich selbst diese einfache Frage zu stellen:

»Wie viel Stress empfinde ich derzeit?«

In einer Zeit der computergesteuerten, digital überwachten High-Tech-Geräte und -Ausrüstungen mag Ihnen diese absolute Low-Tech-Methode für das Messen Ihres Stresslevels wie ein Witz vorkommen. Aber sie ist eine unglaublich nützliche Methode, Ihren Stresslevel einzuschätzen. Dieses subjektive Maß für Ihren Stress bietet einige Vorteile. Es misst die Aspekte, von denen Sie denken, dass Sie wirklich *Ihren* Stress reflektieren. Dies kann die Form von Angst, Ärger, Muskelverspannung oder eines anderen Symptoms Ihres Stresses annehmen. Dieses Maß ist auch sensibel für die Art und Weise, in der Ihr Stresslevel sich von Tag zu Tag oder sogar von einem Moment zum anderen ändern kann. Alles in allem ist es kein schlechtes Startmaß.

Benutzen Sie einen Stresspegel

Um Ihnen dabei zu helfen, Ihrem Stresslevel eine Zahl zu geben (und um diesem Ansatz den Anschein technologischer Moderne zu geben), schlage ich vor, dass Sie eine einfache 10-Punkte-Skala verwenden, die Ihnen ermöglicht, Ihren Stresslevel in einer quantitativeren Art zu kalibrieren.

10	
9	Ich fühle mich extrem gestresst.
8	
7	
6	Ich fühle mich mäßig gestresst.
5	
4	
3	
2	Ich fühle mich nur wenig gestresst.
1	
0	Ich fühle mich gar nicht gestresst.

Sie werden die Verwendung dieser Skala sehr schnell verstehen. Sie ist auch für andere Teile dieses Buches sehr praktisch.

Andere Wege, Ihren Stress zu messen

Um ein kompletteres Bild Ihres allgemeinen Stressbefindens zu erhalten, ist ein objektiveres Maß für Ihren Stresslevel sinnvoll. Es gibt Zeiten, in denen Sie Stress erleben, sich dessen aber nicht bewusst sind. Dann ist eventuell eine Fragebogenmethode angemessen. Nachfolgend finden Sie zwei solcher Methoden, die Ihnen zusammengenommen ein gültiges und zuverlässiges Maß für Ihren Stresslevel bieten. Wenn Sie gerade nicht in der Stimmung sind, Fragebögen auszufüllen, können Sie diesen Abschnitt jetzt überschlagen und später noch einmal hierher zurückkehren. Aber lassen Sie es nicht komplett aus. Diese Methoden sind sinnvoll, damit Sie Ihren Stress besser verstehen können. Wenn Sie sich diese Fragebögen von Zeit zu Zeit erneut vornehmen, können Ihre Punkte Ihnen außerdem mitteilen, wie gut Sie die verschiedenen Stressmanagement-Techniken und -Strategien in späteren Kapiteln meistern.

Die Stresssymptome-Skala

Dieser Index gibt Ihnen ein Maß für Ihren Stresslevel, indem Sie sich die Anzahl und die Bedeutung Ihrer stressbedingten Symptome und Verhaltensweisen ansehen. Um dieses Maß zu verwenden, beurteilen Sie einfach die Häufigkeit, mit der Sie jeden der Punkte unten erlebt haben. Nehmen Sie die letzten *zwei Wochen* als Ihren Zeitrahmen. Verwenden Sie diese hilfreiche Beurteilungsskala:

- ✔ 0 = nie
- ✔ 1 = manchmal
- ✔ 2 = oft
- ✔ 3 = sehr oft

Erschöpfung oder Müdigkeit	________
Herzklopfen	________
Schneller Pulsschlag	________
Verstärktes Schwitzen	________
Schnelle Atmung	________
Schmerzender Nacken oder Schultern	________
Rückenschmerzen	________
Zähneknirschen oder zusammenbeißen	________
Pickel oder Hautausschläge	________
Kopfschmerzen	________
Kalte Hände oder Füße	________
Engegefühl in der Brust	________
Übelkeit	________
Durchfall oder Verstopfung	________
Magenprobleme	________
Nägel kauen	________
Nervöse Zuckungen oder Ticks	________
Schwierigkeiten beim Schlucken oder trockener Mund	________
Erkältungen oder Grippe	________

Fehlende Energie	________
Überessen	________
Gefühl der Hilflosigkeit oder Hoffnungslosigkeit	________
Übermäßiger Alkoholkonsum	________
Übermäßiges Rauchen	________
Übermäßiges Geldausgeben	________
Missbrauch von Drogen oder Medikamenten	________
Gefühl der Belastung	________
Nervosität oder Ängstlichkeit	________
Erhöhte Gereiztheit	________
Sorgenvolle Gedanken	________
Ungeduld	________
Gefühle der Depression	________
Fehlendes sexuelles Interesse	________
Wut	________
Schlafstörungen	________
Vergesslichkeit	________
Rasende oder störende Gedanken	________
Gefühl der Rastlosigkeit	________
Konzentrationsstörungen	________
Weinanfälle	________
Regelmäßige Abwesenheit vom Arbeitsplatz	________
Ihre Gesamtpunktzahl Stresssymptome	________

Was Ihre Punktzahl für Stresssymptome bedeutet

Ihre Punkte werden mit den Punkten anderer verglichen, die diesen Fragebogen beantwortet haben. Je höher Ihre Punktzahl, desto mehr Stresssymptome stellen Sie fest. Eine höhere Häufigkeit und/oder Intensität von stressbedingten Symptomen und Verhaltensweisen ist generell mit einem höheren Stresslevel verbunden. Tabelle 3.1 hilft Ihnen, Ihren Stresslevel zu bestimmen:

Ihre Punktzahl	Ihr relatives Ergebnis
0 bis 19	niedriger als der Durchschnitt
20 bis 39	Durchschnitt
40 bis 49	etwas höher als der Durchschnitt
50 und höher	viel höher als der Durchschnitt

Tabelle 3.1: Ihren Stresslevel bestimmen

Viele der vorher aufgelisteten Symptome und Verhaltensweisen können das Resultat anderer Faktoren außer Stress sein. Viele physische Zustände und Störungen können die gleichen sein wie die, die unter Stressbedingungen zu sehen sind. Hält eines Ihrer Symptome an und/oder macht es Ihnen Sorgen, sollten Sie mit einem Arzt sprechen. Ihr Arzt ist am besten in der Lage, Ihnen zu sagen, was die Symptome bedeuten und was Sie dagegen tun sollten.

Wissen, woher Ihr Stress kommt

Diese Skala hilft Ihnen, nicht nur den Stress zu beurteilen, den Sie jetzt empfinden, sondern auch zu identifizieren, woher dieser Stress kommt. Punkte im Fragebogen sind u.a. umfassende Änderungen in Ihrem Leben, wichtige Probleme und Sorgen und Bedenken, die Sie derzeit beschäftigen. Benutzen Sie diese einfache Skala, um Ihnen zu helfen:

- ✔ k = kein Stress
- ✔ w = wenig Stress
- ✔ e = etwas Stress
- ✔ v = viel Stress

Konflikte oder Sorgen in Ihrer Ehe oder Beziehung	________
Bedenken oder Sorgen über Ihre Kinder	________
Bedenken oder Sorgen über Ihre Eltern	________
Druck von anderen Familienmitgliedern/Schwiegereltern	________
Tod eines geliebten Menschen	________
Gesundheitliche Probleme oder Sorgen	________
Finanzielle Sorgen	________
Bedenken in Bezug auf Beruf/Karriere	________
Langer oder schwerer Fahrtweg zum Arbeitsplatz	________
Aktuelle oder zukünftige Änderungen Ihrer Lebensumgebung	________
Bedenken über aktuelle Wohnung oder Nachbarschaft	________
Verantwortung für den Haushalt	________
Verbesserungen oder Reparaturen im Haushalt	________
Ausbalancieren der Anforderungen von Beruf und Familie	________
Beziehungen zu Freunden	________
Eingeschränkte persönliche Zeit	________
Bedenken über soziales Leben	________
Bedenken über Ihr Aussehen	________
Probleme mit Ihren persönlichen Eigenschaften oder Gewohnheiten	________

Langeweile	________
Gefühl der Einsamkeit	________
Gefühl des Älterwerdens	________

Beachten Sie, dass dieser Test nicht entwickelt wurde, um Ihnen ein quantitatives Maß Ihres allgemeinen Stresslevels zu geben. Er ist eher ein Werkzeug, mit dem Sie spezifische Stresssituationen in Ihrem Leben ausmachen und die Auswirkung beurteilen können, die diese derzeit auf Ihr Leben haben. Es ist ein Index dessen, was sich »auf Ihrem Teller« befindet.

Ihre Basiswerkzeuge sammeln

Dieser Abschnitt versorgt Sie mit einigen einfach zu benutzenden Stressmanagement-Werkzeugen, mit deren Hilfe Sie Ihre Stressmanagement-Fähigkeiten verstärken können. Einige dieser Werkzeuge sollen Sie dabei unterstützen, den anhaltenden Stress in Ihrem Leben zu überwachen und dessen Menge zu bestimmen. Andere helfen Ihnen dabei, Ihren Stress zu identifizieren und zu verstehen. All diese Werkzeuge erleichtern Ihnen die Anwendung der Stressmangement-Ansätze und -Techniken, die ich in späteren Kapiteln darstellen werde. Alle sind außerdem relativ einfach und schmerzlos und werden Ihrem stressreichen Leben definitiv nicht noch mehr Stress hinzufügen.

Ein einfaches Stresstagebuch führen

Eines der nützlicheren Dinge, die Sie in Ihrem Werkzeugkasten haben sollten, ist ein *Stresstagebuch*. Um Ihren Stress wirksam managen zu können, muss Ihnen bewusst werden, wann Sie sich gestresst fühlen, und Sie müssen die Ursachen für diesen Stress identifizieren können. Ein Stresstagebuch hilft Ihnen, genau dies zu tun. Ihr Tagebuch zeigt Ihnen sehr genau, wann Sie Stress empfunden haben, und stellt die Situationen oder Umstände heraus, die diesen Stress auslösten. Ihr Tagebuch agiert als Stichwort oder Aufforderung und erinnert Sie daran, dass Sie handeln und eines oder mehrere der Stressmanagement-Werkzeuge anwenden sollten, die Sie gemeistert haben. Wenn Sie langfristige Aufzeichnungen Ihrer Stresssituationen führen, sind Sie am besten in der Lage, ein umfassendes Stressmanagement-Programm aufzustellen, das die verschiedenen Stress reduzierenden Strategien und Taktiken vereint.

Wenn Sie ein Stresstagebuch führen, während Sie sich durch dieses Buch arbeiten, fällt es Ihnen leichter, Ihre Bemühungen zu konzentrieren und sich daran zu erinnern, dass Sie sich um Ihren Stress kümmern sollten. Auch nachdem Sie Ihr Stressmanagement-Programm beendet haben, sollten Sie Ihren Stress weiter auf einer weniger häufigen, aber dennoch kontinuierlichen Basis überwachen.

Gestalten Sie Ihr Tagebuch klein und kompakt genug, damit Sie es mit sich herumtragen können. Ich finde, dass ein kleiner Kalender gut geeignet ist, der für jeden Tag eine separate Seite hat. Sind Sie ein High-Tech-Fan, können Sie Ihr Stresstagebuch in Ihren Notebook oder Organizer einbauen. Die Form und das Format sind weniger wichtig als die Tatsache, das Sie es regelmäßig benutzen.

Tabelle 3.2 zeigt, wie ein Teil einer Seite in Ihrem Stresstagebuch aussehen könnte.

Zeit	Mein Stressauslöser (Bedeutung)	Meine Stressreaktion (Stresslevel)
7.45 h	Konnte meine Schlüssel nicht finden (2)	Verärgert, genervt (4)
9.30 h	U-Bahn blieb für 10 Minuten stehen (1)	Verärgert (3)
11.30 h	Hohe Kreditkartenabrechnung in der Post (4)	Verwirrt, besorgt (6)
12.30 h	Abgabetermin für Projekt erhalten	Besorgt und ängstlich (8)

Tabelle 3.2: Tag: Mittwoch, 5. November 1999

Wenn Sie sich nicht sicher sind, was die Begriffe *Bedeutung* und *Stresslevel* heißen, zerbrechen Sie sich nicht den Kopf. Sie werden gleich erklärt.

Finden Sie Ihre Stressbalance

Wenn Sie Ihre Stressbalance bestimmen, können Sie schnell herausfinden, ob Sie auf den Stress in Ihrem Leben überreagieren. Ihre Stressbalance zu kennen hilft Ihnen außerdem dabei, aus dem Lot geratene Perspektiven wieder zurecht zu rücken. Diese Technik ist unbezahlbar, und Sie können sie jederzeit und überall anwenden. Möglicherweise wird sie schnell zu Ihrem beliebtesten Werkzeug, um Ihren Stress zu managen und zu reduzieren. Und sie ist leicht zu benutzen. Folgen Sie einfach den Schritten in den nächsten drei Abschnitten.

Schritt 1: Beurteilen Sie Ihren Stresslevel

Beurteilen Sie zunächst die *Stressmenge*, die Sie in einer besonders stressigen Situation empfinden, über diese 10-Punkte-Skala:

10	
9	Ich war extrem gestresst.
8	
7	
6	Ich war mäßig gestresst.
5	
4	
3	
2	Ich war nur ein wenig gestresst.
1	
0	Ich war gar nicht gestresst.

Der Begriff *gestresst* bezieht sich hier auf jede der vielen Formen von Stress – Frustration, Verbitterung, Verwirrung, Gereiztheit, Sorgen, Ärger, Traurigkeit, Enttäuschung usw.

Schritt 2: Beurteilen Sie die relative Bedeutung der Stresssituation

Versuchen Sie immer, wenn Sie Stress empfinden, die Ursache Ihres Stresses zu identifizieren und beurteilen Sie ihre *relative Bedeutung* auf einer ähnlichen 10-Punkte-Skala.

10	
9	Sehr wichtig
8	
7	
6	Mäßig wichtig
5	
4	
3	
2	Wenig wichtig
1	
0	Gar nicht wichtig

Um das richtige Gefühl für die Skala zu bekommen, denken Sie an drei sehr bedeutende Stresssituationen in Ihrem Leben, die passiert sind oder passieren könnten. Diese werden mit 9 und 10 beurteilt und sind die wichtigen, lebensverändernden Ereignisse, die jeder befürchtet und die manchen Menschen Angst machen.

Wenn Sie Probleme haben, hier etwas zu finden, denken Sie an diese Möglichkeiten: der Tod eines geliebten Menschen, ein schwerwiegender finanzieller Verlust, eine lebensbedrohende Krankheit, Arbeitslosigkeit, chronische Schmerzen usw. Diese erhalten die Wichtigkeit 9 oder 10.

Schritt 3: Beurteilen Sie Ihre Stressbalance

Fragen Sie sich nun einfach: »Entspricht der Stress, den ich empfinde, der Bedeutung der Situation?«

Falls nicht, sind Sie aus der Balance geraten. Ihr Stresslevel ist nicht angemessen. Ich war aus dem Gleichgewicht geraten, als ich eine Level-3-Stressreaktion zeigte, weil ich einen Moment in einer stehengebliebenen U-Bahn (Wichtigkeit Level 1) warten musste. Ähnliche Beispiele für Überreaktionen sind der emotionale Ausbruch meines Sohns (Level 7), als er erfuhr, dass seine Lieblingshose in der Wäsche war, oder der große Ärger meines Nachbarn (von meinem Haus sah es aus wie Level 11), als er feststellte, dass seine Zeitung nicht da war. In jedem Fall empfanden die Menschen zu viel Stress relativ zur Bedeutung der Situationen. Diese Probleme, Situationen und Umstände verdienen diesen Grad von emotionalem Einsatz nicht. Wenn Sie wissen, dass Sie aus dem Gleichgewicht geraten sind, wissen Sie, dass Sie in einer Situation überreagieren. Ihr Stressknopf ist größer, als er sein müsste, und Sie machen sich selbst mehr Stress als nötig.

Testen Sie Ihre Stressbalance

Wie würden Sie die Bedeutung und Ihren geschätzten Stresslevel beurteilen, wenn Sie sich in den Situationen wiederfinden würden, die in Tabelle 3.3 dargestellt sind?

Situation	Bedeutung	Stresslevel
Fahrstuhl kaputt, sie müssen die Treppen nehmen.	________	________
Verkäufer bedient zuerst jemand anderen, obwohl Sie als Erster da waren.	________	________
Jemand schneidet auf der Autobahn Ihren Weg.	________	________
Ihr Kellner braucht ewig, um Sie zu bedienen.	________	________
Sie verpassen knapp Ihren Zug nach Hause, aber der nächste wird bald kommen.	________	________
Sie verlieren Ihren Hausschlüssel.	________	________

Tabelle 3.3: Ihre Stressbalance testen

Sie wissen, worauf ich hinaus will. Wenn Sie aus dem Gleichgewicht geraten sind, machen Sie sich wahrscheinlich mehr Stress als nötig. Die kommenden Kapitel zeigen Ihnen, wie Sie Ihr Gleichgewicht zurückgewinnen und Ihren Stresslevel reduzieren können.

Der Ein-Minuten-Körpercheck

Eine der besten Methoden, mit deren Hilfe Sie körperliche Verspannungen erkennen können, besteht darin, diese Spannung selbst zu erzeugen und zu sehen, wie sich das anfühlt. Probieren Sie diese einfache Übung für den Ein-Minuten-Körpercheck.

Schließen Sie Ihre Augen und prüfen Sie, ob Sie Muskelverspannungen in Ihrem Körper finden können. Fragen Sie sich selbst:

- ✔ Ist meine Stirn gerunzelt?
- ✔ Sind meine Augenbrauen zusammengezogen?
- ✔ Beiße ich die Zähne zusammen?
- ✔ Sind meine Lippen geschürzt?
- ✔ Ziehe ich meine Schultern hoch?

- Sind meine Arme angespannt?
- Sind meine Oberschenkel- und Wadenmuskeln angespannt?
- Sind meine Zehen eingerollt?
- Bemerke ich eine andere unbehagliche Stelle in meinen Körper?

Mit ein wenig Übung werden Sie in der Lage sein, Ihren Körper in weniger als einer Minute durchzuchecken und Ihre Verspannungen schnell zu finden. Versuchen Sie, einen Körpercheck drei- bis viermal täglich durchzuführen. Diese Übung eignet sich hervorragend, um Ihnen Ihren Stress bewusst zu machen und Sie dazu zu bewegen, etwas dagegen zu tun.

Der Ansatz mit den drei As

Vielleicht brauchen Sie für ein effektives Stressmanagement eine systematische Methode, über die Sie Ihren Stress ansehen und dann bestimmen können, was Sie zu seiner Reduzierung tun werden. Ich habe festgestellt, dass ein aus drei Schritten bestehender Ansatz, oder das, was ich als den Dreimal-A-Ansatz für Stressmanagement bezeichne, eine nützliche und einfache Methode ist, mit der Sie ein Programm zur Stressreduzierung planen können. Dieser Ansatz zeigt Ihnen, wo Sie anfangen sollen und was Sie danach tun können.

Hier ist die Bedeutung der drei As:

- **Awareness (Bewusstsein):** Sich bewusst werden, wie Ihr Stress aussieht und woher er kommt.
- **Analyse:** Der Prozess, die beste Methode oder Methoden zu bestimmen, um diesen Stress zu managen. Zu Ihren Optionen hier gehören die Änderung der Situation oder Umstände, sich selbst ändern – die Art und Weise, in der Sie auf einen bestimmten Stressauslöser reagieren – oder möglicherweise beides.
- **Aktion:** Was Sie gegen Ihren Stress tun. Ihre Aktion könnte darin bestehen, eine der vielen Entspannungsübungen durchzuführen, wirksamer zu delegieren, zu meditieren, auszuschlafen – oder eine andere der Methoden und Techniken zu benutzen, die in diesem Buch beschrieben werden.

Auf den folgenden Seiten lernen Sie, wie Sie all dies in die Tat umsetzen können. Die Kapitel in diesem Buch sollen Ihnen dabei helfen, Ihren Stress auf allen drei Ebenen zu reduzieren und zu managen. Sie werden ein Repertoire von Fähigkeiten, Strategien und Taktiken zusammenstellen. Ziel ist, Ihre Fähigkeiten so auszubauen, dass Sie den Stress in Ihrem Leben managen und kontrollieren können.

Hindernisse vermeiden

Wenn Sie sich an Ihren letzten Versuch erinnern, ein paar Kilo abzunehmen oder all den überflüssigen Krempel in Ihrem Haus auszumisten, erkennen Sie vielleicht, dass gute Vorsätze nicht immer Erfolg garantieren. Fast immer treffen Sie auf ein oder zwei Hindernisse. Aber wenn Sie sich potentieller Hindernisse auf Ihrem Weg bewusst sind und Methoden finden, wie Sie diese vermeiden können, ist ein Erreichen Ihres Ziels wahrscheinlicher.

Hier sind einige der weitverbreiteten Hindernisse und einige Methoden, die Ihnen dabei helfen, sie zu vermeiden.

- ✔ Ich habe keine Zeit.
- ✔ Ich bin zu beschäftigt.
- ✔ Ich muss zu viel lernen.
- ✔ Es ist zu viel Arbeit.
- ✔ Es ist einfach nicht mein Ding.
- ✔ Ich habe es einmal versucht, und es hat nicht funktioniert.

Jede dieser Rechtfertigungen enthält zumindest ein Körnchen Wahrheit. Aber jede kann auch als ein Hindernis agieren, das Sie verlangsamt oder daran hindert, das Beste aus Ihren Bemühungen in Hinsicht auf Stressmanagement zu machen. In den folgenden Abschnitten gebe ich Ihnen einige Ideen und Vorschläge, die hilfreich sind, um diese potentiellen Hindernisse zu umgehen.

Gehen Sie einen Schritt nach dem anderen

Das Erlernen jeder neuen Fähigkeit braucht Zeit. Der Trick ist, nicht alles auf einmal anzugehen, sondern sich für Ihre Lernphase Zeit zu lassen. Beginnen Sie langsam. Überfordern Sie sich nicht. Nehmen Sie sich jeden Tag 15 oder 20 Minuten Zeit und üben Sie eine der beschriebenen Methoden und Techniken. Das kann während Ihrer Kaffeepause, Mittagspause, am Abend nach der Arbeit oder morgens auf dem Weg zur Arbeit sein.

Menschen sind verschieden

Es gibt keine zwei Menschen, die exakt gleich sind. Eine Größe passt nur selten allen. Für eine Person mag das Bild der idealen Entspannung darin bestehen, in der Karibik am Strand zu liegen, mit einem spannenden Buch in der einen und einer Pina Colada in der anderen Hand. Jemand anderes mag bei dieser Vorstellung mit den Augen rollen und fragen: »Muss ich wirklich?« Seine oder ihre Vorstellung eines entspannenden Urlaubs mag darin bestehen, jedes geöffnete Museum zu besuchen. Einige Menschen sind Hasen, andere sind Schildkröten. Was für den einen funktioniert, funktioniert für den anderen noch lange nicht. Die Vorstellung, 20 Minuten lang zu meditieren, erfüllt Sie vielleicht nicht mit Vorfreude. Mentale Imagination ist vielleicht nicht Ihr Ding. Gut. Als generelle Regel gilt: Wenn Ihnen eine Technik oder Strategie nicht gefällt, werden Sie diese wahrscheinlich nicht benutzen und nicht zu einem Teil Ihres Lebens machen wollen. Sie sollten ein Paket der Werkzeuge zusammenstellen, die Ihrer Persönlichkeit und Ihrem Lebensstil entsprechen.

Versuchen Sie es

Einige der in diesem Buch dargestellten Ansätze fühlen sich etwas fremd an, und Sie fühlen sich nicht sofort wohl damit. Aber nachdem Sie sich daran gewöhnt haben, sind diese Techniken vielleicht genau die, die Sie später regelmäßig benutzen werden. Vielleicht denken Sie z.B., dass die Atemübungen nicht »Ihr Ding« sind. Aber möglicherweise werden Sie angenehm überrascht sein, wenn Sie feststellen, dass sie wundervoll beruhigend und entspannend sind. Als ich vor vielen Jahren damit begann, die verschiedenen Stressmethoden zu untersuchen, konnte ich mich für Meditation als Entspannungsübung nur wenig begeistern. Jetzt schwöre ich darauf. Hey, Sie wissen nie. Seien Sie offen. Sie sollten alles zumindest probieren.

Übung macht den Meister

Die meisten der Methoden und Techniken auf diesen Seiten verlangen etwas Übung, um sie zu meistern. Obwohl die Übungen auf einer intellektuellen Ebene sehr leicht zu verstehen sind, müssen Sie eine bestimmte Übung oder Technik oft wiederholen, bis Sie die gewünschte Wirkung zeigt und Sie wirklich davon profitieren können. Einige der Techniken können relativ schnell gemeistert werden. Für andere brauchen Sie vielleicht etwas mehr Zeit. Geben Sie nicht zu schnell auf. Fahrrad und Auto fahren lernen, Tennis spielen, all das braucht Zeit. Warum sollte es weniger Zeit und Mühe wert sein zu lernen, wie Sie den Stress in Ihrem Leben managen?

Suchen Sie sich ein ruhiges Plätzchen

Sie brauchen einen Ort, an dem Sie all diese Übungen durchführen können. Hoffentlich können Sie einen Ort finden, der relativ ruhig und entspannend ist, zumindest für kurze Zeit. Wenn man die Realitäten in Ihrem Leben bedenkt, ist Ihr ruhiger Ort vielleicht in einer Umgebung, die nicht gerade ideal ist. Ihr Büro – wenn die Tür geschlossen ist – könnte für Sie funktionieren. Es könnte Ihr Schlafzimmer zu Hause sein. Oder Ihr Auto, wenn Sie im Verkehr steckenbleiben oder auf dem Weg zur Arbeit sind.

Arbeiten Sie mit einer Kassette

Eine Kassette anzuhören kann eine hervorragende Methode sein, viele der in diesem Buch präsentierten Übungen zur Entspannung und Reduzierung von Stress kennenzulernen und zu üben. Im Anhang finden Sie ein Skript, das Sie verwenden können, um Anweisungen für viele der Stressmanagement-Techniken aufzunehmen. Wenn Sie können, bitten Sie jemand anderen, die Kassette zu besprechen. Für die meisten von uns hat es eine eher beunruhigende Wirkung, unserer eigenen Stimme zuzuhören.

Suchen Sie sich einen Stresskumpel

Es kann schwer sein, etwas alleine tun zu müssen. Abnehmen, zum Sport gehen, mit dem Rauchen aufhören, all das ist einfacher, wenn Sie es mit einem Freund gemeinsam tun. Das gleiche gilt auch für Stressmanagement. Versuchen Sie, einen Freund dafür zu interessieren, es mit Ihnen gemeinsam zu machen. Ihr Stresskumpel kann Ihre Entspannungskassette für Sie besprechen und Sie sanft dazu anspornen, zu üben und Ihre neuen Fähigkeiten täglich einzusetzen.

Erwarten Sie keinen Erfolg über Nacht

Seien wir ehrlich. Sie haben Jahre gebraucht, um Ihre Stress produzierenden Verhaltensweisen und Muster zu entwickeln. Glücklicherweise braucht es viel weniger Zeit, diese Muster zu ändern, aber es braucht dennoch Zeit. Sie müssen Ihre Verhaltensweisen und Einstellungen sowie Ihren Lebensstil und Ihre Arbeitsweise ändern. Gehen Sie einen Schritt nach dem anderen. Sehen Sie sich selbst als Teil eines Programms, das Ihre täglichen Begegnungen und Erfahrungen als Chancen für Wachstum und Änderung sieht.

Teil II

Die Grundlagen meistern

»Nein, Dave hält nicht viel von Sport. Ungefähr alle 3 Jahre bringen wir ihn zum Arzt und lassen seine Poren chirurgisch öffnen.«

In diesem Teil...

Ich präsentiere Ihnen vernünftige Methoden, die Ihnen beim Umgang mit Ihrem Stress helfen. Ich zeige Ihnen, wie Sie die physischen Symptome von Stress behandeln, Ihren Geist beruhigen und mit alltäglichen Situationen umgehen können, die möglicherweise Stress hervorrufen: Vielleicht sind Sie nicht so organisiert, wie Sie es gern wären, oder vielleicht nimmt Ihre Karriere Ihnen zu viel von der Zeit für Ihre Familie, oder vielleicht ernähren Sie sich nicht richtig. Ich kann Ihnen helfen.

Verspannungen lösen

4

In diesem Kapitel

- Die Auswirkungen von Verspannungen verstehen
- Ihre Verspannung erkennen
- Richtig atmen
- Entspannen mit Suggestion
- Streckübungen und Massagen

Wenn Sie unter Stress stehen, ziehen sich Ihre Muskeln zusammen und spannen sich an. Mit dieser Muskelanspannung bereitet die Natur Sie darauf vor, mit einer potentiellen Bedrohung umzugehen – sie ist ein Teil der Kampf-oder-Flucht-Reaktion, die ich in Kapitel 1 beschrieben habe. Ihr Körper ist jetzt bereit, mit diesem Tiger zu kämpfen. Leider kann diese einstmals angemessene Reaktion – und die begleitende Muskelanspannung – auch von weniger als lebensbedrohlichen Situationen hervorgerufen werden (wie z.B. dem uneinsichtigen Taxifahrer, der anscheinend keine Ahnung hat, wohin er fährt, aber alle Geschwindigkeitsrekorde bricht, um dorthin zu kommen). Muskelverspannungen können zu einer ganzen Reihe von stressbedingten Zuständen und Störungen führen. Zum Glück können Sie Ihre Verspannung lösen, bevor sie wirklich Schaden anrichtet. Sie brauchen nur die richtigen Stress beseitigenden Werkzeuge in Ihrem Werkzeugkasten.

Dieses Kapitel beschreibt die Strategien und Techniken, die Ihnen helfen, Verspannungen zu lösen und Ihren Körper zu entspannen. Kapitel 5 zeigt Ihnen, wie Sie Ihren Geist entspannen. Zusammen bieten Ihnen diese Werkzeuge eine wichtige Sammlung, um Ihr Stressmanagement zu meistern.

Stress kann auf die Nerven gehen (und das ist nur der Anfang)

Nachfolgend finden Sie eine kurze – und unvollständige – Liste einiger Auswirkungen, die Verspannungen auf Ihren Körper haben. Leider kennen wir viele dieser Symptome nur allzu gut.

- ✔ Schmerzen im Nacken
- ✔ Kopfschmerzen
- ✔ Magenkrämpfe
- ✔ Rückenschmerzen

- Zusammengebissene Zähne, schmerzende Kinnmuskeln
- Schmerzende Schultern
- Muskelkrämpfe
- Zittern und Zucken

Und das ist nur, was sich außen zeigt. In Ihrem Körper geschehen andere Veränderungen, die durch Verspannung hervorgerufen werden. Hier sind einige Beispiele dafür, was still und leise in Ihrem Körper vorgeht, wenn Sie sich verspannt fühlen:

- Ihr Blutdruck steigt
- Ihre Magensäfte werden saurer
- Ihr Cholesterinspiegel steigt
- Ihr Blut gerinnt schneller

Alles in allem scheint es eine ziemlich gesunde Idee zu sein, zu wissen, wie Sie Körperverspannungen vorbeugen und vermeiden.

Komisch, ich fühle mich nicht verspannt

Tatsache ist, dass Sie vielleicht nicht wissen, wann Ihr Körper verspannt ist. Sie gewöhnen sich so sehr an die Verspannung, dass Sie es gar nicht bemerken, wenn Sie verspannt sind. Muskelverspannungen schleichen sich an Sie heran. Langsam und oft unbemerkt verengen sich Ihre Muskeln und voilà, die Verspannung beginnt. Sie fühlen die Verspannung nicht, bis Sie Kopfschmerzen bekommen oder die Schmerzen in Ihrem Nacken und Ihren Schultern spüren. Der Trick besteht darin, sich einer Verspannung des Körpers bewusst zu werden, bevor sie sich aufbaut und ihren Schaden anrichtet. Sich in Ihren Körper einzufühlen verlangt etwas Übung. Der nächste Abschnitt zeigt Ihnen eine einfache Bewusstseinstechnik, mit der Sie Ihre Verspannung erkennen können, bevor sie zu einem größeren Problem wird.

Der Körpercheck

Eine der besten Methoden zum Aufdecken von Verspannungen in Ihrem Körper ist diese einfache Ein-Minuten-Übung, mit der Sie Ihren Körper überprüfen.

Suchen Sie sich einen Ort, an dem Sie sich bequem hinsetzen oder hinlegen können und für einige Minuten ungestört sind (siehe Abbildung 4.1). Überprüfen Sie Ihren Körper auf Muskelverspannungen. Beginnen Sie mit Ihrem Kopf und arbeiten Sie sich Ihren Weg hinunter bis zu Ihren Zehen. Fragen Sie sich:

- Ist meine Stirn gerunzelt?
- Sind meine Augenbrauen zusammengezogen?
- Beiße ich die Zähne zusammen?

- ✔ Sind meine Lippen geschürzt?
- ✔ Ziehe ich meine Schultern hoch?
- ✔ Sind meine Arme verspannt?
- ✔ Sind meine Oberschenkel- und Wadenmuskeln verspannt?
- ✔ Sind meine Zehen eingerollt?
- ✔ Bemerke ich eine andere unbehagliche Stelle in meinen Körper?

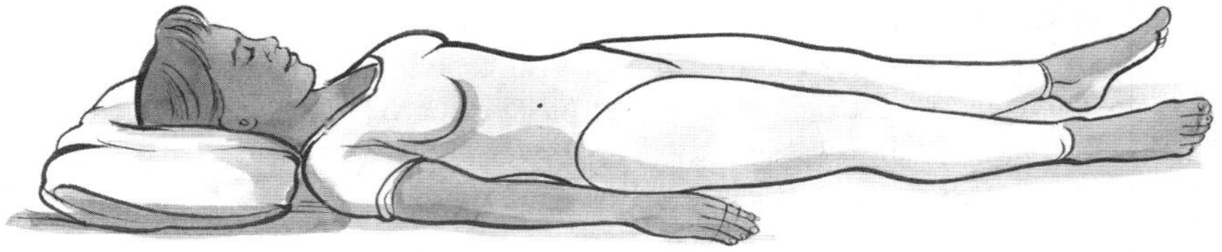

Abbildung 4.1: Eine gute Position für einen Körpercheck

Mit etwas Übung können Sie Ihren Körper in weniger als einer Minute überprüfen und Ihre Verspannungen schnell finden. Versuchen Sie, diesen Körpercheck drei- bis viermal täglich durchzuführen. Diese Übung ist eine großartige Methode, um Ihnen Ihren Stress bewusst zu machen. Wenn Sie Ihren Stress finden, werden Sie natürlich auch etwas dagegen unternehmen wollen. Die folgenden Abschnitte geben Ihnen verschiedene Möglichkeiten.

Ihre Verspannungen wegatmen

Richtiges Atmen ist eine der einfachsten und besten Methoden zur Lösung von Verspannungen und zum Abbau von Stress. Durch einfaches Ändern Ihrer Atemmuster können Sie schnell einen Zustand größerer Entspannung erreichen. Wenn Sie Ihre Atmung kontrollieren, haben Sie ein leistungsfähiges Werkzeug zur Reduzierung körperlicher Verspannung. Und dieses Werkzeug hilft Ihrem Körper auch, gar nicht erst verspannt zu werden. Dieser Abschnitt zeigt Ihnen, wie Sie eine Reihe verschiedener Atemtechniken in Ihr Leben integrieren können, die wirksam gegen Stress sind.

Ihr Atem ist in Ordnung. Es ist Ihre Atmung, die schlecht ist.

Sie nehmen Ihre Atmung wahrscheinlich als gegeben hin. Und warum auch nicht? Sie atmen schließlich schon seit Jahren und denken, dass Sie ja wohl mittlerweile heraushaben sollten, wie es funktioniert. Aber so ist es nicht. »Falsche Atmung« kann eine ganze Reihe von Formen annehmen. Sie sind vielleicht ein *Brust-und-Schulter-Atmer* und bringen Luft in Ihre Lunge, indem Sie Ihren Brustraum erweitern und Ihre Schultern anheben. Diese Beschreibung passt bestimmt, wenn Sie eitel sind und beim Atmen Ihren Bauch nicht ausstrecken wollen. Vielleicht sind Sie auch ein *Atemhalter*, der seine Atmung komplett stoppt, wenn Sie abgelenkt werden oder in Gedanken versunken sind. Beide Arten der Atmung sind unwirksam und produzieren Stress. Und wenn Sie unter Stress stehen, verschlechtert sich Ihre Atmung nur noch mehr. Um die Dinge noch schlimmer zu machen, fühlen Sie sich wiederum noch gestresster, wenn Ihre Atmung einmal aus dem Lot geraten ist. Ein richtiger Teufelskreis.

Ein Blick unter die Motorhaube

Ihre Atmung versorgt Ihren Körper mit Sauerstoff und entfernt Abfallstoffe – hauptsächlich Kohlendioxid – aus Ihrem Blut. Dieser Gasaustausch ist Aufgabe Ihrer Lunge. Die Lunge hat für die Atmung jedoch keine eigenen Muskeln. Der Hauptmuskel, der für richtige Atmung notwendig ist, ist Ihr Zwerchfell. Das Zwerchfell ist ein kuppelförmiger Muskel, der Ihre Brusthöhle von Ihrer Bauchhöhle trennt und als flexibler Boden für Ihre Lungenflügel agiert.

Wenn Sie einatmen, flacht Ihr Zwerchfell nach unten ab, macht mehr Platz in Ihrer Brusthöhle und erlaubt es den Lungenflügeln, sich zu füllen. Wenn Sie ausatmen, kehrt Ihr Zwerchfell in seine ursprüngliche Kuppelform zurück. Die Zwerchfell- oder Bauchatmung ist die beste Art und Weise, Sauerstoff und Kohlendioxid auszutauschen.

Ihr Zwerchfell arbeitet automatisch, aber Sie können den Prozess außer Kraft setzen, besonders wenn Sie unter Stress stehen. Und an diesem Punkt können Probleme auftauchen. Zu oft vernachlässigen Sie Ihr Zwerchfell, wenn Sie atmen, und greifen in den korrekten Austauschprozess der Gase in Ihrem System ein, was zu größerer Verspannung, Müdigkeit und zu mehr Stress führen kann.

Warum soll ich mich jetzt ändern? Ich atme doch schon seit Jahren!

Wenn Sie sich gestresst fühlen, atmen Sie schneller und flacher. Wenn Sie auf diese Art und Weise atmen, reagiert Ihr Körper:

- Weniger Sauerstoff erreicht Ihren Blutkreislauf.
- Ihre Blutgefäße verengen sich.
- Weniger Sauerstoff erreicht Ihr Gehirn.
- Ihre Herzrate und Ihr Blutdruck steigen.
- Sie fühlen sich schwach, zittrig und noch angespannter.

Unsere primitiven Vorfahren wussten, wie man atmet. Sie mussten sich nicht mit Finanzämtern, Stapeln unbezahlter Rechnungen oder einem höllischen Chef abgeben. Heutzutage atmen nur Opernsänger, Theaterschauspieler, Musiker, die Blasinstrumente spielen, und ein paar schwarz arbeitende Yoga-Trainer tatsächlich effektiv. Der Rest von uns macht es schlecht.

Während eines bestimmten Zeitraums Ihres Lebens aber haben Sie die ganze Sache mit der Atmung richtig gemacht. Als Baby in der Wiege haben Sie gelassen geatmet. Ihr kleiner Bauch hob und senkte sich in der entspanntesten Art und Weise. Aber dann sind Sie groß geworden und haben es vermasselt. Zum Glück ist noch nicht alles verloren. Sie können es sich erneut beibringen, richtig zu atmen.

Sie denken wahrscheinlich, dass Ihre Atmung einfach eine Methode ist, Luft in Ihre Lunge zu bekommen. Aber in früheren Zeiten hatte die Atmung einen wichtigeren Status. Viele religiöse Gruppen und Sekten glaubten daran, dass ein beruhigender Atem die Seele wieder auffülle und den Körper besänftige. So haben die Wörter *ruach* im Hebräischen und *pneuma* im Griechischen zwei Bedeutungen und stehen sowohl für Atem als auch Seele. Wenn Sie sich an die Bibel erinnern, sagt das Erste Buch Moses, als Gott Adam schuf, »blies er ihm den Odem des Lebens in seine Nase. Und so ward der Mensch ein lebendiges Wesen.«

Ihre Atmung beurteilen

Vielleicht sind Sie einer der wenigen Menschen, die richtig atmen. Aber bevor Sie diesen Abschnitt überschlagen, lesen Sie noch ein bisschen weiter. Machen Sie diesen einfachen Test, um festzustellen, ob Ihre Atmung dazu beträgt, Ihren Stress zu reduzieren.

1. **Legen Sie sich auf Ihren Rücken.**
2. **Legen Sie die rechte Hand auf Ihren Bauch und die linke Hand auf Ihre Brust, wie in Abbildung 4.2 dargestellt.**

Abbildung 4.2: Ihre Atmung beurteilen

Versuchen Sie, bewusst zu atmen. Überprüfen Sie, ob Sie ruhig, langsam und regelmäßig atmen. Wenn Sie richtig atmen, hebt und senkt sich die Hand auf Ihrem Bauch rhythmisch, während Sie einatmen und ausatmen. Die Hand auf Ihrer Brust sollte sich nur wenig bewegen, und wenn sich die Hand hebt, sollte dies dem Anheben Ihres Bauches folgen.

Es ist viel leichter, neue Entspannungstechniken zu verstehen und zu üben, wenn jemand sie Ihnen vorliest, statt dass Sie versuchen, sie von einer Seite abzulesen – besonders wenn zu den Anweisungen zählt, dass Sie Ihre Augen schließen sollen. Eine Idee besteht darin, einige Leerkassetten zu kaufen und die Anweisungen aufzunehmen. So können Sie die Kassette in Ihren Walkman einlegen und zuhören, wenn Sie im Zug sind, in einem Flugzeug oder in Ihrem Büro, wenn Ihr Chef nicht da ist. Eine andere Idee ist, einen Freund mit einer beruhigenden, süßen Stimme zu finden und ihn oder sie zu bitten, die Anweisungen aufzunehmen. Sie werden nicht jemandem wie Miss Jamison zuhören wollen, meiner Lehrerin in der dritten Klasse. Eine wundervolle Lehrerin, aber diese Stimme!

Die Zügel locker lassen

Ich stelle oft fest, dass Menschen, die neue Atemmuster lernen wollen, das brennende Verlangen haben, alles perfekt zu machen. Sie verlieren sich häufig so sehr in Körperteilen oder Lungenmechanismen, dass sie noch gestresster enden, als sie begonnen haben. Lassen Sie dies nicht passieren. Und denken Sie daran, dass es nicht nur einen richtigen Weg gibt, der grundsätzlich für Ihre Atmung gilt. Geben Sie sich selbst viel Raum, um mit Ihrer Atmung zu experimentieren. Und machen Sie nicht zu viel. Wenn Sie all die Jahre unwirksam geatmet haben, braucht eine Veränderung eventuell etwas Zeit. Sie müssen schließlich keine Prüfung bestehen. Beurteilen Sie sich selbst nicht dadurch, wie tief Sie atmen oder wie flach Sie Ihr Zwerchfell werden lassen können. Denken Sie daran, dass Ihr Ziel darin besteht, Ihren Stress zu vermindern, nicht zu erhöhen.

Ändern Sie Ihre Atmung – und fühlen Sie sich besser

Manchmal reicht eine einfache Veränderung, damit Sie sich besser fühlen. Die Veränderung Ihrer Atmung kann dazu führen, dass Sie sich insgesamt besser fühlen. Die folgenden Übungen präsentieren Ihnen verschiedene Wege, wie Sie Ihre Atmung ändern können. Probieren Sie diese aus und entdecken Sie, ob eine einfache Veränderung alles ist, was Sie brauchen.

Grundkurs Atmung: Atmung für Anfänger

Hier ist eine der besten und einfachsten Wege, Sie in die gegen Stress wirksame Atmung einzuführen.

1. **Legen oder setzen Sie sich bequem hin, legen Sie eine Hand auf Ihren Bauch und die andere Hand auf Ihre Brust.**
2. **Atmen Sie durch Ihre Nase ein und stellen Sie dabei sicher, dass sich die Hand auf Ihrem Bauch hebt und die Hand auf Ihrer Brust sich fast gar nicht bewegt.**
3. **Während Sie langsam einatmen, zählen Sie leise für sich bis 3.**
4. **Während Sie ausatmen, zählen Sie langsam bis 4 und fühlen Sie, wie die Hand auf Ihrem Bauch sich langsam senkt.**

Machen Sie eine kurze Pause vor Ihrem nächsten Atemzug. Wiederholen Sie die Übung einige Minuten lang und wann immer Sie Gelegenheit dazu haben.

Für Fortgeschrittene: Einen kompletten Atemzug nehmen

Komplette Atemzüge (oder *Zen-Atmung*, wie dies oft genannt wird) helfen Ihnen, tiefer und wirksamer zu atmen und Ihre Lungenkapazität aufs Beste zu nutzen.

1. **Legen Sie sich bequem in Ihr Bett, auf einen Teppich oder Liegestuhl.**

   Halten Sie Ihre Knie leicht gebeugt und leicht auseinander. Schließen Sie Ihre Augen, wenn Sie wollen.

2. **Legen Sie eine Hand auf Ihren Bauch in die Nähe des Bauchnabels und die andere Hand auf Ihre Brust, so dass Sie der Bewegung Ihrer Atmung folgen können.**

   Versuchen Sie, sich zu entspannen. Lassen Sie alle Verspannungen los, die Sie in Ihrem Körper fühlen.

3. **Beginnen Sie langsam durch Ihre Nase einzuatmen, füllen Sie zuerst den unteren Teil Ihrer Lunge, dann die Mitte und danach den oberen Teil Ihres Brustkorbs.**

   Während Sie einatmen, fühlen Sie, wie sich Ihr Zwerchfell nach unten drückt, Ihr Bauch sich langsam ausweitet, um Raum für die neu eingeatmete Luft zu machen. Beachten Sie, wie sich die Hand auf Ihrem Bauch etwas hebt. Die Hand auf Ihrer Brust sollte sich nur wenig bewegen, und wenn sie es tut, sollte sie Ihrem Bauch folgen. Benutzen Sie nicht Ihre Schultern, damit sie Ihnen bei der Atmung helfen.

4. **Atmen Sie langsam durch Ihre geöffneten Lippen aus und leeren Sie Ihre Lunge von oben nach unten.**

   Machen Sie einen Zischlaut, während die Luft durch Ihre Lippen weicht und beachten Sie, wie die Hand auf Ihrem Bauch fällt.

5. **Machen Sie eine kurze Pause, und wiederholen Sie diesen Kreislauf mit einem neuen Atemzug.**

   Fahren Sie mit dieser Atmung für etwa 10 Minuten fort – sicher so lange, bis Sie sich entspannter und friedlicher fühlen. Üben Sie diese Technik täglich, wenn Sie können. Probieren Sie diese Übung auch im Sitzen und Stehen.

Mit etwas Übung wird diese Form der Atmung natürlicher und automatisch. Nach einiger Zeit und mehreren Wiederholungen der Atemübung werden Sie beginnen, die meiste Zeit so zu atmen. Bleiben Sie dabei.

Probieren Sie die »Bauchnabel-Ballon«-Atmung

Sie können auf einfache Art und Weise lernen, tiefer und regelmäßiger zu atmen, wenn Sie mit einem visuellen Bild arbeiten, in diesem Fall einem Ballon. Das müssen Sie tun:

1. **Stellen Sie sich vor, dass Ihr Magen durch einen kleinen Ballon – etwa in der Größe einer Grapefruit – ersetzt wird, der sich gerade unterhalb Ihres Bauchnabels befindet, wie in Abbildung 4.3 dargestellt.**

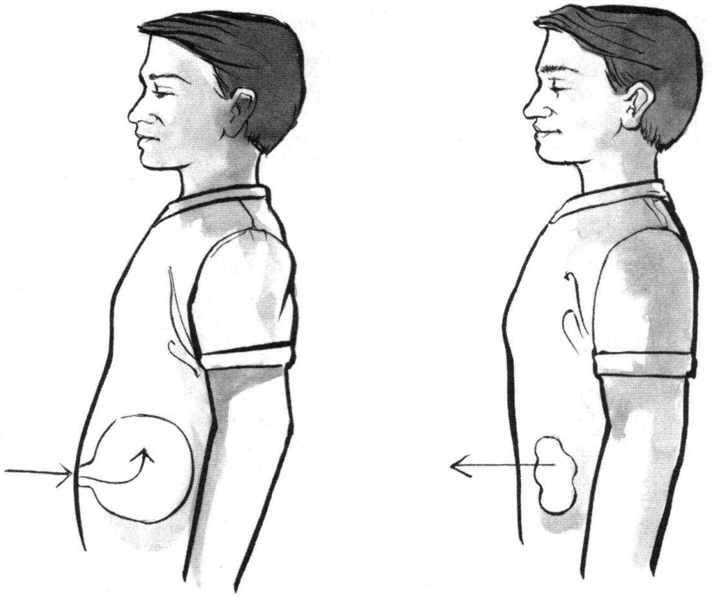

Abbildung 4.3: Ballon-Atmung

2. **Während Sie durch Ihre Nase einatmen, stellen Sie sich vor, dass Sie tatsächlich durch Ihren Bauchnabel einatmen und diesen vormals leeren Ballon aufblasen.**

   Der Ballon ist klein, blasen Sie ihn also nicht zu fest auf. Während der Ballon größer wird, beachten Sie, wie Ihr Bauch sich hebt.

3. **Atmen Sie langsam durch Ihre Nase aus und stellen Sie sich wieder vor, dass die Luft durch Ihren Bauchnabel weicht.**

   Ihr Ballon kehrt nun langsam und sanft in seinen ursprünglichen Zustand zurück.

4. **Machen Sie eine kurze Pause, bevor Sie zum nächsten Mal einatmen, wiederholen Sie die Übung und blasen Sie Ihren Ballon langsam und sanft auf eine bequeme Größe auf.**

   Wiederholen Sie diese Übung so lange Sie wollen und so oft, wie Sie können.

Notfallatmung

Richtig zu atmen ist keine große Sache, wenn Sie in Ihrem Bett liegen oder es sich vor dem Fernseher bequem gemacht haben. Aber wie steht es mit Ihrer Atmung, wenn Sie in einem Stau stecken, vor einem Abgabetermin stehen oder die Aktienkurse um 20 Prozent fallen? Jetzt sind Sie mitten in einer Krise. Sie brauchen eine andere Form der Atmung. Folgendes können Sie tun:

1. **Atmen Sie langsam durch Ihre Nase ein, machen Sie einen sehr tiefen Zwerchfellatemzug, der Ihre Lunge und Ihre Backen füllt.**

2. **Halten Sie diesen Atem etwa sechs Sekunden lang.**
3. **Atmen Sie *langsam* durch Ihre leicht geöffneten Lippen aus, lassen Sie *alle* Luft aus Ihrer Lunge weichen.**

Machen Sie eine kurze Atempause. Machen Sie nun einige »normale« Atemzüge.

Wiederholen Sie die Schritte 1 bis 3 zwei- bis dreimal und fahren Sie dann mit dem fort, was Sie gerade gemacht haben. Diese Form des tiefen Atmens sollte Sie in einen entspannteren Zustand versetzen.

Gerade stehen

Ihre Mutter hatte Recht! Wenn Sie unter Stress stehen, tendieren Sie dazu, die Schultern hochzuziehen, was zu einer schlechten Haltung führt und Ihre Atmung stört. Sie atmen dann weniger tief und versagen Ihrem System die angemessene und benötigte Versorgung mit Sauerstoff. Das Ergebnis ist, dass Ihre Muskeln sich anspannen. Wenn Sie gerade stehen oder sitzen, kehren Sie diesen Prozess um. Sie müssen sich nicht wie ein Soldat beim Appell hinstellen, um eine schlechte Haltung zu korrigieren. Wenn Sie übertreiben, produzieren Sie wahrscheinlich ebenso viel Verspannung wie vorher. Vermeiden Sie einfach, dass sich Ihre Schultern nach vorne beugen. Wenn Sie sich nicht sicher sind, wie Ihre Haltung aussieht, fragen Sie Ihre Mutter, oder einen guten Freund.

Der erfrischende Gähner

Gähnen wird normalerweise mit Langeweile in Verbindung gebracht. Geschäftstermine, die ewig dauern oder nervige Telefonberater, die (detailliert) die Vorteile *ihrer* langfristigen Finanzanlagen erklären, können mehr als ein paar Gähner hervorrufen. Aber Ihr Gähnen kann auch mehr als Langeweile signalisieren.

Gähnen ist eine andere Art und Weise, in der Mutter Natur Ihnen mitteilt, dass Ihr Körper unter Stress leidet. Gähnen hilft in der Tat, Stress zu lösen. Wenn Sie gähnen, gelangt mehr Luft – und damit mehr Sauerstoff – in Ihre Lunge und belebt Ihren Blutkreislauf. Außerdem werden Verspannungen gelöst, wenn Sie den Klagelaut, der mit dem Gähnen einhergeht, herauslassen. Leider sind die Menschen zu sehr sozialisiert worden und bevorzugen eher zurückhaltende Gähner. Sie müssen diese verlorene Fähigkeit wieder neu aufleben lassen.

Wenn Sie beim nächsten Mal ein Gähnen kommen fühlen, gehen Sie mit. Öffnen Sie Ihren Mund weit und atmen Sie tiefer ein, als Sie es normalerweise tun würden. Bringen Sie diesen Atem ganz bis zu Ihrem Bauch hinunter. Atmen Sie voll durch Ihren Mund aus und entleeren Sie Ihre Lunge vollständig. Was für ein Gefühl! Genießen Sie es. Und was soll's, wenn Ihre Freunde Sie nicht mehr anrufen?

Durch Anspannung zu Entspannung

Nachdem Sie die Kunst des Atmens gemeistert haben (siehe die Übungen in den vorherigen Abschnitten), sind Sie bereit, eine andere Methode für die Entspannung Ihres Körpers zu entdecken. Eine der besseren Entspannungstechniken ist von einer Methode mit dem Namen *Progressive Entspannung* oder *Tiefenentspannung der Muskeln* abgeleitet. Diese Methode basiert auf der Annahme, dass Sie nicht wissen, wie sich Ihre Muskeln anfühlen, wenn sie angespannt sind. Wenn Sie Ihre Muskeln absichtlich anspannen, können Sie erkennen, wie sich die Anspannung anfühlt und identifizieren, welche Muskeln diese Anspannung erzeugen. Diese Technik ist höchst effektiv und hat sich als wertvolles Werkzeug erwiesen, wenn es um die schnelle Reduzierung von Muskelverspannung und die Förderung von Entspannung geht.

Wie funktioniert die Progressive Entspannung?

Sie beginnen mit der Progressiven Entspannung, indem Sie einen bestimmten Muskel oder eine Muskelgruppe (Ihre Arme, Beine, Schultern usw.) anspannen. Sie bemerken, wie sich die Anspannung anfühlt. Sie halten diese Anspannung für etwa 10 Sekunden, lassen Sie dann los und ersetzen sie durch etwas viel Angenehmeres – Entspannung. Wenn Sie die meisten Ihrer wichtigsten Muskelgruppen angespannt und wieder entspannt haben, werden Sie sich entspannt, friedlich und viel weniger gestresst fühlen. Die folgenden generellen Ratschläge bereiten die Bühne vor für spezifischere Anweisungen zur Muskelanspannung und -entspannung später in diesem Kapitel.

In Anhang A finden Sie eine komplette Sammlung von Anweisungen für Übungen zur progressiven Muskelentspannung, die Sie aufnehmen können, um die verschiedenen Anweisungen und Muskelgruppen nicht auswendig lernen zu müssen.

1. **Legen oder setzen Sie sich so bequem wie möglich hin und schließen Sie Ihre Augen.**

   Suchen Sie sich einen ruhigen Ort mit gedämpftem Licht, der Ihnen zumindest für eine Weile etwas Privatsphäre gibt.

2. **Spannen Sie die Muskeln eines bestimmten Körperteils an.**

   Zum Üben beginnen Sie damit, Ihre rechte Hand und Ihren rechten Arm anzuspannen. Machen Sie einfach eine Faust. Während Sie Ihre Hand zur Faust ballen, achten Sie auf die Anspannung und Anstrengung in Ihrer Hand und Ihrem Unterarm. Ohne diese Anspannung zu lösen, beugen Sie Ihren rechten Arm und spannen Sie Ihren Bizeps an, so als wollten Sie einige Kids im Schulhof mit Ihren Muskeln beeindrucken.

Strengen Sie sich bei diesen Übungen nicht an, übertreiben Sie nicht. Wenn Sie eine Muskelgruppe anspannen, tun Sie dies nicht mit voller Kraft. Spannen Sie etwa bis zu ¾ Ihrer Leistung an. Wenn Sie Schmerzen bemerken, lockern Sie die Spannung etwas, und wenn es Ihnen immer noch weh tut, verschieben Sie die Übung auf ein anderes Mal.

3. **Halten Sie die Anspannung in dem Körperteil für etwa sieben Sekunden.**

4. **Lassen Sie die Spannung relativ schnell los, so dass Ihre Muskeln schlaff werden.**

   Achten Sie auf den Unterschied in der Art, wie sich Ihre Hand und Ihr Arm anfühlen. Achten Sie darauf, wie es sich anfühlt, wenn Sie Ihre Muskeln anspannen bzw. wenn Sie sie entspannen. Lassen Sie das Gefühl der Entspannung etwa 30 Sekunden noch tiefer werden.

5. **Wiederholen Sie die Schritte 1 bis 4 für die gleiche Muskelgruppe.**

6. **Fahren Sie mit einer anderen Muskelgruppe fort.**

   Wiederholen Sie einfach die Schritte 1 bis 4, jedesmal für eine andere Muskelgruppe. Fahren Sie mit Ihrer linken Hand und Ihrem linken Arm fort und arbeiten Sie sich dann durch die wichtigsten Muskelgruppen, die in den folgenden Abschnitten beschrieben werden.

Ihr Gesicht und Ihren Kopf entspannen

Runzeln Sie Ihre Stirn (und erzeugen Sie all diese Falten, die jeder hasst), indem Sie Ihre Augenbrauen so hoch heben wie Sie können. Halten Sie diese Spannung für etwa fünf Sekunden, lassen Sie sie dann los und entfernen Sie alle Anspannung aus Ihrer Stirn. Lassen Sie Ihre Stirnmuskeln einfach entspannt werden. Beachten Sie den Unterschied des Gefühls der Anspannung und des angenehmeren Gefühls der Entspannung.

Spannen Sie nun Ihre Kinnmuskeln an, indem Sie fest auf Ihre Backenzähne beißen und gleichzeitig ein Lächeln erzwingen. Halten Sie diese unbequeme Position für etwa 5 Sekunden, entspannen Sie dann Ihr Kinn und lassen Sie Ihren Mund leicht offen fallen.

Abschließend pressen Sie Ihre Lippen fest zusammen. Halten Sie diese Spannung etwas, entspannen Sie dann und öffnen Sie Ihre Lippen leicht. Beachten Sie nun, wie entspannt sich Ihr Gesicht und Ihre Hände anfühlen. Genießen Sie dieses Gefühl und lassen Sie es noch tiefer werden, indem Sie alle eventuell verbleibenden Spannungen um Ihren Mund und Ihre Lippen lösen.

Ihren Nacken und Ihre Schultern entspannen

Beugen Sie Ihren Kopf vor, als wollten Sie Ihre Brust mit Ihrem Kinn berühren. (Sie werden es wahrscheinlich tun.) Fühlen Sie die Anspannung in Ihren Nackenmuskeln. Halten Sie diese Spannung. Bewegen Sie nun leicht Ihren Kopf, erst zur einen Seite, dann zur anderen. Beachten Sie die Spannung auf den Seiten Ihres Nackens, während Sie dies tun. Entspannen Sie nun und lassen Sie Ihren Kopf in eine bequemere, natürlichere Position zurückkehren. Genießen Sie die Entspannung für einige Momente.

Ziehen Sie nun Ihre Schultern hoch, als wollten Sie Ihre Ohren damit berühren. Halten Sie diese Position, fühlen Sie die Anspannung (wieder etwa fünf Sekunden lang) und lassen Sie Ihre Schultern dann in eine bequeme, entspannte Position fallen. Beachten Sie das Gefühl der Entspannung, das sich durch Ihre Schultern und Ihren Nacken ausbreitet.

Ihren Rücken entspannen

Krümmen Sie Ihren Rücken, aber seien Sie vorsichtig, dass Sie nicht übertreiben. Halten Sie diese Spannung für einige Sekunden und lassen Sie dann Ihre Schultern und Ihren Rücken in eine bequemere, entspanntere Position zurückkehren.

Ihre Beine und Ihre Füße entspannen

Setzen oder legen Sie sich hin und heben Sie Ihren rechten Fuß, so dass Sie die Anspannung in Ihrem Oberschenkel und Ihrem Po fühlen. Drücken Sie gleichzeitig Ihre Ferse nach außen und zeigen Sie mit Ihren Zehen zu Ihrem Kopf, wie in Abbildung 4.4 gezeigt. Halten Sie diese Spannung, beachten Sie, wie sie sich anfühlt, lassen Sie sie dann los, indem Sie Ihr Bein auf das Bett oder den Boden fallen lassen und alle verbleibende Anspannung lösen. Lassen Sie diese Entspannung einen Moment tiefer werden. Wiederholen Sie diese Übung mit Ihrem anderen Bein oder Fuß.

Abbildung 4.4: Ihre Füße und Beine entspannen

Ihren Magen entspannen

Atmen Sie tief ein, halten Sie diesen Atem und spannen Sie die Muskeln in Ihrem Magen an. Stellen Sie sich vor, dass Sie sich auf einen Schlag in Ihren Magen vorbereiten. Halten Sie diese Spannung. Und lassen Sie dann die Spannung los und entspannen Sie sich.

Nachdem Sie diese Übung beendet haben, lassen Sie Ihren Körper in einen noch tieferen Zustand der Entspannung sinken. Lassen Sie sich mehr und mehr fallen. Gehen Sie das Gefühl in Ihren Armen, Ihrem Gesicht, Ihrem Nacken, Ihren Schultern, Ihrem Rücken, Ihrem Magen und Ihren Beinen mental durch. Fühlen Sie, wie Ihr Körper lockerer und entspannter wird. Genießen Sie das Gefühl.

Anspannung total

Wenn Sie nur wenig Zeit haben, können Sie eine Schnellversion der progressiven Entspannungsübung verwenden, die ich im letzten Abschnitt beschrieben habe. Diese Technik fasst einfach alle Einheiten der Muskelanspannung- und -entspannung in eine zusammen. Stellen Sie sich diese Übung als ein gigantisches Anspannen vor.

Um diese Übung zu machen, müssen Sie zuerst die graduelle Version meistern. Der Erfolg der rapiden Form der Entspannung hängt von Ihrer Fähigkeit ab, Muskelspannungen schnell zu erzeugen und loszulassen, Fähigkeiten, die Sie erlangen, indem Sie sich langsam durch alle einzelnen Muskelgruppen arbeiten. So geht's:

Setzen oder legen Sie sich bequem in einem Raum hin, der Ihnen etwas Ruhe bietet und relativ frei von Ablenkungen ist. Spannen Sie nun alle unten aufgelisteten Muskelgruppen gleichzeitig an:

- ✔ Ballen Sie beide Hände zu Fäusten, beugen Sie beide Arme und spannen Sie Ihre Bizepsmuskeln an. Gleichzeitig
- ✔ heben Sie beide Beine, bis Sie einen mäßigen Grad von Anspannung und Unbequemlichkeit spüren, und
- ✔ ziehen Sie Ihr Gesicht zusammen, schließen Sie Ihre Augen, pressen Sie Ihre Augenbrauen zusammen, beißen Sie Ihre Zähne zusammen, pressen Sie Ihre Lippen aufeinander, und
- ✔ bringen Sie Ihre Schultern so nah an Ihre Ohren wie Sie können, während
- ✔ Sie Ihre Magenmuskeln anspannen.

Halten Sie diese »totale Anspannung« etwa fünf Sekunden lang und lassen Sie dann los, wobei Sie alle Spannungen auf einmal lösen. Lassen Sie Ihre Beine auf den Boden oder das Bett fallen, Ihre Arme auf die Seite und lassen Sie den Rest Ihres Körpers in eine entspannte Position zurückkehren. Wiederholen Sie diese Übung an verschiedenen Punkten während Ihres Tages.

Geist über Körper: Die Kraft der Suggestion

Ein anderer wichtiger Ansatz für körperliche Entspannung ist das *Autogene Training*, oder kurz *AT*. Der Begriff *autogen* bedeutet selbst entstehend oder selbst wirkend. Diese Methode versucht, Ihr autonomes Nervensystem (u.a. Ihre Herzrate, Ihren Blutdruck und Ihre Atmung) zu regulieren statt Ihre Muskeln zu entspannen. Beim Autogenen Training benutzen Sie Ihren Geist, um den internen Stress in Ihrem Körper zu regulieren.

Autogenes Training basiert auf der Kraft der Suggestion, um physische Veränderungen in Ihnen in Gang zu setzen. Diese *Suggestionen* sind mentale Bilder, die Ihr Unterbewusstsein aufnimmt und an Ihren Körper übermittelt. Die reine Vorstellung bestimmter Veränderungen in Ihrem Körper führt diese Art von Veränderungen herbei. Ein tiefes Gefühl der Entspannung ist das Resultat. Autogenes Training mag sehr geheimnisvoll klingen, ist es aber nicht. Wenn Sie diese Technik meistern, ist das Autogene Training eine höchst wirksame Methode, sich selbst in einen entspannteren Zustand zu versetzen. Die Übung, die ich hier beschreibe, ist eine verkürzte Fassung der Methode, die ich ursprünglich erfunden habe. Sie eignet sich jedoch besser für einen arbeitsreichen Lebensstil. Folgendes sollten Sie tun:

1. **Machen Sie es sich bequem.**

   Suchen Sie sich einen angemessen ruhigen, nicht zu heißen und nicht zu kalten Ort. Sie können sich hinsetzen oder hinlegen, aber stellen Sie sicher, dass Ihr Körper gut unterstützt und so bequem wie möglich ist. Versuchen Sie, langsam und gleichmäßig zu atmen.

2. **Konzentrieren Sie sich passiv.**

   Damit dieser Ansatz wirksam ist, müssen Sie eine empfängliche, offene Haltung passiver Konzentration annehmen. Sie wollen aufmerksam sein und nicht einschlafen, aber Sie wollen Ihren Geist nicht zu hart arbeiten lassen. Sie können sich nicht zur Entspannung zwingen. Lassen Sie es einfach geschehen. Seien Sie sich Ihres Körpers und Ihres Geists bewusst, aber analysieren Sie nichts bewusst und machen Sie sich keine Gedanken darüber, wie gut Sie sind. Sollte sich ein ablenkender Gedanke einschleichen, nehmen Sie ihn wahr und lassen Sie ihn dann los. Wenn die Entspannung nicht gleich einsetzt, machen Sie sich keine Sorgen. Sie kommt mit mehr Übung.

3. **Verschiedene Körperteile fangen an, sich warm und schwer anzufühlen.**

   Zwar verwendet das Autogene Training viele Suggestionen und Bilder, aber die zwei effektivsten Bilder sind Wärme und Schwere. Konzentrieren Sie sich zuerst auf Ihren rechten Arm. Sagen Sie nun *langsam* und *leise* zu sich selbst:

   Ich bin ruhig ... Ich fühle mich friedlich ... Mein rechter Arm ist warm ... und schwer ... Mein rechter Arm ist warm ... und schwer ... Mein rechter Arm ist warm ... und schwer ... Ich kann fühlen, wie die Wärme und Schwere in meinen rechten Arm fließt ... Ich fühle, wie mein rechter Arm wärmer wird ... und schwerer ... Ich fühle, wie mein rechter Arm wärmer wird ... und schwerer ... Ich fühle mich friedlich ... Ich bin ruhig ... Ich fühle mich friedlich ... Ich bin ruhig.

   Nehmen Sie sich Zeit, das Gefühl in Ihrem Arm und Ihrer Hand bewusst wahrzunehmen. Beachten Sie, wie Ihr Arm tatsächlich wärmer und schwerer wird. Beschleunigen Sie diesen Prozess nicht. Genießen Sie die Veränderungen, die Ihr Körper nun erlebt.

4. **Nachdem Sie die Sätze beendet haben, bleiben Sie etwa 30 Sekunden lang still und ruhig und lassen Sie die Entspannung sinken. Konzentrieren Sie sich dann auf Ihren linken Arm.**

   Wiederholen Sie die gleichen Sätze, ersetzen Sie dabei diesmal »rechter Arm« durch *linker Arm*. (Ich hoffe, Sie können diese Sätze bereits auswendig und Ihre Augen schließen, ohne sich über die Textvorlage Gedanken machen zu müssen.)

5. **Gehen Sie zu anderen Teilen Ihres Körpers.**

   Konzentrieren Sie sich auf andere Bereiche, wiederholen Sie die gleichen Sätze, aber setzen Sie andere Teile Ihres Körpers ein. Hier ist die komplette Abfolge: rechter Arm, linker Arm, beide Arme, rechtes Bein, linkes Bein, beide Beine, Nacken und Schultern, Brust und Bauch und abschließend Ihr gesamter Körper.

Ihre Vorstellungskraft benutzen? Sie werden wärmer!

Vielleicht finden Sie beim Autogenen Training heraus, dass die Suggestionen von Wärme und Schwere für Sie nicht wirksam sind. Sie brauchen ein anderes Bild, um die Verspannung in Ihrem Körper zu lösen. Hier sind alternative suggestive Bilder, von denen ich festgestellt habe, dass sie Gefühle der Wärme und Schwere auslösen können.

- ✔ **Aufheizen:** Stellen Sie sich vor, dass der in Frage kommende Körperteil (Arm, Bein usw.) in ein Heizkissen eingepackt ist. Langsam aber sicher durchdringt die Wärme Ihren Körper und entspannt die Muskeln mehr und mehr.
- ✔ **Ein heißes Bad:** Stellen Sie sich vor, dass Sie Ihren Arm oder Ihr Bein in sehr beruhigendes, warmes Wasser tauchen.
- ✔ **Infrarot:** Bringen Sie mental ein warmes Infrarotlicht auf einen bestimmten Teil Ihrer Anatomie.
- ✔ **Heavy Metal:** Stellen Sie sich Gewichte vor, die an Ihrem Arm, Ihrem Bein usw. angebracht sind.
- ✔ **Schwer wie Blei:** Stellen Sie sich vor, dass Ihre Gliedmaßen mit Blei gefüllt sind.

Eine Übung mit der gesamten Abfolge sollte nicht länger als etwa eine halbe Stunde dauern. Wenn Sie zwei oder drei autogene Übungen in Ihren Tag einbauen können, um so besser. Sie brauchen möglicherweise einige Zeit, um diese Methode zu meistern, aber die Ergebnisse sind der Mühe wert.

»All diese Entspannung spannt mich an«

Ob Sie es glauben oder nicht, Sie werden vielleicht feststellen, dass Entspannungsübungen stressig sein können, zumindest am Anfang.

Die Änderung Ihrer Atemmuster, die Anspannung und Entspannung Ihrer Muskeln und das Entdecken autogener Übungen kann einige seltsame Nebenwirkungen haben. Sie spüren eventuell ein Kribbeln oder ein Gefühl der Rastlosigkeit und, paradoxerweise, eine *Steigerung* Ihrer Verspannung. Dies ist nicht ungewöhnlich, und obwohl es verwirrend sein kann, sehen Sie es nicht als ein Zeichen, dass Sie etwas falsch machen. Wenn Sie vertrauter damit werden, wie Ihr Körper sich in einem höchst entspannten Zustand anfühlt, werden diese Empfindungen verschwinden.

Strecken Sie Ihren Stress weg

Strecken ist eine der Methoden, mit denen Ihr Körper auf natürliche Art und Weise überschüssige Körperanspannung beseitigt. Wenn Sie am Morgen aufwachen oder kurz bevor Sie am Abend zu Bett gehen, fühlen Sie automatisch das Bedürfnis, sich zu strecken. Aber sich einmal so richtig zu strecken, kann auch zu anderen Zeiten viel Verspannung in Ihrem Körper lösen. Vielleicht sind Sie an einen Schreibtisch gebunden oder müssen während des Tages für lange Zeiträume sitzen, wodurch sich Ihre Muskeln anspannen und verengen. Gewöhnen Sie sich daran, eine oder mehrere der grundlegenden Streckübungen auszuführen und machen Sie mehrmals am Tag eine »Streckpause«. Katzen tun dies, Hunde tun dies, warum nicht auch Sie?

Nachfolgend finden Sie zwei Streckübungen, mit denen Sie eine ganze Menge überschüssiger Anspannung loswerden können. Sie sind einfach und sollten nicht zu viele Kommentare oder Witze von Freunden oder Kollegen hervorrufen.

- ✔ **Der Twist.** Diese Streckübung ist gut für Ihren Oberkörper. Setzen oder stellen Sie sich hin, legen Sie beide Hände hinter Ihren Kopf und schließen Sie Ihre Finger zusammen. Bewegen Sie Ihre Ellbogen aufeinander zu, bis Sie eine mäßige Anspannung spüren. Drehen Sie Ihren Körper nun leicht, erst ein paar Sekunden nach rechts, dann langsam nach links. Wenn Sie fertig sind, lassen Sie Ihre Arme auf Ihre Seite fallen.

- ✔ **Beine heben.** Diese Streckübung ist gut für den unteren Teil Ihres Körpers. Setzen Sie sich auf einen Stuhl und heben Sie beide Beine an, bis Sie eine angenehme Spannung darin spüren. Halten Sie diese Anspannung und bewegen Sie Ihre Zehen, so dass sie zu Ihrem Kopf zeigen. Halten Sie diese Stellung etwa zehn Sekunden lang und lassen Sie dann Ihre Beine auf den Boden fallen. Wenn es Ihnen etwas zu unbequem ist, diese Übung mit beiden Beinen zu machen, versuchen Sie es erst mit einem Bein.

Strecken Sie langsam und übertreiben Sie nicht. Sie versuchen, Ihre Muskeln zu entspannen und nicht, sie zu bestrafen.

Massage? Ah, einmal Abrubbeln!

Massage und andere Berührungs- und Drucktherapien gehören zu den beliebtesten Methoden, Muskelspannungen zu lösen. Heutzutage können Sie eine Massage fast ebenso leicht bekommen wie einen Haarschnitt. Früher rief die Idee einer Massage normalerweise das Bild eines öligen Abrubbelns in einem verschwitzten Fitnesscenter oder verhätschelte Streicheleinheiten auf einer protzigen Schönheitsfarm hervor. Aber das ist nicht mehr so. Massage und verwandte Behandlungen sind erwachsen geworden.

Die Vielfalt und Beliebtheit der Berührungs- und Drucktherapien ist in den letzten Jahren enorm gewachsen. Nachfolgend finden Sie einen Teil der verfügbaren Methoden und Techniken aufgelistet:

- ✔ Schwedische Massage
- ✔ Reflexologie
- ✔ Shiatsu
- ✔ Chiropraktik
- ✔ Akupressur

All diese Methoden haben ihren Ursprung in der frühen Medizin und Heilkunde. Viele beanspruchen sowohl spirituelle als auch physische Änderungen für sich. Statt jede dieser Methoden einzeln darzustellen, werde ich einige der einfacheren stressbefreienden Übungen aus der obigen Liste darstellen, die ich für besonders nützlich und einfach zu verstehen halte.

Sie haben mehrere Optionen, wenn es zu Massage kommt. Sie können ein paar Mark ausgeben und sich von einem Profi massieren lassen. Oder Sie können jemanden suchen, der Ihnen umsonst eine Massage gibt. Oder Sie können sich selbst massieren. Ich werde mit der letzten Möglichkeit starten, weil sie oft die billigste ist und keine Freunde verlangt.

Massieren Sie sich selbst

Sie haben zwei Methoden zur Auswahl: High-Tech oder Low-Tech.

Die High-Tech-Methode verlangt eine Steckdose oder viele Batterien. Viele Spezialgeschäfte haben eine ganze Menge an Massageutensilien auf Lager. Mein Favorit ist ein superteurer Entspannungssessel, der Sie mit Hilfe eines Schalters in den Entspannungshimmel bringt. Auf der wenigen teuren Seite gibt es Handvibratoren, die diese festen und verspannten Muskeln massieren und Sie viel entspannter zurücklassen. Alternativ können Sie die Batterien und das Geld einsparen, indem Sie Ihre Finger die Arbeit tun lassen. Finger sind billiger, einfach zu kontrollieren und weithin verfügbar. Nachfolgend finden Sie drei einfache Methoden, wie Sie Ihren Stress wegrubbeln können.

Für Ihre Hände

Halten Sie Ihre linke Handfläche vor sich, die Finger sind geschlossen. Der fleischige Punkt zwischen Ihren Daumen und Ihrem Zeigefinger ist ein Schlüsselpunkt in der Akupressur, der ein Gefühl der Entspannung hervorrufen sollte, wenn er massiert wird. Massieren Sie diesen Punkt mit Ihrem rechten Daumen in einer kreisenden Bewegung und zählen Sie dabei langsam bis 15. Wechseln Sie zur anderen Hand und wiederholen Sie die Massage.

Gegen stressbedingte Müdigkeit kneifen Sie gerade unterhalb des ersten Gelenks Ihres kleinen Fingers mit dem Daumen und Zeigefinger Ihrer anderen Hand. (Der Druck sollte fest, aber nicht schmerzhaft sein.) Erhöhen Sie den Druck leicht. Machen Sie kleine kreisende Bewegungen gegen den Uhrzeigersinn, während Sie den Druck halten. Fahren Sie damit etwa 20 Sekunden fort. Lassen Sie los. Warten Sie zehn Sekunden und wiederholen Sie die Übung bis zu fünfmal.

Für Ihre Füße

Probieren Sie diese Übung, die Ihre Fußsohlen beruhigt. Ziehen Sie Ihre Schuhe und Strümpfe aus, setzen Sie sich bequem hin und kreuzen Sie ein Bein über das andere. (Ihre Fußsohle sollte Sie fast anschauen.) Fassen Sie mit beiden Händen Ihren Fußrist und üben Sie Druck aus, besonders mit Ihren Daumen. Kneten Sie nun jeden Teil Ihres Fußes (so wie Sie Brotteig kneten würden mit Ihren Daumen und Fingern), arbeiten Sie sich von der Ferse bis zu Ihren Zehen. Drücken Sie jeden Zeh. Massieren Sie nun den anderen Fuß in der gleichen Art und Weise.

Wenn es für Sie anstrengender ist, Ihre Beine zu kreuzen, als es früher einmal war, gehen Sie in die Küche und holen Sie Ihr Nudelholz. Setzen Sie sich auf einen Stuhl und legen Sie das Nudelholz neben Ihren Fuß. Rollen Sie Ihren nackten Fuß sanft etwa zwei Minuten lang auf dem Nudelholz hin und her. Versuchen Sie es dann mit dem anderen Fuß. Waschen Sie Ihr Nudelholz!

Wenn Sie kein Nudelholz besitzen, versuchen Sie es mit einem Tennisball. Legen Sie ihn unter Ihren Fußrist, üben Sie etwas Druck auf den Fuß aus und rollen Sie den Ball vorwärts und rückwärts.

Halten Sie diesen Rhythmus etwa zwei Minuten lang und wechseln Sie dann zu Ihrem anderen Fuß.

Für Ihren Nacken und Ihre Schultern

Stress findet meistens seinen Weg zu Ihrem Nacken und Ihren Schultern. Um diese Verspannung zu lösen, nehmen Sie Ihre linke Hand und massieren Sie fest Ihre rechte Schulter und die rechte Seite Ihres Nackens. Beginnen Sie mit einigen sanften Kreisbewegungen und rubbeln Sie den Muskel mit Ihren Zeige- und Mittelfingern. Beenden Sie die Übung dann mit einer kräftigeren Massage und drücken Sie die Schulter- und Nackenmuskeln zwischen Ihrem Daumen und den anderen Fingern zusammen. Gehen Sie nun zur anderen Seite über.

Für Ihr Gesicht

Legen Sie beide Hände auf Ihr Gesicht, mit den Fingerspitzen auf Ihrer Stirn und den Handballen gerade unterhalb Ihrer Backen. Ziehen Sie die Haut auf Ihrer Stirn sanft mit den Fingerspitzen herunter, während Sie den Bereich unter Ihren Handballen nach oben schieben. Wiederholen Sie diese Bewegung rhythmisch, während Sie Ihre Finger und Handballen zusammenziehen und wieder loslassen.

Sie können auch versuchen, Ihre Ohren in verschiedene Richtungen zu ziehen. Mein Herausgeber schwört darauf.

Werden Sie Massierender oder Massierter

Es hat sicherlich seine Vorteile, wenn eine andere Person Sie massiert. Wenn ein anderer all die Arbeit übernimmt, können Sie sich komplett fallen lassen: Setzen oder legen Sie sich hin und entspannen Sie sich vollkommen. Eine andere Person kann Teile Ihres Körpers erreichen, die Sie selbst niemals erreichen könnten. Sie können, natürlich, einen Massagetherapeuten aufsuchen, aber Sie können auch einen Freund bitten, Sie zu massieren. Natürlich müssen Sie eventuell zu Gegendiensten bereit sein. Aber wenn Sie jemand anderen massieren, kann dies auch einiges Ihrer eigenen Verspannung lösen. Hier sind einige generelle Vorschläge und Richtlinien für den Anfang:

- ✔ Benutzen Sie ein Massageöl oder eine Körperlotion, um ein entspannendes Aroma hinzuzufügen und den Massageprozess zu erleichtern. (Wärmen Sie das Massageöl auf Raumtemperatur auf, um das System Ihres Partners nicht zu schockieren.)
- ✔ Dämpfen Sie das Licht, um für eine beruhigende, entspannte Atmosphäre zu sorgen. Beruhigende Musik ist eine nette Begleitung.
- ✔ Konzentrieren Sie Ihre Massage auf den Rücken, den Nacken und die Schultern – die Orte, an denen Stress sich niederlässt und das meiste Unwohlsein erzeugt.
- ✔ Beginnen Sie mit leichtem Druck, bis der Massierte entspannt ist. Erhöhen Sie dann den Druck und benutzen Sie Ihre Handflächen, um die Muskeln zu kneten. Enden Sie mit einer leichteren Massage und lassen Sie Ihren Partner nach der Massage noch eine Weile liegen, um das Gefühl der Entspannung zu erweitern.
- ✔ Übertreiben Sie nicht. Bei einer guten Massage sollte der Massierte sich nicht vor Schmerzen winden müssen. Eine schlechte Massage kann mehr Stress hervorrufen, als dass sie versucht, zu erleichtern.

Meine bevorzugte Methode für die Entspannung meiner Muskeln

Ich bin nicht der Badewannentyp, sondern der Duschtyp. Eine meiner entspannendsten, seelenberuhigenden Erfahrungen ist der Luxus einer sehr heißen Dusche mit voll aufgedrehten Wasserhähnen und einem Duschstrahl, der meinen Körper massiert. Meine Muskeln werden schlaff, mein Puls verlangsamt sich, und ich bin wie gelähmt. Der Schlüssel zu dieser physischen Wohltat liegt im richtigen Duschkopf. Ich habe festgestellt, dass entweder die sehr alten, großen, flachen Duschköpfe mit Dutzenden von Löchern oder die neueren Modelle, bei denen Sie den Strahl, den Druck und sogar den Impuls manuell einstellen können, am besten funktionieren. Ich stehe einfach da unter der Dusche, bis ich wie eine Trockenpflaume aussehe.

Der 3-Minuten-Energiespurt

Jede konzentrierte Ausgabe von Energie produziert mehr Stress durch Anspannung Ihrer Muskeln sowie Beschleunigung Ihrer Herzrate und Ihrer Atmung. Wenn Sie aber die Energieausgabe beenden, stellen Sie fest, dass Ihre Muskeln, Ihr Herz und Ihre Atmung sich auf einen Grad verlangsamen, der niedriger ist als der, mit dem Sie gestartet haben. Dieser Energiespurt kann durch verschiedene Übungen hervorgerufen werden: einen sehr schnellen Spaziergang, einen kurzen Lauf, ein paar Hampelmänner, Seilspringen, Situps, Liegestützen, das Hochrennen von Treppen – alles, was Ihren Körper auf Trab bringt.

- ✔ **Schütteln Sie sich.** Verspannung abzuschütteln macht Spaß. Sie können diese Übung entweder im Sitzen oder im Stehen durchführen. Halten Sie Ihre Arme locker vor Ihrem Körper und beginnen Sie damit, Ihre Hände an den Handgelenken zu schütteln. Dann lassen Sie Ihre Arme und Schultern an dem Spaß teilhaben. Fahren Sie eine Weile fort, hören Sie dann langsam auf zu schütteln und lassen Sie Ihre Arme bequem auf die Seite fallen. Heben Sie nun ein Bein und schütteln Sie es. Schütteln Sie dann das andere Bein. (Wenn Sie sitzen, können Sie beide Beine gleichzeitig schütteln.) Wenn Sie fertig sind, achten Sie auf das kribbelnde Gefühl in Ihrem Körper und, wichtiger, auf das Gefühl der Entspannung. Zugegebenermaßen sieht das Ganze etwas komisch aus, aber es funktioniert.
- ✔ **Weichen Sie Ihren Stress ein.** Stellen Sie sich Ihr Badezimmer als eine Mini-Gesundheitsfarm vor und Ihre Badewanne als einen Pool der Entspannung. Und davon abgesehen, kommen Sie nicht nur entspannt und ohne Stress aus der Badewanne, sondern sind auch noch sauber. Hier ist das Rezept für ein entspannendes Eintauchen:
  - Eine freie halbe Stunde
  - Eine Badewanne voll heißem, schaumigem Wasser
  - Beruhigende Düfte
  - Sanftes Licht
  - Entspannende Musik
  - Ein Telefon, das neben der Gabel liegt oder an Ihren Anrufbeantworter angeschlossen ist

Weitere Wege zu Entspannung

Einige eher ungewöhnliche Entspannungstechniken:

- ✔ **Werfen Sie das Handtuch.** Es gab einmal Zeiten, als Friseure Ihren Kunden zusätzlich zum Haarschnitt auch eine Rasur machten. In diesen Tagen fühlten Sie sich wunderbar, wenn Ihr Friseur Ihnen feuchte, heiße Handtücher auf das Gesicht legte. Heutzutage schneiden Stylisten Ihnen nur noch die Haare. Und wenn Sie nicht gerade First Class fliegen oder in einem schicken japanischen Restaurant zum Essen gehen, werden Sie die Freuden eines heißen Handtuchs in Ihrem Gesicht wahrscheinlich nicht zu spüren bekommen – es sei denn, Sie legen es sich selbst ins Gesicht. Nehmen Sie einfach ein oder zwei Waschlappen und legen Sie diese in heißes Wasser. Wringen Sie sie aus, lehnen Sie sich zurück, schließen Sie die Augen und legen Sie die Waschlappen auf Ihr Gesicht. Ah, Nirvana.

Und was ist, wenn Sie kein heißes Wasser oder keine Waschlappen haben? Benutzen Sie Ihre Hände. Reiben Sie sie, bis sie sich warm anfühlen. Legen Sie die Hände auf die Seiten Ihres Gesichts. Nein, es ist nicht das gleiche Gefühl wie bei einem feuchten, heißen Handtuch, aber es kann Ihnen trotzdem helfen zu entspannen.

- ✔ **Geh' gen Osten, junger Mann.** Yoga ist eine wundervolle Methode, um Ihren Körper zu entspannen und Ihre Gedanken zu beruhigen. Durch Bewegung, Atmung und Körperkontrolle helfen Ihnen Yoga-Übungen, zu entspannen und Stress zu lösen. Die meisten Menschen, die Yoga ausprobiert haben, schwören darauf. Suchen Sie sich einen guten Lehrer und probieren Sie es aus. (Fragen Sie Freunde nach Yoga-Klassen in Ihrer Nähe.) Es ist ein Engagement, aber die Mühe lohnt sich.

- ✔ **Entspannung im Schlafzimmer.** Sex kann eine wundervolle Methode sein, um physische Spannungen zu lösen und fallen zu lassen. Wenn Sie irgendeine Form gegenseitiger Massage in Ihre Liebesspiele aufnehmen, kann das die Entspannung erhöhen.

Wollen Sie einen Drink?

Darf ich es wagen, Ihnen vorzuschlagen, ein alkoholisches Getränk als Entspannung zu sich zu nehmen?

Ja und nein.

Forschungsliteratur unterstützt jetzt schon seit einiger Zeit den Wert mäßigen Trinkens (d.h. nicht mehr als ein oder zwei alkoholische Getränke pro Tag). Es wurde festgestellt, dass eine Aufnahme von Alkohol in diesem Maß den HDL-Wert (das gute Cholesterin) hebt und das Risiko eines Herzanfalls senkt.

Die Risiken exzessiven Trinkens aber überwiegen diese Vorteile bei weitem. Für viele kann das Trinken von Alkohol eine rutschige Bahn sein, auf der die Vorbeugung zur Störung wird.

Fazit: Setzen Sie Alkohol nicht ganz oben auf die Liste Ihrer Mittel gegen Stress. Wenn Sie einen Drink oder die ein oder andere Pille erfolgreich in Ihr Leben integriert haben, gut. Aber denken Sie immer daran, dass Sie Ihren Stress mit besseren Methoden reduzieren können.

Ihren Geist beruhigen

5

In diesem Kapitel

- Ihren Geist verlangsamen
- Entspannung durch Vorstellungskraft
- Ungewollte Gedanken stoppen
- Ein Ausflug in die Meditation
- Selbsthypnose

Für vollkommene Entspannung müssen Sie nicht nur Ihren Körper entspannen, sondern auch Ihren Geist beruhigen. Kapitel 4 zeigt Ihnen, wie Sie Ihren Körper entspannen und physische Spannungen loslassen können. Dieses Kapitel stellt detailliert dar, wie Sie Ihren Geist beruhigen. Für viele Menschen, und vielleicht sind Sie einer von ihnen, nimmt Stress die Form psychischer Störungen an. Sie merken, dass Ihr Geist gefüllt ist mit störenden Gedanken, die es Ihnen unmöglich machen, sich entspannt und zufrieden zu fühlen. Vielleicht rast Ihr Geist mit einem Kilometer pro Minute dahin. Vielleicht machen Sie sich Sorgen über Ihre Arbeit, Ihre Beziehungen, Ihre Finanzen oder einfach nur darüber, wie Sie all die Dinge in Ihrer Agenda bewältigen sollen. Was auch immer die Ursache für Ihre Sorgen ist, Sie werden sicher nicht eher entspannen können, bis Sie dieses mentale Chaos beseitigt – oder zumindest eingeschränkt – haben.

Eine der besten Methoden, Ihren Geist zu entspannen, besteht darin, Ihren Körper zu entspannen. Wenn Ihr Körper entspannt ist, verlangsamt sich Ihr Geist. (Werfen Sie einen Blick in Kapitel 4 für einige physische Entspannungsübungen.) Aber es gibt auch andere Wege, Ihre unbeherrschten Gedanken zu zähmen und Ihren unruhigen Geist zu beruhigen. Dieses Kapitel zeigt Ihnen, wie.

Fünf Zeichen dafür, dass Ihr Geist gestresst ist

Nachfolgend finden Sie einige der üblichen Zeichen, die darauf hinweisen, dass Ihr Geist Überstunden macht. Überprüfen Sie, wie viele auf Sie zutreffen.

1. **Ihr Geist scheint zu rasen.**
2. **Es fällt Ihnen schwer, Ihre Gedanken zu kontrollieren.**
3. **Sie sind besorgt, reizbar oder verärgert.**
4. **Sie sind häufiger gedankenverloren, und es fällt Ihnen schwer, sich zu konzentrieren.**
5. **Es fällt Ihnen schwer, einzuschlafen oder wieder einzuschlafen, wenn Sie aufgeweckt wurden.**

Lenken Sie sich ab

Ablenkung ist eine der einfachsten Methoden, um Ihren Geist zu beruhigen. Die Idee mag sich offensichtlich anhören, aber Sie wären überrascht, wie häufig diese Option übersehen wird. Psychologen wissen, dass es sehr schwierig ist, sich auf zwei Dinge gleichzeitig zu konzentrieren. Ist Ihr Geist also von störenden Gedanken überflutet, ändern Sie Ihren Kurs. Suchen Sie etwas anderes, über das Sie nachdenken können. Hier sind einige angenehme Ablenkungen, die Sie in Betracht ziehen sollten:

- ✔ Sehen Sie fern.
- ✔ Gehen Sie ins Kino.
- ✔ Lesen Sie ein Buch, eine Zeitung oder eine Zeitschrift.
- ✔ Reden Sie mit einem Freund.
- ✔ Arbeiten oder spielen Sie an Ihrem Computer.
- ✔ Gehen Sie zum Sport.
- ✔ Vertiefen Sie sich in ein Projekt oder Hobby.
- ✔ Hören Sie sich Ihre Lieblingsmusik an.
- ✔ Denken Sie an etwas, worauf Sie sich freuen.

Ihre Vorstellungskraft ist eines der besten Mittel, um sich selbst abzulenken, Ihren Geist zu beruhigen und die unerwünschten, ständigen Sorgen zu stoppen.

Stell dir vor

Wenn Sie den stressenden Gedanken oder das Bild durch etwas Entspannendes ersetzen können, werden Sie sich wahrscheinlich viel besser fühlen. So geht es:

1. **Suchen Sie sich einen Ort, an dem Sie einige Minuten nicht gestört werden, und machen Sie es sich bequem, indem Sie sich entweder in Ihren Lieblingssessel setzen oder sich hinlegen.**

2. **Denken Sie an ein Bild – einen Ort, eine Szene oder eine Erinnerung –, das Sie entspannt.**

   Abbildung 5.1 zeigt ein Beispiel.

   Benutzen Sie all Ihre Sinne, um diese Szene zum Leben zu erwecken. Fragen Sie sich: Was sehe ich? Was kann ich hören? Was kann ich riechen? Was kann ich fühlen?

3. **Lassen Sie sich komplett von Ihrem Bild einnehmen, damit es Sie vollkommen entspannen kann.**

Ist das nicht entspannend?

»Hört sich gut an«, sagen Sie, »aber was ist mein entspannendes Bild?« Versuchen Sie, eine dieser mentalen Reisen zu machen (Flugticket inklusive):

- ✔ **Reise in die Karibik:** Stellen Sie sich vor, Sie liegen am Strand einer Insel in der Karibik. Das Wetter ist perfekt. Sie liegen im kühlen Sand und spüren, wie die warme Brise Ihren Körper streichelt. Sie hören die Wellen des Ozeans rauschen und die tropischen Vögel in den Palmen zwitschern. Sie nippen an einer Pina Colada. Sie können den Kokusnussgeruch Ihrer Sonnencreme riechen. Sie fühlen sich wundervoll. Sie sind entspannt. Ihr Geist fühlt nichts als Frieden.
- ✔ **Urlaub am Pool:** Sie liegen auf einer großen Luftmatratze und treiben selig auf dem Wasser eines unglaublich schönen Swimmingpools. Der Tag ist perfekt. Der Himmel ist tiefblau, die Sonne wärmt Ihren entspannten Körper. Sie fühlen das sanfte Schaukeln der Luftmatratze im Wasser. Sie können die beruhigende Stimme des Kellners hören, der das Mittagsbuffet in einer halben Stunde ankündigt. Sie sind sehr zufrieden. Sie könnten ewig hier liegen.
- ✔ **Ein Wintertraum:** Sie sind in einer kleinen Hütte irgendwo in den Bergen (wenn Sie einen etwas extravaganteren Geschmack haben, platzieren Sie die Szene in St. Moritz oder Aspen – die Kosten bleiben die gleichen, egal wohin Sie gehen). Sie sind eingeschneit, aber das ist gut so, denn Sie müssen nirgendwo sein und niemand muss Sie kontaktieren können. Und Sie sind nicht allein – eine bevorzugte Person ist bei Ihnen und Sie liegen beide vor einem prasselnden Kaminfeuer. Sanfte Musik spielt im Hintergrund. Sie trinken heißen Kakao, Glühwein oder Champagner.
- ✔ **Eine schöne Erinnerung:** Versuchen Sie, sich an eine Szene zu erinnern, vielleicht aus Ihrer Kindheit oder aus der letzten Zeit, in der Sie besonders glücklich und zufrieden waren. Das könnte ein Urlaub vor langer Zeit, eine tolle Geburtstagsparty oder das Herumtollen mit einem Haustier aus Ihrer Kindheit sein.

Keines dieser Beispiele ist für Sie richtig? Dann suchen Sie sich Ihr eigenes persönliches Entspannungsbild. Sie können eins der folgenden ausprobieren:

- ✔ In einem heißen Schaumbad einweichen ... sanfte Musik ... Kerzenlicht ...
- ✔ Durch einen ruhigen Wald spazieren ... Vögel zwitschern ... Blätter rascheln ...
- ✔ Unter einem Baum im Park liegen ... warme Brise ... mehr Vogelzwitschern ...
- ✔ In Ihrem Lieblingssessel sitzen ... ein tolles Buch lesen ... kein Vogelgezwitscher ...

Normalerweise dominiert das, was Sie sehen und hören können, Ihre Vorstellungskraft. Aber vergessen Sie Ihren Tast- und Geruchssinn nicht. Wenn Sie diese Sinne ebenfalls verwenden, können Sie Ihre Bilder bereichern und sie umfassender machen. Fühlen Sie den Sand zwischen Ihren Zehen, riechen Sie den frisch gekochten Kaffee, schmecken Sie das Salz in der Luft.

Bewegen Sie die Dinge

Ihr Bild muss keine statische Szene sein. Es kann sich ändern und sich bewegen. Folgendes können Sie z.B. tun:

- ✔ Sich eine Sportveranstaltung vorstellen, die Ihnen Spaß macht. Das könnte ein Fußballspiel sein, das Ihnen gefallen hat. Oder denken Sie sich eins aus. Folgen Sie mental den Spielzügen über das Spielfeld. Kein Fußballfan? Stellen Sie sich ein Tennismatch vor.
- ✔ Versuchen Sie, Ihre Lieblingsfilme in Ihrem Kopf durchzuspielen, stellen Sie sich verschiedene Szenen vor und füllen Sie Dialoge. Dramatische Filme funktionieren wunderbar.
- ✔ Erinnern Sie sich an die Details einer Reise, die Sie einmal gemacht haben, und verfolgen Sie Ihre Reiseschritte von Ort zu Ort.

Diese *geführte Vorstellung*, wie es genannt wird, kann Ihnen dabei helfen, konzentriert und an Ihrem Bild interessiert zu bleiben und sicherzustellen, dass sich keine ungewollten, eindringenden Gedanken einschleichen.

Stoppen Sie Ihre Gedanken

Manchmal reicht es nicht, sich selbst abzulenken, um den Geist zu beruhigen. Manchmal brauchen Sie stärkere Maßnahmen, um diese ungewollten und stressenden Sorgen und Gedanken zu beseitigen, oder zumindest zu verlangsamen. Vielleicht haben Sie eine Sorge, die sich immer wieder in Ihre Gedanken schleicht und Sie davon abhält, einen angenehmen Abend mit Ihren Freunden zu genießen. Oder vielleicht versuchen Sie einzuschlafen, und die Gedanken, die in Ihrem Kopf umherrasen, machen Schlaf unmöglich. Sie erkennen, dass Sie nichts an Ihrer Sorge ändern können, und dass Ihre Gedanken die Dinge nur noch schlimmer machen. Es würde Ihnen besser gehen, wenn Sie irgendwie aufhören könnten, darüber nachzudenken. Aber wie?

Hier kann eine Technik mit dem Namen *Gedankenstopp* sehr nützlich sein. Es ist eine effektive Methode, nicht nur, um Sorgen und Ärgernisse zeitweise aus Ihren Gedanken zu entfernen, sondern sie ist auch wirksam, um diese Gedanken abzuschwächen und zu verhindern, dass sie wiederkehren. Hier sind die notwendigen Schritte, damit diese Technik für Sie funktioniert:

1. **Achten Sie auf Ihre Gedanken.**

   Wenn ein sorgender Gedanke durch Ihren Kopf läuft, treten Sie mental einen Schritt zurück und bemerken Sie, dass dies ein unerwünschter Gedanke ist. Das mag eine Sorge, ein nagender Gedanke oder ein Bedauern sein – alles, was den Stress zu diesem bestimmten Zeitpunkt nicht wert ist.

2. **Malen Sie ein Stoppschild.**

   Stellen Sie sich in Gedanken ein rot-weißes, sechseckiges Stoppschild vor, wissen Sie, so eins, wie Sie es an Kreuzungen sehen. Machen Sie Ihr Stoppschild groß und lebendig.

3. **Brüllen Sie »Stopp!«.**

   In Ihrem Kopf rufen Sie still das Wort STOPP zu sich selbst.

4. **Wiederholen Sie das noch einmal.**

   Jedesmal, wenn der sorgende oder unerwünschte Gedanke wieder auftaucht, bemerken Sie diesen Gedanken, stellen Sie sich Ihr Stoppschild vor und brüllen Sie STOPP zu sich selbst.

5. **Suchen Sie einen Ersatzgedanken.**

   Suchen Sie einen Gedanken oder ein Bild, mit dem Sie den störenden Gedanken oder das störende Bild austauschen können. Dies kann etwas aus der Liste der entspannenden Bilder weiter oben sein, oder jeder andere Gedanke als der, den Sie gerade zu schwächen versuchen.

Das Bild des Schilds und das verbale »STOPP« wird Ihre Gedankenfolge unterbrechen und den unerwünschten Gedanken zeitweise aus Ihrem Geist entfernen. Lassen Sie sich aber warnen: Er wird wahrscheinlich zurückkehren, und Sie müssen diesen Ablauf dann noch einmal wiederholen. Wenn Ihr Stress produzierender Gedanke oder Ihr Bild sehr stark ist, können mehrere Wiederholungen dieser Technik erforderlich sein, um ihn zu schwächen oder zu entfernen. Bleiben Sie dabei.

Der Trick mit dem Gummiband

Eine Variation des Gedankenstopps, die sich für viele Menschen als nützlich herausgestellt hat, ist die Verwendung eines Gummibands, um die Präsenz eines störenden Gedankens zu unterbrechen. Nehmen Sie einfach ein normales Gummiband und legen Sie es sich um Ihr Handgelenk. Immer wenn Sie nun einen eindringenden oder unerwünschten Gedanken bemerken, der Ihren Geist füllt, ziehen Sie an dem Gummiband und lassen Sie es gegen Ihr Handgelenk schnipsen. Das sollte nicht schmerzhaft sein. Es sollte nur eine scharfe Erinnerung sein, dass Sie diesen störenden Gedanken ziehen lassen wollen. Benutzen Sie Ihr mentales Stoppzeichen und denken Sie daran, Ihren ungewollten Gedanken durch einen angenehmeren zu ersetzen.

Was, Sorgen, ich?

Sorgen sind eine der Hauptursachen, wie Ihr Geist auf Touren kommt und Sie unter Stress hält. Sie bemerken vielleicht, wie Sie sich während des Tages oder auch in der Nacht um drei über etwas Sorgen machen, wenn Sie eigentlich schlafen sollten. Sie denken möglicherweise über eine brillante Retourkutsche gegenüber diesem sarkastischen Kollegen oder dem unhöflichen Verkäufer nach. Oder Sie fragen sich, wie Sie das Geld aufbringen sollen, um für all die Dinge zu zahlen, die in diesem Monat auf Ihrer Ausgabenliste stehen. Was auch immer Ihre Sorgen sind, sie lassen Ihre Gedanken rasen. Das Ausschalten dieser Sorgen verdient ein ganzes Kapitel für sich – Kapitel 11. Es bietet Ihnen eine ganze Reihe von wirksamen Techniken und Strategien, mit deren Hilfe Sie die störenden Sorgen reduzieren und kontrollieren können.

Lassen Sie die Band aufspielen (oder noch besser, das Streichquartett)

Wie Congreve beobachtete, besänftigt Musik das wilde Biest. Er hatte Recht, obwohl er das wilde Bein, den wilden Arm, das wilde Kinn und andere Teile Ihrer Anatomie hätte hinzufügen können. Musiktherapeuten wissen, dass Musik zu bedeutenden physischen Veränderungen in Ihrem Körper führen kann: Ihre Herzrate fällt, Ihre Atmung verlangsamt sich und Ihr Blutdruck sinkt. Aber nicht jede Art von Musik hat diese Wirkung. Einige Musikarten können Sie aufregen und Sie noch gestresster machen. (Denken Sie an dieses Metallica-Groupie, das über Ihnen wohnt.) Andere Musikstücke wiederum mögen Ihnen gefallen, haben aber trotzdem keine beruhigende Auswirkung.

Ein bisschen Barock

Nachfolgend finden Sie eine kurze Liste von in der Praxis getesteten Komponisten und Kompositionen (Barock und andere), die Ihren Puls verlangsamen sollten.

- ✔ **Bach:** Die langsameren zweiten Sätze sind besonders geeignet zur Entspannung. Richtig beruhigend ist der Teil Air aus der Suite No. 3 in D-Dur.
- ✔ **Händel:** Wassermusik.
- ✔ **Chopin:** Nocturnes.
- ✔ **Schubert:** Symphonie Nr. 8 in H-Moll.
- ✔ **Pachelbel:** Kanon in D.
- ✔ **Albinoni:** Adagio in G.
- ✔ **Mozart:** Klavierkonzert Nr. 21.
- ✔ **Beethoven:** Pastoral.
- ✔ **Elgar:** Salut d'Amour.

Kein Klassikfan?

Natürlich ist nicht nur klassische Musik entspannend. Bach und Mozart sind wahrscheinlich nicht so wirksam für Sie wie Charlie Mingus, wenn Sie ein Jazzfan sind. Andere Musikformen können unglaublich beruhigend sein. Viele der »New Age«-Kassetten und -CDs funktionieren gut.

Es gibt kein Musikstück, das für jeden funktioniert. Experimentieren Sie. Finden Sie heraus, was für Sie entspannend ist. Hören Sie Musik in Ihrem Auto auf dem Weg zur Arbeit, in Ihrem Bett, bevor Sie schlafen gehen, in Ihrem Lieblingssessel in Ihrem Lieblingszimmer. Kopfhörer und eine persönliche Kassette oder CD ermöglichen es Ihnen, Ihre Musik – und einen Zustand der Entspannung – mitzunehmen, egal wo Sie auch hingehen.

Besuchen Sie den Regenwald

Vor einigen Jahren machte ich Urlaub am Meer, und als ich am Strand entlang spazierte, war ich fasziniert von dem beruhigenden Geräusch der Wellen, die rhythmisch das Ufer streichelten. Mensch, dachte ich, wäre es nicht schön, wenn ich zu Hause in der Stadt mit diesem Geräusch in den Schlaf gewiegt werden könnte? Nun, ich kann, und Sie können es auch.

Heutzutage können elektronische Soundmaschinen praktisch jedes Geräusch reproduzieren, das Sie sich vorstellen können. Diese Maschinen kosten jetzt wesentlich weniger als noch vor ein paar Jahren. Wenn Sie also – wie ich – das Geräusch der Wellen mögen, kein Problem. Oder wie wäre es mit einem tropischen Regenwald? Vielleicht empfinden Sie das Geräusch des Regens auf einem Dach, eines rauschenden Baches oder eines schlagenden Herzens als beruhigend. Sie haben die Wahl.

Gerüche

Ihre Ohren sind nicht der einzige Weg zu mentaler Entspannung. Ihre Nase kann ebenso gut funktionieren. Die Menschen benutzen seit Jahrhunderten Gerüche, um Stress und Anspannungen zu lösen. Ein Aroma kann Gefühle der Ruhe und Gelassenheit auslösen. Es gibt tatsächlich eine Therapierichtung mit dem Namen *Aromatherapie*, die sich darauf konzentriert, Ihren Geruchssinn als Weg für emotionale Veränderung zu benutzen.

Forschungen, die von Alan Hirsch, M.D., dem Neurologischen Direktor der *Smell and Taste Treatment and Research Foundation* in Chicago, durchgeführt wurden, vermuten, dass es eine Verbindung zwischen Geruch und Stimmung gibt: Ihre Stimmung hat möglicherweise eine biologische Grundlage.

Dr. Hirsch fand heraus, dass der Teil des Gehirns, der Gerüche registriert, biologisch mit dem Teil des Gehirns verbunden sein könnte, der Emotionen registriert. Sicherlich kann der richtige Geruch Sie entspannen und in bessere Laune versetzen. Nachfolgend finden Sie einige leicht zu findende Gerüche für Ihre Seele, die Sie ausprobieren sollten.

Eau de Pommes-Frites?

Sie könnten denken, dass der Geruch von Essen Sie sofort zu Ihrem lokalen Fast-Food-Restaurant laufen lässt. Es scheint, dass das Gegenteil der Fall ist. Dr. Alan Hirsch in Chicago führte eine Studie mit etwa 3.000 Leuten durch und fand heraus, dass, immer wenn sich die Versuchsperson nach Essen fühlte, der Geruch einer Banane, eines grünen Apfels oder von Pfefferminze zu Gewichts*verlust* führte. Dr. Hirsch spekulierte, dass es möglicherweise die herbeigeführte Entspannung sei, die zu weniger Essen führte.

- ✔ Eine Schüssel voll grüner Äpfel auf Ihrem Tisch
- ✔ Sonnencreme
- ✔ Vanilleextrakt
- ✔ Etwas frisch Gebackenes
- ✔ Seifen, Handcremes, Badeöle und -zusätze und Aftershave
- ✔ Frisch gekochter Kaffee

Machen Sie Licht

Kerzen können ein wundervoller Zusatz zu Ihrem Repertoire Stress reduzierender Dinge sein. Eine brennende Kerze steht für Romantik, Wärme, Frieden und einem Gefühl der Ruhe. Das Flackern der Flamme kann hypnotisierend wirken. Wenn Sie Aromakerzen abbrennen, wird der Effekt noch verstärkt. Welches Aroma Sie benutzen, hängt davon ab, was Ihnen am besten gefällt. Vanille und blumige Noten haben wohl die entspannendste Wirkung. Oft rufen diese Aromen angenehme Kindheitserinnerungen hervor. Und denken Sie einmal daran, wie viel Sie von Ihrer Stromrechnung sparen können.

Mischen Sie sich Ihren eigenen Aroma-Cocktail

Wenn Sie keine Zeit zum Brotbacken oder Kaffeekochen haben, versuchen Sie, Ihr eigenes Stress reduzierendes Aroma zusammenstellen, indem Sie kommerziell erhältliche Öle benutzen. »Ätherische Öle« oder »Essentielle Öle« scheinen bessere therapeutische Wirkungen zu haben, aber synthetische Öle sind billiger. Sie können diese angenehmen Öle in einer ganzen Reihe von Geschäften kaufen oder sie über Versandhäuser bestellen. Sie können ätherische Öle in Drogeriemärkten oder Feinkostläden wesentlich billiger erhalten als in schicken Boutiquen oder Gesundheitsläden. Wenn Sie in einer »Do-It-Yourself«-Laune sind, können Sie Bücher in Ihrer Buchhandlung finden, die Ihnen zeigen, wie Sie ätherische Öle aus Blumen gewinnen. Einige der üblichsten Öle, die einen entspannten, ruhigen Zustand hervorrufen, sind Lavendel, Rose, Jasmin, Kamille, Orangenblüten, Vanille, Bergamotte, Geranie und Sandelholz. Häufig können Sie Öle kombinieren, um ein neues, entspannendes Aroma zu kreieren.

Der Geruch einer Erinnerung

Ein Geruch kann frühe Erinnerungen auslösen. Es scheint eine Verbindung in unserem Gehirn zwischen Erinnerung und Gerüchen zu geben. Der Trick besteht natürlich darin, den Geruch zu finden, der eine angenehme, entspannende Erinnerung auslöst. Einer meiner liebsten Gerüche ist der, der aus einem Trockner kommt, wenn Kleidung getrocknet wird, weil ich als Kind viele glückliche Stunden in der Wäscherei meiner Tante verbracht habe. Für die meisten Menschen bedeutet dieser Geruch ganz einfach viel Arbeit. Frisch gemähtes Gras ruft meistens Erinnerungen hervor, wie ich als Kind vor dem Haus spielte. Versuchen Sie, dieses Phänomen zu nutzen, indem Sie die Gerüche herausfinden, die für Sie glückliche Erinnerungen auslösen.

Einige Öle können direkt inhaliert werden, während andere besser wirken, wenn Sie Ihrem Bad hinzugefügt werden. Bestimmte Öle können direkt auf Ihrem Körper aufgetragen werden, während manche Öle Allergien auslösen können. Bestimmte Öle sollten während einer Schwangerschaft vermieden werden. Am besten holen Sie sich den Rat eines Experten, bevor Sie anfangen zu experimentieren. Ihre Buchhandlung hat Bücher zu dem Thema (z.B. *Aromatherapy for Dummies* von Kathi Keville, erschienen bei IDG Books Worldwide, Inc.). Außerdem können Sie auch Ihren Apotheker befragen, welche Öle Sie benutzen können, wie Sie sie benutzen und wo Sie einen Aromatherapeut in Ihrer Nähe finden.

Nichts tun: Meditation ist gut für Sie

Von allen Entspannungsmethoden ist Meditation wahrscheinlich die, die am meisten Verdacht erregt. Wenn Sie an Meditation denken, stellen Sie sich wahrscheinlich Bilder von bärtigen Typen in safrangelben Roben vor, die in der Lotusposition sitzen. Sie haben das Gefühl, dass dies eine Aktivität ist, die nicht besonders gut in Ihrem Büro ankommt. Es ist nicht überraschend, dass Sie etwas argwöhnisch sind, wenn es darum geht, aufzuspringen und der Bewegung beizutreten. Dennoch ist es wahrscheinlich, dass Sie bereits meditiert haben. Vielleicht war Ihnen nicht bewusst, dass Sie es getan haben, aber in den Zeiten, in denen Ihr Geist ruhig, leer und konzentriert ist, und Sie nicht Ihren Tag verarbeiten oder über eine Million Dinge nachdenken, tun Sie etwas, das der Meditation sehr nahe kommt.

Die folgenden Abschnitte präsentieren Ihnen Meditation als ein wichtiges, Stress reduzierendes Werkzeug, das gut in Ihren Stress-Werkzeugkasten passt.

Ost trifft West

Die Menschen im Fernen Osten – besonders die, die sich bestimmten religiösen oder philosophischen Glaubensrichtungen verschreiben – haben Meditation seit Tausenden von Jahren praktiziert. Diese Menschen nutzen Meditation als ein Mittel, nach innerem Frieden, Erleuchtung und Harmonie mit dem Universum zu suchen und diese Dinge zu finden.

Meditation hat in der westlichen Welt jedoch keine derartige Akzeptanz erhalten. Die Menschen im Westen haben Meditation eher als fremd und fern betrachtet, und manchmal auch als religiösen Fanatismus. Als in den 60er Jahren der Maharishi – ein damals beliebter Guru – auftauchte, begannen die Menschen in der westlichen Welt, Meditation mit einer etwas wilden Randgruppe der Gesellschaft zu verbinden.

Aber in letzter Zeit – in den letzten zehn Jahren – haben Forscher damit begonnen, die positiven Auswirkungen der Meditation zu erkennen. Herbert Benson, M.D., vom *Mind/Body Medical Institute* im Deaconess Hospital in Boston, war einer der ersten, der Meditation einer breiteren westlichen Gruppe vorgestellt und zugänglich gemacht hat. Seitdem haben die Prinzipien und die Praxis der Meditation sich auch im Westen weitverbreiteter Akzeptanz und Begeisterung erfreut.

Was kann Meditation eigentlich für mich tun?

Die Auswirkungen und Vorteile der Meditation sind umfassend und verschieden. Viele können Sie gleich bemerken, während andere weniger offensichtlich sind und Sie auf subtilere Art und Weise beeinflussen. Der wichtigste Punkt ist, dass Meditation Ihnen helfen kann, Ihren Geist und Ihren Körper zu entspannen. Sie kann Ihnen helfen, Ihre inneren Gedanken auszuschalten. Meditation kann Ihnen helfen, sich weniger gestresst zu fühlen, Ihr Körper wird weniger angespannt und Ihr Geist ruhiger sein. Mit etwas Übung sollten Sie sich nach der Meditation ausgeruht, erneuert und voller neuer Energie fühlen. Meditation ermöglicht Ihnen größere Kontrolle über Ihre Gedanken, Sorgen und Ängste. Sie ist eine Fähigkeit, die Ihnen, wenn Sie sie einmal meistern, während Ihres ganzen Lebens gut dienen kann.

Aber es ist schwieriger, als es aussieht

Meditation ist für einen sehr kurzen Zeitraum (wie etwa eine Minute) relativ leicht zu machen. Die Herausforderung besteht darin, über längere Zeiträume meditieren zu können. Menschen aus der westlichen Welt haben einen eingebauten Ablehnungsmechanismus gegenüber der Meditation. Vielleicht haben ja auch Sie einen der folgenden Charakterzüge.

- ✔ **Westliche Menschen sind gern beschäftigt:** Sie mögen es, aktiv zu sein und Dinge zu tun statt passiv zu sein und Dinge passieren zu lassen. Längere Perioden der Unbeweglichkeit rufen oft Gefühle der Langeweile und Ruhelosigkeit aus.
- ✔ **Westliche Menschen brauchen Zeugnisse:** Sie empfinden wahrscheinlich das Bedürfnis, sich selbst darin zu beurteilen, wie gut Sie sind. Wenn Sie nach einer gewissen Übungsphase feststellen, dass es ganz gut geht, beurteilen Sie sich selbst – und Ihre Leistung – entsprechend. Einer der Schlüssel zur Meditation liegt darin, sich selbst nicht zu beurteilen – sei es gut oder schlecht.

Nichts hiervon sollte Sie entmutigen oder Sie davon abhalten, Ihre meditativen Fähigkeiten zu üben. Nein, Sie werden die Meditation nicht in zwölf Minuten perfekt beherrschen können. Sie werden aber vielleicht überrascht sein, wie schnell Sie beginnen, positive Resultate zu sehen. Ich wiederhole: Bleiben Sie dabei, die Ergebnisse sind es wert.

Vorbereitung zum Meditieren

Hier ist eine Schritt-für-Schritt-Anleitung, mit der Sie sich auf die Meditation vorbereiten können. Denken Sie daran, dass es viele Arten der Meditation gibt. Diese Vorschläge helfen Ihnen, sich für diese verschiedene Arten vorzubereiten, besonders für die Übungen, die in diesem Kapitel dargestellt sind.

1. **Suchen Sie sich einen ruhigen Ort, an dem Sie für eine Weile nicht gestört werden.**

   Kein Telefon, kein Pager, kein Fernsehen – nichts.

2. **Finden Sie eine bequeme Sitzposition, wie die in Abbildung 5.2 gezeigte.**

   Sich selbst in eine Yogi-artige Hockstellung nach Art der Schlangenbeschwörer zu verdrehen, mag (wenn auch beeindruckend) nicht die beste Art sein mit Meditation zu starten, wenn Sie ein Neuling sind. Denken Sie daran, dass Sie etwa 15 bis 20 Minuten in einer Stellung bleiben werden.

Abbildung 5.2: In einer entspannten, bequemen Position sitzen

3. **Konzentrieren Sie sich auf ein Geräusch, ein Wort, ein Gefühl, ein Bild, ein Objekt oder einen Gedanken.**

4. **Halten Sie Ihre Konzentration und nehmen Sie eine passive, akzeptierende Haltung an.**

   Wenn Sie sich in der Meditation konzentrieren, schleichen sich vielleicht störende Gedanken oder Bilder in Ihren Geist und lenken Sie ab. Wenn diese Gedanken auftauchen, beachten Sie sie, akzeptieren Sie die Tatsache, dass sie da sind und lassen Sie sie gehen: kein Ärger, keine Gereiztheit, keine Selbstanklage.

Versuchen Sie, nicht an die Zeit zu denken. Meditieren Sie etwa 15 bis 20 Minuten. Wenn Sie länger meditieren wollen, gut. Wenn Sie merken, dass es Ihnen unbequem wird, können Sie unterbrechen und es zu einer anderen Zeit noch einmal versuchen. Denken Sie daran, dass dies eine Übung ohne Druck ist, an der kein Ego beteiligt ist.

Wenn Sie alles vorbereitet haben, können Sie mit Ihrer Meditation beginnen. Zwar gibt es vielen Formen der Meditation, aus denen Sie sich eine auswählen können, aber die am häufigsten benutzten sind die Atem-Zähl-Meditation und die Meditation mit einem Mantra. Die folgende Abschnitte stellen diese beiden Arten dar.

Einfach erstaunlich

Einige Anhänger der Meditation stellen Behauptungen auf, die etwas übertrieben sind. Es ist höchst unwahrscheinlich, dass Sie durch Meditation frei schweben können oder sich Ihr Intelligenzquotient drastisch erhöhen wird.

Aber diejenigen, die ernsthafte Praktiker der Meditation untersucht haben, haben ziemlich bemerkenswerte Resultate gefunden. Ein geübter Anhänger der Meditation kann relativ schnell in einen Zustand tiefer Entspannung sinken, und einige können sogar extreme Schmerzen und hohen Stress tolerieren. Einige Menschen können durch Meditation ihre Herzrate auf überraschend niedrige Werte bringen – ihre Atmung verlangsamt sich und die Menge der Sauerstoffaufnahme wird weithin reduziert. Geübte Anhänger der Meditation können ihre Körpertemperatur radikal ändern. Die Hirnstromwellenmuster, die mit Zuständen tiefer Entspannung einhergehen, erhöhen sich in ihrer Intensität und ihrer Häufigkeit. Viele behaupten, dass die Vorteile der Meditation über die der Entspannung hinausgehen. Sie behaupten, dass Meditation ihnen dabei hilft, klarer zu denken, ihre Beziehungen zu anderen zu verbessern, ihr Selbstbewusstsein zu erhöhen und sogar Erleuchtung zu bringen.

Erleuchtung? Vielleicht. Frei schweben? Ich glaube nicht.

Meditatives Atmen

Die Atem-Zähl-Meditation baut sich auf die kontrollierten Atemtechniken und -übungen auf, die ich im letzten Kapitel beschrieben habe. (Weitere Informationen darüber, wie Sie Ihre Lunge auf Meditation vorbereiten, finden Sie in Kapitel 4.) Die Atem-Zähl-Meditation ist eine der grundlegenden und meistverbreiteten Formen der Meditation. So geht's:

1. **Setzen Sie sich bequem hin.**

   Sie können sich auf den Boden oder auf einen Stuhl setzen. Halten Sie Ihren Rücken gerade und Ihren Kopf hoch. Kleiden Sie sich bequem – keine engen Schuhe, engen Gürtel, Krawatte, Unterhose, BH oder anderes, das Sie einengt.

2. **Schließen Sie Ihre Augen und suchen Sie nach Anspannungen.**

   Überprüfen Sie Ihren Körper auf Anspannungen mit Hilfe der Ein-Minuten-Körper-Check-Technik, die ich in Kapitel 4 beschrieben habe, und lassen Sie dann alle Anspannungen los, die Sie finden.

3. **Atmen Sie entspannt.**

   Entspannen Sie sich durch einige Bauchatemzüge (Atmung über Ihr Zwerchfell). Atmen Sie langsam und tief durch Ihre Nase.

   Um Ihnen dabei zu helfen, auf eine entspannende Art und Weise zu atmen, stellen Sie sich einen kleinen Ballon vor, der gerade unterhalb Ihres Bauchnabels sitzt. Während Sie durch Ihre Nase einatmen, stellen Sie sich vor, dass dieser Ballon sich sanft aufbläst und, während Sie durch Ihre Nase ausatmen, dass der Ballon langsam wieder in sich zusammenfällt.

4. **Konzentrieren Sie sich auf Ihre Atmung.**

   Ihre Atmung wird nun das Objekt Ihrer Konzentration. Wenn Sie einatmen, zählen Sie diesen Atemzug als »1«.

   Der nächste Atemzug ist 2 usw., bis Sie bei 10 angelangt sind. Dann starten Sie wieder bei 1. Zählen Sie still zu sich selbst, und wenn Sie durcheinander kommen, starten Sie einfach wieder bei 1. Wenn Sie sich beim Zählen verwirren, machen Sie sich keine Gedanken – die Zahl ist nur etwas, worauf Sie sich konzentrieren – es gibt hier keine richtige oder falsche Zahl.

5. **Wenn Sie feststellen, dass sich ein störender Gedanke oder ein störendes Bild einschleicht, lassen Sie es gehen und kehren Sie zum Zählen zurück.**

   Fahren Sie etwa 20 Minuten lang mit dieser Übung fort und machen Sie sie – wenn Sie können – zweimal täglich.

Die wahrscheinlich am weitesten verbreitete Beschwerde unter beginnenden Meditationsanhängern besteht darin, dass Ihre Gedanken ständig umherstreifen, vor allem zu Beginn der Meditation. Auch an den Tagen, an denen Sie keinen großen Druck oder einen anstehenden Abgabetermin vor sich haben, kann Ihr Geist auf eine Million Dinge kommen, über die Sie sich Gedanken machen. Das ist normal. Erwarten Sie das, und zerbrechen Sie sich nicht den Kopf, wenn es passiert. Machen Sie diese Übung nicht zu einem Test Ihrer Fähigkeit, wie gut Sie sich konzentrieren können. Es mag einige Zeit dauern, bis es Ihnen gelingt, sich ohne unangebrachte Ablenkungen zu konzentrieren. Bleiben Sie am Ball.

Meditation mit einem Mantra

Die wahrscheinlich am besten bekannte und beliebteste Form der Meditation ist die Meditation mit einem Mantra. Ein *Mantra* ist ein Ton oder ein Wort, das Sie wiederholen. Es kann Ihnen dabei helfen, Ihren Geist zu konzentrieren und Ablenkungen zu vermeiden. Nachdem Sie Ihr

Mantra ausgewählt haben (siehe Kasten »Psst, suchen Sie ein gutes Mantra?«), sind Sie bereit, es praktisch einzusetzen:

1. **Setzen Sie sich ruhig hin, entweder auf den Boden oder auf einen Stuhl, wie Sie es für die Atemmeditation getan haben, die im letzten Abschnitt beschrieben wurde.**

   Vermeiden Sie alle Ablenkungen. Schließen Sie Ihre Augen und entspannen Sie sich, so gut Sie können.

2. **Beginnen Sie mit einigen tiefen Atemzügen und versuchen Sie, Ihren Geist von den Mühen und Sorgen des Tages zu befreien.**

   Denken Sie daran, nicht nur mit Ihrer Brust zu atmen. Atmen Sie so lange, bis Sie merken, dass Sie sich viel entspannter fühlen. (Etwa ein Dutzend Atemzüge sollten reichen.)

3. **Machen Sie einen Körper-Check, um zu sehen, ob sich irgendwo Anspannungen verstecken.**

4. **Konzentrieren Sie sich auf Ihre Atmung und beginnen Sie, Ihr Mantra zu sich selbst zu wiederholen, entweder still oder leise singend.**

   Während Sie Ihr Mantra sagen, versuchen Sie, das Wort in Ihrem Kopf zu sehen. Wiederholen Sie Ihr Mantra immer wieder. Suchen Sie einen Ablauf und Rhythmus, der für Sie bequem ist. Wenn Sie feststellen, dass Ihre Konzentration sich löst, sollten Sie sich, wie vorher, einfach der Tatsache bewusst werden und Ihren Geist sanft wieder zu Ihrem Mantra zurückführen.

Machen Sie diese Übung etwa 20 Minuten lang und versuchen Sie, so viele Meditationssitzungen wie möglich ich Ihre Woche einzubauen.

Psst, suchen Sie ein gutes Mantra?

Das Wort Mantra stammt aus dem Indischen: »man« bedeutet »denken« und »tra« bedeutet »befreien«. Mantras nehmen oft die Form von ein oder zwei Silben an, z.B. *om*, was »Ich bin« bedeutet, oder *so-ham*, was »Ich bin er« bedeutet. Viele Meditationslehrer glauben daran, dass Ihr Mantra eine persönliche Bedeutung für Sie haben sollte.

In seinem Buch *The Relaxation Response* sagt der Kardiologe und Forscher Herbert Benson, dass ein persönliches Mantra für erfolgreiche Meditation nicht notwendig ist. In seiner Lehre der meditativen Entspannung schlägt Dr. Benson als Mantra das Wort »eins« vor. Für die meisten von uns hat das Wort sehr wenig Bedeutung und ist daher nicht besonders ablenkend. Ihr Mantra kann auch ein beruhigendes Wort wie »Frieden«, »Liebe« oder »Ruhe« sein. Was auch immer Sie sich einfallen lassen, wählen Sie ein Wort oder einen Ton, der eine beruhigende Wirkung auf Sie hat.

Wenn Sie einige zusätzliche Informationen über Mantras und Meditation im Allgemeinen haben wollen, werfen Sie einen Blick in das Buch *Meditation für Dummies* von Stephan Bodian (erscheint im Herbst 2000 bei MITP).

Zeit für Mini-Meditationen finden

Jemand fragte einmal einen Meditationslehrer: »Wie lange sollte ich meditieren?« »Etwa 20 Minuten lang«, antwortete der weise Mann und fügte schnell hinzu: »Aber fünf Minuten tatsächlicher Meditation sind besser als 20 Minuten der Meditation, die Sie planen, aber nicht durchführen.«

Mir ist klar, dass Sie vielleicht nicht zweimal pro Tag 20 Minuten Zeit haben, um in einer ruhigen Ecke Ihres Lebens friedlich zu meditieren. Und auch wenn Sie die Zeit haben, stellen Sie vielleicht fest, dass Ihr Chef – der auch nicht annähernd so erleuchtet ist wie Sie – Ihre Meditationssitzungen argwöhnisch betrachtet. Glücklicherweise können Sie »verkürzte« Formen der Meditation üben – sie können so kurz oder lang sein, wie Sie Zeit haben. Sie können eine Mini-Meditation durchführen, wenn Sie ein paar Minuten freie Zeit haben, z.B. bei den nachfolgend aufgelisteten Gelegenheiten. (Ich empfehle Ihnen nicht, in Ihrem Auto zu meditieren, es sei denn, Sie sind der Beifahrer.)

- ✔ Wenn Sie im Verkehr stecken bleiben (und der Beifahrer sind)
- ✔ Wenn Sie auf Ihren Arzt oder Zahnarzt warten müssen
- ✔ Wenn Sie in einer Schlange stehen (für ewig, wie es scheint)
- ✔ Wenn Sie in einer langweiligen Besprechung sitzen (in der Sie nichts präsentieren müssen und Ihnen keine Fragen gestellt werden)
- ✔ Wenn Sie mit dem Bus oder der U-Bahn oder in einem Taxi fahren

Hypnotisieren Sie sich selbst

Wenn Sie an Hypnose denken, tauchen vor Ihrem geistigen Auge wahrscheinlich zwei Bilder auf. Das erste stammt aus einem B-Movie, in dem Sie einen Svengali-artigen Doktor sehen – gewöhnlich gestört –, der eine Taschenuhr vor dem Gesicht eines unschuldigen Opfers hin- und herschwingt. Das zweite Bild ist ein Hypnotiseur auf einer Bühne mit etwa einem Dutzend Freiwilliger, die entweder mit Besen tanzen oder wie Hühner gackern. Glücklicherweise ist keines dieser Bilder zutreffend.

Tatsächlich ist Hypnose weniger mysteriös und viel gewöhnlicher, als Sie vielleicht denken. Hypnose ist absolut sicher, aber noch wichtiger, sie kann eine sehr effektive Methode sein, die Ihnen dabei hilft, sich zu entspannen und mit Stress umzugehen.

Nein, Sie werden sich nicht in ein gackerndes Huhn verwandeln

Wahrscheinlich ist keine andere psychologische Technik für die Reduzierung von Stress so missverstanden wie Hypnose. Hier sind einige Dinge, die Sie wissen sollten:

- ✔ Sie schlafen nicht.
- ✔ Sie sind nicht bewusstlos.

- Sie werden nicht die Kontrolle verlieren oder jemand anderem willenlos ergeben sein.
- Sie werden nichts tun, das Sie nicht tun wollen.

Hypnose ist einfach ein tief konzentrierter Zustand, der Ihnen Suggestionen bewusster und Sie für diese Suggestionen aufnahmefähiger macht.

Einige Menschen sind empfänglicher für hypnotische Suggestionen. Damit Hypnose für Sie so wirksam wie möglich sein kann, versuchen Sie eine empfangende, nicht kritische Haltung einzunehmen. Kämpfen Sie nicht gegen den Prozess an. Gehen Sie einfach mit ihm mit. Wenn Sie skeptisch und ablehnend bleiben, wird nicht viel passieren. Halten Sie Ihren Geist offen.

Überraschung! Sie sind bereits hypnotisiert worden

Sie haben es vielleicht nicht realisiert, aber die Wahrscheinlichkeit ist groß, dass Sie bereits oft in einem hypnotischen Trancezustand waren. Wir tauchen ständig in hypnotische Zustände ein und wieder aus. Erinnern Sie sich an die Zeiten, zu denen Sie auf der Autobahn fuhren, und Ihnen plötzlich angstvoll klar wurde, dass Sie während der letzten fünf Minuten nicht auf die Fahrbahn oder Ihre Fahrweise geachtet haben? Oder an die Momente, wenn Sie aus dem Kino kamen und realisierten, dass Ihre Aufmerksamkeit so sehr auf die Leinwand fixiert war, dass Sie keine Ahnung hatten, wer neben Ihnen gesessen hat oder was um Sie herum vorging? Oder wenn Sie Tagträumen nachhingen oder einfach in Gedanken verloren waren. In jedem dieser Fälle befanden Sie sich in einem hypnotischen Trancezustand.

Die Kraft einer Trance

Ein Trancezustand heißt, Sie sind in einem anderen mentalen Zustand. Sie sind noch wach und haben alles unter Kontrolle, aber Ihre Aufmerksamkeit verengt sich und wird unglaublich konzentriert. In diesem Zustand sind Sie empfänglicher für Suggestionen, die Sie sich selbst geben könnten oder die ein Hypnotiseur Ihnen anbietet. Im Wesentlichen geben Sie sich selbst eine Art Abkürzung zu Ihrem Unterbewusstsein. Diese Suggestionen können viele Formen annehmen: Zigaretten schmecken scheußlich, ich werde Tag für Tag größer, ich werde klüger, was auch immer. (Es ist klar, dass einige Suggestionen realistischer als andere sind.)

Einige Trancezustände sind tiefer als andere. In einer leichten Trance fühlen Sie sich entspannter und sind in der Lage, auf einfache Suggestionen anzusprechen. In einer schwereren Trance können Sie lernen, Schmerzen nicht zu empfinden und sogar zu vergessen, was während der Hypnose passiert ist. Im folgenden besteht mein Ziel darin, eine leichte Trance herbeizuführen, die ausreicht, um einen friedvollen Zustand tiefer Entspannung zu erreichen.

Eine leichte Trance herbeiführen

Sie können mit mehreren Methoden einen leichten Trancezustand herbeiführen (auch die schwingende Uhr kann funktionieren). Hier ist eine der einfacheren Techniken, die ich als nützlich für die Reduzierung von Anspannung und Stress halte.

1. **Suchen Sie sich eine komfortable Position in einem ruhigen, schwach beleuchteten Raum, in dem Sie nicht unterbrochen werden.**

   Entspannen Sie sich so weit wie möglich. Wenn Sie wollen, ziehen Sie Ihre Schuhe aus und lockern Sie alle einengenden Kleidungsstücke.

2. **Konzentrieren Sie sich auf ein Objekt im Raum.**

   Das Objekt kann ein beliebiges sein – ein Flecken auf einer Wand, die Ecke eines Bildes, es ist vollkommen egal. Wählen Sie einfach ein Objekt, das oberhalb Ihres normalen Sehbereichs liegt, so dass Sie Ihre Augäpfel ein kleines bisschen anstrengen müssen, wenn Sie hoch schauen, um Ihren Punkt zu sehen.

3. **Während Sie auf Ihren Punkt sehen, sagen Sie still zu sich selbst:**

   »Meine Augenlider werden schwerer und schwerer.«

   »Meine Augenlider fühlen sich an, als würden schwere Gewichte sie nach unten ziehen.«

   »Bald werden sie so schwer sein, dass ich meine Augen schließen muss.«

   Wiederholen Sie diese Sätze etwa alle 30 Sekunden.

4. **Konzentrieren Sie sich auf Ihre Augenlider.**

   Bald werden Sie bemerken, dass sich Ihre Augenlider tatsächlich schwerer anfühlen. Spüren Sie, wie sich diese Schwere mit der Zeit vertieft. Bekämpfen Sie diese Gefühle nicht, lassen Sie sie einfach geschehen. Schließen Sie Ihre Augen, wenn Sie das Gefühl haben, dass sie sich schließen wollen.

5. **Während Ihre Augen sich schließen, sagen Sie zu sich selbst: »Entspanne dich und lass los.«**

6. **Wenn Ihre Augen geschlossen sind, atmen Sie tief durch Ihre Nase ein und halten Sie diesen Atemzug etwa zehn Sekunden lang.**

7. **Atmen Sie langsam durch Ihre leicht geöffneten Lippen aus und machen Sie dabei ein zischendes Geräusch.**

   Lassen Sie gleichzeitig Ihr Kinn fallen und fühlen Sie eine Welle der Wärme und Schwere, die sich von Ihrem Kopf hinunter in Ihren Körper bis zu Ihren Zehen ausbreitet. Atmen Sie weiter langsam und ruhig. Wenn Sie ausatmen, sagen Sie still das Wort »Ruhe« oder ein anderes entspannendes Wort zu sich selbst. Während Sie atmen, lassen Sie sich das Gefühl der Entspannung für einige weitere Momente sinken.

Ein bisschen tiefer gehen

Nachdem Sie eine leichte Trance herbeigeführt haben, sind Sie bereit, in einen tieferen Zustand der Hypnose überzugehen.

1. **Atmen Sie tief ein und halten Sie diesen Atemzug etwa zehn Sekunden lang.**

   Atmen Sie langsam durch Ihre Lippen aus, während Sie das Wort »tiefer« zu sich selbst sagen. Setzen Sie diesen Prozess für einige weitere Atemzüge fort, wobei Sie beim Ausatmen jedesmal das Wort »tiefer« zu sich selbst sagen.

2. **Stellen Sie sich vor, dass Sie auf eine nach unten fahrende Rolltreppe steigen, eine lange, langsame Rolltreppe, die Sie in einen Zustand tieferer Entspannung versetzen wird.**

   Wenn Sie Ihre Fahrt nach unten beginnen, sagen Sie still zu sich selbst:

   »Ich sinke langsam in einen tieferen Zustand der Entspannung.«

3. **Während Sie herunterfahren, zählen Sie jedesmal beim Ausatmen rückwärts von 10 bis 1.**

   Wenn Sie das Ende der Rolltreppe erreichen, stellen Sie sich vor, dass Sie von der Rolltreppe herunter gehen und auf eine zweite nach unten fahrende Rolltreppe steigen. Während Sie sich Ihre Fahrt nach unten vorstellen, vertiefen Sie Ihre Trance mit jedem Atemzug, während Sie wieder rückwärts von 10 bis 1 zählen.

4. **Fahren Sie fort, Ihre Trance zu vertiefen, bis Sie fühlen, dass Sie einen bequemen Grad der Entspannung erreicht haben.**

   Vielleicht brauchen Sie nur eine Rolltreppenfahrt oder vielleicht brauchen Sie mehrere. Mit etwas Übung werden Sie einfacher und schneller in einen Zustand tiefer Trance versinken.

Hol mich heraus auf dieser Trance

Nun gut, Sie sind jetzt in einem Trancezustand. Sie fühlen sich relativ entspannt, und Ihr Geist ist in totalem Frieden. Sie können wählen, in diesem entspannten Zustand zu verweilen und einfach die Vorteile der Entspannung und Ruhe genießen. Sie können sich selbst auch eine Suggestion geben, die diese Entspannung über den Trancestatus hinaushebt. Hier ist, was Sie tun sollten:

Zählen Sie einfach langsam rückwärts von fünf bis eins. Sagen Sie vorher zu sich selbst:

»Wenn ich eins erreiche, werden sich meine Augen öffnen und ich werde mich vollkommen wach und erfrischt fühlen.«

Während Sie zählen, achten Sie darauf, wie Ihre Augenlider zu zittern beginnen und sich teilweise öffnen, während sie sich der eins nähern.

Hier sind einige Suggestionen, die Ihnen helfen sollten, eine oder mehrere mögliche Blockierungen zu umgehen, die auftauchen könnten, wenn Sie sich in der Selbsthypnose üben:

- ✔ **Geben Sie sich genügend Zeit, um einen Trancezustand zu erreichen:** Dieser Prozess kann 15, 20 oder sogar 25 Minuten brauchen.

- ✔ **Fragen Sie sich selbst nicht: »Bin ich bereits hypnotisiert?«:** Dieser Leistungsdruck setzt den Prozess nur zurück. Erzwingen oder verlangen Sie nichts, lassen Sie es einfach passieren.

✔ **Wenn Sie in einen Trancezustand übergehen, benutzen Sie die Atmungs- und Muskelentspannungsfähigkeiten, die ich in Kapitel 4 dargestellt habe.** Diese Techniken beschleunigen den Hypnoseprozess und helfen Ihnen dabei, einen größeren Grad der Entspannung zu erreichen.

Weitere Informationen finden Sie über einen anerkannten Hypnosetherapeuten, der Ihnen zeigen kann, wie Sie die Selbsthypnose verwenden können, um andere Vorteile außer Entspannung erreichen zu können. Hypnose hat sich als hilfreich erwiesen für Menschen, die Schlaflosigkeit, Rauchen, Übergewicht und eine Reihe anderer Probleme und Störungen bewältigen wollen.

Sie wollen Feedback? Gehen Sie die High-Tech-Route

Biofeedback ist ein phantastischer Begriff, der bedeutet, Sie wissen zu lassen (der Feedback-Teil), was in Ihrem Körper vor sich geht (der Bio-Teil). Natürlich ist Biofeedback nichts Neues. Die Ergebnisse eines Bluttests, das Messen Ihres Blutdrucks oder ein EKG bei Ihrem Arzt sind Beispiele für medizinisches Biofeedback. Heutzutage wird der Begriff Biofeedback aber gewöhnlich für die elektronischen Geräte benutzt, die Ihren Stresslevel messen, oder technischer ausgedrückt, Ihre Werte *physischer Erregung*.

Mit Ihrem eigenen Körper verkabelt

Biofeedback ist, im Krankenhaus oder bei Ihrem Arzt durchgeführt, ein wunderbares Werkzeug, das Ihnen viel über Ihren Stress mitteilen und, noch wichtiger, Ihnen dabei helfen kann, Methoden zu lernen, mit denen Sie diesen Stress reduzieren können. Je nach verwendetem Biofeedback-Gerät können Sie Ihre Herzrate, Körpertemperatur, Blutdruck, die Leitfähigkeit Ihrer Haut (Schwitzen), den Grad Ihrer Magensäure, Muskelanspannungen und sogar Ihre Gehirnaktivitäten (siehe Abbildung 5.3) messen lassen. Jede dieser Körperfunktionen kann bis zu einem gewissen Grad kontrolliert werden, und das Arbeiten mit Biofeedback kann für die Kontrolle dieser Funktionen nützlich sein.

Biofeedback ist kein Ersatz für das Erlernen der Werkzeuge und Techniken, die in diesen Kapiteln präsentiert werden. Es kann Ihnen jedoch dabei helfen, sie effektiver zu benutzen. Sie sollten bei Interesse einen zugelassenen Biofeedback-Therapeuten konsultieren, der Ihnen zeigt, wie Biofeedback Ihnen helfen kann, zu entspannen und Ihren mentalen und physischen Stress zu reduzieren.

Viele Unternehmen stellen jetzt günstige Heim-Biofeedback-Trainer her, die Sie kaufen können und als eigenständiges Gerät oder in Verbindung mit Ihrem Computer benutzen können. Auch hier kann Ihnen ein zugelassener Biofeedback-Therapeut mit Kontaktadressen weiterhelfen.

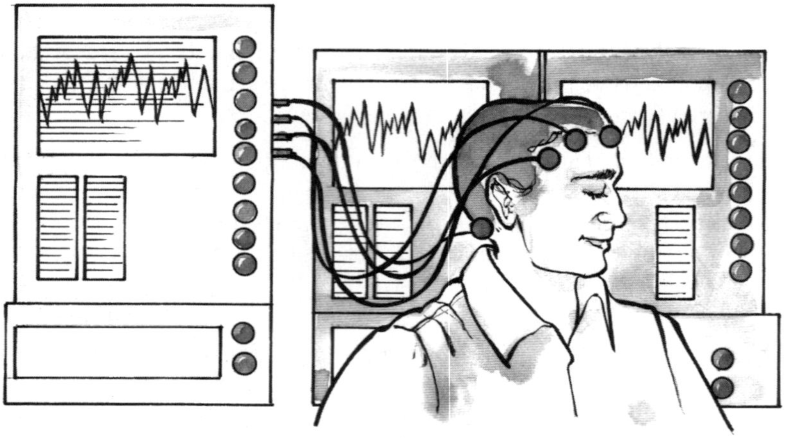

Abbildung 5.3: Verkabelt für Biofeedback-Ablesungen

Biofeedback (ohne Kabel)

Aber was ist, wenn Sie weder Zeit noch Geld erübrigen können, um die Biofeedback-Geräte zu benutzen. Sie können Ihre eigenen Biofeedback-Geräte erfinden. Einige Beispiele:

- **Eine Uhr mit Sekundenzeiger.** Wenn Sie Ihren eigenen Puls messen (am Hals oder auch an Ihrem Zeigefinger) erhalten Sie eine Messung Ihrer Herzrate, die sich je nach Entspannungsgrad unterscheidet.

  Außerdem können Sie Ihre Atemzüge über einen bestimmten Zeitraum zählen, um Ihre Atemrate zu messen. Diese sollte niedriger werden, während Sie entspannter werden.

- **Ein Thermometer.** Wenn Sie die Spitze des Thermometers zwischen Ihren Fingern halten, können Sie die Temperatur Ihrer Haut messen. Die Temperatur Ihrer Haut sollte steigen, wenn Sie Ihren Körper entspannen.

- **Ein Stethoskop.** Durch Zählen Ihrer Herzschläge erhalten Sie ein Maß für Ihren Stresslevel. Wenn Sie Ihren Stress vermindern, sollte die Herzrate sinken.

- **Ein Blutdruckmesser.** Heutzutage sind Heimgeräte zur Überwachung des Blutdrucks nicht mehr allzu teuer. Wenn Sie Ihren Stress und Ihre Anspannung senken, sollten Sie niedrigere Blutdruckwerte ablesen können.

- **Ein Spiegel.** Ihr Aussehen kann ein recht guter Indikator dafür sein, wie gestresst Sie eigentlich sind. Zusammengezogene Augenbrauen, zusammengebissene Zähne, Ringe unter den Augen – all das können Zeichen von Stress sein. Schauen Sie sich an!

Stress reduzieren durch bessere Organisation

6

In diesem Kapitel

- Der Unordnung Herr werden
- Motivieren Sie sich selbst
- Papierstapel auf ein Minimum reduzieren
- Organisiert bleiben

Wenn Sie sich jemals danach gefühlt haben, zu schreien oder sich die Haare auszuraufen, weil Sie in letzter Minute Ihre Schlüssel oder diese Serviette nicht finden konnten, auf der Sie die sehr wichtige Verabredung notiert haben, werden Sie wahrscheinlich der Aussage zustimmen, dass Desorganisation eine ganze Menge Stress hervorrufen kann.

Sicher, ein bisschen Unordnung führt nicht dazu, dass Sie eine ernsthafte Krankheit entwickeln, Ihren Job verlieren oder Ihr Haus niederbrennt. Aber fehlende Organisation kann eine lange Liste von Frustrationen, Verspätungen, verlorener Zeit und verpassten Gelegenheiten nach sich ziehen – die alle von unterschiedlichen Ausmaßen von Ärger und Gereiztheit begleitet werden.

Wer braucht das? Sie haben doch schon genug Stress. Dieses Kapitel zeigt Ihnen, wie Sie sich organisieren können. Es gibt Ihnen die Werkzeuge, die Sie brauchen, um die Unordnung, das Chaos und die Verwirrung in Ihrem Leben zu vermeiden.

Herausfinden, warum Ihr Leben so unorganisiert ist

Gut, Ihr Leben ist also kein Vorzeigemodell der Ordnung und Organisation. Unorganisiert zu sein ist kein Grund, sich zu schämen. Tatsächlich ist es vollkommen verständlich. Hier sind die fünf Hauptgründe, warum Menschen in diese missliche Lage geraten. Ihr Grund sollte darunter zu finden sein.

- ✔ Sie haben nicht genug Zeit.
- ✔ Ihr Leben ist zu kompliziert.
- ✔ Sie haben nicht genug Platz.
- ✔ Sie wissen nicht, was Sie tun sollen, um organisierter zu werden.
- ✔ Sie wissen, was Sie tun müssen, um organisierter zu werden, wollen es aber einfach nicht tun.

Wie unorganisiert sind Sie eigentlich?

Sind Sie »organisatorisch gefordert«? Der erste Schritt, um Ihr Organisationsproblem in den Griff zu bekommen, besteht darin zu wissen, wie schlecht Ihre Organisationsfähigkeiten eigentlich sind. Lesen Sie die folgenden Aussagen und überprüfen Sie, wie viele davon auf Sie zutreffen.

- ✔ Wenn mich Leute zum ersten Mal besuchen, fragen sie immer, ob ich gerade eingezogen bin.
- ✔ Ich weiß, dass ich ein Haustier habe, aber es scheint Monate her zu sein, seit ich es zuletzt gesehen habe.
- ✔ Ich habe so viele Schecks platzen lassen, dass die Leute in meiner Bank meine Telefonnummer als Kurzwahl gespeichert haben.
- ✔ Als sie ihren Job kündigte, waren die letzten Worte meiner Putzfrau: »Sie könnten mir nicht genug zahlen, damit ich bleibe.«
- ✔ Ich denke, Quicken ist der Name einer Fast-Food-Kette.

Wenn Sie sich mit den obigen Aussagen identifizieren können, ist das wahrscheinlich kein gutes Zeichen. Aber keine Sorge. Dieses Kapitel kann Ihnen dabei helfen, wieder auf den richtigen Weg zu kommen.

Was auch immer der Grund für die fehlende Organisation in Ihrem Leben ist, Sie wollen wissen, was Sie dagegen tun können. In den folgenden Abschnitten finden Sie Ideen und Wegweiser, die Ihnen helfen können, Ihre organisatorischen Hindernisse zu verkleinern und Sie auf den Weg der organisatorischen Wonne zu bringen.

Der Unordnung Herr werden

Würden Sie an einem Ort mit unendlich viel Platz leben, hätten Sie eine bei Ihnen lebende Dienstbotin und wären Sie unabhängig reich, würden Sie Unordnung als eine charmante Eigenart, ein amüsantes Übersehen hinnehmen können. Aber ich nehme an, dass Ihre Unordnung zur Belastung geworden ist und Sie noch mehr zu stressen droht. Der Unordnung Herr zu werden kann überwältigend scheinen. Es ist nur eine Frage der Zeit, bis Sie sich in Ihrer Unordnung verloren fühlen. Sie brauchen Hilfe. Sie sind bereit anzufangen. Aber wo? Der erste Schritt besteht darin, genügend Motivation für den Anfang zu finden und, noch wichtiger, am Ball zu bleiben.

Motivieren Sie sich selbst

Manchmal sind gute Vorsätze allein nicht ausreichend. Vielleicht stellen Sie fest, dass Sie einen kleinen Tritt oder eine andere Form externer Motivation brauchen, um mit dem Aufräumen anzufangen. Hier sind einige erprobte Ideen, die Sie auf dem rechten Weg halten können:

- ✔ **Planen Sie es.** Wenn Sie Dinge planen, ist es wahrscheinlicher, dass Sie sie auch tun. Menschen halten in der Regel Ihre Termine beim Zahnarzt oder anderen Ärzten ein, gehen zu Geschäftstreffen und kommen anderen Verpflichtungen nach, die Sie bewusst geplant haben. Die gleiche Taktik kann funktionieren, wenn es darum geht, Dinge rund ums Haus zu erledigen. Legen Sie einen definitiven Zeitpunkt fest und tragen Sie den »Termin« in Ihren Kalender oder Tagesplaner ein, oder was auch immer Sie verwenden, um Ihr Leben zu planen.
- ✔ **Nutzen Sie Ihr Schamgefühl aus.** Meine Frau und ich haben vor langer Zeit entdeckt, dass unser Haus sich etwa drei Minuten, bevor ein Haufen geladener Gäste an unserer Tür klingelt, von seiner besten organisatorischen Seite zeigt. Wir sind motiviert und wollen sicherstellen, dass andere nicht sehen, wie unorganisiert unser Haus sein kann. Sie können das Gleiche tun. Legen Sie ein Datum fest und laden Sie einige neue Freunde ein, deren Wohlwollen Sie unbedingt brauchen. Für uns funktioniert das wunderbar.
- ✔ **Legen Sie Ihre Unordnungsschwelle fest.** Offen gesagt stört mich ein wenig Unordnung in meinem Leben nicht. Für mich sind diese minimalistischen Lebensräume, in denen alles an seinem Platz steht, beängstigend. Ich brauche ein wenig Unordnung, um mich emotional wohl zu fühlen. Aber alles, was über ein bisschen Unordnung hinausgeht, stresst mich. Andere Menschen sind absolut allergisch gegen Unordnung. Für sie ist jegliche Unordnung zu viel. Sie müssen Ihre eigene Unordnungsschwelle finden, bei deren Unterschreitung Sie sich unwohl und bei deren Überschreitung Sie sich gestresst fühlen. Arbeiten Sie dann hart daran, Ihre Unordnung auf diesem Level zu halten.

Zeichnen Sie sich einen Unordnungswegweiser

Statt die ganze Unordnung in Ihrem Lebensbereich als einen massiven Haufen anzusehen, betrachten Sie sie als eine Abfolge von Aufgaben, die Sie nach und nach bewältigen können. Eine gute Methode für die Entscheidung, wo Sie anfangen können, besteht darin, einen Unordnungswegweiser zu entwerfen. Beginnen Sie mit einer Reihe von Bereichen in Ihrem Lebensraum, die unbedingt organisiert werden müssen. Diese Bereiche können geographisch sein (ein spezieller Raum in Ihrem Haus, der Garten oder die Garage) oder nach Themen geordnet (Ihre Kleidung, Zeitschriften oder Spielzeug). Stellen Sie dann eine Abfolge der Bereiche auf, an denen Sie arbeiten wollen. Nachdem Sie sich mit einem Teil der Unordnung auf Ihrer Liste beschäftigt haben, gehen Sie zum zweiten über, dann zum nächsten usw. Stellen Sie sich Ihren Wegweiser als eine Art Liste mit aufeinander folgenden Aufgaben vor. Er bringt Sie dahin, wo Sie hinwollen.

Ein Unordnungswegweiser gibt Ihnen das Gefühl zu wissen, wohin Sie gehen – und auch eine ganz gute Idee davon, wie weit Sie auf dem Weg zu Ihrem endgültigen Ziel gekommen sind. Stellen Sie sicher, dass Sie jeden Schritt auf Ihrem Wegweiser relativ klein und machbar halten. Außerdem sollten Sie anfangs Bereiche in Ihrem Lebensraum wählen, die Ihnen eine Menge persönlicher Befriedigung geben, wenn sie organisiert sind.

Fangen Sie einfach an!

Einer meiner bevorzugten Selbsthilferatschläge ist dieser Nike-Slogan: »Just do it!« Obwohl mir meine Erfahrung als Psychologe gezeigt hat, dass »es einfach zu tun« es für die meisten Menschen wahrscheinlich nicht tut. Der Aufdruck auf meinem Sweatshirt wäre etwas realistischer: »Fang einfach an!« Ganz tief in Ihrem Inneren realisieren Sie, dass es besser wäre, viele dieser unbrauchbaren Dinge einfach loszuwerden. Also fangen Sie an.

Haben Sie schon einmal bemerkt, dass Sie, wenn Sie einmal etwas angefangen haben, die Tatsache des Tuns bei der Sache hält? Dies gilt besonders dann, wenn Sie Unordnung beseitigen. Wenn Sie sich selbst in Aufräumlaune wiederfinden, gehen Sie einfach mit. Hören Sie nicht auf, weil Sie einen kleinen Bereich fertig gestellt haben. Machen Sie weiter. Bauen Sie auf Ihrem Erfolg auf. Sie werden vielleicht überrascht sein, wie viel Sie schaffen können, wenn Sie einmal bei der Sache sind.

Hören Sie auf, sich etwas vorzumachen

Es ist leicht, sich selbst etwas vorzumachen. Das liegt daran, dass ein kleiner Teil von Ihnen wirklich daran glaubt, dass Sie den Keller aufräumen werden, die alten Kleidungsstücke in einen Karton räumen und sie an eine Altkleidersammlung geben und diese Zeitschriften wegwerfen werden, an denen Sie seit ewigen Zeiten festgehalten haben.

Tatsache ist, dass sich Ihre Unordnung weiter ausbreiten wird, wenn Sie sie nicht ernst nehmen. Wenn Sie erfolgreich aufräumen wollen, müssen Sie sich selbst davon überzeugen, dass Ihre Lebensqualität sich messbar verbessern wird, nachdem Sie viele, wenn nicht die meisten dieser gesammelten Objekte losgeworden sind, und dass es so schön sein wird, Ihre letzten drei Fernbedienungen für den Fernseher zu finden oder all die Gegenstücke zu den einzelnen Socken, die in Ihrer Schlafzimmerschublade liegen.

Die Vereinfachung Ihres Lebensraumes verlangt Mut. Während Sie die Aufgabe in Angriff nehmen, sollte Ihre Haltung sein: »Ich habe diese Unordnung satt, und ich werde sie nicht mehr hinnehmen!« Vielleicht halten Sie diesen Ansatz für etwas gnadenlos, aber es sollte Ihnen klar sein, dass Sie es mit einer teuflischen Kraft zu tun haben. Geben Sie nicht nach. Nehmen Sie keine Gefangenen. Stellen Sie sich selbst die folgenden Fragen, um Ihren Mut zum Ausmisten zu stärken:

- ✔ Will ich wirklich die nächsten 20 Jahre mit diesem Ding leben?
- ✔ Wenn in meinem Haus ein Feuer ausbrechen würde und ich nur die Hälfte dessen retten könnte, was ich besitze, würde ich dieses bestimmte Ding retten?
- ✔ Würde meine Lebensqualität ernsthaft sinken, wenn ich dieses bestimmte Ding nicht hätte?

In 90 Prozent der Fälle stellen Sie vielleicht fest, dass die Antwort auf alle drei Fragen nein ist.

Vermeiden Sie Entmutigung

Ein Fehler, den viele Menschen beim Beseitigen von Unordnung machen, besteht darin zu denken, dass sie ihre Aufräumaktion an einem kurzen Samstagnachmittag beenden können. Sie werden entmutigt, wenn sie feststellen, wie viel Zeug sie wirklich haben und wie viel noch zu tun bleibt.

Sehen Sie es ein: Sie haben Jahre gebraucht, um all diese wundervollen Besitztümer anzusammeln, also ist es vernünftig anzunehmen, dass die Umkehrung dieses Prozesses einige Zeit dauern wird. Wenn Sie jedoch feststellen, wie viel Zeit Sie sparen können, wenn Sie nicht nach verlegten Dingen suchen müssen, werden Sie schnell realisieren, dass Sie um einiges weitergekommen sind, wenn Sie fertig sind. Fast alles im Leben, das sich zu erreichen lohnt, verlangt Mühe und Ausdauer. Golf oder Tennis spielen, Ski fahren lernen oder herausfinden, wie Sie das Beste aus Ihrem Computer holen, ist nicht über Nacht passiert. Bleiben Sie am Ball.

Die zehn besten Gründe, etwas nicht wegzuschmeißen

Manchmal tut das Aufgeben Ihrer geliebten Besitztümer mehr weh als das Ziehen Ihrer Zähne. Wenn jemand Sie bedrängt, verteidigen Sie möglicherweise rigoros Ihre Entscheidung, an irgendeinem kleinen Ding in Ihrem Leben festzuhalten. Hier sind einige der gebräuchlichsten Gründe, die Sie vielleicht benutzt haben:

- ✔ Eines Tages werde ich es brauchen.
- ✔ Es war ein Geschenk zu meinem neunten Geburtstag.
- ✔ Vielleicht will jemand es mir abkaufen.
- ✔ Ich bin sicher, ich finde das Gegenstück.
- ✔ Es ist nicht kaputt.
- ✔ Es kann repariert werden.
- ✔ Wenn ich nur 10 Kilo abnehme, werde ich wieder hineinpassen.
- ✔ Eines Tages wird es ein Sammlerstück sein.
- ✔ Meine Kinder werden es ihren Kindern geben wollen.
- ✔ Ich plane, es zu lesen.

All diese Entschuldigungen enthalten zumindest ein kleines Körnchen Wahrheit. Und alle garantieren, dass Ihre Verwandten nach Ihrer Beerdigung den größten Flohmarkt der Welt veranstalten werden.

Kommen wir zur Sache

Gut, Sie haben sich also seelisch darauf vorbereitet, Ihre Unordnung ernsthaft anzugehen. Wenn Sie ins Gefecht ziehen, versuchen Sie die folgenden Techniken zum Ausmisten zu beherzigen:

- **Wählen Sie eins oder zwei.** Wenn Sie überlegen, was Sie mit einem dieser überflüssigen Dinge anfangen sollen, denken Sie daran, dass Sie zwei grundlegende Optionen haben: behalten oder loswerden. Wenn Sie sich entscheiden, ein Teil zu behalten, sollten Sie überlegen, was Sie damit anfangen. Wenn Sie wählen es loszuwerden, können Sie es in den Müll werfen oder es verschenken. Ganz klar liegt das größte Hindernis beim Ausmisten in dieser Wahl.
- **Schauen Sie es sich ein zweites Mal an.** Es ist niemals zu spät, einige der Dinge loszuwerden, die Sie behalten wollten. Gehen Sie den Haufen der Dinge, die Sie behalten wollen, noch einmal durch und schauen Sie ein zweites Mal darauf. Die Organisation auch eines kleinen Haufens von Dingen braucht eine Menge Zeit. Und obwohl Aufbewahren und Ablegen eine wichtige Rolle darin spielen, all Ihre Besitztümer zu managen, ist es oft sinnvoller, das Zeug einfach loszuwerden.
- **Ordnen Sie Ihre Besitztümer in drei Kategorien ein.** Ein Ansatz, den ich für die schwierigen Entscheidungen Behalten/Loswerden nützlich finde, ist das, was ich als *Dreiermethode der Unordnungskontrolle* bezeichne. Zunächst erstelle ich drei Kategorien: Definitiv behalten, definitiv loswerden und »Ich bin nicht sicher«. Dann werfe ich alles in den letzten zwei Kategorien weg oder verschenke es. Der Vorteil, wesentlich mehr unnötige Dinge zu beseitigen, überwiegt bei weitem den Nachteil, eventuell einen Fehler zu machen. Schauen Sie nicht zurück.
- **Suchen Sie sich einen Ausmistkumpel.** Immer, wenn ich entscheide, dass es Zeit zum Aufräumen ist, stelle ich fest, dass ich hervorragende Ideen für die Organisation des Bereichs im Zimmer habe, der meiner Frau gehört. Ich habe sogar noch bessere Ideen, wenn es um die Zimmer unserer Kinder geht. Ich habe außerdem festgestellt, dass meine Frau ebenso kreativ ist, wenn es darum geht, die Sachen auf meiner Seite des Zimmers loszuwerden. Sie sind wahrscheinlich weniger sentimental, weniger zwiespältig und entschlossener, wenn Sie es mit den unnötigen Dingen anderer Leute zu tun haben statt mit Ihren eigenen. Lassen Sie dieses Konzept für Sie arbeiten. Fragen Sie Ihren Partner oder einen Freund, Ihnen beim Aufräumen zu helfen. Hören Sie auf diese Person und tun Sie das, was er oder sie Ihnen sagt.
- **Spielen Sie das Datumsspiel.** Hier ist eine Variation des Ausmistens, die Elaine St. James in Ihrem herrlichen Buch *In Einfachheit leben* empfiehlt: Wenn Sie es nicht über sich bringen, etwas wegzuwerfen, stecken Sie es in einen Karton und schreiben Sie ein Datum darauf, dass genau ein Jahr in der Zukunft liegt. Listen Sie nicht auf, was in dem Karton ist – nur das Datum. Wenn Sie feststellen, dass der Zeitpunkt vergangen ist, ohne dass Sie etwas aus dem Karton gebraucht haben, schmeißen Sie ihn raus, ohne noch einmal hinein zu sehen. Schauen Sie nicht zurück. Und sollten Sie etwas der Dinge in einem Karton benötigen und benutzen, suchen Sie einen guten Platz, an dem Sie die Dinge aufbewahren können.
- **Suchen Sie jemanden, der die Dinge brauchen kann, die Sie ausmisten.** Es ist viel leichter, Dinge loszuwerden, wenn Sie wissen, das sie nicht im Müll landen werden, sondern in den Händen einer Person, die sie braucht und benutzen kann. Tatsächlich können die Dinge, die

Sie nicht mehr brauchen, genau das sein, was jemand anderes sucht. Kleidung, Sportartikel, Bücher und Möbel sind anderen oft willkommen. Geben Sie Ihren Verwandten und Freunden die erste Option auf Ihre Schätze. Die Heilsarmee, Goodwill-Unternehmen, Trödelläden und Wohltätigkeitsorganisationen wären alle erfreut, die Dinge zu übernehmen, die Ihre Verwandten und Freunde nicht haben wollen. Sie können Spenden an wohltätige Organisationen sogar von der Steuer absetzen.

- ✔ **Wenn etwas nicht mehr funktioniert, werfen Sie es weg.** Suchen Sie in Ihrem Haus nach einem kaputten Toaster, Mixer, Staubsauger, Radio oder Wecker – jedes beliebige kleine Gerät, das schon seit langer Zeit nicht mehr funktioniert. Wenn Sie eins finden, fragen Sie sich, ob Sie es wirklich brauchen. Wenn Sie entscheiden, es zu reparieren, reparieren Sie es. Wenn nicht, ersetzen Sie es oder schmeißen Sie es weg. Auch wenn es traurig ist, werden Sie vielleicht feststellen, dass es heutzutage billiger ist, das Gerät zu ersetzen als es reparieren zu lassen. Die Wahrscheinlichkeit ist jedoch groß, dass Sie das Gerät überhaupt nicht brauchen, wenn Sie es im letzten Jahr nicht verwendet haben.

  Was immer Sie tun, behalten Sie das kaputte Gerät nicht. Werfen Sie es weg oder, noch besser, geben Sie es an eine Wohltätigkeitsorganisation, die es reparieren und an jemanden geben wird, der es brauchen kann. Ich lege oft eine kleine Notiz zum Gerät, auf der ich erkläre, was das Problem ist, und lasse es an der Seite unseres Gebäudes stehen. Wenn ich nach einer Stunde oder so zurückkomme, um zu sehen, ob es noch da ist, ist das Gerät normalerweise verschwunden.

- ✔ **Investieren Sie in Türen und Schubladen.** Wenn Sie etwas absolut behalten müssen, verstecken Sie es. Wenn das in Frage kommende Ding nicht gerade etwas ist, das Ihnen sehr am Herzen liegt oder auf irgendeine Art und Weise zur visuellen Ästhetik Ihres Dekors beiträgt, halten Sie es außer Sichtweite. Bewahren Sie Dinge in Vitrinen oder Schränken mit Schubladen, in Schreibtischschubladen oder Aktenschränken auf – irgendeinem Platz, der zu einer Art visueller Ordnung beiträgt. Aber denken Sie daran, dass der Platz, den Dinge hinter Türen für sich beanspruchen, immer noch Platz ist, den Sie für etwas anderes nutzen könnten.

  Es gibt jetzt Geschäfte und Kataloge, die sich exklusiv auf Aufbewahrungsmöbel und -Container spezialisiert haben. Kataloge durchzusehen macht einfach Spaß, aber denken Sie daran, sie nicht zu einem neuen Teil Ihrer Unordnung zu machen.

- ✔ **Bewahren Sie ein Musterbeispiel auf.** Ich bin nicht sicher, an welchem Punkt meine Frau und ich realisierten, dass wir nicht jedes Kunstwerk oder Handarbeitsprojekt behalten konnten, mit denen unsere Kinder nach Hause kamen. Ich glaube, es war, als jedes große Gerät in der Küche von Buntstiftzeichnungen bedeckt war. Dann hatte meine Frau eine brillante Idee: Sie brachte eine große Zeichenmappe nach Hause und begann damit, Musterbeispiele der Meisterstücke zu sammeln, die uns besonders gut gefielen. Diese Mappe ist ordentlich in einem Schrank verstaut. Wenn unsere Kinder berühmte Künstler werden, werden wir ein Vermögen damit machen. Sie können das Gleiche tun.

- ✔ **Machen Sie ein Foto.** Oft haben die Dinge in Ihrem »Ich-bin-nicht-sicher«-Haufen sentimentalen Wert oder sind zu groß, um sie zu behalten. Sie wollen die Erinnerungen, aber nicht unbedingt das Objekt selbst. Machen Sie ein Foto davon. Fotos nehmen wesentlich weniger

Platz in Anspruch und können trotzdem ein warmes Lächeln auf Ihr Gesicht zaubern. Ich erinnere mich an ein ziemlich großes Stofftier, das unsere Kinder hatten, als sie kleiner waren. Es kam die Zeit, als es gehen sollte, aber Sentimentalität hielt uns zurück. Wir entschieden uns, es zu fotografieren und den Teddybär an einen Trödelladen zu geben. Dieser Kompromiss hat gut funktioniert. Das Foto sammelt wesentlich weniger Staub an. Vielleicht sollten Sie eine Person mit in das Foto aufnehmen. Sich Ihre Tochter anzusehen, die Teddy drückt, ist viel schöner als sich Teddy alleine anzusehen.

Die Übersicht über Ihre Papiere verlieren

Diejenigen, die das Studieren von Unordnung zu Ihrem Lebensinhalt gemacht haben, sagen, dass Papier der wahre Feind ist. Ihr Papierkram kann alles Mögliche umfassen, von der Garantie für den Toaster über Ihre letzte Stromrechnung bis hin zu dem endlosen Strom von Rundschreiben, Katalogen, Werbung und anderen unerwünschten Dingen, die jeden Tag Ihre Tür passieren. Kümmern Sie sich um Ihren Papiermüll, und Sie haben es fast geschafft.

Ablegen oder Wegschmeißen? Das ist die Frage.

Die zwei Geheimnisse in Bezug auf das Management der Papiere in Ihrem Leben sind relativ einfach. Tatsächlich sind sie den zwei Optionen sehr ähnlich, die Sie haben, wenn es um Ihre Nicht-Papier-Besitztümer geht. Sie können Papiere entweder rausschmeißen, wenn Sie sie nicht mehr brauchen oder eine effektive Methode finden, sie zu organisieren, wenn Sie sie tatsächlich brauchen.

Dieser Ansatz in Bezug auf Ihre Papiere hört sich ziemlich einfach an, aber das Problem liegt darin, das Wegwerfen und Organisieren anzupacken. All die Papiere auszusortieren verlangt Zeit und Mühe, und wer weiß – vielleicht brauchen Sie diesen Gutschein für den 40-Liter-Topf Spaghettisauce ja tatsächlich noch oder vielleicht lesen Sie wirklich noch diesen Artikel über das Skifahren im Himalaja. Ja, klar. Sie brauchen Hilfe.

Ersticken Sie den Keim an der Wurzel

Vieles, wenn nicht das meiste des Papiermülls in Ihrem Leben kommt über die Post. Ihr Postkasten kann eine heimtückische Kraft sein, die Ihnen einen nicht zu stoppenden Fluss von Werbung, Ankündigungen, Katalogen und Rechnungen bringt. Sie können langsam in diesem hereinkommenden Meer von Papier ertrinken. Der Trick besteht darin, zu handeln, bevor sich die Papiere ansammeln.

- ✔ **Werfen Sie Werbebriefe gleich weg.** Stellen Sie einen Papierkorb neben Ihre Haustür. Werfen Sie Werbebriefe gleich weg. Öffnen Sie sie nicht. Lassen Sie sich nicht neugierig machen. Realisieren Sie, dass egal wie viel Post Sie erhalten, die Ihnen sagt, dass Sie wahrscheinlich eine Million gewonnen haben, die Wahrscheinlichkeit, dass dies tatsächlich passiert, unendlich gering ist.

- ✔ **Nehmen Sie mich bitte von Ihrer Liste.** Ich erinnere mich daran, dass ich etwas abonniert hatte, und als ich es erhielt, bemerkte, dass mein Name falsch geschrieben worden war. Dann stellte ich fest, dass ich Tonnen anderer unverlangter Dinge über die Post bekam, die an den gleichen, falsch geschriebenen Namen adressiert waren. Wenn man einmal in einer Mailing-Liste ist, kommt man schnell in andere. Lassen Sie sich aus diesen Adresslisten herausnehmen. Rufen Sie beim Verbraucherschutz an oder schauen Sie in den Gelben Seiten unter Direct Mail nach. Bei den dort aufgelisteten Unternehmen können Sie erfahren, an wen Sie sich wenden müssen, um von vielen dieser ärgerlichen Listen heruntergenommen zu werden.
- ✔ **Brauchen Sie einen Katalog, um Ihre Kataloge zu katalogisieren?** Es kann Spaß machen, durch einen Katalog zu blättern und mental einzukaufen. Das Bestellen von Dingen aus Katalogen ist auch nützlich, weil Sie nicht so viel herumlaufen müssen. Das Problem kommt an den Tag, wenn Ihre Kataloge sich zu sammeln beginnen und Ihr Leben wie ein Versandhausdistributionscenter auszusehen beginnt. Wenn Sie müssen, behalten Sie ein oder zwei Ihrer bevorzugten Kataloge. Schauen Sie den Rest durch und schmeißen Sie sie dann raus. Wenn ein neuer Katalog kommt, werfen Sie den alten sofort in den Müll.

Organisieren Sie all die Papiere in Ihrem Leben

Ich nehme an, dass an diesem Punkt in Ihrem Leben die Absicht, eine Methode für die Organisation der Papiere in Ihrem Leben zu finden, nicht als eine weltbewegende neue Idee daherkommt. Aber ich wette, dass Sie noch keine Methode haben, oder wenn Sie eine haben, diese nicht effektiv nutzen.

Ein System für die Organisation zu erfinden, verlangt einiges an Vorgedanken und Planung. Und dieses System zu nutzen bedeutet Zeit und Mühe. Auf kurze Sicht ist es wesentlich einfacher, Papiere zu stapeln. Aber auf lange Sicht kann dies zu großen Kopfschmerzen führen. Wenn Sie sich die Zeit nehmen und sich die Mühe machen, eine systematische Methode für die Organisation Ihrer Papiere zu entwickeln, kann dies zu viel weniger Stress und Mühen in Ihrem Leben führen. Probieren Sie folgendes aus, wenn Sie Ihr Ablagesystem erstellen:

Machen Sie einen einfachen Anfang

Suchen Sie nach einem Ablagesystem, das relativ einfach zu benutzen ist. Sie wollen nicht, dass Ihr Ablagesystem stressiger ist als der Stress, den es erleichtern soll.

Benutzen Sie Farben

Ordner oder Register und Beschriftungen in verschiedenen Farben können Ihr Ablagesystem nicht nur in ein Kunstwerk verwandeln, sondern machen es auch einfacher, verschiedene Themen und Interessen zu finden. Meine Reiseordner sind rot, meine Quittungsordner sind gelb, meine Restaurantordner sind blau usw.

Seien Sie nicht knauserig, wenn Sie einen Aktenschrank kaufen

Investieren Sie in einen Schrank von guter Qualität. Schlecht gemachte Aktenschränke tendieren dazu, unter der Belastung zusammenzubrechen. Wenn Ihre Ordner größer und schwerer werden, kann ihr Gewicht einen billigen Aktenschrank zu sehr belasten, was dazu führt, dass die Schubladen schwer zu öffnen sind – oder sich gar nicht mehr öffnen lassen. Und versuchen Sie, einen Schrank zu finden, der Ihr Zimmer nicht wie das Büro eines Schadensachverständigen aussehen lässt. Viele der traditionellen Aktenschränke sind groß und, ehrlich gesagt, ziemlich hässlich.

Bewahren Sie wichtige Papiere an einem sicheren Ort auf

Bewahren Sie Ihre Dokumente an einem sicheren Ort auf, aber stellen Sie sicher, dass Sie leicht an sie herankommen, wenn Sie sie brauchen. Im Fall, dass Sie es vergessen haben, hier sind einige der wichtigeren Dokumente, die Sie im Auge behalten sollten:

Geburtsurkunden	PIN-Nummern	Heiratsurkunde
Medizinische Berichte	Testamente	Kreditvereinbarungen
Pässe	Wichtige Quittungen	Hypotheken
Steuerbescheide (5 Jahre)	Verträge	Schulzeugnisse
Versicherungspolicen	Serviceverträge	Kontonummern
Garantien	Kreditkartennummern	Gebrauchsanweisungen
KFZ-Unterlagen		

Einige der obigen Kategorien verdienen einen eigenen separaten Ordner. Andere, wie z.B. wichtige Nummern, können zusammen abgelegt werden. Im Fall der wichtigeren Dokumente sollten Sie vielleicht die Originale in einem Safe oder einem Tresorfach aufbewahren und verfügbare Kopien in Ihren Ordnern ablegen.

Vermeiden Sie einen Ordner namens Untermähren

Den häufigsten Fehler, den Menschen bei der Organisation eines Ablagesystems machen, besteht darin, zu speziell gefasste Kategorien zu entwickeln. Ein Ordner mit der Bezeichnung »Reiseberichte über Untermähren« z.B. wird nicht gut in Ihr System passen, es sei denn, Sie planen definitiv dorthin zu reisen oder schreiben Ihre Diplomarbeit über dieses Thema. Wenn Sie in dieser Art und Weise fortfahren, werden Sie bald von Ordnern überrannt sein und eine schwierige Zeit haben, etwas zu finden – wenn Sie das überhaupt wollen. Starten Sie mit weniger, breiter gefächerten Kategorien.

Legen Sie niemals all Ihre Papiere in einen Ablagekorb

Mir gefällt ein Ansatz sehr (und ich benutze ihn tatsächlich auch), der von der Organisationsexpertin Stephanie Culp beschrieben wird. Sie schlägt vor, dass Sie vier Ablagekörbe für Ihre Papiere verwenden (zusätzlich zum sehr wichtigen Papierkorb):

- ✔ Einen »To-Do«-Ablagekorb (Am besten funktionieren diese Maschendraht-Ablagekörbe, durch die Sie sehen können.)
- ✔ Einen »Bezahlen«-Ablagekorb (Auch hier funktioniert Maschendraht am besten.)
- ✔ Einen »Ablegen«-Ablagekorb (Benutzen Sie einen größeren Weidenkorb.)
- ✔ Einen »Lesen«-Ablagekorb (Nehmen Sie einen noch größeren Weidenkorb mit Henkeln aus.)

Culp empfiehlt, dass Sie Ihren »To-Do«-Ablagekorb über Ihren »Bezahlen«-Ablagekorb auf Ihrem Schreibtisch stapeln. Bewahren Sie den »Ablegen«-Ablagekorb unter Ihrem Schreibtisch auf, so dass er Ihren dringenderen Papieren nicht im Weg steht. Sie können den »Lesen«-Ablagekorb in einem anderen Bereich Ihres Hauses aufbewahren – wie z.B. Ihrem Schlafzimmer oder Arbeitszimmer – damit Sie immer dann mit dem Lesen fortfahren können, wenn sich eine Gelegenheit dazu ergibt.

Machen Sie die Ablage zu einer Gewohnheit

Legen Sie einen Termin in der Woche fest, an dem Sie Ihren »To-Do«-Ablagekorb leeren und die benötigten Papiere ablegen. Diese Aufgabe sollte nicht lange dauern – 15 oder 20 Minuten sollten ausreichend sein.

Machen Sie die Feinabstimmung später

Schauen Sie zu einem späteren Zeitpunkt nach, was in Ihren Ordnern ist. Normalerweise werden Sie feststellen, dass ein Ordner entweder kaum benutzt wird oder aus den Nähten platzt. Wenn Sie sehen, dass Sie nur ein oder zwei Dinge in einem Ordner haben, suchen oder erstellen Sie einen Ordner, der einen weiter gefassten Bereich bietet. Wenn Sie dagegen feststellen, dass ein Ordner überquillt, erstellen Sie Unterkategorien, entweder nach Thema oder nach Datum.

Organisiert bleiben

Sagen wir, Sie haben Ewigkeiten der Unordnung und Desorganisation umzukehren geschafft und haben jetzt, nach viel Ausdauer und starkem Willen, reinen Tisch gemacht. Statt darauf zu warten, dass die Desorganisation wieder die Oberhand gewinnt, können Sie eine ganze Reihe von Dingen tun, um die Ordnung und Harmonie zu erhalten, die Sie erreicht haben.

Vorbeugung ist die beste Medizin

Manchmal besteht die einfachste Methode zur Behebung eines Problems darin, der Ursache des Problems auf den Grund zu gehen. Wenn Ihr Dach undicht ist, können Sie unendlich viel Zeit damit verbringen, Eimer an die richtigen Stellen zu platzieren, um die Tropfen aufzufangen. Aber es ist besser, die undichte Stelle einfach zu reparieren. Das gleiche Prinzip gilt in Bezug auf schlechte Organisation in Ihrem Leben. Statt weitere komplizierte Strategien und Systeme zu entwickeln, um Ihr überkompliziertes Leben zu managen, wäre es vielleicht besser, das Problem an der Wurzel zu packen. Sie können z.B. ...

- Lebensmittel und andere Einkäufe gleich wegräumen, wenn Sie nach Hause kommen.
- Fotos in ein leicht zu füllendes Album stecken, sobald Sie sie von Ihrem Fotoladen nach Hause bringen und sie genug bewundert haben. Werfen Sie sie nicht in einen Schuhkarton und verschieben Sie die Aufgabe nicht, sie auszusortieren und zu markieren.
- Räumen Sie alles wieder auf, sobald Sie damit fertig sind. Kein »Ja, aber...«, nichts.
- Bewahren Sie einen Behälter für Papiermüll neben dem Platz auf, an dem Sie normalerweise Ihre Zeitung lesen. Wenn Sie die Zeitung gelesen haben, werfen Sie sie sofort in den Papiermüllbehälter.
- Räumen Sie Ihre Sachen gleich auf. Warten Sie nicht so lange, bis Sie wieder auf eine große Unordnung schauen.

Kaufen Sie weniger

Ihr Leben wird wahrscheinlich auch deshalb immer stressiger, weil Sie zu viele »Dinge« haben. Weniger Besitztümer bedeuten ein viel weniger kompliziertes Leben. Sie können wirklich auch ohne viele der Dinge, die Sie kaufen, sehr glücklich leben. Bevor Sie also an der Kasse Ihr Portemonnaie zücken oder das Telefon oder Ihre Computermaus in die Hand nehmen, um etwas zu bestellen, fragen Sie sich Folgendes:

- Brauche ich dieses Ding wirklich?
- Wäre die Qualität meines Lebens ernsthaft beeinträchtigt, wenn ich diese Gelegenheit vorbeiziehen lassen würde?
- Wie viele davon besitze ich bereits?

Wenn Sie wie die meisten Menschen sind, nehme ich an, dass Ihre Antworten auf diese Fragen Nein, Nein und Genug sind.

Hier sind einige andere Vorschläge in Bezug auf das Einkaufen, die Sie in Betracht ziehen sollten:

- Kaufen Sie Dinge nicht einfach, weil Sie im Sonderangebot sind.
- Kaufen Sie nicht in großen Mengen, es sei denn, Sie sind sicher, dass Sie genügend Platz dafür haben.
- Kaufen Sie nichts, ohne vorher zu überlegen, wo Sie es hintun.

Mehr Zeit finden

7

In diesem Kapitel

- Ihren zeitbedingten Stress identifizieren
- Zeit für sich selbst finden
- Mehr in weniger Zeit schaffen
- Hinauszögern vermeiden

Als Kind war ich all diesen futuristischen Bildern darüber ausgesetzt, wie das Leben sein würde, wenn ich erwachsen wäre. Es war klar, dass ich in den Genuss vieler zeitsparender Geräte kommen würde, die mir nur sehr wenig zu tun übrig ließen, außer meine Däumchen zu drehen. So dachte ich zumindest. Mit den Jahren hat uns die Technologie tatsächlich eine lange Liste potentiell zeit- und arbeitssparender Geräte gegeben, die heute Routine in unserem Leben sind. Wir haben Computer, Mikrowellen, das Internet, Funktelefone ... die Liste ließe sich beliebig fortsetzen.

Aber dennoch scheinen wir nicht all die freie Zeit zu haben, der wir uns sicher waren. Wenn überhaupt, scheint es, dass unser Leben chaotischer, anspruchsvoller und mit mehr Zeitdruck verbunden ist. Wir haben einfach zu viel zu tun und zu wenig Zeit, in der wir all das erledigen können. Während eines beliebigen Tages macht ein Mensch Folgendes:

- ✔ 7 Stunden und 25 Minuten schlafen (Wünschten Sie!)
- ✔ 7 Stunden und 30 Minuten arbeiten (Ja, klar!)
- ✔ 85 Minuten essen
- ✔ 49 Minuten der Körperpflege widmen
- ✔ 66 Minuten Aufgaben erledigen
- ✔ 17 Minuten einkaufen
- ✔ 35 Minuten Mahlzeiten vorbereiten
- ✔ 51 Minuten pendeln
- ✔ 180 Minuten oder länger fernsehen oder Videos anschauen (Oh Gott!)

Unter der Voraussetzung, dass Sie jeden Tag nur 24 Stunden zur Verfügung haben – und realisierend, dass diese Liste keine Zeit aufweist, die Sie mit Ihren Kindern, Ihren Haustieren, Ihrem Auto usw. verbringen – scheint nur wenig Zeit für etwas anderes übrig zu bleiben. Zeit, oder besser, der *Mangel* an Zeit kann Sie stressen.

Da es höchst unwahrscheinlich ist, dass die Tage länger werden, brauchen Sie bessere Methoden, um die Zeit zu nutzen, die Sie *tatsächlich* haben. Dieses Kapitel gibt Ihnen die Richtlinien und

Strategien, die Ihnen helfen können, Ihre Zeit rationeller und effektiver zu managen und Ihren zeitbedingten Stress zu vermindern.

Managen Sie Ihre Zeit, oder Ihre Zeit wird Sie managen

Sie werden im Leben schnell lernen, dass sich Ihre Tage unglaublich schnell füllen. Bald werden Sie merken, wie Sie sich beeilen, quälen und hetzen, um all das zu tun, das Ihrem Gefühl nach getan werden muss. Feuer löschen, mit Krisen in letzter Minute umgehen und sich um nicht enden wollende Details zu kümmern lässt nur wenig freie Zeit für andere Dinge. Fügen Sie einen arbeitsreichen Job, eine Familie und zumindest einige andere Verpflichtungen hinzu, und Sie spüren, dass Ihr Stress steigt. Sie stellen vielleicht auch fest, dass noch etwas anderes passiert. Sie beginnen, wenig Zeit für die Dinge zu haben, die Ihnen wirklich Spaß machen und Sie zufrieden stellen. Glücklicherweise können Sie lernen, Ihre Zeit effektiver zu managen.

Wissen, wo Ihre Zeit hingeht

Das Sprichwort sagt: »Zeit fliegt«. Wissen, wohin sie fliegt, bringt Sie einen Schritt voran. Zu oft managen Sie Ihre Zeit auf eine wirkungslose Art und Weise und enden mit dem Gefühl, sehr wenig erreicht zu haben oder, noch schlimmer, Sie haben das Gefühl, dass Sie den Dingen nicht genug Zeit gewidmet haben, die wirklich wichtig sind. Beides führt zu einer ganzen Menge Stress. Wenn Sie die Art und Weise ändern wollen, in der Sie Ihre Zeit managen, ist es wichtig, dass Ihnen bewusst wird, wie Sie Ihre Zeit verbringen.

Führen Sie über einen kurzen Zeitraum – etwa eine Woche – ein Zeitprotokoll. Ein Blatt Papier ist ausreichend. Ein besseres Werkzeug wäre aber ein günstiger Tagesplaner, den Sie in jedem Schreibwarengeschäft bekommen. Suchen Sie einen, der leicht in Ihre Tasche oder Ihren Aktenkoffer passt.

Schreiben Sie an bestimmten Zeitpunkten während Ihres Tages in die entsprechenden Zeitspalten, was Sie getan haben oder gerade tun. Übertreiben Sie nichts – Sie müssen nicht auf die Minute genau sein. Versuchen Sie, alles in 20-Minuten-Abständen einzutragen. Ein Beispiel für eine Woche oder zwei in Ihrem Leben sollte Ihnen genügend Daten liefern, um Ihnen ein gutes Bild davon zu geben, wie Sie Ihre Zeit nutzen – oder missbrauchen. Verwenden Sie die folgenden Überschriften, um Ihre Zeitprotokolleinträge zu organisieren:

- ✔ **Verbrachte Zeit** bezieht sich auf die Zeit, zu der die Aktivität stattfand und wie viel Zeit sie in Anspruch nahm.
- ✔ **Aktivität** bezieht sich darauf, wie Sie diese Zeit verbracht haben.
- ✔ **Priorität** bezieht sich auf die Wichtigkeit der Aktivität (siehe folgenden Abschnitt, »Ihre Prioritäten setzen«)
- ✔ **Kommentare** beinhalten jede andere Beschreibung oder Erklärung, die Sie für relevant halten.

Zehn Zeichen, dass Sie zeitbedingten Stress erleben und dass Ihre Managementfähigkeiten etwas Hilfe benötigen

Vielleicht erleben Sie gar keinen zeitbedingten Stress. Lassen Sie es uns herausfinden. Werfen Sie einen Blick auf die folgende Liste und markieren Sie die Aussagen, die Sie beschreiben.

- ✔ Ich habe das Gefühl, nicht genug Zeit für mich, meine Familie oder meine Freunde zu haben.
- ✔ Ich habe das Gefühl, dass ich zu viel Zeit vergeude.
- ✔ Ich finde mich ständig in Eile.
- ✔ Ich merke, dass ich nicht genug Zeit habe, die Dinge zu tun, die mir wirklich Freude machen.
- ✔ Ich stelle fest, dass ich häufig Abgabetermine verpasse oder zu spät zu Terminen komme.
- ✔ Ich verbringe fast keine Zeit damit, meinen Tag zu planen.
- ✔ Ich arbeite fast nie mit einer Art »To-Do«-Liste, auf der ich Prioritäten setze.
- ✔ Ich habe Schwierigkeiten, nein zu anderen zu sagen, wenn sie Ansprüche auf meine Zeit erheben.
- ✔ Ich delegiere Aufgaben und Verantwortlichkeiten nur selten.
- ✔ Ich finde, dass ich zu oft Dinge hinauszögere.

Wenn Sie nur ein oder zwei Dinge in der Liste markieren, brauchen Ihre Zeitmanagement-Fähigkeiten wahrscheinlich nur einen kleinen Kick. Wenn Sie mehr als vier der Punkte markiert haben, brauchen Ihre Zeitmanagement-Fähigkeiten aber wohl eine grundsätzliche Überholung.

Ihre Prioritäten setzen

Um Ihnen dabei zu helfen, Ihre Prioritäten zu setzen und die Wichtigkeit der Aktivitäten zu beurteilen, mit denen Sie Ihre Zeit verbringen, versuchen Sie, dieses einfache Beurteilungssystem zu benutzen:

1 = Hohe Priorität (Sehr wertvoll oder wichtig für mich)

2 = Mittlere Priorität

3 = Niedrige Priorität (Nicht besonders wichtig für mich)

V = Vergeudete Zeit

Es gibt Aktivitäten, die Sie tun *wollen* und Aktivitäten, die Sie *nicht* tun wollen, aber es existiert auch noch eine dritte Kategorie. Diese dritte Kategorie umfasst all die Dinge, die Sie besser tun *sollten*. Denken Sie daran, dass Notwendigkeit Prioritäten erzeugt. Nicht alle Ihre Level-1-Aufgaben sind Aufgaben, mit denen Sie Zeit verbringen *wollen*. Natürlich gibt es Zeiten, wenn bestimmte Selbsterhaltungsaktivitäten, wichtige Details und das, was Sie vielleicht als die gewöhnlicheren Aspekte Ihres Lebens ansehen, sehr wichtig werden. Wenn Sie z.B. merken, dass Sie bei Ihrer letzten sauberen Unterhose oder Ihrem letzten sauberen Teller angelangt sind, kann eine weniger wünschenswerte Aktivität wie Wäsche waschen oder Spülen schnell einen Level-1-Status erlangen.

Beispiel für ein Zeitprotokoll

Tabelle 8.1 zeigt ein Beispiel für ein mögliches Zeitprotokoll.

Verbrachte Zeit	Aktivität	Priorität (1, 2, 3, V)	Kommentare
7.00 - 7.20 h	Verschlafen	V	Ich brauchte es nicht.
7.20 - 7.45 h	Für die Arbeit vorbereiten	1	
7.45 - 8.05 h	Frühstück	1	
8.10 - 8.45 h	Zur Arbeit gefahren	1	
9.00 - 9.20 h	Post geöffnet	2	10 Minuten würden reichen.
9.20 - 9.40	Rückrufe gemacht	2, V	Hätte viel kürzer sein können.
10.00 - 10.45 h	Produktive Arbeit	1	
10.45 - 11.00 h	Kaffeepause	2	
11.00 - 12.00 h	Besprechung	3	Unnötige Besprechung
12.00 - 12.30 h	Im Internet gesurft	V	Habe wirklich nichts getan.
12.45 - 14.00 h	Mittagessen mit einem Kunden	1, V	Zu lang
14.15 - 15.00 h	Produktive Arbeit	1	
15.00 - 15.45 h	E-Mails geschrieben	2	Hätte ich zu einem anderen Zeitpunkt machen können.
15.45 - 16.00 h	Solitaire am PC gespielt	V	
16.00 - 16.30 h	Produktive Arbeit	2	
16.30 - 17.00 h	Rechnungen bezahlt	2	Zu Hause machen?
17.00 h - 17.30 h	Spaziergang gemacht	2	
17.45 - 18.20 h	Nach Hause gefahren	1	Nachrichten und Musik gehört
18.30 - 18.50 h	Mit meinem Partner geredet	1	Tue es nicht oft genug!
18.50 - 19.15 h	Zeitung gelesen	2	
19.15 - 20.00 h	Abendessen	1	Zu schnell vorbei.

Verbrachte Zeit	Aktivität	Priorität (1, 2, 3, V)	Kommentare
20.00 - 21.00 h	Fernsehen	2	Ich liebe diese Sendung!
21.00 - 22.00 h	Fernsehen	V	Hat sich nicht gelohnt.
22.00 - 22.30 h	Nachrichten angesehen	2	
22.30 h	Ins Bett gegangen		

Tabelle 8.1: Zeitprotokoll für Montag

Dieses Zeitprotokoll soll Ihnen ein besseres Bild davon geben, wo Ihre Zeit hingeht. Jetzt sind Sie bereit zu handeln und diese Informationen zu benutzen, um die Art und Weise zu ändern, in der Sie Ihre Zeit verbringen.

Wissen, was wichtig ist

Eines der Geheimnisse für effektives Zeitmanagement ist herauszufinden, was für Sie wichtig ist, und Wege zu finden, mehr Zeit mit diesen Dingen zu verbringen. Eine Verbesserung Ihrer Zeitmanagement-Fähigkeiten bedeutet mehr, als Methoden zu finden, wie Sie alles, was Sie jemals tun wollten, in einen Tag pressen können. Zwar mag es bewundernswert, und sicherlich effizient sein, wenn Sie gleichzeitig Ihre Zähne putzen und Ihre Schuhe anziehen können, aber dennoch mag dies nicht der beste Weg sein, Ihre Zeit zu managen. Zeit effektiv zu nutzen bedeutet nicht, zu versuchen, alles in kürzester Zeit zu erledigen. Es ist unmöglich, alles zu tun, und es zu versuchen, führt zu Stress.

Ihre Zeit effektiv zu managen bedeutet, Ihre Prioritäten zu managen. Nicht alle Dinge, die Sie im Leben tun müssen, haben die gleiche Bedeutung oder den gleichen Wert. Ihr Zeitprotokoll ist vielleicht übersät mit 3en und Vs. Sie stellen vielleicht fest, dass Sie Ihre Zeit mit Dingen verbringen, die diese Zeit nicht wert sind. Ihr nächster Schritt besteht darin, dies zu ändern.

Herausfinden, womit Sie mehr Zeit verbringen wollen

Als kleine Übung nehmen Sie sich ein Blatt Papier und schreiben Sie Aktivitäten auf, mit denen Sie gerne mehr Zeit verbringen möchten. Diese Übung hilft Ihnen, die Aktivitäten zu finden, die für Sie wertvoll sind und Ihnen Befriedigung verschaffen, und die, die das nicht tun.

Um Ihnen dabei zu helfen, diese Aktivitäten zu identifizieren, finden Sie nachfolgend eine Liste allgemeiner Punkte, die Sie in Betracht ziehen sollten. (Sie können natürlich andere hinzufügen.)

- ✔ Zeit mit Ihren Kindern verbringen
- ✔ Zeit mit Ihrem Partner verbringen
- ✔ Zeit mit Freunden verbringen
- ✔ Zeit mit sich selbst verbringen

- Zeit mit Ihrer Arbeit oder Ihrer Karriere verbringen
- Zeit mit einem Hobby oder einem Interesse verbringen
- Lesen
- Sport treiben
- Ihre Seele verwöhnen
- Zeit mit Nachbarschaftsaktivitäten verbringen
- Reisen
- Schlafen

Wissen, womit Sie weniger Zeit verbringen wollen

Zu wissen, womit Sie Ihre Zeit verbringen wollen, ist nur eine Seite der Medaille. Es ist ebenso wichtig zu wissen, womit Sie nicht besonders viel Zeit verbringen wollen. Hier sind einige meiner Ziele – stellen Sie selbst eine Liste auf:

- Weniger Stunden im Büro verbringen
- Weniger Stunden mit der Papierarbeit im Büro verbringen
- Weniger Stunden bei Veranstaltungen verbringen, die mir keinen Spaß machen
- Weniger Stunden mit dem Putzen des Hauses verbringen
- Weniger Stunden mit der Wäsche verbringen
- Weniger Stunden mit Leuten verbringen, die mit nicht gefallen
- Weniger fernsehen

Versuchen Sie, wann immer möglich, die Aktivitäten, von denen Sie weniger tun wollen, auszulöschen, oder zumindest zu vermindern, zu delegieren und generell zu vermeiden.

Fühlen Sie sich etwas »listenlos«?

Sie haben nun eine Liste, die Ihnen sagt, wie Sie Ihre vergangenen Tage verbracht haben. Jetzt brauchen Sie eine zweite Liste, die Ihnen dabei hilft herauszufinden, wie Sie Ihre zukünftigen Tage verbringen werden. Sie brauchen eine wichtige »To-Do«-Liste. Diese können Sie auf Ihrem Schreibtisch aufbewahren, in Ihrem Tagesplaner, in Ihrem Portemonnaie, Ihrer Brieftasche oder in Ihrem elektronischen Organizer – was auch immer für Sie am bequemsten und zugänglichsten ist.

Schauen Sie sich Ihre Liste jeden Tag an – entweder als letzte Aktivität am Abend oder als erste am Morgen –, um für den bevorstehenden Tag zu planen und neue Dinge einzufügen, die Sie tun wollen und die in der Zwischenzeit aufgekommen sind. Greifen Sie während des Tages mehrmals zu Ihrer Liste und streichen Sie die Dinge aus, die Sie bereits erledigt haben oder die Ihnen nun unwichtig vorkommen.

Wenn Sie Ihre To-Do-Liste benutzen, denken Sie an folgende Punkte:

Gehen Sie den elektronischen Weg

Wenn Sie ein Faible für Technologie und technische Spielereien haben, ist die Wahrscheinlichkeit groß, dass Sie bereits eine Art von Computer-Zeitmanagementsystem haben. Ist das nicht der Fall, ziehen Sie in Betracht, eins zu verwenden. Heutzutage sind die Preise sehr moderat, und die Dinge, die Sie mit diesen kleinen Geräten tun können, sind wirklich erstaunlich. Der elektronische Weg kann dem ansonsten gewöhnlichen Geschäft der Zeitplanung ein wenig Spaß hinzufügen. Vielleicht werden Sie überrascht sein festzustellen, dass Sie die notwendige Software, die irgendwo in Ihrem Computer versteckt ist, bereits kennen. Bitten Sie Ihren Bürotechniker um Hilfe oder werfen Sie einen Blick in *Office 2000 für Dummies* von Wallace Wang und Roger C. Parker (erschienen bei MITP) oder *Outlook 2000 for Dummies* von Bill Dyszel (erschienen bei IDG Books Worldwide, Inc., beides exzellente Nachschlagewerke.

Setzen Sie Ihre Prioritäten

Nachdem Sie einen Punkt eingefügt haben, bewerten Sie den Punkt mit Hilfe Ihrer 1-2-3-V-Skala.

Schaffen Sie sich Zeit für Ihre Prioritäten

Bewahren Sie Ihre Liste der Aktivitäten, mit denen Sie mehr Zeit verbringen wollen, direkt neben Ihrer To-Do-Liste auf. Holen Sie diese jedesmal hervor, wenn Sie Ihre To-Do-Liste bearbeiten. Ihr Ziel besteht darin, Zeit für so viele dieser Aktivitäten wie möglich zu schaffen und die Aktivitäten einzufügen.

Verwenden Sie die 80/20-Regel

Zeitmanagement-Guru Alan Lakein hat sich seit langem der 80/20-Regel, oder dem Pareto-Prinzip, verschrieben und sie verbreitet. Einfach ausgedrückt besagt sie: Wenn Sie von den Dingen, die Sie tun müssen, 20 Prozent der wichtigsten Dinge erledigen, wird Ihnen das 80 Prozent der Zufriedenheit bieten, die Sie hätten haben können, wenn Sie alles getan hätten. Mit anderen Worten, wenn Sie viele Ihrer Punkte mit niedriger Priorität (Ihre 3er) nicht erledigen, verlieren Sie auf lange Sicht gesehen nicht allzu viel. Fixieren Sie sich nicht auf diese weniger geschätzten, weniger produktiven Aktivitäten. Fragen Sie sich: »Wäre es wirklich so schlimm, wenn ich diese Aufgabe nicht erledigen würde?«

Werden Sie die Dinge niedriger Priorität los

Nachdem Sie die Aktivitäten und Aufgaben identifiziert haben, die in Ihrem Leben eine niedrige Priorität haben, suchen Sie nach Wegen, diese zu reduzieren oder sogar ganz zu vermeiden. Nachfolgend finden Sie eine Reihe nützlicher Strategien und Taktiken, die Ihnen zeigen, wie Sie genau das tun können. Soziale Verabredungen z.B. können leicht eine ganze Menge Ihrer Zeit auffressen. Sie kommen vielen Verabredungen wahrscheinlich aus einem Gefühl der Verpflichtung oder der Gewohnheit nach. Aber Sie müssen nicht zu absolut jeder Party oder jedem Essen gehen, zu dem Sie eingeladen werden. Noch müssen Sie bei jeder Versammlung Ihrer Kirche, Ihrer Schule oder anderer Organisationen, mit denen Sie verbunden sind, anwesend sein. Gehen Sie zu den Veranstaltungen, bei denen Sie wirklich dabei sein wollen, aber seien Sie wählerisch und anspruchsvoll. Geben Sie sich selbst die Erlaubnis, zu vielen anderen Einladungen nein zu sagen. Sie werden am Ende nicht von anderen gehasst oder aus der Gemeinschaft ausgestoßen.

Loslassen: Die Freuden des Delegierens entdecken

Erinnern Sie sich an den alten Slogan, »Wenn Sie etwas korrekt erledigt haben wollen, machen Sie es selbst«? Ja, er enthält etwas Wahrheit. Aber wenn Sie alles selbst tun, erkennen Sie schnell, dass Ihr Stresslevel in ungeahnte Höhen schnellt. Das Delegieren von Aufgaben und Verantwortlichkeiten kann Ihnen Zeit und eine ganze Menge Stress ersparen.

Vielleicht haben Sie aus verschiedenen Gründen ein Problem damit, Dinge zu delegieren. Hier sind einige der üblichen Gründe:

- ✔ Sie glauben, dass niemand anderes kompetent genug ist, um die Aufgabe zu meistern.
- ✔ Sie glauben, dass niemand sonst das Problem wirklich so versteht, wie Sie es tun.
- ✔ Sie glauben, dass niemand sonst so motiviert ist wie Sie.
- ✔ Sie vertrauen niemandem, dass er die Verantwortung bewältigen kann.

All diese Gründe können durchaus wahr sein. Aber in vielen Fällen treffen die Gründe überhaupt nicht zu. Tatsache ist, dass man anderen Menschen etwas beibringen kann. Sie werden möglicherweise angenehm überrascht sein, wie gute Arbeit andere in Bezug auf eine Aufgabe oder eine Verantwortung zeigen können.

Auch wenn Sie Recht haben und andere die Aufgabe wirklich nicht so gut machen wie Sie, ist es wahrscheinlich dennoch besser zu delegieren als alles auf Ihre eigene Schulter zu nehmen und sich unglaublich gestresst zu fühlen.

Die feine Kunst des Delegierens

Vielleicht kommen Sie aus der Schule des Delegierens, in der es heißt: »Nehmen Sie dies und legen Sie es bis morgen früh auf meinen Schreibtisch». Hier sind einige Tipps, die Ihnen dabei helfen, effektiver zu delegieren:

- ✔ **Suchen Sie sich die richtige Person.** Stellen Sie sicher, dass diejenigen, an die Sie delegieren, das Wissen und die Fähigkeiten haben, um die verlangte Aufgabe auszuführen. Wenn Sie niemanden finden können, der das Wissen und die Fähigkeiten hat, denken Sie daran, die Zeit zu investieren, jemanden anzulernen. Auf lange Sicht gesehen, wird Ihnen dies viel bringen.
- ✔ **Verpacken Sie Ihre Bitte um Hilfe in positive Begriffe.** Sagen Sie der Person, warum Sie ihn oder sie gewählt haben. Machen Sie ein ehrliches Kompliment, das zeigt, dass Sie eine Fähigkeit oder die Kompetenz erkannt haben, die diese Person zur Richtigen für die Aufgabe machen.
- ✔ **Erkennen Sie die Zeit an.** Machen Sie klar, dass Ihnen bewusst ist, dass die Person ihre eigene Arbeit zu erledigen hat, aber dass Sie wirklich dankbar wären, wenn er oder sie Ihnen bei dieser Aufgabe helfen könnte.
- ✔ **Seien Sie nicht pingelig.** Nachdem Sie eine Aufgabe vergeben und sorgfältig erklärt haben, was getan werden muss, lassen Sie die Person es tun. Halten Sie sich heraus, es sei denn, Sie sehen ganz klar, dass die Dinge in die falsche Richtung gehen.
- ✔ **Belohnen Sie die Mühe.** Wenn die Person ihre Aufgabe gut gemacht hat, sagen Sie es ihr. Und wenn er oder sie es nicht ganz so gemacht hat, wie Sie es getan hätten, sich aber große Mühe gemacht hat, lassen Sie ihn oder sie wissen, dass Sie die Mühe anerkennen.

Delegieren beginnt zu Hause

Vielleicht verbinden Sie das Wort delegieren mit der Arbeit in einem Büro und der Übergabe eines Projekts an einen Partner oder Assistenten. Aber das Delegieren von Aufgaben und Pflichten in Ihrem Zuhause ist ein wichtiger Weg, um viel Zeit zu sparen. Hier sind einige Vorschläge:

- ✔ **Einer für alle, alle für einen.** Jeder in der Familie (vorausgesetzt, dass er oder sie alt genug zum Laufen und Sprechen ist) kann, und sollte, eine Rolle in der Verteilung der Haushaltspflichten und -verantwortung spielen.
- ✔ **Starten Sie mit einer Liste.** Teilen Sie diese weniger beliebten Aufgaben wie Abspülen (oder die Spülmaschine einräumen), Wäsche waschen, Schlafzimmer aufräumen, den Müll rausbringen und die Spülmaschine ausräumen auf.
- ✔ **Aller Anfang ist klein.** Überwältigen Sie Ihre Familie nicht aus dem Nichts. Geben Sie den Familienmitgliedern ein oder zwei Aufgaben und fügen Sie dann bei Bedarf weitere hinzu.
- ✔ **Keine Schuldgefühle.** Auf lange Sicht wird Ihre Familie die Erfahrung schätzen. (Sie sollten jedoch wissen, dass es sich um eine sehr lange Sicht handeln kann.)

Zeit sparen

Sie können sich eine ganze Menge Zeit ersparen, indem Sie ähnliche Aufgaben gleichzeitig erledigen. Das Gruppieren von Aufgaben ist viel effizienter und viel weniger stressig. Sie können, z.B.

- ✔ **Alle Ihre Rechnungen gleichzeitig bezahlen.** Legen Sie einen Zeitpunkt fest, an dem Sie die Rechnungen durchgehen, die Sie in Ihren »Bezahlen«-Ablagekorb gelegt haben und schreiben Sie die Schecks aus, adressieren Sie die Briefumschläge und stecken Sie sie in die Post.
- ✔ **Anrufe gruppieren.** Statt Ihren Tagesablauf zu unterbrechen, um einen nicht wichtigen Anruf zu machen oder jemanden zurückzurufen, warten Sie, bis Sie mehrere Anrufe machen müssen, und machen Sie dann alle zur gleichen Zeit.
- ✔ **Einkäufe bündeln.** Statt für jedes kleine Ding in den Laden zu rennen, gruppieren Sie Einkäufe. Führen Sie eine Liste mit den Dingen, die Sie brauchen oder bald brauchen werden an einem leicht zugänglichen Platz und werfen Sie einen Blick auf die Liste, bevor Sie losrennen, um dieses einzelne benötigte Ding zu besorgen, so dass Sie andere Gegenstände ebenfalls mitbringen können.

  Noch einfacher ist es, eine Beispielliste mit den Dingen, die Sie immer wieder brauchen, zu fotokopieren und an den Kühlschrank zu heften. Markieren Sie einen benötigten Gegenstand, wenn Sie bemerken, dass er Ihnen langsam ausgeht. Wenn Sie eine Reihe von Punkten auf der Liste markiert haben, machen Sie sich auf den Weg in den Supermarkt.

- ✔ **Kaufen Sie einige Dinge in großen Mengen.** Viele Dinge im Haus oder Büro müssen regelmäßig nachgekauft werden. Es kann Sinn machen, Büromaterial, Toilettenpapier, Konserven, Papiertücher, Haustierfutter usw. in größeren Mengen zu kaufen, *wenn* Sie genug Platz haben, um Ihre Großeinkäufe zu lagern.
- ✔ **Kochen Sie vor.** Die Vorbereitung der Mahlzeiten kann unglaublich viel Zeit in Anspruch nehmen. Bereiten Sie immer, wenn es Ihnen möglich ist, genügend vor, so dass Sie mehrere Mahlzeiten zur Verfügung haben. Sie können Suppen, Eintöpfe, Schmorgerichte und Saucen in größeren Mengen kochen, um zusätzliche Mahlzeiten einzufrieren. Ein trüber Tag am Wochenende ist die perfekte Zeit, um groß aufzukochen. Stellen Sie nur sicher, dass Sie diese Plastikdosen genau beschriften.

Machen Sie das Beste aus der Technologie

Sie können außerdem Zeit sparen, indem Sie die Technologie für einen Teil Ihrer Arbeit nutzen. (Schließlich sollte Technologie Ihr Leben vereinfachen, erinnern Sie sich noch?) Probieren Sie folgende Techniken aus:

- ✔ **Kaufen Sie per Post ein.** Das Einkaufen per Post kann ein hervorragender Weg sein, Zeit zu sparen. Sie brauchen nur Kataloge und können so ziemlich alles per Telefon, Fax oder E-Mail bestellen. Und wenn Sie Ihre Bestellungen sammeln oder mit einem Freund zusammen bestellen, können Sie Geld für die Versandkosten sparen. Der Nachteil? Es ist zu einfach, Dinge zu finden, die Sie nicht wirklich brauchen.

- ✔ **Benutzen Sie das Web.** Das Internet kann Ihre Bankgeschäfte beschleunigen und Reservierungen in Hotels, Restaurants, Flugzeugen, Zügen oder jede andere Art von Reservierung zum Kinderspiel machen. Sie können außerdem alles von Büchern bis hin zu Autos kaufen und oft sowohl Zeit als auch Geld sparen.

Profitieren Sie von der Technologie, aber zügeln Sie Ihre elektronischen Spielereien

Ich habe eingesehen, dass das Internet uns erhalten bleiben und wahrscheinlich dem Leben der Menschen viel Zufriedenheit und Freude bringen wird. Aber am jetzigen Punkt scheint es, dass Sie leicht einen guten Teil Ihres Lebens verlieren können, indem Sie durch das ganze Zeug surfen, ganz zu schweigen davon, einfach nur Online zu gehen. Das Internet kann leicht zu einem schwarzen Loch werden, das all Ihre freie Zeit und Energie aufsaugt, ohne Ihnen viel zurückzugeben. Das gleiche gilt für Computerspiele.

Schränken Sie Ihre Stunden des Surfens im Internet ein, indem Sie im Voraus planen, wann Sie es benutzen werden. Führen Sie ein einfaches Protokoll, das Sie an Ihren Bildschirm heften, und notieren Sie, wann und für wie lange Sie das Internet nutzen. Planen Sie niemals mehr als ein paar Stunden in der Woche. Verschenken Sie einige Ihrer weniger interessanten Computerspiele und überwachen Sie die Zeit, die Sie mit den anderen verbringen.

Zeit vor dem Fernseher einschränken

Eines meiner Kinder machte einmal den Kommentar: »Habt ihr schon einmal bemerkt, wie viel länger die Tage sind, wenn man nicht so viel fernsieht?« Obwohl etwas Fernsehen großartig ist, ist sehr viel davon nicht so gut. Es ist klar, mir zumindest, dass die Menschen zu viel Zeit vor dem Fernseher vergeuden. Ich bin außerdem überzeugt, dass die Qualität unseres Lebens wesentlich besser wäre, wenn wir weniger fernsehen würden.

Unter den Fernseh-Reduzierungstaktiken sind folgende zu finden:

- ✔ **Versuchen Sie, die Zeit, die Sie mit Fernsehen verbringen, drastisch zu senken.** Schalten Sie nie einfach zufällig von Kanal zu Kanal, um beim am wenigsten langweiligen Programm hängen zu bleiben. Sehen Sie sich nur die Sendungen an, die Sie wirklich sehen wollen. Versuchen Sie, Ihre Zeit vor dem Fernseher auf weniger als zwei Stunden pro Abend zu beschränken.
- ✔ **Versuchen Sie, einen fernsehfreien Abend pro Woche festzulegen.** Statt fernzusehen, machen Sie etwas anderes. Lesen Sie ein Buch. Gehen Sie zum Sport. Machen Sie eine Suppe. Haben Sie Sex. Gehen Sie früh schlafen.

- **Benutzen Sie Ihren Videorecorder.** Versuchen Sie, ein Programm nicht anzusehen, wenn es erstmals ausgestrahlt wird. Zeichnen Sie die Programme auf, die Sie mögen und sehen Sie sie sich in einem Block an, zu einer Zeit, die *Sie* auswählen.
- **Vermeiden Sie Stapel von Videokassetten.** Wenn Sie mehr aufgenommene Videokassetten gesammelt haben, als Sie an einem Tag ansehen können, den Sie dem Fernsehen gewidmet haben, fangen Sie an auszusortieren. Beginnen Sie damit, vorhandene Kassetten zu überspielen statt Ihrer wachsenden Sammlung weitere hinzuzufügen.

Verringern Sie diese verflixten Unterbrechungen

Es braucht nicht lang, um zu realisieren, dass eine ganze Menge Ihrer Zeit durch kleine Unterbrechungen verbraucht werden kann, die Sie von dem abhalten, was Sie gerade tun und daher die Zeit verlängern, die Sie für eine bestimmte Aufgabe bräuchten. Einige Unterbrechungen werden durch andere hervorgerufen oder durch externe Ereignisse und Situationen. Andere Male sind Sie selbst es vielleicht, der die Unterbrechung herbeiführt.

Wenn Sie zu Hause sind und Unterbrechungen vermeiden müssen, gehen Sie in das Zimmer, in dem Sie am wenigsten gestört werden. Wenn Sie an Ihrem Arbeitsplatz sind, schließen Sie die Tür zu Ihrem Büro, wenn Sie eine haben. Der wichtigste Punkt ist, schränken Sie die Unterbrechungen ein, die Sie selbst herbeiführen. (Sie brauchen nicht alle zwei Minuten eine Pause.)

Obwohl Ihr Telefon einer Ihrer besten Verbündeten sein kann, wenn es darum geht, Zeit zu sparen, kann es auch eine besondere Plage sein. Haben Sie schon einmal bemerkt, dass Ihr Telefon immer genau drei Minuten, nachdem Sie sich zum Abendessen hingesetzt haben, klingelt und der Anrufer jemand ist, der Ihnen gerne dabei helfen möchte, Ihren Telefonanbieter zu wechseln, Ihre finanzielle Situation zu ändern oder der eine Spende für Ihre Universität eintreiben möchte?

Hier sind einige nützliche Ideen, die Ihnen helfen, sich von den zeitraubenden Fängen Ihres Telefons zu befreien:

- **Filtern Sie Ihre Anrufe.** Überwachen Sie Ihre Anrufe über Ihren Anrufbeantworter und nehmen Sie nur Anrufe von den Leuten an, mit denen Sie sprechen wollen.
- **Verwenden eine Anruferanzeige.** Mit einer Anruferanzeige wissen Sie sofort, wer anruft und können entscheiden, ob Sie den Anrufbeantworter antworten lassen oder ob Sie in dem Moment wirklich mit der Person am anderen Ende sprechen wollen.
- **Verpassen Sie einige Anrufe.** Wenn Sie keine Anruferanzeige und keinen Anrufbeantworter zu Hause haben, versuchen Sie, nicht jedesmal ans Telefon zu gehen, wenn es klingelt. Das Verpassen einiger Anrufe (zu Hause – nicht im Büro!) wird kaum Ihre Chancen auf ein glückliches Leben beeinträchtigen. Wenn jemand wirklich mit Ihnen sprechen will, wird er noch einmal anrufen.
- **Kommunizieren Sie mit Leuten per E-Mail statt über Ihr Telefon.** Geben Sie den Leuten Ihre E-Mail-Adresse, mit denen Sie, aus welchen Gründen auch immer, nicht am Telefon reden wollen.

✔ **Hinterlassen Sie eine Nachricht.** Wenn Sie jemandem nur eine Information geben wollen, ohne tatsächlich mit der Person zu sprechen, rufen Sie an, wenn Sie wissen, dass er oder sie nicht da sein wird.

✔ **Geben Sie genaue Termine.** Wenn Sie es leid sind, jemandem ständig hinterher zu telefonieren, ohne die Person jemals zu erwischen, geben Sie ihr eine bestimmte Zeit, zu der Sie erreichbar sind oder bitten Sie die Person, Ihnen eine Nachricht zu hinterlassen, wann er oder sie erreichbar sein wird.

✔ **Lassen Sie sich aus den Listen streichen.** Bitten Sie darum, von den Werbelisten gestrichen zu werden, über die Sie sich ärgern. Wenn Sie den Anrufer bitten, Sie aus der Liste zu streichen, ist die Chance relativ hoch, dass er oder sie das tatsächlich tun wird – schließlich gibt es da ein Gesetz. Das gleiche gilt für unverlangte Faxe und E-Mails.

✔ **Bitten Sie um ein schriftliches Angebot.** Wenn Sie an dem interessiert sind, was die Person verkauft, bitten Sie ihn oder sie um ein schriftliches Angebot per Post.

✔ **Besorgen Sie sich ein kabelloses Telefon.** Mit einem kabellosen Telefon können Sie durch Ihr Haus laufen und andere Dinge tun, während Sie telefonieren.

Ein kleines bisschen früher aufstehen

Den Tag gehetzt zu beginnen führt zu einer qualvollen Stimmung, die den ganzen Tag anhalten kann. Warum stehen Sie nicht ein bisschen früher auf? Dieser Vorschlag mag radikal klingen, aber wenn Sie eine zusätzliche halbe Stunde haben, bevor Sie das Haus verlassen, haben Sie mehr Zeit, sich fertig zu machen, die Dinge zu suchen, die Sie für den Tag brauchen, gemütlicher zu frühstücken und Ihren Tag auch sonst ohne Stress zu beginnen.

Wenn eine halbe Stunde Ihnen zu viel erscheint, versuchen Sie, 15 Minuten früher aufzustehen. Funktioniert dieser Ansatz nicht, versuchen Sie, abends früher schlafen zu gehen, damit es etwas einfacher wird, früher aufzuwachen.

Zeit kaufen

Vielleicht haben Sie sich der alten Arbeitsethik verschrieben, »Bezahlen Sie niemals jemanden für etwas, das Sie leicht selbst tun können«. Das ist ein Fehler. Jemanden zu beschäftigen, der Ihnen hilft, kann Ihnen mehr Zeit für die Dinge geben, die Sie tun wollen, und auf längere Sicht Ihr Leben einfacher und weniger stressig machen.

Beachte ich Ihre Finanzen zu wenig? Ich glaube nicht. Mir ist klar, dass Sie vielleicht nicht viel Geld übrig haben. Aber die Zeiten sind vorbei, als nur reiche Menschen andere Leute beschäftigten, die ihnen aushalfen. Manchmal ist es ganz einfach eine weise Entscheidung, jemanden zu beschäftigen.

Hier sind einige Fragen, die Ihnen bei der Entscheidung helfen, ob es sinnvoll ist, jemand anderen zu beschäftigen oder für eine Dienstleistung zu bezahlen:

- Welche Aufgaben sind mir absolut verhasst?
- Welche Aufgaben rufen ständig einen Kampf zwischen mir und meinem Partner oder zwischen mir und meinem Mitbewohner hervor?
- Welche Aufgaben mag ich einfach nicht so gern?
- Welche Aufgaben kann ich nicht so gut erledigen?
- Welche Aufgaben machen mir nichts aus, sind aber wirklich meine Zeit und Mühe nicht wert?

Folgende Aufgaben können unter denen sein, die Sie möglicherweise von jemand anderem erledigt haben wollen, der das tatsächlich auch kann:

- Ihr Haus oder Ihre Wohnung regelmäßig putzen (Küche, Badezimmer, Abwasch usw.)
- Ihre Wäsche waschen
- Ihre Mahlzeiten kochen
- Ihre Einkäufe erledigen
- Ihre Fenster putzen und Ihre Teppiche reinigen
- Wände, Möbel oder Böden streichen bzw. reinigen
- Ihre Pflanzen gießen, wenn Sie nicht zu Hause sind
- Ihren Garten pflegen
- Ihr Haustier versorgen
- Ihre Post und Zeitung sammeln, wenn Sie nicht zu Hause sind
- Ihren Rasen mähen
- Ihre Kleidung einkaufen
- Tickets besorgen
- In einer Warteschlange stehen
- Geschenke einpacken
- Sie zu Ihren Terminen fahren
- Ein spezielles Ereignis planen und durchführen

Vermeiden Sie, zu viel zu bezahlen

Jemanden anderen zu beschäftigen, der Ihre weniger bevorzugten Aufgaben erledigt, muss Sie kein Vermögen kosten. Sie brauchen wahrscheinlich keinen teuren Profi. Viele Leute, die zwischen zwei Arbeitsplätzen stehen, sind dazu bereit, Aufgaben für Sie zu übernehmen, wenn Sie dafür bezahlen. Schauen Sie auf die schwarzen Bretter in Supermärkten, in Ihre Stadtteilzeitung oder Ihre lokalen Stellenanzeigen nach Leuten, die nach Arbeit suchen. Und überprüfen Sie ihre Referenzen. Übersehen Sie Schüler oder Studenten nicht, besonders während der Ferien. Sie können günstiger und oft überraschend zuverlässig sein.

Schätzen Sie Ihre finanziellen Möglichkeiten, jemanden zu beschäftigen, der einige oder viele der Punkte auf Ihrer Liste übernimmt, realistisch ein. Denken Sie auch daran, das die emotionale Erleichterung und die zusätzliche Zeit, die Sie gewinnen, in vielen Fällen das Geld wert sind. Geben Sie Ihr Geld aus.

Liefern lassen oder kochen?

Liefermenüs mögen zwar nicht die größte Erfindung aller Zeiten sein, aber sie sind da. Warum nicht von der Tatsache profitieren, dass mehr und mehr Mahlzeiten an Ihre Tür geliefert oder auf dem Weg nach Hause abgeholt werden können? Ja, jeder weiß von Pizza und dem chinesischen Lieferservice. Aber heutzutage ist die Auswahl der Liefermenüs wesentlich umfangreicher und interessanter, als sie es vor ein paar Jahren war. Sogar Supermärkte haben in ihrer Delikatessenabteilung vorgekochte Gourmet-Menüs.

Wird es Sie ein Vermögen kosten, von diesen Liefermenüs zu profitieren? Nicht wirklich. Oft kommen die Kosten, ein Abendessen aus dem Nichts zu machen denen gleich, vorbereitetes Essen nach Hause zu bringen. Manchmal sparen Sie möglicherweise sogar, wenn Sie Liefermenüs bestellen. Kürzlich habe ich beschlossen, einen Krabben-Curry-Topf zu kochen. Nachdem ich alle Zutaten eingekauft hatte, darunter auch die exotischen Gewürze, die ich brauchte, wurde mir klar, dass ich viel mehr ausgegeben hatte, als wenn ich das Gericht von India Palace um die Ecke bestellt hätte. Ja, ich bin froh, dass ich das Gericht gekocht habe. Aber ich habe kein Geld gespart. Und ehrlich gesagt, war meine Kreation nicht ganz so lecker. Und, oh, die Zeit, die ich gespart hätte!

Hinauszögern vermeiden

Dinge hinauszuzögern ist vielleicht die Eigenschaft, die Ihnen die meiste Zeit raubt und viel Stress in Ihrem Leben produziert. Ich muss noch mehr als eine Handvoll Leute sehen, die keine Zeit durch Hinauszögern verlieren. Wenn Sie die Aktivitäten vermeiden, die wichtig und wertvoll sind, enden Sie damit, viel Zeit mit den Aktivitäten zu verbringen, die weniger wertvoll und weniger zufrieden stellend sind. Wenn Sie hinauszögern, den Brief an jemanden zu schreiben, den Sie gern haben oder Ihren Lebenslauf auf den neuesten Stand zu bringen oder einen Freund zurückzurufen, führt dass fast immer zu Bedauern.

Sie zögern Dingen hauptsächlich aus einem von vier Gründen heraus:

- ✔ Die vermiedene Aufgabe oder Aktivität durchzuführen verlangt Mühe und ruft Unbehagen hervor. Ihre niedrige Frustrationstoleranz verlangsamt Sie oder hält Sie komplett davon ab.

- Sie haben Angst, dass Sie die vermiedene Aufgabe nicht so gut durchführen könnten, wie Sie es wollen. Angst vor Versagen und ein schlechtes Gefühl sich selbst gegenüber machen es weniger wahrscheinlich, dass Sie das tun werden, was getan werden müsste.
- Sie haben Angst, dass jemandem Ihre Leistung nicht gefallen wird. Sie legen zu viel Wert auf die Meinung anderer. Sie haben Angst vor Ablehnung.
- Sie haben das Gefühl, dass Sie die Aufgabe oder Aktivität nicht tun müssten, und ärgern sich, dass es so ist. Sie haben das Gefühl, dass die Welt oder einige Leute darin Sie nicht fair behandeln.

Alle vorstehenden Gründe können Sie in Ihren Bemühungen stoppen. Folgende Vorschläge können Ihnen helfen, weniger Dinge hinauszuzögern:

Beißen Sie in den sauren Apfel

Wenn Sie feststellen, dass Ablehnung und Unbehagen Sie davon abhalten zu tun, was Sie tun müssten, schauen Sie, ob Sie Ihre Vermutungen herausfordern können. Fragen Sie sich selbst: »Warum sollte ich immer nur die Dinge tun, die ich mag und tun möchte?« Die Antwort ist natürlich, dass Sie Schwierigkeiten und Unbehagen nicht vermeiden können. Tun Sie es einfach! Dann stellen Sie sich selbst eine zweite Frage: »Wäre es nicht besser, wenn ich etwas Unbehagen annehmen und die Sache aus dem Weg schaffen würde?« Die Antwort: Absolut!

Motivieren Sie sich selbst

Manchmal bringt Ihr Grad interner Motivation Sie nicht dorthin, wohin Sie gehen müssen. Sie brauchen Motivation von außen. Sie können sich entweder selbst dafür belohnen, dass Sie etwas tun oder sich selbst bestrafen, wenn Sie es nicht tun.

Probieren Sie zuerst den Ansatz der Belohnung aus. Erstellen Sie Ihre eigene Motivationsleiter, indem Sie eine Liste der Belohnungen aufstellen, die Sie dazu motivieren können, die Aufgabe zu erledigen und ordnen Sie diese dann entsprechend ihrer Wichtigkeit für Sie. Einige Beispiele:

- Gönnen Sie sich einen Miniurlaub.
- Kaufen Sie sich etwas Großes, das Sie schon seit langem haben wollen, aber sich selbst versagt haben.
- Gönnen Sie sich ein tolles Essen oder Dessert.
- Gehen Sie ins Kino, Theater oder machen Sie etwas, das Ihnen Spaß macht.
- Machen Sie sich selbst ein kleines Geschenk.

Aber nett zu sein, auch zu sich selbst, bringt es nicht immer. Vielleicht reagieren Sie besser auf die Androhung von Schmerz und Leiden als auf eine Belohnung. Ist Schmerz Ihr Ding, versuchen Sie, eine Strafe festzulegen, wenn Sie eine Aufgabe nicht ausführen:

- Bevorzugte Freude für einen Tag aufgeben (Fernsehen, Kino, ein Dessert, ausgehen usw.)

- ✔ Bevorzugte Freude für eine Woche aufgeben
- ✔ Etwas an einen politischen Kandidaten spenden, den Sie nicht mögen
- ✔ Bargeld anonym an eine Person schicken, die Sie kennen und nicht mögen. (Machen Sie das Gehalt für eine Woche daraus und ich garantiere Ihnen, dass es funktioniert.)

Verwenden Sie die kleinste Belohnung oder Strafe, die Sie dazu bringt, die Aufgabe zu erledigen. Wenn das nicht funktioniert, gehen Sie zu der nächsten Belohnung oder Strafe in Ihrer Motivationsleiter über. Seien Sie erfinderisch.

Um sicherzustellen, dass Sie eine Strafe auch durchsetzen, erzählen Sie einem Freund von Ihrem Plan und bitten Sie ihn oder sie, sicherzustellen, dass Sie bis zum Ende gehen. Ich finde, dass dieser Ansatz Ihre Chancen erhöht, Verzögerungstaktiken erfolgreich zu durchbrechen. Ist Geld im Spiel, stecken Sie es in einen Briefumschlag, adressieren Sie ihn, kleben Sie eine Briefmarke drauf und geben Sie ihn einem Freund, dem Sie sagen, dass er den Brief in den Briefkasten werfen soll, wenn Sie Ihren Teil der Vereinbarung nicht erfüllen.

Gehen Sie an die Öffentlichkeit

Gehen Sie eine öffentliche Verpflichtung ein. Erzählen Sie einem guten Freund von einer Aufgabe, die Sie erledigen wollen und sagen Sie ihm oder ihr, wann Sie mit der Aufgabe fertig sein werden. Noch besser, erzählen Sie mehreren Leuten davon. Sie sollten diesen Freund oder diese Freunde daran erinnern, Sie regelmäßig über Ihre Fortschritte zu befragen und zu überprüfen, was passiert ist.

Der »Werde-ich-tun«-Ansatz

Der Werde-ich-tun-Ansatz erkennt die Tatsache, dass Sie ein großartiger Planer sind, aber Ihre Durchsetzungskraft eher schwach ist. Folgen Sie diesen Schritten, um den Werde-ich-tun-Ansatz zu verwenden:

1. **Suchen Sie sich etwas, um Dinge aufzuschreiben.**

   Ein kleines Notizheft, ein Kalender, einige Karteikarten oder ein elektronischer Organizer können gut funktionieren. Was immer Sie wählen, es sollte etwas sein, das Sie leicht mit sich herumtragen können.

2. **Schreiben Sie oben auf die linke Seite (oder der Rückseite einer Karte) die Worte** Zu Tun. **Zeichnen Sie auf die rechte Seite drei Spalten mit den Titeln** Werde ich tun, Wann und Wo? **und** Was ist passiert?

3. **Gegen Ende Ihres Tages nehmen Sie sich zehn Minuten Zeit, um über den nächsten Tag nachzudenken und Ihren Zeitplaner zu aktualisieren. Notieren Sie alle Dinge, die Sie am nächsten Tag tun sollten oder tun wollen, auf Ihrer Zu-Tun-Seite oder -Karte.**

4. **Von den Punkten aus Ihrer längeren Zu-Tun-Liste, schreiben Sie *nur* die Dinge in die Werde-ich-tun-Spalte Ihres Planers, die eine hohe Priorität oder Bedeutung in Ihrem Leben haben.**

   Die Liste kann lang oder kurz sein. Schreiben Sie jedoch nur die Dinge hinein, zu denen Sie sich wirklich verpflichten können. Treffen Sie mit sich selbst eine Vereinbarung: »Wenn ich etwas aufschreibe, werde ich es wirklich tun«. Diese Liste umfasst nicht die Dinge, die Sie gerne tun möchten, sondern die Dinge, die Sie tun werden.

5. **Füllen Sie für jeden Punkt in Ihrer Werde-ich-tun-Liste die Spalte »Wann und Wo?« aus.**

6. **Während des nächsten Tages füllen Sie für jeden Punkt die Spalte »Was ist passiert?« aus.**

   Wenn Sie aus einem Grund, der außerhalb Ihrer Kontrolle liegt, etwas nicht getan haben und es immer noch wichtig ist, setzen Sie es noch einmal auf die Liste. Wenn Sie ständig Aufgaben unerledigt lassen, kürzen Sie Ihre Liste.

Nachfolgend sehen Sie ein Beispiel für eine ausgefüllte Werde-ich-tun-Liste:

Werde ich tun	Wann und Wo?	Was ist passiert?
Wegen Flugtickets anrufen	10.30 h, in meinem Büro	Angerufen. Habe sie.
Bericht für Garry schreiben	14.30 h, in meinem Büro	Gemacht
E-Mail an Beth	Abends, zu Hause	Verschickt
Donna anrufen	Morgens, in meinem Büro	Gemacht

Das Geheimnis des Werde-ich-tun-Ansatzes ist, dass er Verzögerungstaktiken minimiert und Ihre Durchsetzungsfähigkeit maximiert.

Die Gefahren des Perfektionismus vermeiden

Das alte Sprichwort »Wenn Du etwas tust, tu es gut« ist irreführend. Es ist nichts Falsches daran, etwas gut tun zu wollen, oder auch sehr gut. Aber wenn Ihre Erwartungen zu hoch sind und Sie auf Perfektion zielen, werden Sie sich gestresst fühlen. Perfektion ist überbewertet. Es ist sehr schwierig, länger als drei Minuten perfekt zu sein. Wann immer Sie nach Perfektion streben, fallen Sie in eine von zwei Zeit vergeudende und Stress produzierende Fallen:

- ✔ Sie verbringen mehr Zeit mit der Aufgabe oder Aktivität als angemessen.
- ✔ Sie vermeiden die Durchführung der Aufgabe ganz und gar, weil Sie Angst haben, sie nicht gut genug ausführen zu können.

Streben Sie nach »verdammt gut« statt nach »perfekt«. Und lassen Sie manchmal auch nur ein »gerade okay« durchgehen.

Essen, Bewegung und Schlafen

8

In diesem Kapitel

- Verstehen, wie Ihre Ernährungsweise Ihren Stresslevel beeinflussen kann
- Bewegung gegen Stress
- Gut schlafen

Erinnern Sie sich noch daran, als Sie sehr klein waren und knatschig wurden, wenn Sie nicht gegessen oder nicht genug geschlafen hatten? Dies waren nicht Ihre besten Momente. Fragen Sie Ihre Eltern. Ihre Fähigkeit, mit Frustration und Enttäuschung umzugehen, war praktisch nicht vorhanden.

Heute, als Erwachsener, sind Ihre Stressfaktoren vielleicht andere, aber Ihr physischer Zustand spielt immer noch eine große Rolle, wenn es darum geht zu bestimmen, wie gestresst Sie sich fühlen werden. Was Sie essen, wann Sie essen, Ihre allgemeine Fitness und die Qualität Ihres Schlafs beeinflussen Ihre Fähigkeit, mit Stress umzugehen:

- ✔ Wenn Ihr Körper unter Stress steht, weil er schlecht ernährt, ungenügend ausgeruht oder generell nicht fit ist, ist er empfänglicher für eine ganze Reihe von Krankheiten und Störungen, angefangen von einer gewöhnlichen Erkältung bis hin zu etwas Drastischerem.
- ✔ Wenn Sie physisch gestresst sind, reagieren Sie anders auf Ihre Welt. Sie sind weniger in der Lage, effektiv mit vielen der alltäglichen Stressauslöser umzugehen, die Ihren Weg kreuzen. Kurz, Sie werden zu einem schlechten Stressmanager.

Dieses Kapitel zeigt Ihnen, wie Sie einen gegen Stress resistenten Lebensstil entwickeln können – durch Ernährung, Bewegung und Schlaf –, der wiederum die Fähigkeit Ihres Körpers stärken kann, mit potentiellen Stressauslösern umzugehen und ihren negativen Auswirkungen zu widerstehen. Einfach gesagt: Ihr Körper ist ein Heiligtum. Behandeln Sie ihn gut.

Gegen Stress wirksame Ernährung

Wenn Sie wie die meisten Menschen sind, nehme ich an, dass Ihre Ernährungsgewohnheiten weniger als perfekt sind. Ihre Ernährung ist wahrscheinlich eine Affäre mit wechselndem Erfolg – unbeständig, eilig und an Ihren geschäftigen Tagesablauf angepasst.

Ich weiß, dass Ihr Leben bereits stressig genug ist, ohne dass Sie sich den Kopf darüber zerbrechen, was in Ihren Mund geht. Aber was Sie essen – und wie Sie es essen – kann bedeutend zu Ihrer Fähigkeit beitragen, wie Sie mit Stress in Ihrem Leben umgehen. Die falschen Dinge zu essen oder zu den falschen Zeiten zu essen, kann Ihren Stresslevel erhöhen. Keine Sorge. Hier kommt Hilfe.

Vielleicht sollte ich einfach zum nächsten Kapitel vorblättern?

Wer weiß, vielleicht sind Sie jemand, der sich richtig ernährt, fest schläft und Muskeln hat, die sogar Arnold Schwarzenegger unsicher machen würden. Machen Sie diesen kurzen Test, um Ihren Gesundheitslebensstil einzuschätzen.

Kreisen Sie bei jedem der fünf Punkte unten die Antwort ein, die am ehesten Ihren derzeitigen Lebensstil beschreibt:

1. **Eine *ausgewogene Mahlzeit* bedeutet für mich:**
   a. Mäßige Mengen von rotem Fleisch essen
   b. Mehr Obst, Gemüse und Vollkornprodukte essen
   c. Einen Hamburger und eine Limo zu mir nehmen, während ich in einem Bus stehe und versuche, nicht umzufallen
2. **Eine *gute Nachtruhe* heißt für mich:**
   a. Acht oder neun Stunden Schlaf
   b. Sechs oder sieben Stunden Schlaf
   c. Länger als drei Stunden irgendetwas mit geschlossenen Augen tun
3. **Ein *energisches Training* bedeutet für mich:**
   a. Gewichte in meinem Fitnesscenter heben
   b. Mehrere Kilometer pro Tag joggen
   c. Dateien von einem Teil meiner Festplatte auf einen anderen zu verschieben
4. **Ich denke, das Geheimnis effektiver Mahlzeitenplanung ist:**
   a. Mehrere Mahlzeiten auf einmal zu kochen
   b. Mehrere gute Kochbücher für fettarme und kalorienarme Ernährung zu benutzen
   c. Eine große Auswahl von Liefermenüs neben meinem Telefon zu haben
5. **Die *beste Methode* abzunehmen ist:**
   a. Die Kalorienzufuhr zu verringern und für mehr Bewegung zu sorgen
   b. Mitglied einer guten Gewichtsreduzierungsgruppe zu werden
   c. Anfangen zu rauchen und jeden Tag mit so viel Stress füllen, wie ich kann

Auswertung:

Wenn Sie auf irgendeine Frage mit c geantwortet haben, sollten Sie den Rest dieses Kapitels auf alle Fälle lesen. Der Rest von Ihnen findet es vielleicht ebenfalls nützlich.

Füttern Sie Ihr Gehirn

In den letzten Jahren wurde der Beziehung zwischen Ernährung und Stimmung – was Sie essen und wie Sie sich fühlen – viel Aufmerksamkeit geschenkt. Forscher haben jetzt eine bessere Vorstellung davon, wie verschiedene Lebensmittel Ihre psychologischen Zustände beeinflussen, und wie Ernährung den Stress in Ihrem Leben erhöhen oder vermindern kann.

Eines der wichtigsten biochemischen Elemente, die mit Ihrem Stresserleben zu tun haben, ist etwas, das Serotonin genannt wird. Serotonin ist ein natürlich vorhandener chemischer Neurotransmitter in Ihrem Gehirn. Eine Veränderung der Serotoninmenge kann drastisch beeinflussen wie Sie sich fühlen. Antidepressive Medikamente wie Prozac, Paxil und Zoloft können die Menge von Selotonin in Ihrem Gehirn verändern, was wiederum zu einer Änderung Ihrer Stimmung führen kann und die Art und Weise beeinträchtigt, in der Sie mit einem potentiellen Stressauslöser umgehen.

Lebensmittel können ebenfalls die Menge von Serotonin in Ihrem Gehirn beeinflussen. Ihre Ernährungsweise spielt bei der Regulierung Ihres Serotoninspiegels eine große Rolle. Wenn Sie die richtigen Dinge auf Ihren Teller legen, ist es wahrscheinlicher, dass Sie Ihrem Gehirn geben, was es braucht.

Stress reduzierende Lebensmittel wählen

Nachfolgend finden Sie einige spezielle Ernährungsrichtlinien, die Ihnen helfen können, Ihren Stress zu verringern und Ihren Körper zu unterstützen, mit all dem Stress in Ihrem Leben umzugehen:

- ✔ **Nehmen Sie bei jeder Mahlzeit komplexe Kohlenhydrate zu sich.** *Komplexe Kohlenhydrate*, wie z.B. Nudeln, Getreide, Kartoffeln und Vollkornreis, können Ihre Leistungsfähigkeit stärken, wenn Sie unter Stress stehen. Lebensmittel, die reich an Kohlenhydraten sind, erhöhen die Menge von Serotonin in Ihrem Gehirn, Sie fühlen sich besser. Zu viele komplexe Kohlenhydrate sind jedoch nicht das Beste für Sie. Denken Sie an Mäßigkeit.
- ✔ **Reduzieren Sie die Aufnahme einfacher Kohlenhydrate.** Süße, gezuckerte Lebensmitteln – einfache Kohlenhydrate – wie z.B. Bonbons und Limonade – lassen Sie auf kurze Sicht gesehen sich besser fühlen, aber auf lange Sicht werden Sie sich schlechter fühlen.
- ✔ **Nehmen Sie angemessene Mengen von Protein zu sich.** Das bedeutet mehr Fisch, Huhn und anderes mageres Fleisch. Lebensmittel, die reich an Protein sind, erweitern Ihre mentale Funktionsfähigkeit und liefern essentielle Aminosäuren, die dabei helfen können, Schäden an Ihren Körperzellen zu reparieren.
- ✔ **Essen Sie Gemüse.** Bohnen, Paprika, Karotten, Kürbis und dunkelgrüne Blattgemüse, egal ob gekocht oder roh, versorgen Ihren Körper mit den Vitaminen und Nährstoffen, die er braucht, um den negativen Auswirkungen von Stress zu widerstehen.
- ✔ **Nehmen Sie viel Kalium zu sich.** Milch (besonders die fettarme Variante), Vollkorngetreide, Weizenkeime und Nüsse können Ihren Körper mit Kalium versorgen, einem Mineralstoff, der

Sie bei der Muskelentspannung unterstützt. Bananen, einer meiner persönlichen Favoriten, sind ebenfalls eine gute Quelle für Kalium.

Hören Sie auf, Ihren Stress zu füttern

Sind Sie ein emotionaler Esser? Wenn ja, dann essen Sie wahrscheinlich immer dann, wenn Sie ängstlich, verstört, nervös oder deprimiert sind. Obwohl emotionale Esser auch dann essen können, wenn sie glücklich, erfreut, nicht ängstlich und nicht depressiv sind (und ja, auch während dieser seltenen Zeiten, wenn sie wirklich Hunger haben), essen die meisten emotionalen Esser, wenn sie das Gefühl haben, sie müssten ihren Stress füttern.

Wenn Sie Ihren Stress füttern, beginnt ein destruktiver Teufelskreis. Sie fühlen sich gestresst, also ist die Wahl Ihrer Nahrungsmittel nicht immer die beste. Aus irgendeinem bösen Grund des Schicksals sind die Nahrungsmittel, mit denen Sie sich besser zu fühlen scheinen, normalerweise die, die nicht so gut für Ihren Körper sind. Mit Schokolade, Eis, Pizza, Kuchen, Krapfen und Keksen fühlen Sie sich vielleicht hervorragend – aber, leider, nur für etwa 17 Sekunden. Danach kehrt Ihr Stress natürlich zurück (plus jede Menge Schuldgefühle) und Sie spüren das Bedürfnis nach einer weiteren Runde Essen. Der Teufelskreis wiederholt sich.

Der erste Schritt, um diesen Teufelskreis zu durchbrechen, besteht darin, dass Sie sich bewusst werden, wann genau Sie sich unglücklich fühlen und Ihre Gefühle identifizieren. Wenn Sie den Drang verspüren, Ihre Kühlschranktür zu öffnen, müssen Sie realisieren, dass Sie eine Form von Unwohlsein erleben. Es könnte Hunger sein, aber es ist wahrscheinlicher, dass es sich um Stress handelt.

Bevor Sie sich etwas zu essen in den Mund stopfen, halten Sie ein und machen Sie sich Ihren emotionalen Zustand bewusst. Fragen Sie sich: »Habe ich wirklich Hunger oder fühle ich mich emotional gestresst?« Ist es wirklich Hunger, essen Sie etwas. Ansonsten bezeichnen Sie Ihre Gefühle genau (z.B. »Ich bin verärgert«, »Ich bin nervös« oder »Ich bin ein Wrack!«). Das einfache Durchbrechen der Verbindung zwischen Stress und Essen auch nur für einen Moment kann Ihnen eine andere Perspektive geben und Ihre Motivation unterstützen, damit Sie etwas Zufriedenstellenderes finden als Ihren Mund zu füllen.

Nachfolgend finden Sie einige weitere Tipps, die Sie anwenden können, um Ihre Beziehung zu Lebensmitteln zu verbessern, wenn Sie gestresst sind:

Lenken Sie sich ab

Beschäftigen Sie sich mit etwas, das Sie gern machen, um sich vom Essen abzulenken. Machen Sie etwas. Irgendetwas. Unter den Ersatzbeschäftigungen, die Sie aus der Küche fern halten können, sind folgende zu finden:

- ✔ **Gehen Sie aus dem Haus.** Oft kann eine einfache Änderung der Umgebung Sie von den alten Essensversuchungen entfernen. Machen Sie einen Spaziergang. Besorgen Sie etwas. Besuchen Sie einen Freund.

- ✔ **Verschaffen Sie sich Bewegung.** Setzen Sie sich auf das Fitnessfahrrad oder die Rudermaschine, machen Sie einfach ein paar Bodenübungen wie Situps oder nur einige einfache Dehnungsübungen.
- ✔ **Lesen Sie ein gutes Buch.** Schauen Sie sich eine interessante Fernsehsendung an.
- ✔ **Kochen Sie etwas.** Dies mag Ihnen vorkommen, als würden Sie explizit nach Ärger fragen, aber oft kann der Prozess des Kochens als Ersatz für Ihre Essensanfälle dienen. Ein Tipp: Backen Sie keine Plätzchen oder Kuchen. Probieren Sie so etwas wie eine Suppe oder einen Eintopf, etwas, das füllend ist, Zeit für die Vorbereitung und das Kochen benötigt und nicht sofort zum Essen bereit ist.

Ersetzen Sie Essen durch Entspannung

Immer wenn Sie auf dem Weg sind, den Kühlschrank zu öffnen, um Ihre angespannten Nerven zu beruhigen, ziehen Sie statt dessen eine Entspannungspause in Betracht. Ein paar tiefe Atemzüge, schnelle Entspannung, entspannende Imagination oder jede der hervorragenden Techniken, die ich Kapitel 4 und 5 beschrieben habe, kann ein Gefühl der emotionalen Ruhe hervorrufen, die Ihren Drang zum Essen reduziert. Das ist vielleicht alles, was Sie brauchen, um Sie über einen schwierigen Moment hinweg zu bringen.

Arbeiten Sie mit einem Stress-Stichwort

Manchmal kann eine kleine Erinnerung viel bewirken. Machen Sie sich eine Erinnerungsnotiz in Bezug auf Ihr Stress-Essen, die Sie an Ihren Kühlschrank oder den Schrank heften können, in dem Sie leckere Snacks aufbewahren. Einer meiner Patienten hatte eine Idee, die ich sehr gut finde: Sie steckte ein nicht sehr attraktives Bild von sich in ihren gewichtigeren Tagen in einen kleinen magnetischen Rahmen, den Sie an ihren Kühlschrank heftete.

Sie entscheiden sich vielleicht dazu, weniger brutal zu sein und nach etwas Neutralerem zu suchen. Ein Freund von mir hat die Frage »Hast Du wirklich Hunger?« an seine Küchentür geklebt. Noch unauffälliger ist ein einfacher, kleiner farbiger Papierkreis, den Sie an strategischen Plätzen in Ihrer Küche anbringen können. Er erinnert Sie daran, dass Sie Tür nur dann öffnen sollten, wenn Sie wirklich hungrig sind. Nur Sie wissen, für was er steht und warum er da ist.

Frühstücken Sie immer

Wieder hatte Ihre Mutter Recht! Forschungen haben ergeben, dass ein nahrhaftes Frühstück (wenig Fett, viele Kohlenhydrate) Sie aufmerksamer, konzentrierter und besser gelaunt macht als ein Frühstück, das viel Fett und Kohlenhydrate bzw. mäßig Fett und mäßig Kohlenhydrate liefert, oder gar kein Frühstück.

Das Frühstück auszulassen kann die Fähigkeit Ihres Körpers beeinträchtigen, mit dem Stress umzugehen, der später in Ihrem Tag auf Sie wartet. Es ist wichtig, den Tag auf dem richtigen Ernährungsfuß zu beginnen. Wenn Sie am Morgen aufwachen, sind mindestens 11 oder 12 Stunden vergangen, seit Sie zuletzt gegessen haben. Sie müssen wieder auftanken.

Das Weniger-Stress-Frühstück

Was sollten Sie zum Frühstück essen? Vermeiden Sie Zucker und die üblichen sehr fetten Übeltäter – Schinken, Speck und Wurst. Ein oder zwei Tassen Kaffee tun nicht weh, aber versuchen Sie nicht zu übertreiben, was Koffein angeht. Wenn Sie Ihrer morgendlichen Routine verschiedene fettarme hochwertige Getreidekörner mit etwas fettarmer Milch hinzufügen, werden Sie Ihren Tag gut starten. Ich mische mir mein Müsli selbst zusammen. Probieren Sie einmal die Kombination aus Cornflakes mit All Bran und einigen gepufften Weizenkörnern. Was soll ich Ihnen sagen? Ich bin ein wilder Mann!

Ich mag auch Haferschleim. Er ist schnell zuzubereiten, besonders wenn Sie Instantflocken benutzen, und er füllt Sie und hält Sie voll. Kürzlich durchgeführte Studien an der Pennsylvania State University haben ergeben, dass Haferschleim Sie mit einer unterstützenden, lang anhaltenden Freigabe von Energien versorgt – länger tatsächlich als jede andere Art von Frühstücksflocken.

Und vergessen Sie das Mittagessen nicht

Die Mittagszeit ist oft eine der arbeitsreichsten Zeiten in Ihrem Tag. Wenn Sie viel zu tun haben, ist das Mittagessen vielleicht ganz unten auf der Liste Ihrer Prioritäten zu finden, aber lassen Sie es nicht ausfallen. Ihre Körperfunktionen funktionieren am besten, wenn Sie Ihren Körper regelmäßig füttern. Wenn Sie das Mittagessen überspringen, kann ein Gefühl der Angespanntheit und Gereiztheit zurückbleiben.

Wenn sie dann Ihr Mittagessen zu sich nehmen, übertreiben Sie nicht. Ein umfangreiches Mittagessen kann Sie lethargisch machen und Sie von einer Nachmittagssiesta träumen lassen, eine Praxis, die viele Geschäftsmänner nicht gerade gutheißen.

Essen Sie wie eine Kuh

Eine üppige Mahlzeit kann dazu führen, dass Sie sich bald nach dem Essen lethargisch fühlen. Um das schwere Mahl zu verdauen, braucht Ihr Körper eine größere Versorgung mit Blut. Dieses Blut muss aus anderen Teilen Ihres Körpers kommen, z.B. Ihrem Gehirn, was diesem den notwendigen Sauerstoff nimmt, um Sie aufmerksam zu halten. Die Lösung? Grasen Sie wie eine Kuh.

Verteilen Sie Ihre Nahrungsaufnahme relativ regelmäßig auf den Tag. Vermeiden Sie diese großen Mahlzeiten, die Sie mit Kalorien überhäufen und bei Ihnen das Gefühl hinterlassen, dass Sie unbedingt einen Mittagsschlaf brauchen. Ziehen Sie stattdessen kleinere, leichtere Mahlzeiten zu Ihren regulären Essenszeiten in Betracht. Ergänzen Sie diese durch gesunde Snacks. Essen Sie einen Vormittagssnack, dann ein leichtes Mittagessen, einen anderen Snack am Nachmittag (Obst ist gut) und ein mäßiges Abendessen. Ein Snack am späteren Abend (versuchen Sie etwas fettarmes Popcorn) sollte eventuelle Heißhungeranfälle verhindern. Es scheint für Kühe zu funktionieren, oder?

Trinken Sie wie ein Kamel

Die meisten Menschen nehmen im Laufe des Tages nicht genügend Flüssigkeit in Ihren Körper auf. Für die meisten von uns ist die Vorstellung, die empfohlenen zwei Liter Wasser pro Tag zu trinken, ein Witz. Wenn es Ihnen so geht wie den meisten Leuten, warten Sie normalerweise, bis Sie durstig sind, bevor Sie sich auf den Weg in die Küche machen. Leider ist es dann schon etwas zu spät. Ihr Körper braucht die Flüssigkeit, *bevor* Sie diesen Durst spüren. Kaffee und Tee können harntreibend sein und sollten daher nicht als Teil Ihrer täglichen Zwei-Liter-Dosis betrachtet werden.

Essen Sie früh am Tag mehr

Für die meisten Menschen besteht die einfachste Methode abzunehmen darin, in der ersten Hälfte des Tages mehr zu essen als in der zweiten. Dann haben sie Zeit, viele dieser früher aufgenommenen Kalorien zu verbrennen. Denken Sie an die alte Ernährungsweisheit: »Morgens wie ein Kaiser, mittags wie ein König und abends wie ein Bettelmann«.

Ergänzen Sie Fehlendes

Wenn Sie glauben, dass Sie vielleicht nicht genug Ihrer benötigten Vitamine und/oder Mineralstoffe aufnehmen, denken Sie darüber nach, täglich eine Multivitamin- und Mineralstoffergänzung zu sich zu nehmen. Wenn Ihre tägliche Nahrung Ihnen all die guten Nährstoffe gibt, die Sie brauchen, ist das nicht nötig. Vielleicht gehören Sie aber zu den Menschen, deren Ernährungsweise nicht gerade lobenswert ist und könnten von einigen Ergänzungen profitieren.

Die Kunst der Anti-Stress-Snacks meistern

Fühlen Sie sich ängstlich, nervös, gestresst? Brauchen Sie eine schnelle Essenslösung? Kleine Snacks, wenn richtig gegessen, sind eine Kunst. Jeder kann einen Schokoriegel oder eine Tüte Chips mit einer Limo herunterschlingen. Die wahre Kunst ist, einen Snack zu finden, der Ihren Stresslevel nicht erhöht, sondern Ihnen dabei hilft, den Stress, den Sie bereits empfinden, zu reduzieren. Hier sind einige Richtlinien:

- ✔ Vermeiden Sie sehr zuckerhaltige Belohnungen. Sie bringen Ihnen auf kurze Sicht eine Leistungssteigerung, lassen Sie aber auf lange Sicht hängen. Sie werden zusammenbrechen.
- ✔ Halten Sie sich an Snacks, die hochwertige Proteine haben und reich an Kohlenhydraten sind. Sie geben Ihnen einen länger anhaltenden, unterstützenden Leistungsschub.

Nachfolgend finden Sie einige Vorschläge für schnelle Bissen und Snacks, die Ihre Stimmung heben und Ihnen helfen können, etwas von Ihrem Stress zu erleichtern:

- ✔ Etwas Obst – eine Orange, ein Pfirsich, ein Apfel oder eine Banane – fast jedes Obst ist in Ordnung
- ✔ Eine Handvoll gemischter Nüsse. (Bis vor kurzer Zeit waren Nüsse in der Naturkosthierarchie ziemlich weit unten angesiedelt Heutzutage sind Sie auf der Okay-Liste.)

- Eine Schüssel Vollkornflocken mit einer in Scheiben geschnittenen Banane
- Ein Spinatsalat
- Eine weiche Brezel
- Fettarmes Popcorn
- Ein englischer Muffin (Nehmen Sie nicht zu viel Butter oder Margarine. Ein bisschen Gelee ist in Ordnung.)
- Ein Becher fettarmer Joghurt
- Ein Stück Schokolade (aber nur ein Stück!)

Tanken Sie bleifrei

Wenn Sie Ihren Stresslevel senken wollen, ist es wahrscheinlich keine gute Idee, zuviel Koffein zu sich zu nehmen. Zwar scheinen manche Menschen den Auswirkungen von Koffein gegenüber nicht sensibel zu sein, aber viele andere sind es doch. Experimentieren Sie und finden Sie heraus, wo Ihre Koffeingrenzen liegen. Biochemisch gesehen verkleinert es Ihre Stressschwelle nur noch mehr, wenn Sie Ihren Körper stressen, und macht Sie verletzbarer gegenüber den Anforderungen und dem Druck um Sie herum. Schränken Sie sich selbst auf das ein, von dem Sie wissen, dass Ihr Körper damit umgehen kann, ohne dass Sie sich nervös oder gereizt fühlen.

Es ist außerdem wichtig, zu beachten, dass diese leckeren Spezialitäten, die Ihr Lieblingscafé bietet, oft mehr Koffein enthalten. Diese Tasse Mokka Frappacino, an der Sie schlürfen, kann bis zu 250 mg Koffein enthalten. Das ist etwa zweimal so viel wie in einer regulären Tasse Kaffee. Wenn Sie gerne die größere Tasse bestellen, kann dies auch zur doppelten Menge Koffein in Ihrem System führen.

Noch mehr gereizte Nerven sind nicht das, was Sie brauchen. Beim nächsten Mal fragen Sie nach einer Latte ohne Schaum, mit der Sie Koffein komplett vermeiden.

Zum Essen ausgehen

Heutzutage scheint es, als würden mehr von uns zum Essen ausgehen oder vorbereitetes Essen mit nach Hause bringen. Und um fair zu sein, mehr Fast-Food-Restaurants haben ihre Menüs geändert, um gesünderes Essen anzubieten. Aber immer noch kann die Versuchung groß sein, und es ist mehr als ein bisschen wahrscheinlich, dass Sie in eine Ernährungsfalle fallen. Hier sind einige Fast-Food-Tipps:

- Halten Sie sich an Pute, Hühnerbrust oder mageres Roastbeef statt Salami, Schinken und Käse.
- Vermeiden Sie den Chefsalat. Er hört sich unglaublich gesund an, ist es aber nicht. Eier, Speck, Käse und Salatsauce können aus Ernährungssicht eine schlechte Idee sein.

- ✔ Thunfisch ist gut. Aber wenn Sie zu viel Mayonnaise dazu nehmen, wird es ein Fehler.
- ✔ Nehmen Sie einen Hamburger statt eines Cheeseburgers.
- ✔ Bestellen Sie niemals große Portionen.
- ✔ Essen Sie nur die Hälfte Ihrer Pommes Frites oder teilen Sie eine normale Portion Pommes Frites mit einer anderen Person.
- ✔ Nehmen Sie eine Scheibe Pizza ohne Fleischbelag.
- ✔ Entfernen Sie die Haut von Ihrem gegrillten Hähnchen.

»Menü-Schwäche« kurieren

Menüschwäche ist ein Zustand, auf den Sie treffen könnten, wenn Sie sich in einem Restaurant an den Tisch setzen, und der Kellner Ihnen die Speisekarte aushändigt. Alles, was Sie sehen können, sind die verlockenden Beschreibungen der Menüs. Alle gesunden Gewohnheiten oder ernährungsbedingten Vorsätze verschwinden. Sie bestellen Dinge, die Sie später bereuen werden. Normalerweise sind es die wunderbar geschmackvollen Dinge wie Pommes Frites, Cheeseburger oder dieses unglaubliche Dessert, die Sie bestellen.

Um diese Not zu heilen, brauchen Sie eine Strategie. Das Beste, was Sie tun können, ist vorbereitet zu sein. Bevor Sie ein Restaurant betreten, entscheiden Sie, was Sie bestellen werden. Ich nehme an, dass Sie bereits wissen, was auf der Speisekarte zu finden ist. Sie brauchen sie nicht, um Sie zu verwirren und abzulenken. Wenn der Kellner kommt, sagen Sie ihm, was Sie wollen, ohne die Speisekarte zu benutzen. Ja, auf kurze Sicht ist es weniger zufriedenstellend, aber Sie werden später weniger zu bedauern haben.

Werden Sie zum Salatbarexperten

Ich erinnere mich noch daran, als Salatbars erstmals beliebt wurden. Sie waren wirklich »Salat«-Bars. Sie enthielten zumeist Nahrungsmittel, deren Farbe grün war und die gesund und nahrhaft sind. Das war in den ersten Wochen. Dann begannen sich die Schüsseln mit den gut schmeckenden Sachen zu füllen, und es gab keinen Weg zurück. Aber mit etwas Kontrolle über Ihre Geschmackshand können Sie die Salatbar wieder zum Freund Ihres Körpers machen.

Hier ist das Geheimnis zu gesunden Salatbarvisiten: Essen Sie niemals etwas, das in einem Warmhaltecontainer ist. Die heißen Gerichte sind die gefährlichsten. Es ist wahr, dass Thunfischsalat mit viel Mayonnaise keine Ernährungspreise gewinnen wird, aber verglichen mit den Sachen, die sich weiter hinten befinden, kann er als gesundes Essen angesehen werden. Wenn Sie sich von den aufgewärmten Sachen fernhalten, können Sie solch ernährungsbedingte Katastrophen wie Huhn süß-sauer, fettige Frühlingsrollen, Rippchen, gebratener Reis, Lasagne und all den Rest der wundervoll schmeckenden Gerichte vermeiden, die Ihnen aus ihren Aluminiumschüsseln zuwinken.

Übertreiben Sie einfach nicht

An diesem Punkt fühlen Sie vielleicht, dass Ihnen viel der Freude und des Spaßes am Essen genommen wurde. Bis zu einem gewissen Grad, ja. Aber meine Philosophie zum Thema Essen war immer »Alles mit Maß« – auch das Maß. Sie müssen nicht wirklich irgendetwas ganz aufgeben. Sie können immer noch ein Steak, Pizza, Eis oder alles andere essen, auf das Sie Lust haben. Essen Sie einfach nur weniger davon. *Bon appetit!*

Stress reduzierende Bewegung und Aktivitäten

Sie wissen bereits, wie sehr Sie von Bewegung profitieren können, als Mittel, Ihr Gewicht zu halten, Ihren Körper zu stärken und Ihr Herz weit ins 21. Jahrhundert schlagen zu lassen.

Was Sie vielleicht nicht wissen, ist, dass Bewegung einer der besseren Wege ist, um mit dem Stress in Ihrem Leben umzugehen. Bewegung und anhaltende Aktivität – in welcher Form auch immer – können Ihren Blutdruck senken, Ihre Herzrate vermindern und Ihre Atmung verlangsamen – alles Zeichen für reduzierte Erregung und Stress. Bewegung ist eine natürliche und effektive Methode, um die Kampf-oder-Flucht-Reaktion Ihres Körpers zu verlangsamen oder sogar umzukehren. Dieser Abschnitt zeigt Ihnen, wie Sie Bewegung und Aktivität zu Ihren Verbündeten machen können, um den Kampf gegen Stress zu gewinnen.

Beruhigen Sie Ihr Gehirn auf natürliche Art und Weise

Wenn Sie sich bewegen, fühlen Sie sich anders, Ihre Laune verbessert sich. Dieser Unterschied ist nicht nur eine psychologische Reaktion auf die Tatsache, dass Sie etwas Gutes für Ihren Körper tun. Sie ist auch physisch bedingt.

Wenn Sie sich bewegen, produzieren Sie *Endorphine* (natürliche Morphine von innerhalb Ihres Körpers), die Gefühle des Wohlseins und der beruhigenden Entspannung produzieren können. Dieses positive Gefühl hilft Ihnen, effektiver mit Stress und seinen Auswirkungen umzugehen.

Denken Sie an Aktivität statt an Bewegung

Das Wort *Bewegung* gehört für die meisten Menschen nicht zu den bevorzugten Wörtern. Es verbindet zu viel Arbeit mit zu wenig Spaß, wie z.B. den Müll raustragen oder die Betten machen. Bewegung ist etwas, das Sie aushalten und so schnell wie möglich beenden. Das Wort Bewegung wird mit Schwitzen, Strecken, Anstrengen, Ziehen, Heben, noch mehr Schwitzen und einer langen Dusche in Verbindung gebracht. Zumindest der letzte Teil macht Spaß.

Vielleicht denken Sie an Bewegung als etwas, das aus dem Bereich Ihrer normalen alltäglichen Aktivitäten herausfällt. Aber ein besserer Weg, an das Ziel »fit zu bleiben« zu denken, besteht darin, das Wort *Bewegung* durch den Begriff *Aktivität* zu ersetzen.

Der Austausch der Wörter ist mehr als semantischer Art. Jede Erhöhung Ihrer körperlichen Aktivität – ob im Freien oder nicht – jede Muskelspannung oder jedes Strecken trägt positiv zu Ihrem Zustand physischen Wohlseins bei. Und wer sagt, dass Aktivität in einem Fitnesscenter, auf einem Sportplatz oder mit einer Hantel stattfinden muss? Viele Menschen glauben fälschlicherweise, dass Bewegung bedeutet, sich an rigorosen Sportarten zu beteiligen, in ein Fitnesscenter zu gehen oder eine andere spezialisierte Einrichtung aufzusuchen. Das ist nicht so.

Wir wissen alle, dass nach einem harten Tag in der Arbeit oder mit den Kindern die Wahrscheinlichkeit gering ist, dass Sie sich Ihren Jogginganzug anziehen und Gewichte heben oder einen 6-Kilometer-Lauf machen. Die gute Nachricht ist, dass Sie dies nicht tun müssen. Der Trick ist, natürlich existierende Bereiche für Aktivität zu finden, die weithin verfügbar und einfach in Ihren Lebens- und Arbeitsstil zu integrieren sind.

Ich habe z.B. einen Haufen Geld an ein Fitnesscenter gezahlt, um dort eine Maschine zu benutzen, die das Treppensteigen simuliert. Ich beendete mein Zusammentreffen mit den Treppen mit einem Gefühl der Selbstgerechtheit und Zufriedenheit. Aber wenn ich nach meinem Sport nach Hause zurückkehrte, vermied ich es, die vier Stockwerke zu unserer Wohnung hochzusteigen. Nach mehreren Jahren wurde mir klar, dass das Hochsteigen meiner eigenen Treppen sich nicht von den Treppen der Fitnessmaschine unterschied. »Wow«, realisierte ich. »Ein kostenloses Gesundheitsgerät direkt in meinem eigenen Haus!«

Bewegung, klug getarnt als tägliche körperliche Aktivität, ist überall um Sie herum zu finden. Der schwierige Teil ist, es zu erkennen, wenn Sie es sehen.

Springen Sie nie abrupt in ein neues Programm körperlicher Bewegung. Ihr Kopf mag für die Änderung bereit sein, aber Ihr Körper braucht vielleicht mehr Zeit, um sich an die Idee zu gewöhnen. Diese Strategie wird noch wichtiger, wenn Sie in der Vergangenheit eine eher sitzende Lebensweise bevorzugt haben. Lassen Sie sich von Ihrem Arzt eine offizielle Zustimmung geben und beginnen Sie dann langsam und nach und nach mehr Zeit und Mühe in Ihre körperliche Bewegung zu investieren.

Nachfolgend finden Sie einige Beispiele, wie Sie kleine Teile von Aktivität in Ihren Tag einführen können:

- ✔ **Parken Sie Ihr Auto weiter entfernt von Ihrem Büro und laufen Sie den Rest des Weges.**
- ✔ **Nutzen Sie Ihre Fernsehzeit effektiv.** Während Sie fernsehen, machen Sie einige Situps, Hampelmänner, Liegestütze oder Streckübungen.
- ✔ **Spazieren Sie Ihrem Stress davon.** Als körperliche Aktivität hat Spazierengehen immer den Status eines Schwächlings gehabt. Aber wenn Sie regelmäßig und über einen längeren Zeitraum spazierengehen, kann dies eine hervorragende Methode sein, in Form zu bleiben. Das Gute am Spazierengehen ist, dass es angenehm als Bummeln oder Sightseeing getarnt werden kann – beides schmerzlose Aktivitäten. Und wenn Sie die Geschwindigkeit und die Distanz etwas erhöhen, haben Sie eine wundervolle und einfache Form einer Freiluftübung, die Ihr Gefühl des Wohlseins, mental und physisch, erweitern kann. Spazierengehen ist eine großartige Methode, um Ihren Kopf zu klären und Ihren Geist zu beruhigen.

Und denken Sie daran, ein oder zwei Minispaziergänge während Ihres Tages zu machen. Ihre Spaziergänge können so kurz sein wie der Weg bis zum Laden an der nächsten Ecke oder eine Runde um Ihr Bürogebäude oder Ihr Haus.

- **Tun Sie etwas, das Sie mögen.** Während meiner High-School-Zeit war ich in der Schwimmmannschaft, aber obwohl ich relativ gut war, machte es mir nicht wirklich Spaß. Ich hasste dieses Eintauchen am frühen Morgen in den zu sehr gechlorten Pool, und sobald ich konnte, hörte ich auf. Die Moral der Geschichte ist: Wenn Sie die körperliche Bewegung oder Aktivität, die Sie machen, nicht mögen, sind die Chancen gering, dass Sie diese beibehalten. Finden Sie etwas, das Ihnen wirklich Spaß macht, wie z.B. eins der folgenden:
  - **Eine bevorzugte Sportart.** Golf, Tennis, Bowling, Fußball, Basketball, Federball – was auch immer.
  - **Eine bevorzugte Aktivität.** Reiten, Tanzen, Trampolin springen, Schwimmen, Eislaufen oder Seilspringen – oder alles, was Ihren Körper in Bewegung bringt.
  - **Gartenarbeit.** Ja, wenn Sie es für einen längeren Zeitraum tun, kann Gartenarbeit als eine Form der körperlichen Bewegung angesehen werden.
  - **Fahrrad fahren.** Suchen Sie sich einen Ort, an dem Sie sicher und mit Spaß Fahrrad fahren können. Wenn Sie diese Orte nicht kennen, fragen Sie bei der Stadtverwaltung nach. Oder fragen Sie Freunde oder Leute, die Ihnen auf dem Fahrrad begegnen, was sie vorschlagen.
  - **In-Line-Skating.** In-Line-Skating wird uns erhalten bleiben, da es eine großartige Bewegungsart und eine der schmerzloseren Methoden ist, sich sportlich zu betätigen. Wenn Sie einmal herausgefunden haben, wie Sie bremsen, wird niemand in der Lage sein, Sie zurückzuhalten. Sie sollten auf alle Fälle die Sicherheitsausrüstung anlegen (ein Helm, Ellbogenschoner, Handgelenkschoner und Knieschoner). Der Stress, sich selbst in der Notaufnahme eines Krankenhauses wiederzufinden, sollte Ihrem ohnehin schon stressigen Tag nicht noch hinzugefügt werden.

Tragen Sie immer einen Helm und andere Schutzausrüstung, wenn Sie mit Ihrem Fahrrad oder Ihren In-Line-Skates fahren – auch auf kurzen Strecken in Ihrer Nachbarschaft. Unfälle können überall passieren.

- **Spielen Sie mit.** Eine der besseren Methoden in Form zu bleiben, besteht darin, bei etwas mitzuspielen, das Sie mögen. Jede große Stadt bietet jede vorstellbare Art von Sportmannschaft, alles von Vereinsmeisterschaften bis hin zu Freitzeitspielen im Park am Samstag- oder Sonntagmorgen. Sie müssen nicht einmal besonders gut in einem Sport sein, um mitzumachen. Fragen Sie beim Sportamt Ihrer Stadtverwaltung nach neuen Mannschaften oder befragen Sie Ihre Kollegen, ob Sie ein bereits bestehendes Team kennen.
- **Steigen Sie Ihren Weg aus dem Stress.** Ich habe gute Neuigkeiten, und ich habe noch bessere Neuigkeiten. Die gute Nachricht ist, dass Studien, die an der Johns Hopkins University durchgeführt wurden, ergeben haben, dass Sie, wenn Sie einfach nur sechs Minuten pro Tag Treppen

steigen, bis zu zwei Jahre länger leben können. Die bessere Neuigkeit ist, dass Sie jeden Tag auf viele, viele Treppen treffen, wenn Sie in einer großen Stadt leben. Mit teuren Quadratmeterpreisen werden die meisten Städte in die Höhe statt in die Breite gebaut. Obwohl einige Städte weiter sind als andere, bieten alle mehr als genug Gelegenheiten, Treppen zu steigen.

Und, wenn Sie nicht in einer großen Stadt leben, können Sie Gelegenheiten zum Treppensteigen an anderen Orten finden. Fragen Sie bei Ihrem örtlichen Gymnasium nach, ob Sie die Stufen der Tribünen im Stadion oder in der Sporthalle steigen dürfen. Hat Ihr Einkaufszentrum Treppen? Wenn ja, werden Sie zum Einkaufszentrumsläufer! Gelegenheiten zum Treppensteigen sind nicht auf große Städte beschränkt. Betrachten Sie es als Herausforderung, an Ihrem Wohnort Treppen zu finden.

Wenn Sie die Wahl zwischen Treppen und einer Rolltreppe oder einem Fahrstuhl haben, bevorzugen Sie wahrscheinlich die leichtere Methode. Ich schlage nicht vor, dass Sie fanatisch nach Notausgängen suchen, um versteckte Treppenhäuser zu finden, aber wenn Sie die einfache Wahl zwischen Treppen oder keinen Treppen haben, wählen Sie die Treppen.

Die Sache mit dem Fitnesscenter

Vielleicht ist es ein Fall von Pech, das Unglück anzieht. Oder vielleicht macht es einfach mehr Spaß etwas zu tun, wenn andere dabei sind. Was auch immer, denken Sie daran, einem Fitnesscenter oder einem Sportstudio beizutreten. Nachdem Sie durch die Tür eines Fitnesscenters gegangen sind, werden Sie nur selten wieder hinausgehen, ohne irgendeine Art von körperlicher Bewegung durchgeführt zu haben.

Das größte Hindernis, einem Fitnesscenter beizutreten, ist finanzieller Art. Sie werden feststellen, dass jedes Fitnesscenter, genau wie Fluggesellschaften, einen anderen Preis für die gleiche Leistung verlangt. Normalerweise ist ein örtlicher Gymnastikverein oder ein Gemeindezentrum zwar weniger angesagt, bietet aber mehr für Ihr Geld. Viele Fitnesscenter geben Ihnen außerdem einen besseren Preis, wenn Sie Ihre Zeitplanung so arrangieren können, dass Sie während der weniger frequentierten Zeiten gehen können. Fast alle Sportstudios bieten einen Unternehmensrabatt, besonders wenn Ihr Unternehmen sich in der Nachbarschaft befindet. Einige Unternehmen subventionieren sogar Ihre Mitgliedschaft.

Probieren Sie ein Center erst einmal aus, bevor Sie Mitglied werden. Fragen Sie nach einer Schnupperstunde oder zwei. Viele Fitnesscenter bieten Probemitgliedschaften für kurze Zeit, die es Ihnen ermöglichen, sich alles anzusehen, bevor Sie sich für einen längeren Zeitraum verpflichten.

»Versteckte Fitnesscenter« finden

Heutzutage gibt es mehr Orte, an denen Sie trainieren können, als Sie möglicherweise erwarten. Mehr und mehr Sportstudios und Fitnesscenter sind in Hotels, Bürogebäuden und Appartementhäusern untergebracht. Es gibt keine Schilder, die ihre Existenz verkünden, aber sie sind da. Die

Ausstattung in einem »versteckten« Fitnesscenter mag nicht gerade vollkommen sein, aber Sie brauchen wahrscheinlich nichts Vollkommenes, um Ihre Aufgabe zu erledigen.

Um diese versteckten Schätze zu finden, müssen Sie ein wenig Detektivarbeit leisten. Beginnen Sie mit neueren Appartementhäusern und den größeren Hotels in Ihrer Gegend und werfen Sie einen Blick hinein. Einige dieser Einrichtungen bieten Mitgliedschaften für Nicht-Mitbewohner und Gäste zu vernünftigen Preisen. Fragen Sie an Ihrem Arbeitsplatz, ob ein anderes Unternehmen im gleichen Gebäude oder in der Nachbarschaft Fitnessmöglichkeiten bietet. Sie werden vielleicht überrascht, wie zahlreich die Unternehmen sind, die Fitnessgeräte in ihren Gebäuden installiert haben.

Zu Hause schwitzen

Natürlich brauchen Sie kein Geld für ein Fitnesscenter oder ein Sportstudio auszugeben, wenn Sie sich ein oder zwei Übungsgeräte kaufen, die Sie in Ihrem eigenen Zuhause benutzen können. Leider werden viele Heimtrainer nur wenig genutzt. Sie enden oft als Kleiderständer oder dienen als Staubfänger.

Aber das braucht Sie nicht davon abzuhalten, ein zusätzliches Zimmer in ein Heimfitnesscenter umzuwandeln. Um sicherzustellen, dass Ihre Mordsmuskelmaschine nicht nur Staub sammelt, planen Sie Zeit mit sich selbst ein, in der Sie sich zum Training verpflichten. Und halten Sie sich daran. Schalten Sie den Fernseher ein, wenn Sie trainieren, um jedes Unwohlsein zu erleichtern. Ich mache gern Kreuzworträtsel und lese die Zeitung, wenn ich auf meinem Fitnessfahrrad sitze.

Motivieren Sie sich selbst

Oft ist es keine kleine Angelegenheit, motiviert zu bleiben. Sie beginnen mit den besten Intentionen, aber Ihre Motivation verraucht sehr schnell. Die folgenden Tipps und Vorschläge helfen Ihnen, am Ball zu bleiben.

Holen Sie sich einen Trainingskumpel

Ein Trainingskumpel oder -partner versorgt Sie mit dem zusätzlichen Ansporn sicherzustellen, dass Sie Ihr Trainingsziel verfolgen. Fitnesstraining kann außerdem mehr Spaß machen, wenn Sie sich mit jemandem zusammentun, den Sie gern mögen. Sie stellen fest, dass die Zeit auf dem Stepper wie im Flug vergeht, wenn Sie in Gesprächen mit der Person neben Ihnen vertieft sind. Als Bonus bieten viele Fitnesscenter einen Mitgliedsrabatt, wenn Sie einen Freund mitbringen.

Geben Sie Ihrem Tag einen aktiven Beginn

Einige Übungen, besonders Übungen an der frischen Luft direkt nach dem Aufstehen am Morgen, sind eine großartige Methode, Ihre Säfte in Gang zu bringen und Sie auf jeglichen Stress vorzubereiten, der später im Laufe des Tages auf Sie zukommen könnte. Freiluftübungen bringen mehr Sauerstoff in Ihren Körper und machen Sie aufmerksamer und konzentrierter. Wenn Sie diese

Aktivität etwas schneller machen, wird Ihr System die Endorphine freisetzen, die ein beruhigendes Gefühl der Entspannung hervorrufen können.

Denken Sie daran, dass jedes kleine Stückchen zählt

Vielleicht haben Sie die falsche Idee, dass es tatsächlich nicht viel wert ist, wenn Sie etwas nur ein kleines bisschen tun. Tatsache ist, wenn Sie dies regelmäßig tun, summiert es sich. Eine kürzlich durchgeführte Studie z.B. ergab, dass Sie, wenn Sie dreimal täglich nur jeweils zehn Minuten lang schnell gehen, den gleichen Fitnessgrad und Gewichtsverlust erleben, als würden Sie einmal pro Tag 30 Minuten lang schnell gehen.

Tun Sie es, aber übertreiben Sie nicht

Ja, Sie können wirklich zu viel der guten Dinge tun – das gilt auch für Bewegung. Anekdoten zeigen, dass Elite-Athleten sich darüber beschweren, anfälliger für Erkältungen und andere Erkrankungen zu sein, wenn Sie zu viel oder auch nur sehr intensiv trainieren. Kürzlich durchgeführte Studien gehen außerdem davon aus, dass Ihr Immunsystem durch exzessives, ermüdendes Training geschwächt werden kann. Passen Sie also bei diesem Triathlon auf, wenn Sie in den letzten zehn Jahren nicht mehr als ein paar hundert Meter gerannt sind.

Gut schlafen

Wenn Sie mit Leuten zusammenarbeiten, die viel Stress haben, bemerken Sie meist als erstes, dass Sie oft sagen: »Ich bin müde«. Bei einigen ist es der Stress des Tages, der Sie auslaugt. Aber bei den meisten Menschen liegt es daran, dass Sie nicht genug Schlaf bekommen. Und sie stehen kaum alleine da.

Tatsache ist, dass die meisten Menschen nicht genügend qualitativen Schlaf bekommen. Leider ist Ihre emotionale Schwelle niedriger, wenn Sie müde sind. Sie sind anfälliger für all die anderen Stressauslöser um Sie herum. Stress führt zu noch mehr Stress. Es wird sehr wichtig, den Teufelskreis zu durchbrechen und richtig gut zu schlafen.

Wie viel Schlaf sollten Sie eigentlich bekommen? Die meisten Amerikaner schlafen heute 60 bis 90 Minuten weniger als sie für optimale Gesundheit und Leistungsfähigkeit sollten. Obwohl die meisten Menschen etwa sieben oder acht Stunden Schlaf pro Nacht brauchen, bekommen 20 Prozent aller Amerikaner weniger als sechs Stunden Schlaf und 50 Prozent weniger als acht Stunden.

Es gibt keine festen Regeln, die Ihnen sagen, wie viel Schlaf Sie brauchen. Beantworten Sie also einfach das Schlafquiz im obigen Kasten, um zu sehen, ob Sie nachts genug schlafen.

Um den meisten Profit aus Ihrem Schlaf zu ziehen, versuchen Sie Folgendes:

✔ **Legen Sie sich früher hin.** Ich weiß, für viele Menschen gilt, dass es einfach ist vorzuschlagen, früher zu Bett zu gehen, aber viel schwieriger, es auch zu tun. Seien Sie ehrlich, meistens bleiben Sie abends lange auf, weil Sie die Dinge tun, die Sie tun *müssen* (Wäsche, Putzen, Rechnungen bezahlen). Oder, wenn Sie Glück haben, bleiben Sie lange auf, weil Sie die Dinge tun, die Sie tun *wollen*, egal ob das heißt, vor dem Fernseher zu vegetieren oder die Seiten des aktuellsten Bestsellers zu verschlingen. Vielleicht versuchen Sie, zwei Dinge auf einmal zu erreichen – abends länger aufbleiben und morgens früh aufstehen. Oft funktioniert diese Strategie einfach nicht und Sie sind am nächsten Tag müde. Ein wichtiges Element, um den Schlaf zu bekommen, den Sie brauchen, ist die Realisierung, dass Sie früher zu Bett gehen müssen. So einfach ist es.

✔ **Versuchen Sie den 20-Minuten-Ansatz.** Wenn Sie feststellen, dass Sie nachts tatsächlich nicht genug Schlaf bekommen, versuchen Sie, 20 Minuten früher zu Bett zu gehen und schauen Sie, ob sich die Qualität Ihres Tages verbessert.

Um nur einige Minuten früher ins Bett zu kommen, schalten Sie Ihren Fernseher zu einer vernünftigeren Zeit aus. Wenn Sie die Wiederholung von Seinfeld wirklich sehen oder Jay Leno's Monologe im Original anhören müssen, nehmen Sie es auf und schauen Sie es sich am nächsten Abend an.

Brauchen Sie mehr Schlaf?

Hier sind einige der wichtigeren Zeichen und Symptome einer Person, die wahrscheinlich nicht genügend Schlaf in der Nacht bekommt. Antworten Sie mit Wahr oder Falsch, je nachdem, ob die nachfolgenden Aussagen auf Sie zutreffen.

1. **Ich bemerke einen großen Abfall meiner Energie am frühen Nachmittag.**
2. **Ich brauche einen Wecker, damit ich morgens aufwache.**
3. **An den Wochenenden, wenn ich nicht aufstehen muss, schlafe ich viel länger.**
4. **Ich schlafe abends sehr schnell ein (in etwa fünf Minuten).**
5. **An den meisten Tagen fühle ich mich müde und habe das Gefühl, ich könnte ein Nickerchen gebrauchen.**

Wenn Sie »Das bin ich« bei einer beliebigen Aussage oben sagen können, sollten Sie vielleicht noch einmal beurteilen, wie viel Schlaf Sie bekommen und wie viel Schlaf Sie wirklich brauchen. Versuchen Sie zu experimentieren, indem Sie nachts etwas mehr schlafen und sehen, ob Sie Veränderungen in Ihrem Stressempfinden feststellen können.

Qualitativen Schlaf bekommen

Gut, Sie gehen also früher ins Bett, können aber entweder nicht so einschlafen, wie Sie es gern hätten oder die Qualität Ihres Schlafs wird irgendwie gestört. Hier sind einige Vorschläge und Richtlinien, die Ihnen dabei helfen können, diese Nacht der gehaltvollen Ruhe zu bekommen:

Entwickeln Sie eine Schlafroutine

Der beste Schlaf kommt mit einem regelmäßigen Schlafmuster. Die interne Uhr Ihres Körpers stabilisiert sich mit der Routine. Das bedeutet, zur gleichen Zeit schlafen zu gehen und zur gleichen Zeit aufzustehen.

Zur gleichen Zeit aufzustehen mag kontrollierbar sein, aber sich jeden Abend zur gleichen Zeit ins Bett zu legen ist nicht so einfach. Ich erreiche oft einen zweiten Hochpunkt am späteren Abend und entwickle einen unerklärlichen Drang, an einem Projekt zu arbeiten, das wesentlich mehr Zeit benötigt als vernünftig ist. Normalerweise bedeutet es Stress, wenn Sie versuchen, zwei Dinge gleichzeitig zu erreichen. Gehen Sie jeden Abend etwa um die gleiche Zeit zu Bett. Sparen Sie sich die Parties für das Wochenende auf.

Bett = Schlafen

Idealerweise sollten Sie eine Sammlung von Erinnerungsnotizen und Gewohnheiten einführen, die eine effektive Schlafroutine unterstützen. Die Assoziation in Ihrem Kopf sollte dahin gehen, dass Hinlegen in Ihrem Bett bedeutet, dass Sie schlafen gehen.

Das ist das Ideal. Wenn Sie aber in einem kleinen Haus oder einer kleinen Wohnung leben, können Sie sich den Luxus wahrscheinlich nicht leisten, einem ganzen Raum nur ein oder zwei Aktivitäten zu widmen. Vielleicht sind Sie einer der vielen Menschen, die Ihr Schlafzimmer für alles Mögliche benutzen. Das ist verständlich, aber leider ist es weniger ideal für den Zweck, Ihre Schlafmuster zu optimieren.

Machen Sie während der letzten drei Stunden vor Ihrer Bettruhe keinen Sport

Sport ist großartig, aber wenn Sie zu kurz vor Ihrer Schlafenszeit noch sportlich tätig sind, können Sie auf Touren kommen und wach gehalten werden.

Schalten Sie den Lärm aus

Vielleicht können Sie aufgrund von Geräuschen nicht fest schlafen. Dies gilt insbesondere, wenn Sie in einer Gegend leben, in der heulende Autoalarmanlagen oder Partyliebhaber in der Nachbarschaft auch den angenehmsten aller Träume unterbrechen. Noch schlimmer, vielleicht sind Sie ein sehr leichter Schläfer und anfällig für viel weniger dramatische Geräusche. Hier sind einige Vorschläge:

- ✔ **Isolieren.** Auch bei geschlossenen Fenstern kommen noch eine Menge Geräusche herein. Ziehen Sie den Einbau von Doppelglasfenstern in Betracht. Schwere Vorhänge oder Rolladen können zur Isolierung beitragen. Teppiche, Bettvorleger, Wandbehänge, Bilder, Bücherschränke und Bücherregale können helfen, überschüssige Geräusche aufzunehmen.
- ✔ **Maskieren.** Das Geheimnis der Maskierung besteht darin, ein Geräusch zu finden, das Sie tolerieren, und es zu dem zu machen, was Sie hören. Die meisten von uns machen die erste Erfahrung mit der Maskierung im Sommer, wenn das beruhigende Summen der Klimaanlage so

ziemlich alles andere übertönt. Ein Sound-Generator kann Geräusche maskieren und Sie beruhigen. Günstige Modelle, die in den meisten Großhandels- und Kaufhäusern zu bekommen sind, können eine Vielfalt an beruhigenden Geräuschen reproduzieren: weißes Rauschen, ein Wasserfall, ein Regenwald oder das Zirpen der Grillen auf einer Wiese. Eine entspannende Kassette oder CD kann ebenso gut funktionieren.

- **Blockieren.** Dieses Metallica-Groupie über Ihnen oder ein taubmachender Wagen der Müllabfuhr verlangen stärkere Maßnahmen. Dies sind die Zeiten, zu denen Ohrenstöpsel an der Tagesordnung sind.

Seien Sie vorsichtig mit Pillen und Alkohol

Die Qualität Ihres Schlafs ist ebenso wichtig wie die Anzahl der Stunden, die Sie schlafen. Ein kleiner Schlummertrunk richtet wenig Schaden an, aber größere Mengen Alkohol (die Ihnen zwar vielleicht dabei helfen einzuschlafen) können die Qualität Ihres Schlafs beeinträchtigen und Sie mit einem Gefühl der Müdigkeit aufwachen lassen. Schlaftabletten haben ihre Berechtigung und können sehr nützlich sein, wenn sie entsprechend benutzt werden. Aber die Routineanwendung von Medikamenten zum Schlafen kann schnell zu psychologischer Abhängigkeit führen und den Schlaf selbst oft verschlechtern.

Achten Sie auf versteckte Stimulanzien

Abgesehen von der Tasse Kaffee, die Sie wahrscheinlich bis zur nächsten Woche wachhalten wird, schleichen sich andere weniger offensichtliche Quellen von Koffein in Ihre Ernährung. Viele Tees und Colagetränke und sogar einige Wassersorten in Flaschen enthalten Koffein. Vielen Menschen ist nicht bewusst, dass einige Medikamente, die sie aus verschiedenen medizinischen Gründen einnehmen, möglicherweise stimulierende Nebeneffekte haben. Eine große Anzahl der Medikamente, die Sie ohne Verschreibung kaufen, haben ebenfalls schlafstörende Auswirkungen. Wenn Sie zur Zeit irgendeine Form von Medikament einnehmen und Schlafschwierigkeiten haben, sprechen Sie mit Ihrem Arzt oder Apotheker.

Schränken Sie Ihre Nickerchen ein

Als jemand, der nie erfolgreich ein Nickerchen machen konnte, habe ich immer diejenigen beneidet, die in einen schnellen Schlaf versinken konnten und erfrischt und für alles bereit in ihre Welt zurückkehrten. Nickerchen können eine wunderbare Sache sein. Aber wenn Sie nachts nicht gut schlafen, sollten Sie ernsthaft in Betracht ziehen, Ihren Mittagsschlaf zu streichen. Vier von fünf Menschen, die unter Schlafschwierigkeiten leiden, finden heraus, dass es ihnen nachts besser geht, wenn sie nicht während des Tages schlafen.

Mit Sorgen zur Schlafenszeit umgehen

Manchmal sind die Störungen extern – Lärm von der Straße oder Stimmen in einem anderen Raum in Ihrem Haus. Manchmal kommen die Geräusche von innen – und Ihr Geist rast. Sie machen sich Sorgen, sind verwirrt, verärgert oder beunruhigt, und das hält Sie auf Touren und wach. Sie können verschiedene Techniken ausprobieren, die Ihnen helfen, dieses Muster von Sorgen zu stoppen:

- ✔ **Schreiben Sie es auf.** Bewahren Sie einen kleinen Notizblock und einen Stift neben Ihrem Bett auf. Schreiben Sie das Problem oder den Gedanken, der Ihnen Sorgen macht, auf ein Blatt Papier und entscheiden Sie für sich, dass Sie das Problem am nächsten Tag angehen werden. Diese Strategie wird Ihnen einen Abschluss geben und es Ihnen ermöglichen, dieses kleine Problem ruhen zu lassen.
- ✔ **Stoppen Sie es einfach!** Probieren Sie etwas, was Stopptechnik genannt wird. Ich habe diese Technik in Kapitel 5 ausführlich dargestellt, aber es lohnt sich, sie hier noch einmal zusammenzufassen. Immer wenn Sie merken, dass Sie von etwas besessen sind oder über etwas sorgenvoll grübeln, stellen Sie sich ein großes, rotes, sechseckiges Stoppschild vor. Während Sie das Stoppschild visualisieren, brüllen Sie gleichzeitig das Wort Stopp zu sich selbst. Sie werden feststellen, dass dies Ihre Sorgen zeitweise unterbricht. Ersetzen Sie dann Ihren sorgenvollen Gedanken durch einen willkommenen und angenehmen Gedanken oder ein Bild. Wiederholen Sie diesen Prozess so lange, bis Sie den Sorgenkreis durchbrochen haben oder eingeschlafen sind. Diese Technik müssen Sie ein bisschen üben, aber sie funktioniert wirklich.

Schlafen Sie gut!

Teil III

Stressmanagement für Fortgeschrittene

»Ich suche jemanden, der mich so liebt, wie ich denke, dass ich bin.«

In diesem Teil...

Ich stelle weiterführende Techniken dar, mit deren Hilfe Sie das Ausmaß von Stress in Ihrem Leben reduzieren können. Wenn Sie Ihre Denkweise in potentiell stressenden Situationen nur ein klein wenig ändern, können Sie Stress vermindern oder vielleicht sogar vermeiden.

Das Geheimnis Stress widerstehenden Denkens

9

In diesem Kapitel

- Viel von Ihrem Stress produzieren Sie selbst
- Stress hervorrufendes Denken erkennen
- Denkweisen ändern
- Die Bedeutung von Selbstgesprächen

Wenn jemand Sie auf einer Party in die Enge treiben und fragen würde, woher das meiste Ihres Stresses kommt, würden Sie ihm wahrscheinlich sagen, dass es Ihre Arbeit sei, oder Druck in der Familie oder zu wenig Zeit oder Geld. Sie würden dieser Person wahrscheinlich nicht sagen, dass es Ihr Denken ist, das eine Menge Ihres Stresses hervorruft.

Doch Ihre Denkweise spielt eine größere Rolle im Entstehen Ihres Stresses, als Sie denken. Zum Glück ist es nicht allzu schwierig, Ihre Denkweise zu ändern. Dieses Kapitel hilft Ihnen zu erkennen, wie Ihre Denkweise Ihr Leben stressiger macht, als es sein sollte. Noch wichtiger, es zeigt Ihnen Schritt für Schritt, wie Sie dieses Stress produzierende Denken in ein Denken ändern können, das dem Stress widersteht.

Ob Sie es glauben oder nicht, das meiste Ihres Stresses ist hausgemacht

Sich gestresst zu fühlen ist und war immer schon ein Prozess, der aus zwei Teilen besteht. Der erste Teil ist etwas »da draußen«, das Ihren Stress auslöst, der zweite Teil die Tatsache, dass Sie diesen Auslöser als stressend wahrnehmen. Dann fühlen Sie sich gestresst. Sie verstärken diese externen Ereignisse und Situationen durch die Art und Weise, wie Sie diese sehen. Sehen Sie etwas auf die eine Art und Weise, und Sie empfinden großen Stress, sehen Sie etwas anders, und Sie empfinden weniger oder vielleicht gar keinen Stress.

Ihre Einstellungen und Ihre Gedanken in Bezug auf eine potentiell stressende Situation oder Begebenheit bestimmen, wie viel Stress Sie empfinden. Wenn Sie Ihre Wahrnehmung einer potentiell stressenden Situation ändern, können Sie die Art und Weise ändern, wie Sie auf diese Situation emotional reagieren. Diesem Konzept liegen eine ganze Reihe wichtiger Ansätze der Psychotherapie und emotionalen Veränderung zugrunde. Die Pionierarbeiten von Dr. Albert Ellis und Dr. Aaron Beck sind besonders wichtig. Ein wichtiges Geheimnis des Stressmanagements liegt in der Erkenntnis der Methoden, mit denen Sie Ihren Stress erzeugen und wie Sie dieses Denken ändern können.

Kurz, Sie können die Menge des Stresses kontrollieren, den Sie empfinden.

Der Gedanke, dass Sie eine aktive Rolle im Entstehen Ihres Stresses spielen, mag nicht offensichtlich scheinen. Denken Sie z.B. an einige dieser stressenden Situationen:

- ✔ Sie fühlen sich gestresst, weil Sie morgen an Ihrem Arbeitsplatz eine Präsentation geben müssen, um einen wichtigen neuen Kunden zu gewinnen.
- ✔ Sie fühlen sich im Supermarkt gestresst, weil Sie sich in der langsamsten Kassenschlange gefangen sehen.
- ✔ Sie fühlen sich gestresst, weil Ihre pingelige Tante Agnes Sie für eine ganze Woche besuchen wird.
- ✔ Sie fühlen sich gestresst, weil Ihr Nachbar zu laute Musik spielt.

In jedem dieser Fälle nehmen Sie an, dass die externe Situation oder Begebenheit den Stress produziert. Das bedeutet, die Präsentation, die sich langsam bewegende Schlange, die schwierige Verwandte oder der laute Nachbar sind die Gründe, die dazu führen, dass Sie sich gestresst fühlen. Und darin liegt etwas Wahrheit. Seien wir ehrlich, ohne diese Stressauslöser würden Sie sich nicht gestresst fühlen. Aber Tatsache ist, Präsentationen, Warteschlangen, schwierige Verwandte und laute Musik haben an sich nicht die Macht, Sie zu stressen. (Ja, ich weiß, ich habe noch nie eine Woche mit Ihrer Tante Agnes verbracht.) Damit eine Situation oder ein Ereignis Stress auslösen kann, müssen Sie diese Situation als stressig empfinden.

Stress auf 10.000 Meter Höhe: Flugangst

Stellen Sie sich diese Situation vor: Sie sitzen auf Ihrem Platz im Flugzeug mit weißen Fingerknöcheln und stürzen Ihren dritten Scotch herunter. Sie denken:

Oh Gott, ich werde sterben! Ich weiß, dass dieses Flugzeug abstürzt. Wir werden alle sterben! Der linke Motor hört sich komisch an! Dieses Flugzeug hat wirklich Probleme! Gott, lass mich dies nur überstehen und ich verspreche...

Sie empfinden eine Menge Stress. Sie bemerken, dass Ihre Sitznachbarin zufrieden lächelt. Sie empfindet absolut keinen Stress. Sie denkt:

Das ist das Tollste! Ich liebe es zu fliegen. Niemand kann mich hier oben erreichen. Ich entspanne mich einfach mit meinem Grisham-Roman und genieße diesen Scotch. Ah, hier kommt das Essen. Das fühlt sich so gut an. Ich glaube, ich nehme den Fisch.

Wenn es nur die externe Situation wäre, die Stress hervorruft, würde jeder den gleichen Stress empfinden, wenn er sich in der gleichen Situation wiederfindet. Das ist ganz klar nicht der Fall. Immer wenn Sie eine beliebige Gruppe von Menschen nehmen und alle dem gleichen Stress oder der gleichen Mühe aussetzen, ist es wahrscheinlich, dass Sie eine ganze Reihe von Reaktionen erleben werden. Was bei einem anderen Menschen zu Stress führt, ist für Sie weniger oder gar nicht stressig. Stellen Sie sich diese leicht veränderten Situationen vor:

- ✔ Einige Tage vor Ihrer Präsentation erfahren Sie, dass Ihnen ein besserer Job bei einem anderen Unternehmen angeboten wurde. Sie sind begeistert. Fühlen Sie sich jetzt weniger gestresst wegen der Präsentation? Ich denke schon.
- ✔ Sie sind in einer sich langsam fortbewegenden Schlange an der Supermarktkasse, aber Sie nehmen eine Zeitschrift mit einem Bericht zur Hand, der Sie fesselt. Jetzt sind Sie froh, dass es nicht so schnell vorwärts geht, weil Sie den Artikel fertig lesen wollen.
- ✔ Sie wurden aus zuverlässiger Quelle unterrichtet, dass Ihre Tante Agnes Ihr Testament umgeschrieben hat und Sie nun Alleinerbe Ihres ziemlich großen Vermögens sind. Du bleibst nur eine Woche, Tante Agnes?
- ✔ Lauter Nachbar? Wen stört's? Gerade heute morgen haben Sie den Vertrag für ein wundervolles neues Zuhause am anderen Ende der Stadt unterschrieben. Halb so teuer, zweimal so groß. Ätsch, bätsch.

Ja, ich weiß, dass diese Situationen unwahrscheinlich sind, aber Sie unterstreichen meinen Punkt. Es ist nicht nur die auslösende Situation, die zu Stress führt, sondern auch Ihre Wahrnehmung und Ihre Erwartungen in Bezug auf diese potentiell stressende Situation, die bestimmen, wie gestresst Sie sich fühlen.

Wollen Sie sich weniger gestresst fühlen? Denken Sie klarer! Immer wenn Sie sich gestresst fühlen, ist die Chance groß, dass Sie den Vorfall oder die Situation verzerren oder falsch interpretieren, die Ihren Stress auslöst. Ihr Denken ist ein kleines bisschen falsch. Sie machen zu viele *Denkfehler*. Um dies zu beheben, ist es wichtig zu verstehen, was Ihre Denkfehler sind, und zu wissen, wie Sie diese korrigieren können.

Hören Sie auf zu »katastrophizieren« und zu »verschrecklichen«

Haben Sie heute wenig Stress? Wie wäre es mit etwas *katastrophizieren* und *verschrecklichen*? Diese Form der Verzerrung garantiert, dass Ihr Tag wenigstens etwas Stress bringt. Einfach gesagt bedeutet katastrophizieren und verschrecklichen, aus einer Mücke einen Elefanten zu machen. Mit sehr wenig Mühe können Sie aus einem alltäglichen kleinen Ärgernis eine größere Tragödie machen. Falls Sie ein Neuling auf diesem Gebiet sind, hier sind einige Anweisungen, wie Sie zum besseren Katastrophizierer und Verschrecklicher werden:

1. Suchen Sie eine typische Situation oder Begebenheit in Ihrem Leben, die das Potential hat, Sie auf irgendeine Art und Weise zu stressen. Um Ihnen ein Beispiel aus dem vorigen Abschnitt zu geben, nehmen Sie »in einer sich langsam bewegenden Warteschlange an der Supermarktkasse stehen«.
2. Übertreiben Sie nun die Wichtigkeit und Bedeutung dieser Situation. Sagen Sie zu sich selbst:

   Oh mein Gott, das ist das Schlimmste, was mir passieren konnte! Ich kann es nicht glauben! Das ist schrecklich! Das ist fürchterlich!

Der Effekt wird noch verstärkt, wenn Sie es schaffen, einen leidenden Gesichtsausdruck zu machen, während Sie diese Dinge zu sich selbst sagen.

Wenn Sie ein kleines Ärgernis zu einer Katastrophe erheben, steigern Sie auch Ihren Stresslevel. Tatsache ist, dass Situationen wie in einer Warteschlange stehen, im Verkehr steckenbleiben oder die Fernbedienung für Ihren Fernseher nicht finden nur ein kleines Ärgernis oder eine Unbequemlichkeit sind und auch als solche gesehen werden sollten, es sei denn, Sie müssen in 20 Minuten vor den Traualtar treten. Auch viele der größeren Ärgernisse – Ihre mit 4, 5 oder 6 bewerteten (siehe Kapitel 3 für Tipps, wie Sie Ihren Stress bewerten können) – können emotional übertrieben und in ihren Proportionen gesprengt werden, womit Sie sich selbst mehr Stress bereiten als notwendig.

Stellen Sie sich selbst diese zwei Fragen, um Ihr Katastrophizieren und Verschrecklichen zu reduzieren:

- ✔ Wie wichtig ist das wirklich? (Denken Sie an Ihre mit 9 und 10 bezeichneten Punkte aus der Bewertung Ihrer Stressbalance in Kapitel 3.)
- ✔ Werde ich mich in drei Jahren, drei Monaten, drei Wochen oder drei Tagen (oder sogar in drei Stunden) noch an diese Situation erinnern?

Wenn Sie Ihr übertriebenes Denken herausfordern und anzweifeln, fangen Sie an, die Situation anders zu sehen. Und als Konsequenz fühlen Sie sich weniger gestresst.

Ein Mittel gegen Ihre »Ich-kann-das-nicht-ertragen-itis«

Ich-kann-das-nicht-ertragen-itis hört sich wie ein seltener neurologischer Zustand an, ist aber einfach nur eine weitere Form emotionaler Verzerrung, die zu einem höheren Stresslevel führt. So funktioniert diese kleine Nummer:

1. Suchen Sie sich ein kleines Ärgernis, eine Situation oder ein Geschehen, das Ihnen nicht gefällt.
2. Dann (und das ist der wichtige Teil) machen Sie dieses »Das gefällt mir nicht« zu einem »Ich kann das nicht ertragen«.
3. Sprechen Sie nun mit Überzeugung aus:

   Ich kann es nicht ertragen, wenn ich in einer langen Schlange warten muss!

   Ich hasse es, wenn ich im Verkehr steckenbleibe!

Wenn Sie sagen und glauben, dass Sie etwas nicht ertragen können, hassen, verachten oder verabscheuen, steigt Ihre emotionale Temperatur und Sie werden verärgerter – gestresster – als Sie es wären, wenn Ihnen etwas einfach nur nicht gefallen würde.

Auch wenn Ihnen die kleinen Ärgernisse und Frustrationen, mit denen Sie konfrontiert werden, vielleicht nicht gefallen, müssen Sie nicht ausrasten und vor aufgeblasenem Ärger explodieren: »Ich hasse Verkehr (oder Menschenmengen, Warteschlangen, unhöfliche Menschen usw.)!« Wenn

Sie wirklich daran glauben, dass Sie etwas nicht ertragen können, produzieren Sie eine ganze Menge internen Stress, viel mehr als für die Situation oder Begebenheit angemessen ist. Sie machen sich selbst sehr verstimmt, verärgert und verwirrt. Wenn Sie erkennen, dass eine Form von Ich-kann-das-nicht-ertragen-itis zu Ihrem emotionalen Stress beiträgt, treten Sie zurück, fordern Sie Ihr Denken heraus und zweifeln Sie es an. Fragen Sie sich selbst:

- ✔ Kann ich es wirklich nicht ertragen, oder meine ich tatsächlich, dass es mir nicht gefällt?
- ✔ Hilft mein Überreagieren mir hier irgendwie? Oder macht es die Dinge nur noch schlimmer?
- ✔ Könnte ich es wirklich nicht noch ein bisschen länger ertragen? Und wenn mir jemand richtig viel Geld dafür bieten würde, könnte ich es dann noch länger ertragen?

Vermeiden Sie das »Was wäre, wenn«-Denken

Falls Sie heute einen ruhigen Tag haben, sind hier ein paar Dinge, über die Sie sich vielleicht stressen möchten:

- ✔ Was wäre, wenn es einen Streik der öffentlichen Verkehrsmittel gäbe!
- ✔ Was wäre, wenn meine Firma Personal abbaute!
- ✔ Was wäre, wenn mein Kellner eine ansteckende Krankheit hätte!
- ✔ Was wäre, wenn Terroristen in meinem Flugzeug wären!
- ✔ Was wäre, wenn ich entführt würde!
- ✔ Was wäre, wenn der Aktienmarkt zusammenbräche!
- ✔ Was wäre, wenn ich von einem Auto überfahren würde!
- ✔ Was wäre, wenn Rockmusiker nebenan einzögen!
- ✔ Was wäre, wenn mein Postbote ein Serienmörder wäre!

Vielleicht sind Sie einer dieser Menschen, die sich derartige Fragen stellen. Immer wenn Sie Was-wäre-wenn spielen, nehmen Sie eine Situation, die passieren *könnte* und machen daraus etwas, das wahrscheinlich passieren *wird*. Diese Art zu denken kann und wird Ihrem Leben viel unnötigen Stress beifügen.

Im Leben können viele unangenehme Dinge passieren. Können Sie Ihnen passieren? Ja. Werden Sie Ihnen passieren? Manche leider ja. Aber viele, wenn nicht die meisten dieser Dinge, über die Sie sich Sorgen machen, werden niemals eintreffen. Doch dies hält Sie nicht davon ab, sich über die Möglichkeit, dass sie eintreffen könnten, zu sorgen. Was wäre, wenn, was wäre, wenn, was wäre, wenn ...

Um Ihr Was-wäre-wenn-Denken zu stoppen, stellen Sie sich selbst diese direkten Fragen:

- ✔ Realistisch eingeschätzt, wie groß ist die Wahrscheinlichkeit, dass diese befürchtete Situation wirklich eintrifft?
- ✔ Mache ich mir zu viele Sorgen darüber?

- Wenn mein Leben sich seinem Ende nähert, wird dies wirklich etwas sein, worüber ich mir Sorgen hätte machen sollen?

Hören Sie auf zu sehr zu generalisieren

Wenn Sie zu sehr generalisieren, rufen Sie selbst mehr Stress als notwendig hervor. Sehen Sie sich folgende stark generalisierte Aussagen an und überprüfen Sie, ob Sie sich selbst erkennen:

- »Niemand in dieser Stadt kann richtig Auto fahren!« (Wenn jemand Sie im Verkehr schneidet.)
- »Ich muss immer alles selbst machen!« (Wenn Ihre Bitte, den Müll raus zu tragen, keine Reaktion hervorruft.)
- »Das Land wird von Idioten regiert!« (Wenn Sie einer politischen Stellungnahme nicht zustimmen.)
- »Du hörst mir nie zu!« (Wenn Ihr Partner Ihnen nicht zuhört.)

Obwohl an diesen Aussagen etwas Wahres dran sein mag, sind alle ganz klar zu generell gefasst. Wenn Sie zu sehr generalisieren, erzeugen Sie ein verzerrtes Bild von dem, was wirklich passiert, und eine Realität, die übermäßigen Ärger und Verwirrung einlädt. Wenn Sie in Begriffen von alles oder nichts, gut oder böse, richtig oder falsch denken, rufen Sie für sich selbst mehr Stress hervor als nötig.

Nachfolgend finden Sie einige nützliche Ideen, um dieser Generalisierung zu entkommen:

- Fragen Sie sich selbst, ob Sie nur einen kleinen Teil des Gesamtverhaltens einer Person sehen und zu schnell annehmen, dass dieses Beispiel die Person als Ganzes charakterisiert.
- Versuchen Sie an Individuen oder Situation zu denken, die *nicht* zu Ihrer Generalisierung passen.
- Achten Sie auf sprachliche Äußerungen, die dieses Alles-oder-Nichts-Denken reflektieren – Wörter wie »immer« und »nie«, wie z.B. in »Leute sind *nie* freudlich« oder »Menschen nutzen einen *immer* aus, wenn Sie die Gelegenheit dazu haben«.

Tatsache ist, dass die Welt und die Menschen in ihr nur selten in einzelne, leicht zu identifizierende Kategorien fallen. Versuchen Sie, die Grauzonen zu finden und sich selbst eine Menge Stress zu ersparen.

Hören Sie auf »Gedanken zu lesen« und »voreilige Schlüsse zu ziehen«

Sie lesen immer dann Gedanken und ziehen voreilige Schlüsse, wenn Sie glauben, dass etwas wahr ist, das tatsächlich überhaupt nicht zutreffen mag. Einige Beispiele für Gedankenlesen und Schlüsse ziehen machen dies klar:

- ✔ Sie erhalten keine Einladung zur Party eines Freundes und schließen daraus, dass er Sie nicht leiden kann.
- ✔ Sie sehen einen braunen Fleck auf Ihrem Handrücken und schließen daraus, dass es sich um eine unheilbare Krankheit handelt.
- ✔ Sie machen eine komplette Charakterbestimmung von jemandem, den Sie gerade kennen gelernt haben, basierend auf der Kleidung dieser Person.

Es gibt Momente, in denen Sie einfach nicht genügend Informationen oder Daten haben, um einen sicheren Schluss ziehen zu können. Aber das hält Sie nicht davon ab, es zu versuchen. Wenn Sie feststellen wollen, ob Sie Gedanken lesen oder voreilige Schlüsse ziehen, gehen Sie wie Perry Mason vor. Fragen Sie sich einfach: »Habe ich wirklich genügend Beweise, um meine Schlüsse zu hinterlegen? Würde eine Jury aus meinen Mitmenschen das Urteil »schuldig« aussprechen?« Ist die Antwort nein, denken Sie noch einmal über Ihren Fall nach und hören Sie auf, jetzt voreilige Schlüsse zu ziehen oder Reaktionen zu zeigen. Wer weiß, vielleicht haben Sie Recht. Aber, wenn Sie wie die meisten Menschen sind, liegen Sie oft auch falsch. (Übrigens, falls Perry Mason Ihnen nichts sagt, nehmen Sie Matlock.)

Zügeln Sie Ihre unrealistischen Erwartungen

Ihre Erwartungen spielen eine große Rolle in der Bestimmung, wie gestresst Sie sich als Reaktion auf eine potentielle Stress auslösende Situation fühlen. Sind Ihre Erwartungen zu hoch, werden Sie wahrscheinlich überreagieren. Der nachfolgende kurze ironische Realitätstest sollte Ihnen eine bessere Idee davon geben, was ich meine.

Der Realitätstest

Machen Sie dieses kurze Quiz, um zu sehen, wie realistisch Ihre Erwartungen sind. Antworten Sie einfach bei jedem dieser Punkte mit Wahr oder Falsch:

1. Sie suchen bereits seit 45 Minuten nach einem Parkplatz, als Sie endlich einen frei werdenden Platz entdecken. Der Typ im Auto vor Ihnen sieht den Platz auch und ist tatsächlich näher, als Sie es sind. Sie sagen ihm, wie schwer es für Sie war, einen Parkplatz zu finden. Sie erwarten, dass er sagen wird: »Warum nehmen Sie nicht diesen Parkplatz? Ich habe heute viel Zeit.« W oder F
2. Sie warten darauf, dass Ihr neues Bett geliefert wird. Die Lieferanten haben Ihnen mitgeteilt, dass sie um 9.00 Uhr bei Ihnen sein werden. Sie erwarten, dass sie bis 9.15 Uhr bei Ihnen waren. W oder F
3. Sie kommen um zehn vor drei in der Praxis Ihres Arztes an und sind bereit für Ihren Termin um 15.00 Uhr. Sie erwarten, dass um Punkt drei eine Arzthelferin erscheint und Ihnen sagt: »Folgen Sie mir bitte, der Doktor ist jetzt für Sie da.« W oder F

4. Sie müssen morgen früh einen wichtigen Bericht abgeben. Und da Sie planen ihn zu Hause zu schreiben, ist es unerlässlich, dass Ihr Computer und Ihr Drucker Ihnen keinen Ärger machen. Sie erwarten, dass Ihr Computer und Ihr Drucker Ihnen keinen Ärger machen. W oder F

5. Ihre zwei Kinder im Teenageralter haben Ihnen geschworen, dass Sie die volle Verantwortung für die Versorgung eines Hundes übernehmen, wenn Sie ihnen einen besorgen. Sie erwarten, dass sie ihr Versprechen tatsächlich einhalten. W oder F

Hören Sie auf zu kategorisieren

Der Psychologe Albert Ellis hat die Benutzung unrealistischer Aussagen wie »sollte« und »sollte nicht« als *Kategorisierung* bezeichnet. Sie machen diesen Fehler immer dann, wenn Sie sich selbst in einer etwas strengen, ärgerlichen Weise Dinge wie die folgenden sagen hören:

*Menschen **sollten nicht** unhöflich sein!*

*Andere **sollten** im Verkehr **nicht** den Weg schneiden!*

*Das Leben **sollte** gerecht sein!*

Was sagen Sie? Es ist nichts falsch an diesen Aussagen? Menschen sollten nicht unhöflich, unsensibel und ungerecht sein? Sie haben Recht. Es wäre nichts falsch an diesen Aussagen, wenn sie nur Vorlieben oder ein Rezept für eine bessere Welt wären. Wenn diese »sollte«- und »sollte nicht«-Aussagen aber zu strengen Forderungen und unflexiblen Erwartungen werden, werden Sie mächtig enttäuscht und verärgert sein, wenn sie nicht wahr werden. Wenn andere (auch Sie übrigens) eine dieser unrealistischen Forderungen nicht erfüllen, finden Sie sich selbst dabei wieder, wie Sie diese Person moralisch verurteilen und selbst empört und ärgerlich werden. Und dies wird zu viel Stress führen, weil andere Menschen Ihren Regeln und Richtlinien für »korrekte« Lebensweise oft nicht folgen und dies auch nicht wollen.

Das Gegenmittel? Hören Sie auf, Kategorien aufzustellen. Geben Sie diese strengen Forderungen auf und ersetzen Sie sie durch gesündere, flexiblere Prioritäten. Versuchen Sie sich selbst zu sagen:

Ich fände es wirklich schön, wenn die Menschen netter wären.

Es wäre sicherlich eine bessere Welt, wenn die Menschen rücksichtsvoller wären.

Immer wenn Sie den Verdacht haben, dass Sie ein unrealistisches »sollte« oder »sollte nicht« verwenden, fordern Sie dieses Denken heraus und stellen Sie sich selbst die folgenden zwei Fragen:

- ✔ Ist mein *sollte* tatsächlich ein verstecktes *muss* oder *müsste*? Stelle ich wirklich eine maskierte Forderung?
- ✔ Warum müssen andere Menschen so agieren, wie ich es will? Und dann geben Sie sich selbst diese Antwort: »Sie müssen nicht, und oft werden sie nicht.«

Achten Sie auf »Ausrufungszeichen«-Verhalten

Wenn Sie herausfinden wollen, ob Ihre Erwartungen realistisch oder unrealistisch sind, suchen Sie nach Ausrufungszeichen-Verhalten. Beispiele solchen Verhaltens sind u.a. folgende Aussagen, die Sie zu sich selbst machen könnten, wenn Sie auf eine Situation treffen, die Sie verärgert oder bestürzt:

Wie kann das möglich sein!

Ich verstehe das nicht!

Wie konntest du das tun!

Ich glaube das nicht!

Warum würde jemand so etwas tun!

Was dieses Verhalten charakterisiert, ist der Ton der Überraschung und des Unglaubens in Ihrer Reaktion.

Solche Ausrufe des Unglaubens werden von vielsagenden »Ich-kann-das-einfach-nicht-glauben«-Gesten begleitet. Häufig beobachtete Beispiele sind u.a.:

- ✔ Ausgiebiges Rollen der Augen und Heben der Augenbrauen
- ✔ Ausgiebiges und lautes Seufzen
- ✔ Kopfnicken mit begleitendem »ts, ts«
- ✔ In die Höhe erhobene Hände, die totale Frustration anzeigen

Dieses Verhalten zeigt das Vorhandensein unrealistischer »sollte«- und »muss«-Vorstellungen an. Ihrem Unglauben liegt die eher magische Forderung zugrunde: »Andere Leute sollten und müssen mehr wie ich sein. Ich würde mich nicht so verhalten, also sollten auch sie es nicht tun.« Aber sie tun es.

Hören Sie auf sich selbst zu bewerten

Immer, wenn Sie Ihr Selbstwertgefühl an Ihrer Leistung und/oder der Anerkennung durch andere messen, bewerten Sie sich selbst. In jedem Fall ist das Endresultat viel unnötiger Stress.

Im wesentlichen liegt dieser Form des Stress produzierenden Denkens zugrunde, dass Sie glauben, Sie haben einen Wert, sind eine tolle Person und haben das Recht, sich gut zu fühlen, weil

- ✔ Sie großartige Dinge erreicht haben,
- ✔ Sie großartige Eigenschaften haben (Sie sind intelligent, sehen gut aus, sind reich),
- ✔ irgendeine andere wichtige Person Sie oder etwas, das Sie getan haben, anerkennt.

Jetzt höre ich Sie sagen: »Und was ist daran schlecht? Wollen wir nicht alle die Anerkennung anderer, Erfolg im Leben und großartige Eigenschaften haben?« Ja, das wollen wir. Das Problem entsteht, wenn Sie das Gefühl haben, es *muss* Ihnen gut gehen oder Sie *müssen* Erfolg oder die Anerkennung durch andere haben. Tatsache ist, dass es viele Zeiten in Ihrem Leben geben wird, in denen es Ihnen nicht so gut gehen wird wie Sie es gern hätten, in denen Ihre Leistung etwas weniger stellar sein wird, und Sie keine Anerkennung durch andere bekommen. Wenn Sie Ihren Selbstwert von einem oder allen der obigen Punkte abhängig machen, werden Sie für unnötigen Stress anfällig.

Offen gesagt ist es nicht die einfachste Sache, diese Tendenz der Selbstbewertung aufzugeben. Um damit zu beginnen, stellen Sie sich selbst die folgenden Fragen:

- ✔ Brauche ich wirklich die Anerkennung durch andere, um mich gut zu fühlen?
- ✔ Muss ich wirklich besser als andere sein, um mich gut zu fühlen?
- ✔ Ich erwarte nicht, dass andere Menschen perfekt sind, warum sollte ich es dann von mir selbst erwarten?
- ✔ Kann ich meinen Gesamtwert als Individuum auf Basis von einer oder zwei Eigenschaften oder Fähigkeiten beurteilen?

Die Antwort zu jeder dieser Fragen ist natürlich nein. Keiner der obigen Punkte ist wirklich notwendig, damit Sie glücklich mit Ihrem Leben sind – oder sich gut fühlen.

Alles zusammensetzen: Systematische Stressanalyse

Nachdem Sie nun ein besseres Verständnis dafür haben, inwiefern Ihre Denkweise Stress hervorrufen kann, sind Sie in einer guten Ausgangsposition, um etwas gegen Ihr Stress produzierendes Denken zu tun. Die *systematische Stressanalyse* ist eine strukturierte Technik, die Ihnen Schritt für Schritt zeigt, wie Sie eine beliebige stressende Situation nehmen und bestimmen, wie viel genau Ihre Denkweise zu Ihrem Stresslevel beiträgt. Noch wichtiger, sie zeigt Ihnen, wie Sie Ihre Stress produzierende Denkweise korrigieren und durch eine Denkweise ersetzen können, die dem Stress widersteht.

Machen Sie zunächst mehrere Kopien des Arbeitsblattes zur Stressanalyse, das Sie am Ende dieses Kapitels finden. Wenn Sie sich an einem Ort befinden, an dem Sie keine Kopien machen können (das Basislager am Kilimandscharo z.B.), nehmen Sie sich ein Blatt Papier und kopieren Sie die Überschriften und das Format.

Schreiben Sie auf, was Sie stresst

Oben auf die Seite, wo es heißt *Mein Stressauslöser*, schreiben Sie auf, was Ihren Stress auslöst. Fassen Sie sich kurz, wie z.B. in der folgenden Beschreibung:

Ich war so verärgert, als ich auf dem Weg zum Bowling diesen platten Reifen hatte. Das war unsere große Nacht. Wir waren in der Auswahl. Wir konnten den Mannschaftssieg erreichen. Das heißt, wenn Mable kommt. Sie ist der wirkliche Star.

Abgekürzt wird daraus:

Platter Reifen auf dem Weg zum Bowling.

Schreiben Sie Ihren Stressauslöser auf.

Dann, wo es heißt *Meine Stressreaktion*, schreiben Sie Ihre Gefühle auf – Ihre Reaktion auf diesen Stressauslöser. Das kann einer oder mehrere der Stressindikatoren sein: Gereiztheit, Ärger, Bestürzung, Kopfweh, Muskelspannungen, schnelle Atmung – oder eines der vielen anderen durch Stress herbeigeführten Zeichen und Symptome.

Hier könnte Ihre Stressreaktion z.B. sein:

War bestürzt und verärgert.

Beurteilen Sie Ihre Stressbalance

Falls Sie vergessen haben, wie Sie dies tun (oder Kapitel 3 überschlagen haben, in dem es ziemlich gut erklärt wird), beurteilen Sie zuerst Ihren *Stresslevel* in Bezug auf die Situation oder den Vorfall (auf einer Skala von 1 bis 10, wobei 10 viel Stress bedeutet). Beurteilen Sie dann die *Wichtigkeit* der stressigen Situation auf einer Skala von 1 bis 10 (wobei 10 sehr wichtig ist). Geben Sie Ihre Werte in die entsprechenden Bereiche auf dem Arbeitsblatt ein.

So sieht Ihr Arbeitsblatt bis hierhin aus:

Mein Stressauslöser (Stress produzierende Situation oder Begebenheit):

Hatte einen platten Reifen.

Die Wichtigkeit dieses Stressauslösers (Skala 1 - 10): 2

Meine Stressreaktion (wie ich auf diesen Stressauslöser reagiert habe):

War bestürzt und verärgert.

Mein Gesamtlevel für die Stressreaktion (Skala 1 - 10): 5

Stress produzierende Selbstgespräche

Schreiben Sie auf, was Sie zu sich selbst sagen könnten, das eine Menge dieses Stresses hervorruft. Denken Sie daran, dass viele dieser Selbstgespräche ziemlich automatisch stattfinden. Ihnen ist wahrscheinlich nicht einmal bewusst, dass Sie etwas zu sich sagen. Aber Sie tun es. Um Ihnen dabei zu helfen, sich diese automatischen Selbstgespräche bewusst zu machen, fragen Sie sich selbst:

Was könnte ich über diesen Stressauslöser möglicherweise zu mir selbst gesagt haben?

In dieser Situation hätten Sie vielleicht folgendes gesagt:

Oh mein Gott! Das ist furchtbar! Es hätte nicht zu einer schlimmeren Zeit passieren können. Ich hätte ein Mitbewerber sein können. Alles wird ruiniert sein! Ich hasse es, wenn solche Sachen passieren! Ich werde nie wieder glücklich sein!

Der Psychiater David Burns empfiehlt in seinem sehr angesehen Buch, *Fühl Dich gut* (Ed. Treves), etwas, das er als *Vertikale Pfeiltechnik* bezeichnet, um sich weniger offensichtliches oder verstecktes Denken bewusst zu machen. Nachfolgend beschreibe ich, wie diese Methode funktioniert. Nehmen wir an, Ihr automatischer Gedanke im oben dargestellten Beispiel war:

Wenn ich nicht rechtzeitig zum Bowling komme, werde ich das Spiel verpassen.

Fragen Sie selbst:

Was würde das bedeuten?

Ihre Antwort wäre möglicherweise:

Es wäre furchtbar! Ich wäre sehr enttäuscht.

Der Wert dieser Technik liegt darin, dass Sie mit ihr zu einer anderen Ebene Ihres Denkens kommen und die irrationaleren Aspekte Ihrer Selbstgespräche aufdecken können, die möglicherweise in relativ vernünftigen, beschreibenden Äußerungen versteckt sind. Sie müssen es eventuell zwei oder dreimal machen, um alle versteckten Aspekte Ihrer Selbstgespräche zu entdecken. Ein anderes Beispiel sollte das klar machen.

Mein Sohn wollte letzte Woche Rollschuhhockey spielen. Er war sehr enttäuscht, weil er es nicht konnte. Ich fragte ihn, warum er enttäuscht war, und er sagte: »Es regnet.« Mit der Pfeiltechnik können Sie sehen, wie diese Aussage zu weiteren versteckten Gedanken führen könnte, wie z.B.:

Es regnet.

Fragen Sie sich:

Was bedeutet das?

Das führt zu:

Deshalb kann ich nicht Hockey spielen.

Fragen Sie sich:

Was bedeutet das?

Das führt zu:

Es ist furchtbar! Mein Tag ist ruiniert!

Sie können die Vertikale Pfeiltechnik verwenden, um Schichten von Stressauslösern offen zu legen und dann realistisch mit diesen umzugehen.

Suchen Sie Ihre Denkfehler

Zusammenfassend sind hier noch einmal die sieben verbreitetsten Denkfehler, die zu übermäßigem Stress führen:

- ✔ Katastrophizieren und Verschrecklichen
- ✔ Ich-kann-das-nicht-ertragen-itis
- ✔ Was-wäre-wenn-Denken
- ✔ Zu starke Generalisierung
- ✔ Gedanken lesen und voreilige Schlüsse ziehen
- ✔ Unrealistische Erwartungen
- ✔ Selbstbewertung

Versuchen Sie, aus Ihren Selbstgesprächen die entsprechenden Denkfehler zu identifizieren. In den Beispielen im letzten Abschnitt können Sie sehen, dass dort eine ganze Menge *Katastrophizieren und Verschrecklichen* stattfindet, mit einer gesunden Dosis *Ich-kann-das-nicht-ertragen-itis*.

Bewältigende Selbstgespräche

Sie sind jetzt bereit, auf Ihre Stress produzierenden Selbstgespräche zu reagieren, eventuelle Denkfehler zu korrigieren und sich Ihre Stressauslöser auf eine Art und Weise anzusehen, die gegen Stress wirksam ist. Wenn Sie sich in einem massiven Verkehrsstau wiederfinden – und sich fürchterlich gestresst fühlen – könnten Sie Folgendes zu sich sagen:

Was für eine blöde Situation. Ich kann nichts daran ändern. Wenn ich zu spät zu meiner Besprechung komme, wird die Welt nicht untergehen. Flippe jetzt nicht aus. Probiere einige der tiefen Atemzüge, über die du gelesen hast...Hey, das fühlt sich ziemlich gut an. Leg diese neue CD ein und mache das Beste draus. Lass dies mein größtes Problem des Tages sein!

Oder denken Sie daran, wie das bewältigende Selbstgespräch meines Sohnes in Bezug auf sein Rollschuhhockey ablaufen könnte:

Es ist nicht die schlimmste Sache der Welt. Ich kann morgen spielen. Ich werde Matt oder Giddy anrufen, vielleicht können wir ins Kino gehen.

Oder stellen Sie sich Ihren potentiellen Stress vor, wenn Sie bemerken, dass Sie sich (schon wieder!) selbst ausgesperrt haben:

Ich bin ein Idiot! Ich habe es schon wieder getan. Beruhige dich und probiere ein paar schnelle Entspannungübungen...und noch einmal. Das fühlt sich besser an. Katastrophiziere oder verschreckliche die Sache nicht. Mach sie nicht schlimmer als sie ist. Auf einer Skala von 1 bis 10 ist dies immer noch nur eine 2 oder 3. Halte dein Gleichgewicht. Es hilft mir nicht weiter, wenn ich mich jetzt ärgere. Denk nach. Wer hat noch einen Schlüssel? Niemand. Okay, Beth wird in einer Stunde zu Hause sein. Geh ins Café, lies die Zeitung und entspann dich. Ich kann mit der Situation umgehen. Ich werde damit umgehen. Gut für mich. Ich mag zwar ein vergesslicher Idiot sein, aber immerhin kann ich mit den Konsequenzen umgehen.

Reden Sie wie ein Fluglotse

Sie können sich selbst mit Ihren bewältigenden Selbstgesprächen helfen, indem Sie wie ein Fluglotse reden. Stellen Sie sich diese Szene aus einem B-Movie vor:

Das Wetter am Flughafen ist neblig. Sehr neblig. Sie sind der verantwortliche Fluglotse. Sie erfahren, dass ein Anfängerpilot Schwierigkeiten mit der Landung hat und in Panik gerät. Er braucht dringend Ihre Hilfe. Sie fangen an, mit ihm zu reden, um ihm auf die Erde zu helfen. Sie sagen:

Sie machen das gut, Junge. Bleiben Sie dabei ... Atmen Sie einmal tief und langsam ein ... Gut!

Denken Sie nun daran, was Sie in der Pilotenschule gelernt haben. Ziehen Sie den Gashebel zu sich hin. Genau so. Sie können das ... Lassen Sie Ihr Flugzeug auspendeln. Beginnen Sie mit dem Landeanflug. Gut. Atmen Sie noch einmal tief durch. Keine Panik. Halten Sie es gerade ... Sie sind fast unten ... Sie machen das gut ... Sie sind am Boden. Sie haben es geschafft!

Sie wissen, was ich meine. Sprechen Sie mit sich selbst in einer Art und Weise, die Ihnen hilft, besser mit der stressenden oder potentiell stressenden Situation umzugehen.

Was Sie zu sich sagen sollen

Wenn Ihnen die Worte fehlen, und Sie einfach keine Idee haben, was Sie zu sich selbst sagen könnten, benutzen Sie die folgende Liste als Referenz. Sie enthält die meisten der wichtigen Elemente für Selbstgespräche, die Sie brauchen.

- ✔ Korrigieren Sie Ihre Denkfehler verbal, indem Sie Ihren Sinn herausfordern und anfechten. (Ist das wirklich so furchtbar? Kann ich es noch etwas länger ertragen? Brauche ich wirklich die Anerkennung dieser Person? Usw.)

Wenn Sie sich immer noch nicht ganz sicher sind, wie Sie das tun, schauen Sie sich die Beschreibungen der verschiedenen Denkfehler in den letzten Abschnitten noch einmal an.

- ✔ Weisen Sie sich selbst an, den Stress in die richtige Perspektive zu rücken. Reden Sie sich selbst ins Gleichgewicht.
- ✔ Entspannen Sie sich. Fügen Sie in Ihre Selbstgespräche Anweisungen ein, die Ihnen dabei helfen zu entspannen. Verwenden Sie die Techniken und Strategien, die in den Kapiteln 4 und 5 beschrieben sind.
- ✔ Lösen Sie das Problem. Geben Sie sich selbst Richtlinien und Anweisungen, die Ihnen helfen, mit der Ursache Ihres Stresses umzugehen und sie möglicherweise zu beseitigen.

Nachfolgend sehen Sie, wie Ihr bewältigendes Selbstgespräch in Ihrem Arbeitsblatt aussehen (und sich anhören) könnte:

Mein bewältigendes Selbstgespräch:

Das ist wirklich keine große Tragödie. Ja, ich bin enttäuscht, aber ich werde leben und an einem anderen Tag zum Bowling gehen. Das ist nichts, womit ich nicht umgehen kann. Übertreib es nicht. Beruhige dich und schau, was du machen kannst, um diese Situation zu lösen. Fang an zu atmen ... Du machst das gut. Was soll ich tun? Ruf beim Bowling an und erzähl den Leuten, was passiert ist. Vielleicht können sie jemanden losschicken, der dich abholt. Ich hoffe, dass Mable gut angekommen ist.

Immer, wenn Sie sich in einer stressenden Situation wiederfinden, können Sie den gleichen Ansatz benutzen. Ja, Sie können sich selbst aus Ihrem Stress herausreden.

Ihr Arbeitsblatt zur Stressanalyse

Mein Stressauslöser (Stress produzierende Situation oder Begebenheit):

____

____

Die Bedeutung dieses Stressauslösers (Skala 0 - 10): ____________________

Meine Stressreaktion (wie ich auf diesen Stressauslöser reagiert habe):

____

____

Mein Gesamtlevel für die Stressreaktion (Skala 0 - 10): ____________________

Mein Selbstgespräch:

____

____

____

Mein Denkfehler:

____

____

Mein bewältigendes Selbstgespräch:

____

____

____

____

Ihre Wut bezwingen

10

In diesem Kapitel

- Ihre Wut verstehen
- Herausfinden, wie Wut sich auf Ihr Wohlbefinden auswirkt
- Ihre Wut kontrollieren

Sind Sie verärgert, weil jemand Sie im Verkehr geschnitten oder Sie für eine Ewigkeit hat warten lassen? Sind Sie wütend, weil dieser tollpatschige Gast Rotwein auf Ihr Sofa verschüttet hat oder weil Ihr Drucker sich weigert, etwas zu drucken? Jeder empfindet manchmal Wut. Leider empfinden zu viele Menschen – und Sie sind vielleicht einer dieser Menschen – zu oft Wut. Wut und Ärger sind nicht nur sehr stressig, sondern können auch Ihr physisches Wohlbefinden beeinträchtigen und Ihre Beziehungen zu anderen Menschen zerstören. Zum Glück gibt es Methoden, die den Grad ihrer Wut reduzieren und ihre Konsequenzen mildern. Dieses Kapitel zeigt Ihnen, wie Sie Ihre Wut kontrollieren können – statt sich von Ihrer Wut kontrollieren zu lassen.

Herausfinden, wie wütend Sie eigentlich sind

Kommt ein großer Teil Ihres Stresses von Ihrer Wut? Werden Sie nur etwas ärgerlich oder gerät Ihre Wut außer Kontrolle? Um etwas gegen Ihre Wut tun zu können, sollten Sie zunächst erkennen, wie wütend Sie eigentlich sind. In diesem Abschnitt gebe ich Ihnen zwölf Aussagen, die Ihnen helfen, die Rolle der Wut in Ihrem Leben aufzudecken.

Geben Sie bei jeder der zwölf Aussagen an, inwieweit jede Sie beschreibt. Schreiben Sie für jede Aussage eine der folgenden Antworten auf: entspricht mir gar nicht, entspricht mir etwas, entspricht mir sehr.

1. Meine Familie und/oder Freunde sagen mir, dass ich zu schnell wütend werde.
2. Ich habe das Gefühl, dass meine Wut übermäßig ist.
3. Meine Wut hat mich in der Vergangenheit regelmäßig in Schwierigkeiten gebracht.
4. Ich fühle mich ziemlich schnell frustriert.
5. Ich halte länger an meiner Verärgerung fest als ich sollte.
6. Ich hasse es zu warten oder warten gelassen zu werden.
7. Kleine Ärgernisse können mich aus der Balance werfen.
8. Ich hasse Kritik und Ablehnung.
9. Inkompetenz und Dummheit bei anderen machen mich ärgerlich.

10. Ich werde wütend, wenn der Verkehr oder Warteschlangen nicht schnell genug vorwärts gehen.

11. Es macht mich sehr wütend, wenn ich unhöflich oder ungerecht behandelt werde.

12. In Diskussionen bin ich normalerweise derjenige, der am wütendsten wird.

Geben Sie sich für jede Antwort »entspricht mir sehr« 3 Punkte. Für jede Antwort »entspricht mir etwas« geben Sie sich 2 Punkte. Und für jede Antwort »entspricht mir gar nicht« geben Sie sich 0 Punkte. Wenn Sie weniger als 18 Punkte haben, spielt Wut keine Hauptrolle in Ihrem Leben. Haben Sie zwischen 19 und 30 Punkten, beeinträchtigt Wut Ihr Leben etwas. Und wenn Sie 31 bis 36 Punkte haben, ist Wut in Ihrem Leben bestimmt präsent.

Die Vor- und Nachteile der Wut

Wut, so wie alles andere, ist nicht ausschließlich gut oder schlecht: Sie hat viele Vor- und Nachteile. Die folgenden Abschnitte erklären Ihnen diese, damit Sie ein klares Bild der Wut und ihrer Auswirkungen auf Ihr Leben haben.

Die positiven Seiten der Wut

Wut kann ein höchst stressendes Gefühl sein, das alle möglichen Arten von Konsequenzen nach sich zieht. Aber unter den anderen möglichen Stressreaktionen (Enttäuschung, Depression, Trauer, Angst usw.) bleibt Wut die beliebteste und die am weitesten verbreitete. Und das ist nicht ohne Grund so. Wut hat Ihren Reiz:

- ✔ **Wut ist aktivierend und mobilisierend.** Wenn Sie wütend sind, haben Sie das Gefühl, als würden Sie etwas gegen das tun, was Ihren Stress auslöst. Sie haben das Gefühl, eine Reaktion zu zeigen, einen Weg zu finden, Energie für die Lösung der stressenden Situation zur Verfügung zu stellen. Sie kann Sie dazu bringen, die Sache in die Hand zu nehmen und etwas gegen das Problem zu tun.
- ✔ **Wut gibt Ihnen ein Gefühl der Macht.** Wut kann Ihnen das Gefühl geben, die Fäden in der Hand zu halten, auch wenn das nicht der Fall ist. Wenn Sie jemanden anfahren oder ihm eine Standpauke halten, fühlen Sie Stärke und Kontrolle. Mit Ihrer Wut drücken Sie sich auf eine kraftvolle Art und Weise aus.
- ✔ **Wut führt oft zu Resultaten.** Im Gegensatz dazu, wenn Sie ruhig und nett sind, erreichen Sie möglicherweise, was Sie wollen, wenn Sie wütend werden. Viele Menschen werden durch Wut eingeschüchtert und sind entgegenkommender, wenn sie damit konfrontiert werden, als sie es normalerweise wären.
- ✔ **Wut ist oft eine respektierte Reaktion.** Wir interpretieren Wut oft dahingehend, dass wir für uns geradestehen und uns nicht von anderen übervorteilen lassen. Und andere Menschen sehen es genauso. Unsere Wut wird gleichgestellt mit positiv durchsetzend, stark und selbstsicher.

Wut hat einige Vorteile. Aber sie hat auch einige recht große Nachteile. Eine Auflistung dieser Nachteile finden Sie im nächsten Absatz.

Holen Sie sich eine zweite Meinung

Ich zweifle nicht an, dass Ihre Antworten auf das Wut-Quiz offen und ehrlich sind. Sie sind jedoch vielleicht nicht die beste Person, um die Länge Ihrer Zündschnur zu messen. Eine objektivere Beurteilung kann nicht schaden. Warum lassen Sie nicht jemanden, der Sie ziemlich gut kennt, die Fragen für Sie beantworten. Sie denken, dass Sie kein Problem mit Ihrer Wut haben, aber die Menschen, die Ihnen am nächsten stehen, sind vielleicht anderer Meinung. Wer weiß? Sie sehen Sie möglicherweise sogar als weniger wütend, als Sie sich selbst sehen. Vergleichen Sie Ihre Punktzahl mit der, die sie Ihnen geben, und schauen Sie, ob andere Menschen Sie und Ihre Wut ebenso sehen wie Sie selbst. Reden Sie über größere Abweichungen in der Beurteilung (aber versuchen Sie, nicht wütend zu werden, während Sie dies tun).

Die Nachteile der Wut

Zwar hat Ihre Wut einige Vorteile, aber die Schattenseite der Wut überwiegt jegliche positive Gewinne bei weitem. Abgesehen davon, dass sie emotional stressend ist und Sie zu einem Kandidaten für ein blaues Auge macht, kann Ihre Wut Ihnen andere Sorgen bereiten.

Wut kann Sie krank machen

Wenn Sie wütend sind, reagiert Ihr Körper ganz ähnlich wie bei jeder anderen Stressreaktion. Ihre Wut bringt Ihren Körper dazu, eine defensive Haltung einzunehmen, um Sie für eventuelle Gefahren bereit zu machen, die Ihnen über den Weg laufen. (Weitere Informationen zu dieser Reaktion, die als Kampf-oder-Flucht-Reaktion bekannt ist, finden Sie in Kapitel 2). Wenn Ihre Wut intensiv ist und häufig vorkommt, können die physischen Aspekte schädlich sein. Ihre Gesundheit ist in Gefahr. Und eine oder alle dieser gemeinen stressbedingten Krankheiten oder Störungen können mit übermäßiger Wut zusammenhängen.

Wut kann Ihnen das Herz brechen

Aktuelle Studien zeigen, dass Ihr Herz (oder genauer gesagt, Ihr Herz-Kreislaufsystem) besonders anfällig für Wut und ihre negativen Auswirkungen ist. In seinem Buch, *Anger Kills*, beschreibt der Forscher Redford Williams von der Duke University eine Reihe möglicher Wege, wie Feindseligkeit Ihr Herz-Kreislaufsystem negativ beeinträchtigen kann. Ich fasse hier einige der Studienergebnisse kurz zusammen:

- ✔ **Wenn potentiell feindselige Menschen wütend wurden, floss mehr Blut in ihre Muskeln als normalerweise (deutet auf eine übertriebene Kampf-oder-Flucht-Reaktion hin).** Außerdem kam es zu einem Anstieg der Werte für wichtige Stresshormone, darunter Adrenalin und Cortisol, der wiederum negative Auswirkungen auf das Herz-Kreislaufsystem haben kann.

- **Potentiell feindselige Menschen mit höheren Cholesterinspiegeln setzten mehr Adrenalin frei als die Individuen mit niedrigeren Cholesterinspiegeln.** Für diese Menschen bedeutet die Kombination aus höherer Adrenalinfreisetzung und höheren Cholesterinspiegeln, dass sie mit größerer Wahrscheinlichkeit Arterioskleroseherde bilden.
- **Menschen, die bei Messungen der Feindseligkeit hohe Werte hatten, tendieren dazu, weniger Freunde zu haben.** Dieses Fehlen enger Freundschaften bedeutet ein geschwächtes soziales Netz. Wenn Sie über das, was Sie stresst, mit jemandem reden können, kann dies Ihren Blutdruck senken – und es ist sicherlich nicht hilfreich, wenn Sie niemanden haben, mit dem Sie reden können. Forschungen haben gezeigt, dass sozial isolierte Menschen größere Mengen von Stresshormonen in ihrem Urin ausschieden als die Menschen, die feste soziale Netze hatten.
- **Feindselige Individuen sorgen in der Regel nicht gut für sich selbst.** Sie zeigen häufig eine ganze Reihe gesundheitszerstörender Verhaltensweisen, darunter rauchen, trinken und zuviel essen. All diese Verhaltensweisen können negative Auswirkungen auf das Herz-Kreislaufsystem haben.

Wut kann anderen Menschen das Herz brechen

Wenn Sie wütend sind, ist es sicher nicht sehr angenehm, mit Ihnen zusammen zu sein. Noch schlimmer, Ihre Feindseligkeit und Aggressivität kann geradezu zerstörerisch sein. Ihre Wut beeinträchtigt die Menschen um Sie herum – die Menschen, mit denen Sie leben, arbeiten und interagieren. Wut kann die Beziehungen zu Ihren Kindern, Freunden und Kollegen strapazieren und zerstören. Zusammen können Wut und Feindseligkeit zu Streit, psychischem und physischem Missbrauch, Trennungen und Scheidung führen. Aufgrund Ihrer Wut setzen Sie vielleicht die Chancen für einen Karrieresprung oder sogar Ihren Arbeitsplatz aufs Spiel. Wut eskaliert auch häufig. Die andere betroffene Partei wird oft ebenfalls wütend, und so wird der Grad der Wut für jeden noch erhöht und intensiviert. Wenn Sie wütend sind, tun oder sagen Sie vielleicht etwas, das Sie hinterher bedauern, was wiederum zu anderen durch Stress hervorgerufenen Emotionen, wie z.B. zu Schuldgefühlen, Schamgefühlen, Enttäuschung und Depressionen, führen kann.

Komisch, Sie sehen gar nicht wie Typ A aus

Erinnern Sie sich noch an all dieses Trara um den Typ-A-Charakter und seinen Bezug zu Stress? Der charakteristische Typ A war der gehetzte Workaholic, der versuchte, mehr und mehr in weniger und weniger Zeit zu schaffen. Die gute Neuigkeit ist, dass die aktuellsten Studien einige Löcher in dieses Bild gebohrt haben und annehmen, dass einige dieser alten Typ-A-Charakterzüge möglicherweise nicht so schädlich sind, wie wir einmal dachten. Allerdings zeigen die Studien schon, dass die gefährlichsten Eigenschaften im Typ-A-Muster Feindseligkeit und Wut sind. Hart zu arbeiten wird Ihnen allein wahrscheinlich nicht diesen Herzinfarkt bringen. Aber, wenn Sie wütend, misstrauisch und zynisch sind, sollten Sie Ihr Verhalten besser ändern.

Wut kann Ihr Leben verkürzen

Studien haben gezeigt, dass Ihr Leben durch Wut verkürzt werden kann. Der Psychologe John Barefoot vergab Werte für Feindseligkeit bei 118 Jurastudenten. Dann verfolgte er über 25 Jahre den Lebensweg dieser Menschen. Die Forscher fanden heraus, dass fast 20 Prozent der Teilnehmer, deren Werte in der Feindseligkeitsskala im oberen Viertel lagen, gestorben waren, bevor Sie ein Alter von 50 Jahren erreicht hatten. Im Vergleich dazu starben nur fünf Prozent derjenigen bis zu einem Alter von 50 Jahren, deren Werte in der Feindseligkeitsskala im unteren Viertel lagen.

Verstehen, wann und warum Wut angemessen ist

Bedeutet das, dass all Ihre Wut nicht angemessen oder destruktiv ist? Nein, überhaupt nicht. Tatsächlich kann Wut, in mäßigen Dosen und auf die richtige Art und Weise ausgedrückt, angemessen und wirksam sein, damit Sie die Sache in die Hand nehmen, Probleme lösen oder besser mit der aktuellen Situation umgehen können. Wut hat ganz klar ihre Berechtigung in Ihrem emotionalen Repertoire. Aber es liegt ein großer Unterschied darin, sich für kurze Zeit genervt und verärgert zu fühlen oder starke Gefühle der Wut zu haben, die stundenlang anhalten. Wenn sie intensiv und lange anhaltend ist, kann Wut zu unglaublichen Mengen von Stress und Schäden an Ihrem allgemeinen Wohlbefinden führen. Zu verstehen, wie Sie Ihre Wut kreieren und zu wissen, wie Sie diese Wut zügeln können, sind die Schlüssel zur Kontrolle Ihrer Wut. Der nächste Abschnitt bietet Vorschläge, wie Sie genau das tun können.

Ihr Temperament zügeln

Wut ist keine automatische Reaktion, die außerhalb Ihrer Kontrolle liegt, auch wenn es sich manchmal so anfühlt. Wut ist eine Reaktion, die Sie managen können.

Also, vor Ihrem nächsten Ausbruch von Wut und Rage, werfen Sie einen Blick auf einige dieser Strategien und Taktiken zur Verminderung Ihrer Wut. Wer weiß? Vielleicht ersparen sie Ihnen einen hässlichen Streit, einen verdorbenen Magen, teure Rechtsanwälte oder Schlimmeres.

Führen Sie ein Wutprotokoll

Der erste Schritt für das Managen (und letztendlich Beseitigen) einer ganzen Menge Ihrer Stress auslösenden Wut besteht darin zu wissen, wie Ihre Wut aussieht und woher sie kommt. Ein einfaches Wuttagebuch oder Wutprotokoll kann Ihnen helfen, die Zeiten zu identifizieren, in denen Sie wütend sind und Ihnen die benötigten Informationen geben, damit Sie sich weniger wütend fühlen.

Notieren Sie in Ihrem Protokoll (ein kleines Notizbuch, ein Blatt Papier, eine Datei auf Ihrem Laptop – was immer für Sie funktioniert) einfach die Zeitpunkte, zu denen Sie wütend wurden, die Ursache dieser Wut. Bewerten Sie außerdem den Grad Ihrer Wut anhand einer einfachen

Skala von 1 bis 10, wobei der Wert 10 »sehr, sehr wütend«, der Wert 5 »mäßig wütend« und der Wert 0 »gar nicht wütend« bedeutet.

Sehen Sie sich das Beispiel in Tabelle 12.1 an:

Was ist passiert?	Bedeutung	Mein Wutlevel
Mein Kind hat Saft auf dem Sofa verschüttet.	3	6
Ich habe meinen Zug um eine Minute verpasst.	2	5
Mein Chef hat mich für einen Fehler verantwortlich gemacht, den ein Kollege verursacht hat.	4	7
Mein Computer ist abgestürzt, und ich habe die Arbeit der letzten Stunde verloren.	3	8

Tabelle 12.1: Ihre Wut beurteilen

Ihre Stressbalance überprüfen

Sie können herausfinden, ob Ihre Wut übermäßig und unangemessen ist, indem Sie Ihre Stressbalance überprüfen. Vergleichen Sie einfach den Wert für den Grad Ihrer Wut mit der Bedeutung der Situation, die Ihre Wut ausgelöst hat. Benutzen Sie eine Skala von 1 bis 10, wobei 10 »unglaublich wichtig« und 0 »gar nicht wichtig« bedeutet. Geben Sie diese Beurteilung neben Ihre Beschreibung der stressenden Situation wie oben ein. Sie sind »im Gleichgewicht«, wenn die zwei Zahlen sich entsprechen. Sie reagieren über, wenn der Grad Ihrer Wut höher als die Bedeutung der Situation ist.

Wenn Ihre Stressbalance ausgeglichen ist, ist der Grad Ihrer Wut wahrscheinlich angemessen und sachlich. Wenn nicht, reagieren Sie über. Ist der Grad Ihrer Wut sehr hoch (8, 9. oder 10), erleben Sie möglicherweise Rage und Feindseligkeit und nicht nur die typischen Varianten der Wut.

Nehmen wir die Beispiele aus Tabelle 12.1: Der verschüttete Saft auf dem Sofa hat wahrscheinlich eine Bedeutung von 3, der verpasste Zug eine Bedeutung von 2, ungerecht verantwortlich gemacht zu werden eine Bedeutung von 4 und der Absturz meines Computers eine Bedeutung von 3. In jedem Fall reagiert die Person über und ist nicht im Gleichgewicht.

Ihr Denken ändern

Meistens sind es Ihr Denken und Ihre Wahrnehmung in Bezug auf das Geschehen, die Sie wütend machen.

Gedanken wie »Ich war wütend, weil dieser Idiot mich im Verkehr geschnitten hat« oder »Ich war wütend, weil ich meinen Zug verpasst habe« legen nahe, dass es eine außenstehende Situation oder Begebenheit ist, die dazu führt, dass Sie Wut empfinden. Aber realistisch gesehen sind diese Situationen und Begebenheiten nur *potentielle* Auslöser, die dazu führen können, dass Ihre Wahrnehmungen und Interpretationen Wut hervorrufen. Wie andere stressbedingte Emotionen (Angst, Enttäuschung, Frustration usw.) ist auch Ihre Wut weitgehend selbstgemacht. Es ist Ihr *Denken* – Ihre Wahrnehmung und Interpretationen –, das eine wichtige Rolle in der Entstehung (und letztendlich der Reduzierung) Ihres Stresses spielt.

Denken Sie über Ihr Denken nach

Überprüfen Sie, ob Sie Ihre Wut produzierenden Gedanken identifizieren können. Fragen Sie sich: »Was könnte ich zu mir selbst sagen, um mich wütend zu machen?« Werfen Sie einen Blick in Tabelle 12.2, und versuchen Sie, sie mit Ihren eigenen Erfahrungen zu ergänzen.

Situation	Meine automatischen Gedanken
Mein Sohn hat Saft auf dem Sofa verschüttet	»Das Sofa ist ruiniert! Er hätte vorsichtiger sein sollen! Wie konnte er nur so unvorsichtig sein? Er wusste, dass er keine Lebensmittel in das Wohnzimmer bringen sollte!«
Ich habe meinen Zug um eine Minute verpasst.	»Das ist furchtbar! Dauernd passiert mir das! Jetzt ist mein ganzer Tag ruiniert. Ich hasse das!«

Tabelle 12.2: Ihre wütenden Gedanken und die Situationen, die sie auslösten

Das Aufschreiben dieser Wut produzierenden Gedanken hilft Ihnen, ein klareres Bild davon zu bekommen, was Sie zu sich selbst sagen, um sich selbst wegen einer bestimmten Situation wütend werden zu lassen. Wenn Ihnen dieses Denken bewusst wird, sind Sie in einer guten Position, damit zu beginnen, dieses Denken zu ändern und damit den Grad Ihrer Wut zu vermindern.

Ihre Denkfehler finden und korrigieren

Wenn der Grad Ihrer Wut übermäßig hoch ist oder sie lange anhält, ist es sehr wahrscheinlich, dass Sie mindestens einen *Denkfehler* machen. Untersuchen Sie Ihre automatischen Gedanken und prüfen Sie, ob Sie Denkfehler finden können. Obwohl fast jeder der Denkfehler in irgendeiner Form von Wut resultieren kann, sind die zwei, die am häufigsten zu einer Wutreaktion führen, unrealistische Erwartungen und Ich-kann-das-nicht-ertragen-itis. (Wenn Sie sich nicht so richtig erinnern können, was ich mit dem Begriff *Denkfehler* meine, werfen Sie einen schnellen Blick in Kapitel 9.)

Das Erwartete erwarten

Ihre Erwartungen spielen eine wichtige Rolle, wenn es darum geht, den Grad Ihrer Wut zu bestimmen. Ihre Wut wird erhöht, wenn Sie unrealistische Erwartungen an die Welt und die Art und Weise haben, wie andere Menschen denken und handeln sollten, und verlangen, dass sie mehr wie Sie wären. Wenn Sie erwarten, dass jeder andere vollkommen ehrlich und gerecht ist, werden Sie sich wahrscheinlich die meiste Zeit wütend fühlen, da Ihre Erwartungen nicht immer erfüllt werden. Erwartungen werden von »sollte«- und »sollte-nicht«-Ausdrücken begleitet, und wenn Sie Forderungen stellen, die unrealistisch sind, verurteilen Sie am Ende die Person, die nicht so handelt, wie Sie es für richtig halten.

Schlage ich vor, dass Sie zu einem Zyniker werden sollten? Nein, überhaupt nicht. Stattdessen ist es besser, Vertrauen zu lernen, um weniger Wut und Feindseligkeit zu empfinden. Realistische Erwartungen zu haben bedeutet nicht, dass Sie zynisch und misstrauisch sein sollen. Nicht jeder da draußen ist egoistisch, gemein und nur auf sich selbst konzentriert. Aber andere Menschen sehen Dinge anders und haben andere Prioritäten als Sie. Manchmal werden sie Dinge tun, die Sie selbst niemals tun würden. Erwarten Sie das Erwartete, und erwarten Sie das, was wahrscheinlich in der Welt geschehen wird, in der wir leben. Die folgende Übung hilft Ihnen zu beurteilen, inwieweit Ihre Erwartungen der Realität entsprechen.

Würden Sie jemals erwarten, dass eine der folgenden Situationen eintrifft? Antworten Sie mit ja oder nein.

Irgendwann in der nicht allzu fernen Zukunft,

- ✔ wird jemand Sie im Verkehr schneiden.
- ✔ wird jemand, den Sie kennen und gern haben, Sie enttäuschen.
- ✔ wird Ihr Computer zu einem wichtigen Zeitpunkt abstürzen.
- ✔ wird irgendjemand vor Ihnen an der Expresskasse mehr als die bestimmten zehn Sachen haben.
- ✔ wird jemand seine Musik unglaublich laut abspielen und Sie stören.
- ✔ wird jemand sich in einen bereits vollen Aufzug quetschen, auch wenn er weiß, dass er komplett besetzt ist.
- ✔ wird jemand Sie ungerecht behandeln.

Wenn Sie auf mehr als eine oder zwei der obigen Aussagen mit nein antworten, lässt das darauf schließen, dass Ihre Erwartungen an die Welt (und die Menschen, die in ihr leben) nicht realistisch sind. Sie werden wahrscheinlich einige Überraschungen erleben – und einiges an Wut.

Ihre Zündschnur verlängern

Niemand mag Frustrationen. Aber leider ist Frustration ein wesentlicher Bestandteil unseres Lebens. Wenn Sie mit einer frustrierenden Situation konfrontiert werden, stellen Sie vielleicht fest, dass Sie zu schnell überreagieren und wütend werden. Ist das der Fall, ist Ihre Zündschnur viel zu kurz. Hier ist eine Methode, mit deren Hilfe Sie Frustration leichter ertragen können. Diese Technik mag sich etwas weit hergeholt anhören, aber sie funktioniert wirklich: Tun Sie das Gegenteil.

Manchmal, wenn Sie den Drang verspüren, auf eine bestimmte Art und Weise zu reagieren, können Sie feststellen, dass es hilft, genau das Gegenteil zu tun. Nehmen wir z.B. an, Sie haben Schwierigkeiten einzuschlafen. Wenn Sie versuchen, *nicht* einzuschlafen, werden Sie vielleicht überrascht sein zu sehen, dass Sie einschlafen *können*. Therapeuten nennen diesen Ansatz *paradoxe Intention*, und mit ihm können Sie etwas Ihrer überschüssigen Wut vermeiden. Probieren Sie einige der folgenden Vorschläge aus:

- ✔ **Suchen Sie eine längere Warteschlange.** Wenn das Warten in einer Schlange Ihre Wut auslöst, Sie sich in einer Warteschlange wiederfinden und eine noch längere Schlange entdecken, gehen Sie zu dieser Warteschlange.
- ✔ **Bleiben Sie in einer langsamen Verkehrsspur.** Werden Sie wütend, wenn Sie in einer stehenden Verkehrsschlange steckenbleiben, schauen Sie bei Ihrer nächsten Autofahrt, ob Sie eine langsame Spur finden können.
- ✔ **Suchen Sie sich den unfähigsten Verkäufer aus.** Wenn Sie bei Ihrem nächsten Einkauf Hilfe brauchen, versuchen Sie den neuesten, unerfahrensten und unfähigsten Verkäufer auszuwählen.

Wenn Sie sich nun in diesen ungewöhnlich schwierigen Situationen wiederfinden und der Grad Ihrer Wut mit großer Geschwindigkeit steigt, tun Sie Folgendes:

1. **Machen Sie einige tiefe Atemzüge, um Ihren Körper zu entspannen.**
2. **Wiederholen Sie zu sich selbst: »Das ist nicht das Ende der Welt. Ich möchte meine Wut in den Griff kriegen. Dies ist nur eine kleine Störung. Ich kann damit umgehen.«**

Und natürlich können Sie das.

Setzen Sie Ihr bewältigendes Selbstgespräch ein

Wenn Sie mit einer potentiell Wut auslösenden Situation konfrontiert werden, können Sie entweder Dinge zu sich selbst sagen, die Sie wütend machen, oder Sie können solche sagen, die jegliche ausgelöste Wut vermindern oder sogar vermeiden. Wenn Sie bewusst und ausdrücklich mit sich selbst reden, haben Sie ein mächtiges Werkzeug, um Ihre Wut zu regulieren.

Hier sind einige nützliche Beispiele für Wut reduzierende Selbstgespräche, mit denen Sie den Grad Ihrer Wut vermindern können. Wählen Sie die, die am besten zu Ihrer Situation passen und versuchen Sie, eigene zu finden.

- ✔ Ist die Situation es wirklich wert, so wütend zu werden?
- ✔ Meine Wut wird mir nicht weiterhelfen.
- ✔ Menschen können die Dinge anders sehen als ich. Das war immer so und wird immer so sein.
- ✔ Nimm das nicht persönlich.

- Lass gut sein. Es ist die emotionale Mühe nicht wert.
- Ich muss nicht wirklich wütend darüber werden, wenn ich es nicht will.
- Entspann dich. Atme tief ein. Halt es fest. Und lass es alles raus.
- Andere Menschen setzen andere Prioritäten.
- Nur weil jemand etwas sagt, muss es nicht wahr sein.
- Wie würde Herr oder Frau Mentale Gesundheit damit umgehen?
- Bleibe ruhig, bleibe cool.
- Tappe nicht in die Falle.
- Menschen haben das Recht, falsch zu liegen. Und oft sind sie es auch.
- Verurteile die Person nicht. Verurteile das Verhalten.
- Ist das wirklich so wichtig?
- Werde ich mich in drei Jahren noch daran erinnern? In drei Monaten? In drei Stunden?

Platzen oder nicht platzen? Das ist die Frage.

Ist es besser, seiner Wut Luft zu machen oder sollte man sie unterdrücken? Beliebte psychologische Weisheiten würden vorschlagen, dass Sie, wenn Sie sich wütend fühlen, alles heraus lassen, all diese angestaute Wut und Feindseligkeit freisetzen sollten. Hauen Sie auf ein Kissen, malträtieren Sie Ihren Boxsack, zerschlagen Sie etwas Geschirr. Sie werden sich danach besser fühlen. Richtig?

Vielleicht nicht. Wie die Autorin Carol Tavris in ihrem wichtigen Buch, *Wut* (Hoffmann und Campe), kommentiert: »Das Ausdrücken von Wut macht Sie wütender, festigt eine wütende Grundhaltung und ruft eine feindselige Gewohnheit hervor.« Aktuelle klinische Studien haben ergeben, dass *emotionale Katharsis* (der aktive Ausdruck von Wut und Feindseligkeit durch physische Freisetzung von Wut) ein Schuss nach hinten sein kann. Forscher fanden heraus, dass Menschen, die ihre Wut derart ausagierten (etwas schlagen oder boxen), sich hinterher noch aggressiver und nicht weniger aggressiv fühlten. Noch schlimmer, indem den Menschen die Erlaubnis gegeben wurde, ihre Gefühle nicht zu kontrollieren, erlebten sie generell mehr Episoden aggressiven Verhaltens. Bedeutet das, dass Sie Ihre Wut nicht ausdrücken sollten? Nein. Es heißt nur, dass Sie möglicherweise bessere Wege finden sollten, dies zu tun.

Die folgenden Abschnitte geben Ihnen Antworten auf einige übliche Fragen über das Herauslassen Ihrer Wut. Schauen Sie sich die Vorschläge an, die ich Ihnen hier biete. Sie können Ihnen möglicherweise dabei helfen, Ihre eigene Wut besser zu kontrollieren.

Kann ich wenigstens schreien?

Schreien scheint nicht zu helfen, Ihre Wut zu reduzieren. Jemanden anzubrüllen »Du bist ein dummer Idiot und ich hoffe, du wirst in der Hölle schmoren«, der Ihnen gerade etwas Schlimmes angetan hat, hat einen großen emotionalen Anreiz. Und vielleicht fühlt es sich auf kurze Sicht gesehen auch gut an. Aber es mag für Ihre Gesundheit und Ihren allgemeinen Stresslevel nicht unbedingt das Beste sein. Wenn Sie schreien, wird Ihr Körper gestresst. Ihre Herzrate steigt. Wir wissen, dass das Erheben Ihrer Stimme und sicherlich das Schreien außerdem zu einer Erhöhung Ihres Blutdrucks führen kann. Bei einigen Personen – Typ-A-Charakter z.B. – kann der Anstieg des Blutdruckwerts sogar noch drastischer sein. Aber Schreien kann auch psychologische Auswirkungen haben. In einer Studie mit 535 Frauen führte Schreien, Brüllen und Um-sich-schlagen zu einem verstärkten Gefühl niedrigen Selbstbewusstseins. Da in den meisten Fällen das Schreien wenig zur Lösung des Problems beitrug, fühlten sich die Frauen – und wurden auch so gesehen –, als wären sie außer Kontrolle geraten statt die Kontrolle zu ergreifen und kompetent zu handeln. Sie können sicher sein, dass Schreien – und das Gefühl, außer Kontrolle zu geraten oder inkompetent zu sein – Ihr Selbstbewusstsein nicht steigert.

Sollte ich meine Wut unterdrücken?

Wut kann destruktiv sein, wenn sie in Ihnen steckt und vor sich hin brodelt. Es ist nicht die beste Wahl, Ihre Gefühle der Wut in sich zu lassen und sie frisch zu erhalten, indem Sie sich selbst immer wieder neu über etwas ärgern. Der seit langem gehegte Glaube aber, dass unterdrückter Ärger die Mutter so ziemlich jeder psychosomatischen Störung sei, von Magengeschwüren bis hin zu Verstopfung, ist vielleicht nicht fundiert genug. Es ist etwas völlig anderes, ob Sie alle Ihre Gefühle der Wut in einer unkontrollierten Art und Weise herausspucken oder ob Sie sie verpacken, so dass die Nachricht Ihre Gefühle ausdrückt, aber nicht den dritten Weltkrieg auslöst. Und eine noch bessere Option ist natürlich die Lösung des Konflikts oder der Situation, die Ihre Wut hervorgerufen hat, die Reduzierung des Grades Ihrer Wut oder beides.

Ihre Wut proben

Oft werden Sie vielleicht wütend, weil Sie unvorbereitet getroffen werden, und Ihr Inneres reagiert, bevor Ihr Kopf eine Chance bekommt, die Situation etwas besser zu beurteilen. Sie können diese irrationale Reaktion umgehen, wenn Sie voraussehen, welche Situationen und Begebenheiten eventuell Ihre Wut entfachen könnten, und entsprechend vorausplanen. Bevor die Situation eintrifft, proben Sie, was Sie sagen werden und wie Sie sich fühlen wollen. Sie können immer Situationen voraussehen, in denen die Wahrscheinlichkeit ziemlich groß ist, dass Sie wütend werden. Diese Situationen können z.B. stattfinden, wenn Sie kurz davor sind, mit jemandem einen unstimmigen oder strittigen Punkt zu besprechen, und Sie wissen, dass die Person weniger empfänglich oder geradezu ablehnend demgegenüber sein wird, was Sie zu sagen haben. Vielleicht haben Sie es mit einem Kunden, einem Kollegen oder einem Verkäufer im örtlichen Kaufhaus zu tun.

Wenn Sie die Situation nicht voraussehen können, stellen Sie sie sich vor, und stellen Sie sich dann vor, was Sie sagen und was Sie tun werden. Ihr Ziel besteht natürlich darin, nicht auszurasten oder extrem wütend zu werden. Wählen Sie die Worte, von denen Sie denken, dass sie am besten funktionieren werden. Stellen Sie sich auch vor, dass die andere Person wütend wird und sehr nahe daran ist, Sie ebenfalls wütend zu machen. Verwenden Sie Ihr bewältigendes Selbstgespräch. Stellen Sie sich vor, wie Sie sich selbst anweisen, ruhig zu bleiben, nicht in die Luft zu gehen und Ihre Wut niedrig zu halten. Proben Sie diese Situation mehrmals in Ihrem Kopf. Sie werden dann viel besser vorbereitet sein, wenn die Situation tatsächlich eintrifft.

Spielen Sie eine emotionale Wiederholung durch

Gut, aus welchem Grund auch immer, es war Ihnen nicht möglich, die Situation zu proben oder sich darauf vorzubereiten. Sie wurden unvorbereitet angetroffen, und die Situation führte zu einer ungewollten Darstellung der Wut. Es ist noch nicht alles verloren. Eine nützliche Technik, zukünftige Wutausbrüche zu reduzieren, ist etwas, das ich *emotionale Wiederholung* nenne. So funktioniert sie:

1. **Wenn Sie eine Erfahrung gemacht oder eine Begegnung erlebt haben, in der Sie gefühlt oder vielleicht ausgedrückt haben, was Sie nun als übermäßige Wut sehen, spielen Sie an irgendeinem Punkt (das kann eine Stunde oder auch Tage später sein) die Situation in Ihrem Kopf noch einmal durch.**

   Statt sich selbst zuzusehen, wie Sie wütend werden, sollten Sie sich diesmal aber vorstellen, wie Sie in einer ruhigeren, kontrollierteren Art und Weise reagieren. Sie stellen sich die gleiche Situation vor, aber Ihre Reaktion ist die, die Sie sich wünschen.

2. **Versuchen Sie, sich der Art der Denkweise und Interpretation bewusst zu werden, die diesen weniger wütenden Zustand hervorruft.**

   Wenn Sie können, schreiben Sie einige dieser Gedanken und Vorstellungen auf und sehen Sie, ob Sie diese im Ablauf Ihres Wutanfalls früher benutzen können – z.B. bevor Sie wütend werden.

Werden Sie zum Schauspieler

Obwohl Ihre Wutkontrolle vielleicht nicht die Beste der Welt ist, kennen Sie sicher ein oder zwei Menschen, die Sie wegen Ihrer Ruhe und Beherrschtheit in brenzligen Situationen beneiden. Wenn Sie beim nächsten Mal mit einer potentiell Wut auslösenden Situation konfrontiert sind, versuchen Sie, die Situationen mit *ihren* Augen zu sehen. Stellen Sie sich vor, wie sie die Situation sehen würden. Was würden sie zu sich selbst sagen? Wie würden sie reagieren?

Wenn Sie sich in den Charakter dieser Menschen einfühlen, zumindest für kurze Zeit, können Sie versuchen, Situationen so zu sehen, wie diese Menschen sie sehen würden. Sie machen ein Rollenspiel mit einer Vorlage, aber statt Ihre eigene zu benutzen, wählen Sie das Drehbuch eines Rollenmodells für Wutverhalten, eines Menschen, von dem Sie glauben, dass er etwas zu lehren hat.

Diskret sein und Ihren Moment wählen

Ihre Wut zu managen bedeutet nicht, sie in einer feindseligen Art und Weise herauszulassen oder sie in sich zu halten und sich quälen zu lassen. Durchsetzungsfähig und diskret zu sein bedeutet,

Ihre Wut zu verpacken und sie in einer Art und Weise auszudrücken, die Ihr physisches System nicht in den Weltraum schickt und nicht dazu führt, dass Sie jemandem an die Gurgel gehen – oder jemand Ihnen an die Gurgel geht. Die Tatsache, dass Sie wütend sind, bedeutet nicht, dass Sie Ihre Gedanken in diesem Moment emotionalen Feuers ausdrücken müssen.

Meistens ist es besser zu warten. Wählen Sie einen Zeitpunkt, zu dem sich Ihre Wut etwas gelegt hat und die andere Person in einer besseren Stimmung ist.

Atmen Sie Ihre Wut weg

Wenn Sie wütend sind, läuft Ihr Körper auf Hochtouren. Ihre Herzrate und Ihr Blutdruck steigen, und so ziemlich alle anderen Werte für physischen Stress sind ebenfalls erhöht. Sie können den Prozess der Wutbeseitigung beschleunigen, indem Sie Ihrer psychologischen Trickkiste einige physische Strategien hinzufügen. Die Entspannung Ihres Körpers ist ein guter Startpunkt. Und weil Sie immer Zeit zum Atmen finden können, kann eine Übung mit einigen tiefen Atemzügen eine wirksame Methode sein, um das Maß der physischen Erregung in Ihrem Körper zu senken und es einfacher zu machen, Ihre Wut zu zügeln.

Folgen Sie diesen Schritten, wenn Sie beim nächsten Mal merken, wie Sie wütend werden:

1. **Atmen Sie tief durch Ihre Nase ein.**

   Halten Sie diesen Atemzug für etwa drei bis vier Sekunden.

2. **Atmen Sie langsam durch Ihre leicht geöffneten Lippen aus.**

   Lassen Sie eine Welle der Entspannung von Ihrem Kopf durch Ihren Körper bis hin zu Ihren Zehen fließen.

3. **Warten Sie einen Moment und atmen Sie dann noch einmal tief ein.**

   Wiederholen Sie den Prozess.

Sie werden sich in sehr kurzer Zeit körperlich entspannter und weniger wütend fühlen.

Suchen Sie den lustigen Teil

Humor kann ein hervorragendes Werkzeug sein, um Ihre Wut aufzulösen. Wenn Sie etwas an der Wut auslösenden Situation finden können, das Sie zum Lachen bringt oder zumindest ein Lächeln auf Ihr Gesicht zaubert, können Sie sicher sein, dass Ihre Wut vermindert oder vielleicht sogar beseitigt wird. Die folgenden Abschnitte bieten Ihnen zwei Methoden, mit denen Sie Humor herbeiführen können:

Blähen Sie die Dinge auf

Übertreibung ist eine hervorragende Methode, um eine potentiell stressende Situation zu verzerren, und sie ihrer Wirkung zu berauben. Probieren Sie die Aufblähtechnik. So funktioniert sie: Nehmen wir z.B. an, Sie finden sich selbst in einer Warteschlange im Einwohnermeldeamt, um sich einen neuen Reisepass ausstellen zu lassen. Die Schlange bewegt sich nur langsam. Sehr langsam. Sie merken, wie sich Ihr Stresslevel nach oben bewegt. Nun, mit einer kleinen Dosis Übertreibung, stellen Sie sich vor, dass es *ewig* dauern wird, bis Sie bei dem zuständigen Beamten angelangt sind. Sie stellen sich Ihre Familie vor, die Sie am Sonntag Nachmittag besucht und Ihnen viele Ihrer Lieblingssnacks mitbringt. Sie machen sich gute Freunde unter den anderen Wartenden. Sie reden über gemeinsame Ferien. Sie beginnen damit, Ihre erste Wiedervereinigung nach fünf Jahren zu planen...

Probieren Sie etwas therapeutische Phantasie

Eine humorvolle Vorstellung kann Ihnen helfen, Ihre Wut zu reduzieren und aufzulösen. Hier ist, was ich meine: Stellen Sie sich vor, Sie sind Fahrgast in einem Taxi und Sie bemerken, dass der Taxifahrer für Ihren Geschmack viel zu schnell fährt. Sie bemerken auch, dass Ihre Wut langsam in den Himmel steigt. Bevor Sie ihn anschreien, ihn schlagen oder innerlich durchdrehen, stellen Sie sich diese unwahrscheinliche Szene vor:

Sie sagen ihm, dass er zu schnell fährt und er wird sofort langsamer und dreht sich, mit einem dümmlichen Gesichtsausdruck, zu Ihnen um und sagt: »Sie haben vollkommen Recht! Was habe ich nur gedacht! Ich werde sofort langsamer fahren. Tatsächlich werde ich Ihnen für diese Fahrt nichts berechnen, um mein gefährliches und unsensibles Verhalten wieder gut zu machen. Es tut mir leid. Das wird nicht noch einmal passieren.«

Wenn Sie sich dieses oder ein anderes unwahrscheinliches Ergebnis vorstellen, können Sie eine andere Denkweise erreichen, die weniger wütend macht und die Schwächen und Fehler anderer leichter akzeptieren kann. Dann sagen Sie ihm ruhig, dass er langsamer fahren soll.

Rache mag zwar süß sein, aber Vergebung ist wahrscheinlich weniger stressend

Wir haben dem Wert der Vergebung oft unser Lippenbekenntnis gegeben, aber die Realität war immer mehr Lippe als tatsächliche Vergebung. Psychologisch gesehen ist es immer einfacher, an unserer Enttäuschung und unserer Wut festzuhalten als der Quelle unserer Wut das zu vergeben, was er oder sie getan hat. Aber die langfristigen Auswirkungen sind gar nicht positiv.

In einer Studie, die kürzlich am Hope College in Holland, Michigan, durchgeführt wurde, haben Psychologen die Auswirkungen der Vergebung auf den Stresslevel von Menschen untersucht. Sie haben sich ihre Stresslevel angesehen, wenn sie in einer unerbittlichen Stimmung waren, und haben sie mit den Stressleveln verglichen, die von den gleichen Menschen gezeigt wurden, wenn sie in der Lage waren, zu vergeben. Die Menge des Stresses war wesentlich größer, wenn die Probanden Rache statt Vergebung im Sinn hatten.

Vergebung für kleine Indiskretionen ist in der Regel kein wirkliches Problem. Die größeren Vergehen sind die, die schwerer zu schlucken sind. Sie können einen gewissen Grad der Vergebung erreichen, wenn Sie versuchen zu verstehen, woher die andere Person kommt und sich ihren Hintergrund, ihre Familiengeschichte und bestimmte andere Faktoren ansehen, die möglicherweise eine Rolle in der Ausführung ihrer Aktionen gespielt haben.

Für manche Taten mag Vergebung unrealistisch sein. Das Beste, was Sie in diesen Situationen hoffen können, ist irgendeine Form von Akzeptanz. Es ist passiert. Sie können es nicht ändern. Versuchen Sie also weiterzumachen. Die beste Rache ist vielleicht ein gutes Leben.

Weniger Sorgen machen

11

In diesem Kapitel

- Verstehen, warum Sie sich Sorgen machen
- Ihre Sorgen kontrollieren

Jeder macht sich von Zeit zu Zeit Sorgen. Tatsächlich kann es eine *gute* Sache sein, sich Sorgen zu machen. Es gibt einige Dinge in Ihrem Leben, über die Sie sich Sorgen machen *sollten*. Sich zu sorgen ist gesund und angemessen, wenn es Sie motiviert und Sie dazu führt, ein Problem in einer produktiven und anwendbaren Art und Weise zu lösen. Einige Menschen machen sich jedoch viel mehr Sorgen als sie sollten und tun dagegen nur wenig, um ihre Sorgen effektiv zu lösen. Für diese Menschen kommt eine ganze Menge ihres Stresses in Form von übermäßigen Sorgen daher. (Deshalb werden Sie im Folgenden auch einige Überschneidungen mit Kapitel 9 feststellen.) Diese übertriebenen und oft nutzlosen Sorgen können den Menschen viel Freude im Leben rauben und ihre Funktionsfähigkeit im Alltag beeinträchtigen. Und wenn die Sorgen einer Person chronisch werden, können sie zu einer ganzen Reihe von stressbedingten Krankheiten und Störungen führen. Die Kontrolle und das Managen Ihrer Sorgen wird zu einem essentiellen Teil Ihres Stressmanagements.

Wer, ich? Mir Sorgen machen?

In diesem Abschnitt biete ich Ihnen eine aus zehn Punkten bestehende Selbsteinschätzung, mit der Sie bestimmen können, ob Sie sich zu viele Sorgen machen. Geben Sie einfach an, inwieweit jede der Aussagen unten auf Sie zutrifft (»entspricht mir gar nicht«, »entspricht mir etwas« oder »entspricht mir sehr«).

1. Sorgen sind eine Hauptursache für den Stress in meinem Leben.
2. Wenn ich einmal anfange, mir Sorgen zu machen, finde ich es schwierig, wieder damit aufzuhören.
3. Menschen, die mich gut kennen, sagen mir, dass ich mir zu viele Sorgen mache.
4. Mir fällt es wegen meiner Sorgen schwer, einzuschlafen oder wieder in den Schlaf zurückzufinden.
5. Ich stelle mir oft die schlimmsten Szenen vor, wenn ich mir über ein Problem den Kopf zerbreche.
6. Ich habe oft Angst und mache mir über Dinge Sorgen, die eintreffen könnten, was aber gewöhnlich nicht der Fall ist.
7. Ich habe große Schwierigkeiten, mit Ungewissheiten umzugehen.

8. Ich mache mir mehr Sorgen über kleine Dinge als ich sollte.
9. Wenn ich mir Sorgen mache, rege ich mich in der Regel nur mehr auf statt zu versuchen, meine Sorgen zu lösen.
10. Manchmal sorge ich mich so sehr, dass mir im wahrsten Sinne des Wortes schlecht wird.

Wenn Sie auf mehr als ein oder zwei dieser Aussagen mit »entspricht mir sehr« antworten, legt das nahe, dass Ihre Sorgen sehr zu Ihrem allgemeinen Stressempfinden beitragen. Gehen Sie also noch nicht zum nächsten Kapitel weiter.

Don't worry, be happy. Ja, klar!

Wenn Sie jemand sind, der sich viele Sorgen macht, wissen Sie, wie schwer es ist, damit aufzuhören. Wenn man Ihnen sagt: »Mach dir nicht so viele Sorgen!« oder »Hör auf, so ein Sorgenmacher zu sein!«, hilft das nur wenig, die stressende und scheinbar nicht enden wollende Liste der Dinge zu verkürzen, über die Sie sich Sorgen machen. Tatsächlich ist es manchmal sogar so, dass Sie sich nur noch *mehr* Sorgen machen, wenn Sie aktiv versuchen, sich *nicht* den Kopf über etwas zu zerbrechen. Zu versuchen, sich keine Sorgen zu machen, ist so ähnlich, als würde ich Sie bitten, nicht an einen rosa Elefanten zu denken. Natürlich haben Sie, sobald Sie diese Worte gelesen haben, an einen rosa Elefanten gedacht.

Wir machen uns Sorgen, auch wenn wir uns dessen nicht bewusst sind. Wir können uns Sorgen machen, während wir schlafen oder in verschiedenen Stadien aktiven Bewusstseins sind. Sich zu sorgen kann eine automatische Reaktion sein, die beständig werden und außer Kontrolle geraten kann. Zum Glück können Ihnen eine Reihe von Werkzeugen, Strategien und Techniken helfen, sich weniger Sorgen zu machen und, wenn Sie wirklich Grund zur Sorge haben, effektiver mit Ihren Sorgen umzugehen.

»Wenn ich mir über etwas Sorgen mache, wird dieses Etwas nicht eintreffen«

Viele Menschen sorgen sich aus einem falsch gehegten Glauben, dass das Sorgen dazu führt, dass die bedrohliche oder befürchtete Situation nicht eintrifft. Es ist ein bisschen wie »auf Holz klopfen«. Für diese Menschen bringt die Tatsache, dass sie sich Sorgen machen paradoxerweise ein Gefühl der Erleichterung.

Wird das Sorgen die befürchtete Situation im Zaum halten oder verhindern, dass sie eintrifft? Ich denke nicht. Und sich Sorgen zu machen wird nichts verhindern, wenn Sie nicht etwas gegen diese Sorgen unternehmen. Diese Art des Denkens ist magisch oder abergläubisch. Der falsch gehegte Glaube ist hier, dass sich Sorgen machen Katastrophen abhält und verhindert, dass etwas Schlechtes eintrifft. Umgekehrt könnten Sie glauben: »Wenn ich mir keine Sorgen mache, werden schlimme Dinge passieren.« Das Leben funktioniert so auch nicht. Zum Glück gibt es bessere Methoden, mit sorgenvollen Situationen umzugehen.

Durchbrechen Sie Ihren Sorgenteufelskreis

Sorgen ist ein Prozess, der beginnt, wenn Sie ein Ereignis, eine Situation oder eine Begebenheit als potentiell gefährlich oder bedrohlich ansehen. Sie denken über diese Situation nach – manchmal unbewusst und automatisch – und abhängig von dem, was Sie in Bezug auf diese Situation zu sich selbst sagen, kreieren Sie unterschiedliche Grade von emotionalem Stress. Ist Ihr Selbstgespräch positiv und vernünftig, wird Ihr Stresslevel niedriger sein. Ist Ihr Selbstgespräch dagegen negativ und irrational, führt das dazu, dass Sie sich übermäßig besorgt fühlen. Diese Sorge manifestiert sich nicht nur emotional, sondern auch physisch, und ruft all die Symptome hervor, die eine Kampf-oder-Flucht-Reaktion kennzeichnen. Und die Kampf-oder-Flucht-Reaktion kann zu noch mehr Sorgen führen.

Situation/Begebenheit→übermäßige Sorgen→physischer/emotionaler Stress→noch mehr Sorgen

Denken Sie direkter, machen Sie sich weniger Sorgen

Wenn Sie sich übermäßig sorgen, ist die Wahrscheinlichkeit hoch, dass Ihre Selbstgespräche und Ihre Denkweise nicht in Ordnung sind, was bedeutet, dass Sie wahrscheinlich einen oder mehrere Denkfehler machen. Die folgenden Abschnitte stellen die wichtigsten Denkfehler dar, die zu übermäßigen Sorgen führen können, und zeigen Ihnen, wie Sie diese Fehler vermeiden. Jeder dieser Denkfehler kann zum Grad Ihrer Angst beitragen, dazu führen, dass Sie sich mehr Sorgen machen als Sie sollten, und Ihren Stress erhöhen statt zu vermindern.

Vermeiden Sie Was-wäre-wenn-Gedanken

Am ruhigsten aller Tage können manche Menschen eine Menge Dinge finden, über die sie sich Sorgen machen müssen. Chronische Sorger können fast jede Situation hernehmen und etwas Besorgnis erregendes daran finden. Sie nehmen jede potentiell gefährliche oder bedrohliche Situation auseinander und fragen sich: »Was wäre, wenn...«. Hier sind einige Beispiele, über die sich diese Menschen Sorgen machen:

- ✔ Was wäre, wenn dieses Zucken in meiner Schulter bedeutet, dass ich einen Herzinfarkt haben werde?
- ✔ Was wäre, wenn das Flugzeug bei meinem nächsten Flug abstürzt?
- ✔ Was wäre, wenn mein Taxifahrer auf Drogen ist?
- ✔ Was wäre, wenn sich herausstellt, dass dieser Pickel ein Krebsgeschwür ist?
- ✔ Was wäre, wenn es am Hochzeitstag meiner Tochter einen Schneesturm gibt?

Sie wissen, was ich meine. Sie können Ihre »Was-wäre-wenn-Gedanken« einschränken, wenn Sie wissen, wie wahrscheinlich es eigentlich ist, dass Ihr Was-wäre-wenn wirklich eintrifft.

Die Wahrscheinlichkeit richtig einschätzen

So ziemlich jede schreckliche, beängstigende, bedrohliche Situation, die Sie sich vorstellen können, kann *möglicherweise* eintreffen. Aber bei vielen, wenn nicht den meisten dieser befürchteten Situationen, ist die Wahrscheinlichkeit, dass sie *tatsächlich eintreffen*, sehr gering. Die meisten von uns sind nicht besonders gut darin, die Wahrscheinlichkeit einzuschätzen, ob etwas passieren wird. Wissen Sie, wie groß die Wahrscheinlichkeit ist, dass Ihr Flugzeug abstürzt oder entführt wird, Sie einen Gehirntumor entwickeln oder sich an irgendeiner seltenen Krankheit anstecken? Wahrscheinlich nicht. Zu oft machen wir uns über die falschen Dinge Sorgen. Wir machen uns Sorgen darüber, seltene oder unwahrscheinliche Krankheiten zu bekommen oder auf schreckliche Art und Weise zu sterben. Die Ironie ist, dass wir uns weniger Sorgen darüber machen, ob wir den Gurt im Auto anlegen, regelmäßig zum Doktor zu Routineuntersuchungen gehen oder einen Unfall in der Küche haben, obwohl die Wahrscheinlichkeit viel größer ist, dass dies uns Sorgen bereiten wird als die Dinge, über die wir uns Sorgen machen.

Realisieren, dass Murphys Gesetz falsch ist

Denken Sie an Murphys Gesetz: »Wenn etwas schiefgehen kann, dann wird es auch schiefgehen.« Auch wenn dies wie eine genaue Beschreibung dessen scheinen mag, was in Ihrem Leben passiert, ist es nicht richtig. Realistisch gesehen gehen die meisten Dinge, die schiefgehen könnten, tatsächlich nicht schief. Wir erinnern uns an die Zeiten, in denen die Dinge schlecht liefen, aber wir tendieren dazu, die Zeiten zu vergessen, in denen die Dinge ganz glatt laufen.

Katastrophizieren vermeiden

Menschen, die sich viele Sorgen machen, sind vollendete Katastrophizierer. Sie sind ständig wachsam, auf der Suche nach schrecklichen Problemen und drohenden Katastrophen. Diese Wachsamkeit an sich kann stressig sein, und auch emotional und physisch anstrengend.

Und auch wenn eine befürchtete Situation eintrifft, muss sie immer katastrophale Auswirkungen haben wie die folgenden?

- ✔ Wenn ich meinen Job verliere, werde ich in einem Karton auf der Straße enden!
- ✔ Wenn ich den Test nicht bestehe, wird mein Leben völlig ruiniert sein!
- ✔ Wenn ich nicht in dieses College komme, kann ich meine Karriere vergessen!
- ✔ Wenn ich meinen Abgabetermin nicht einhalte, werden sie das ganze Projekt absagen!
- ✔ Wenn ich zu spät komme, werden sie nie wieder mit mir reden!

Wahrscheinlich nicht. Immer, wenn Sie die Bedeutung einer Situation emotional übertreiben (indem Sie z.B. sagen: »Das ist das Schlimmste, das jemals hätte passieren können.«), können Sie sicher sein, dass sich Ihr Stresslevel entsprechend erhöht. Sie können schnell aus einer kleinen Sache, die geringe Sorgen rechtfertigt, eine große Katastrophe machen, die viel Stress hervorruft.

Achten Sie auf voreilige Schlüsse

Wir ziehen oft Schlüsse, ohne alle (oder manchmal gar keine) Beweise zu haben. Denken Sie an diese Sorgen provozierenden Interpretationen:

- ✔ Ich werde gefeuert, da jeder mich zu meiden scheint.
- ✔ Sie hat mich noch nicht zurückgerufen, also mag sie mich sicher nicht.
- ✔ Diese Kopfschmerzen bedeuten, dass ich einen Gehirntumor habe.

Könnten Sie Recht haben? Ja. Haben Sie Recht? Wahrscheinlich nicht.

Sich damit zurechtfinden, keine Kontrolle zu haben

Das Gefühl, keine Kontrolle zu haben, kann leicht Stress hervorrufen. Wir tendieren dazu, uns unsicher zu fühlen, wenn wir das Gefühl haben, keine Kontrolle zu haben. Das Gefühl der Unsicherheit wiederum kann Gefühle der Angst und Verwirrung hervorrufen. Wir hätten gern die Kontrolle über die unangenehmen und beunruhigenden Ereignisse in unserem Leben, aber oft ist das nicht möglich. Wir führen uns selbst dazu, uns wesentlich gestresster zu fühlen, als wir es eigentlich sollten. Sich besser mit Unsicherheit und fehlender Kontrolle zurechtzufinden ist ein wichtiger Teil Ihres Stressmanagement-Programms. Was können Sie tun? Nachfolgend finden Sie einige Ideen.

Die Grenzen Ihrer Kontrolle erkennen

Eine ganze Menge Ihres Stresses entsteht aus dem Versuch, die Ereignisse und Begebenheiten zu kontrollieren, über die Sie tatsächlich nur wenig Kontrolle haben. Um mit fehlender Kontrolle besser zurechtzukommen, sollten Sie zunächst den *Grad* Ihrer Kontrolle erkennen.

Nehmen Sie sich einen Moment Zeit und füllen Sie den nachfolgenden kleinen Test aus. Benutzen Sie diese Bewertungsskala:

0 = Keine Kontrolle

1 = Etwas Kontrolle

2 = Viel Kontrolle

Bis zu welchem Grad können Sie die folgenden Ereignisse oder Umstände kontrollieren?

Situation	Grad der Kontrolle über diese Situation
Verkehr	______________
Charakter anderer Menschen	______________
Das Wetter	______________
Geschwindigkeit von Fahrstühlen	______________

Situation	Grad der Kontrolle über diese Situation
Kriminalität	______________
Straßenlärm	______________
Menschen davon abhalten, sich wie Idioten zu benehmen	______________

Sie verstehen, was ich meine. Wir können unglaublich eingeschränkt sein, wenn es darum geht, unsere Welt und diejenigen, die darin leben, zu kontrollieren. Wenn Sie sich also beim nächsten Mal in einer potentiell Stress auslösenden Situation befinden, fragen Sie sich selbst: »Wie viel Kontrolle habe ich in dieser Situation eigentlich wirklich?« Und, wenn Ihre Antwort »nicht viel« ist, stellen Sie sich noch eine zweite Frage: »Warum stresse ich mich dann so?« Manchmal kann einfach nur das Erkennen fehlender Kontrolle dazu führen, dass der Umfang Ihrer Sorgen schrumpft. Da Sie die Situation nicht ändern können, können Sie sie vielleicht akzeptieren. Es wird nicht helfen, wenn Sie sich Sorgen machen.

Beten Sie für Gelassenheit

Wahrscheinlich haben Sie bei irgendeiner Gelegenheit schon einmal gehört, was als das Gelassenheitsgebet bekannt geworden ist. Es hat immer noch eine wichtige Bedeutung – besonders, wenn Sie jemand sind, der sich viele Sorgen macht:

Gott, gib uns die Gelassenheit, die Dinge hinzunehmen, die wir nicht ändern können, den Mut, die Dinge zu ändern, die wir ändern können, und die Weisheit, das eine vom anderen zu unterscheiden.

Reinhold Niebuhr

Eine »Sorgenleiter« aufstellen

Eine Methode zur Bewältigung Ihrer Sorgen besteht darin, sie je nach der Menge des Stresses, den sie auslösen, zu ordnen.

1. Sicherheit des Arbeitsplatzes
2. Gesundheit der Mutter
3. Sicherheit der Kinder in der Stadt
4. Mögliche Überprüfung durch die Finanzbehörden
5. Zustand des Autos
6. Geld für die Ausbildung der Kinder
7. Klemmende Tür im Badezimmer
8. Haarausfall

9. Gartenzaun reparieren
10. Bevorstehende Besprechung in der Arbeit
11. Geburtstag der Frau vergessen
12. Einen Freund wegen einer Einladung ansprechen

Schreiben Sie Ihre Sorgen auf

Sie wären überrascht zu sehen, dass Sie die Macht Ihrer Sorgen schwächen können, indem Sie einfach einige Momente damit verbringen, sie aufzuschreiben. Aktuelle Studienergebnisse, über die im *Journal of the American Medical Association* (13.04.99) berichtet wurde, haben gezeigt, dass das Aufschreiben stressender und sorgenvoller Erfahrungen stressbedingte Symptome reduzieren kann. Wenn Sie Ihre Sorgen aufschreiben, haben Sie das Gefühl, mehr Kontrolle über sie zu haben. Meistens machen Sie sich Sorgen in einer etwas vagen, unbestimmten Art und Weise. Manchmal ist es selbst Ihnen nicht ganz klar, worüber Sie sich eigentlich Sorgen machen. Wenn Sie Ihre Sorgen zu Papier bringen, gehen Sie in einer direkteren Art und Weise mit ihnen um. Statt irgendwo da draußen herumzuschweben, sind sie jetzt in einer konkreten Form für die Ewigkeit aufgezeichnet. Sie müssen keine Romane schreiben. In der Studie, die in JAMA dargestellt ist, schrieben die Patienten etwa 20 Minuten pro Tag an drei aufeinander folgenden Tagen, und etwa die Hälfte erlebte positive Auswirkungen, die Monate anzuhalten schienen.

Stellen Sie einen Zeitplan für Ihre Sorgen auf

Wenn Sie eine große Sorge haben, merken Sie schnell, dass diese Sie sehr lange und ausdauernd beschäftigen kann. Seltsamerweise können Sie dagegen angehen, indem Sie bestimmte Zeiträume festlegen, in denen Sie sich Sorgen machen. Bauen Sie Sorgenmachen in Ihren Tag ein. Nennen Sie dies Ihre Sorgenzeit. Immer, wenn Sie spüren, dass sich Sorgen in Ihren Kopf schleichen, erinnern Sie sich selbst daran, dass jetzt noch nicht Ihre Sorgenzeit ist und dass Ihre Sorgen einfach warten müssen. Schreiben Sie die Sorge in ein *Sorgentagebuch*, irgendein Notizbuch oder einen Tagesplaner, den Sie auch für Ihre anderen Termine benutzen. Legen Sie einen Termin zum Sorgenmachen mit sich selbst fest. Beginnen Sie mit 20 Minuten. Das kann während Ihrer Kaffeepause sein, direkt nach dem Mittagessen oder auf Ihrem Weg nach Hause. Wenn Sie feststellen, dass 20 Minuten zu viel sind, reduzieren Sie die Zeit um fünf Minuten, bis Sie Ihren optimalen Sorgenzeitraum gefunden haben.

Der Wert dieses Ansatzes besteht darin, dass er Ihnen das Gefühl gibt, sich mit der Sorge zu befassen. Sie können sich später über das Sorgen machen, was Sie stört – aber nur zu einem bestimmten Zeitpunkt. So fühlen Sie sich besser, wenn Sie sich für den Rest Ihres Tages keine Sorgen machen (oder zumindest weniger Sorgen).

Um diese Form der geplanten und konzentrierten Sorgenkontrolle zu üben, beginnen Sie mit einer kleineren Sorge und arbeiten Sie sich dann zu Ihren stressigeren Sorgen vor. Wählen Sie eine Sorge aus Ihrer Sorgenliste, die machbar und nicht überwältigend ist. Dann können Sie sich den Weg zu Ihren größeren Sorgen hocharbeiten.

Suchen Sie sich einen Ort, an dem Sie sich sorgen können

Sie wissen jetzt, wann Sie sich Sorgen machen können, aber haben Sie auch einen entsprechenden Ort? Vielleicht brauchen Sie eine Sorgenecke – einen Ort, an den Sie gehen, um sich Sorgen zu machen und den Sie *nur* zu diesem Zweck benutzen. Dieser besondere Ort wird in Ihrem Kopf mit Ihren Sorgen verbunden. Es sollte nicht Ihr Bett sein, da Sie weder Schlaf noch Sex mit Ihren Sorgen assoziieren wollen. Versuchen Sie, diesen Ort etwas unbequem zu gestalten und nicht zu einem Ort zu machen, an dem Sie viel Zeit verbringen wollen. Es könnte in den Toilettenräumen an Ihrem Arbeitsplatz oder in einem Treppenhaus sein. Es könnte tatsächlich eine Ecke sein. Suchen Sie sich eine Ecke in einem der Zimmer in Ihrem Zuhause, das nur wenig benutzt wird. Stellen Sie einen Stuhl dorthin. Machen Sie daraus Ihren Sorgenplatz. Wenn Sie merken, dass Sie an anderen Orten beginnen, sich Sorgen zu machen, erinnern Sie sich selbst daran, dass dies weder die Zeit noch der Ort sind, um sich Sorgen zu machen.

Ich habe zwei Orte, an denen ich meinen Sorgen nachhänge. Der erste ist unter der Dusche. Während ich mich einseife, nutze ich die Zeit und den Ort, um mich produktiv zu sorgen. Wenn ich den Wasserhahn abdrehe, versuche ich, auch die Sorgen auszuschalten. Der zweite Ort, an dem ich mir Sorgen mache, ist mein Weg zur Arbeit. Während ich in der U-Bahn oder im Bus sitze, gibt es nicht viel anderes zu tun und daher kann ich die Zeit gut nutzen, um über meine Sorgen nachzudenken. Bis ich in meinem Büro ankomme, habe ich oft das Gefühl, ein bestimmtes Problem oder Probleme besser im Griff zu haben. Wenn das Sorgenmachen nicht produktive Formen annimmt, versuche ich, diese Sorgen irgendwie auszuschalten.

Stellen Sie sich selbst einige gute Fragen

Menschen, die sich zu viel sorgen, fällt es häufig schwer, Optionen, Alternativen und Lösungen zu potentiell stressenden Problemen zu finden. Das liegt vor allem daran, dass die Angst ihre Fähigkeit einschränkt, außerhalb der Beschränkung zu denken und kreativere Ideen zu finden. Sie machen sich weiter auf unproduktive Art und Weise Sorgen.

Versuchen Sie, einige Ideen und Lösungen zu entwickeln, die Ihre Sorgen lösen können oder sie zumindest weniger beängstigend machen. Folgende Fragen sollten Sie sich u.a. stellen:

- ✔ Wovor habe ich Angst?
- ✔ Gibt es einen anderen, vernünftigeren Weg, sich dies anzusehen?
- ✔ Schaue ich auf schlimmstmögliche Situationen?
- ✔ Wie würde eine andere Person (ein guter Freund oder ein Vorbild z.B.) sich dieses Problem ansehen?
- ✔ Wie würde jemand, der eher ein Optimist ist, sich dies ansehen?
- ✔ Was sind eventuelle Lösungen und Alternativen, die ich vielleicht übersehen habe?

Benutzen Sie Ihre bewältigenden Selbstgespräche

Wahrscheinlich haben Sie mittlerweile bemerkt, dass ich es für sehr wichtig halte, dass Sie in einer vernünftigen, angemessenen Art und Weise mit sich selbst reden. Diese bewältigenden Selbstgespräche können die Art und Weise ändern, in der Sie fühlen. Kurz, sie können Ihnen helfen, Ihren Stress zu reduzieren. Bewältigende Selbstgespräche sind besonders nützlich, wenn es darum geht, Ihre Gefühle der Angst zu reduzieren (und manchmal zu beseitigen). Nachfolgend finden Sie einige Beispiele für bewältigende Selbstaussagen, die Sie immer dann benutzen können, wenn Sie feststellen, dass Sie sich zu viele Sorgen machen. Versuchen Sie, auch einige eigene zu finden.

- ✔ Nimm nicht an, dass das Schlimmste passieren wird.
- ✔ Ich kann damit umgehen.
- ✔ Atme schön tief ein. Halte den Atemzug. Und lass ihn schön langsam heraus.
- ✔ Mach das nicht zu einem größeren Problem, als es wirklich ist.
- ✔ Ich bin so ein Sorgenmacher! Will ich für alle Ewigkeit ein Sorgenmacher bleiben?
- ✔ Realistisch gesehen, was ist das Schlimmste, das passieren kann?
- ✔ Hilft es mir in irgendeiner Art und Weise, dass ich mir Sorgen mache?
- ✔ Was kann ich tun, um mich von meinen Sorgen abzulenken?
- ✔ Ich werde Wege finden, wie ich damit umgehen kann.
- ✔ Hör auf mit diesen Was-wäre-wenn-Aussagen.
- ✔ Auf meiner Wichtigkeitsskala von 0 bis 10, wie wichtig ist das wirklich?

Geben Sie sich selbst einen Rat

Eine unserer seltsamen Eigenart ist, dass wir scheinbar nur sehr schlecht Lösungen für unsere eigenen Probleme finden können, aber normalerweise relativ gut darin sind, die Probleme anderer Leute zu lösen. Warum nicht diesen Teil der psychologischen Ironie als Werkzeug benutzen, damit Sie sich weniger Sorgen machen?

Stellen Sie sich vor, dass jemand Ihnen gegenüber auf einem Stuhl sitzt. Er oder sie ist zu Ihnen zu kommen, um einen Rat zu erhalten. Aus welchen Grund auch immer, diese Person hält Ihre Meinung und Ihre Ratschläge für wertvoll. Noch seltsamer, er oder sie hat die gleichen Sorgen wie Sie. Geben Sie Ihrem ersten Impuls nicht nach – Ihre Hände in Frustration hochzuwerfen – und greifen Sie tief in das Lager Ihrer Weisheit hinein. Vielleicht stellen Sie fest, dass Sie einige wundervolle Ideen haben. Sie sind ein unglaublicher Lösungsfinder. Teilen Sie diese Ideen nun mit sich selbst.

Lenken Sie sich ab

Es ist wirklich schwierig, sich Sorgen zu machen, während Sie gleichzeitig etwas anderes tun, besonders wenn diese andere Sache Ihre volle Aufmerksamkeit verlangt. Das bedeutet, wenn Sie Schwierigkeiten haben, eine anhaltende und nagende Sorge auszuschalten, versuchen Sie etwas zu finden, das Sie ablenkt. Diese Strategie macht besonders dann Sinn, wenn Sie tatsächlich nicht viel tun können, um die Besorgnis erregende Situation oder den Umstand zu korrigieren oder zu lösen. Ihre Ablenkung könnte darin bestehen, fernzusehen und sich einen lustigen oder spannenden Film anzusehen, ein gutes Buch zu lesen, etwas Leckeres zu kochen, im Garten zu arbeiten, etwas Handwerkliches zu machen – jede Tätigkeit, die Ihre Aufmerksamkeit hält und Sie von Ihren Sorgen ablenkt.

Manchmal kann die Ablenkung auch weniger offensichtlich sein. Sie können einen Einkaufsbummel machen oder andere Menschen beobachten, sich an die Einzelheiten eines besonderen Urlaubs erinnern, ober einfach eine müßige Unterhaltung mit einem Nachbarn, einem Verkäufer oder der nächsten Person in der Warteschlange anfangen. Es wird alles funktionieren, was Ihre Gedanken von Ihren Sorgen ablenkt.

Gehen Sie spazieren

Eine der häufig übersehenen Methoden, mit einer Sorge umzugehen, ist das Spazierengehen. Ein schneller Spaziergang ist sogar noch wirksamer. Wenn Sie laufen, sind Sie abgelenkt, und Sie lassen physischen Stress und Anspannungen los – alles hervorragende Gegenmittel gegen Stress.

Kommen Sie ins Schwitzen

Versuchen Sie einmal, sich über etwas Sorgen zu machen, während Sie joggen, rudern, schwimmen, Gewichte heben, klettern, Tennis oder Golf spielen oder irgendeine andere Form von Sport oder Aktivitäten ausführen. Es ist nicht einfach. Nach etwa zehn Minuten auf dem Fitnessfahrrad oder dem Stepper in meinem Fitnesscenter finde ich es sehr schwierig, mich auf irgendetwas anderes zu konzentrieren. Ein Teil der positiven Auswirkung kommt von der physischen Entspannung, die physischer Anstrengung oft folgt. Ist Ihr Körper entspannt, beruhigt sich Ihr Geist. Außerdem sondert Ihr Körper möglicherweise Endorphine ab, Hormone, die für Ihre Stress reduzierenden Auswirkungen bekannt sind. Der Bonus: Sie können nicht nur Ihre unerwünschten Sorgen kontrollieren, sondern Sie bleiben gleichzeitig auch noch fit.

Reden Sie darüber

Wir fühlen uns besser und machen uns weniger Sorgen, wenn wir die Gelegenheit hatten, mit jemandem über unsere Sorgen zu reden. Wenn wir unsere Sorgen auf den Tisch legen können, gibt uns das eine Perspektive, und mit dieser Perspektive können größere Gefühle der Kontrolle und der Hoffnung einhergehen. Sie brauchen natürlich jemanden, mit dem Sie über Ihre Sorgen reden können. Diese Person kann ein Familienmitglied, ein Freund oder einfach ein verständnisvoller und sympathischer Zuhörer sein. Einige meiner besten Therapiesitzungen sind nicht wegen meiner brillanten Einsichten entstanden, sondern einfach nur dadurch, dass ich meine Patienten über ihre Sorgen habe reden lassen.

Nehmen Sie es mit Humor

Humor ist ein hervorragendes Gegenmittel gegen Sorgen. Das Problem ist, dass wir normalerweise nicht in der Stimmung für Witze sind, wenn wir uns Sorgen machen. Die folgenden Abschnitte bieten zwei meiner bevorzugten humoristischen Methoden, um eine potentielle Sorge zu zerstreuen.

Übertreiben Sie!

Übertreibung kann ein nützliches Werkzeug sein, wenn Sie Ihre Sorgen verkleinern wollen. Nehmen wir z.B. an, dass Sie sich wegen einer bevorstehenden Präsentation sorgen, die Sie an Ihrem Arbeitsplatz halten müssen. Versuchen Sie sich vorzustellen, dass das Publikum, während Sie mit Ihrer Präsentation beginnen, anfängt Tomaten und verschiedene andere Lebensmittel zu schmeißen. Ein Kollege kommt zu Ihnen nach vorne und kündigt an, dass dies die schlechteste Präsentation ist, die er jemals in seinem professionellen Leben gehört hat. Die Buhrufe und das Fußgetrampel sind ohrenbetäubend.

Sorgen Sie sich stärker!

Wenn Sie Ihre Sorgenzeit und Ihre Sorgenecke noch wirkungsvoller gestalten wollen, versuchen Sie, sich während dieser Zeiten noch stärker zu sorgen. Studien unterstützen die Annahme, dass Sie, wenn Sie sich über einen kurzen Zeitraum (sagen wir 15 oder 20 Minuten) intensiv Sorgen machen, Ihr Bedürfnis, sich zu anderen Zeiten während des Tages zu sorgen, tatsächlich verringern können – zumindest was diese bestimmte Sorge betrifft. Das heißt nicht, dass Sie sich niemals wieder über dieses Problem Sorgen machen werden. Aber Sie werden wahrscheinlich feststellen, dass Sie sich zu anderen Zeiten weniger Gedanken darüber machen.

Das Schlüsselwort ist hier *intensiv*. Wenn Sie sich auf Ihre normale Art und Weise Sorgen machen, sorgen Sie sich unregelmäßig. Sie haben Sorgenpausen, lenken sich selbst ab oder Sie vermeiden es, über bestimmte negative Situationen nachzudenken. Um von den therapeutischen Auswirkungen konzentrierten Sorgenmachens zu profitieren, muss Ihr Sorgenmachen konstant und konzentriert sein, so dass Sie mit Sorgen übersättigt werden und keine Lust mehr verspüren, sich weiter Sorgen zu machen. Mit anderen Worten, Sie sorgen sich aus. Wenn Sie sich für einen festgelegten Zeitraum vollkommen in einer Sorge verlieren, ist es tatsächlich weniger wahrscheinlich, dass Sie sich weitere Gedanken über dieses Problem machen werden, zumindest für eine Weile.

Oder wie wäre es hiermit: Sie machen sich Sorgen darüber, dass Sie Ihre bevorstehende Prüfung nicht bestehen könnten. Stellen Sie sich vor, dass Sie nicht nur bei der Prüfung durchfallen, sondern dass Ihre Punktzahl so niedrig ist, dass Sie in das *Guiness-Buch der Rekorde* eingetragen werden. Keine Universität wird Sie jemals akzeptieren, und Sie werden die nächsten 20 Jahre in einem Karton auf der Straße leben. Mütter lassen ihre Kinder an Ihrem Karton vorbeimarschieren und warnen sie: »Sieh, was passiert, wenn du nicht lernst!« Hoffentlich wird ein winziges Lächeln Ihnen dabei helfen, neue Perspektiven in Bezug auf Ihre Sorgen zu sehen.

Spielen Sie Sitcom

Bei dieser Technik stellen Sie sich vor, dass Ihre Sorge das Thema für eine Episode Ihrer bevorzugten Sitcom ist. Das könnte *Die Lindenstraße*, *Marienhof*, *Seinfeld*, *Die Simpsons* oder jede andere Serie sein, die Ihnen Spaß macht. Stellen Sie sich vor, dass einer der Charaktere in der Serie Ihre Sorgen hat. Aber die anderen Schauspieler der Serie können sich diese Sorge in einer weniger ernsthaften, spielerischen Art ansehen. Wenn Sie sich Ihre Sorgen mit den Augen der anderen ansehen, werden sie hoffentlich aufgelöst, und Sie erreichen etwas emotionale Distanz.

Entspannen Sie Ihren Körper und beruhigen Sie Ihren Geist

Wenn Sie entspannt sind, werden Sie feststellen, dass es wesentlich schwieriger ist, sich über etwas Sorgen zu machen. Ist Ihr Körper entspannt, verlangsamt sich auch Ihr Geist. Warum nicht diese Tatsache benutzen, um Ihre Sorgen zu kontrollieren? Wenn Sie merken, dass Sie sich wieder einmal Sorgen machen, fangen Sie an, eine oder mehrere der Entspannungstechniken anzuwenden, die in den Kapiteln 4 und 5 beschrieben sind. Probieren Sie einige tiefe Atemzüge, progressive Muskelentspannung und verschiedene Formen der Meditation. Je entspannter Sie sind, umso weniger Sorgen werden Sie sich machen.

Positive Bilder gegen Sorgen

Wenn wir uns über etwas Sorgen machen, erlauben wir es uns selbst oft nicht, die Sorge zu einem positiven (und oft wahrscheinlicheren) Abschluss zu bringen. Eine Methode, die Ihre Sorge verkleinern kann, ist etwas, das *positive Vorstellungskraft* genannt wird.

Wenn Sie die positive Vorstellungskraft anwenden, formen Sie ein mentales Bild dieser Sorge, in das Sie so viele Details wie möglich aufnehmen – was Sie sehen, was Sie hören usw. Stellen Sie sich dann eine positive Auflösung Ihrer Sorge vor. Alles geht relativ gut.

Wenn Sie z.B. eine Präsentation geben müssen, stellen Sie sich vor, dass Sie sich auf Ihrem Weg zum Podium ganz ruhig fühlen. Sie fühlen sich bemerkenswert wohl. Sie beginnen etwas nervös, aber bald finden Sie Ihren Rhythmus und die Präsentation läuft wie geschmiert. Sie fangen sogar an, den Prozess etwas zu genießen. Sie beenden Ihre Präsentation und hören zustimmenden Applaus. Einige Ihrer Kollegen kommen zu Ihnen und sagen Ihnen, wie gut Sie Ihre Sache gemacht haben. Sie fühlen sich großartig!

Sie müssen die positive Seite Ihrer Vorstellung nicht übertreiben. Machen Sie Ihre Bilder einfach positiver, als es Ihre Sorgen möglich erscheinen lassen. Die Wahrscheinlichkeit ist groß, dass Ihre Vorstellung dessen, was passieren wird, dem sehr nahe ist, was dann *tatsächlich* passiert. Vertrauen Sie mir.

Im Notfall versuchen Sie dies

Dieser Ansatz mag sich etwas seltsam anhören, kann aber sehr wirksam sein, um die unerwünschten und störenden Sorgen auszuschalten. Es ist eine Variante der Stopptechnik, die ich vorher beschrieben habe. So funktioniert es:

1. **Immer, wenn Sie spüren, dass eine wiederkehrende, unerwünschte und stressende Sorge durch Ihre Gedanken geistert, werden Sie sich bewusst, dass Sie sich über diese Sorge den Kopf zerbrechen.**
2. **Kneifen Sie sich in Ihr Handgelenk oder einen anderen Teil Ihres Körpers. Schreien Sie gleichzeitig das Wort *Stopp* still in Ihrem Kopf.**
3. **Ersetzen Sie den sorgenvollen Gedanken durch einen angenehmen Gedanken.**

   Der angenehme Gedanke kann eine glückliche Erinnerung oder ein angenehmes Bild sein. Halten Sie diesen angenehmen Gedanken etwa 20 bis 30 Sekunden fest und fahren Sie dann mit Ihrer normalen Tätigkeit fort.

Wiederholen Sie diesen Ablauf, wenn die störende Sorge wieder zurückkehrt.

Sie brauchen möglicherweise etwas Zeit, bis Sie den sorgenvollen Gedanken geschwächt haben. Aber bleiben Sie am Ball!

Zwischenmenschlichen Stress vermindern

12

In diesem Kapitel

- Wirkungsvoller kommunizieren
- Selbstbewusst handeln
- Vom Umgang mit schwierigen Menschen

Ihre Beziehungen zu und Interaktionen mit anderen Menschen können eine wichtige Quelle der Freude und Zufriedenheit in Ihrem Leben sein. Leider kann der Umgang mit anderen aber auch eine der Hauptursachen für Stress sein. Wenn Sie andere Menschen fragen, woher der Hauptteil ihres Stresses kommt, hören Sie fast immer die Antwort: »Andere Menschen«. Diese »anderen« können Familienmitglieder, Kollegen am Arbeitsplatz oder einfach eine unglaublich unhöfliche Person sein, die Ihnen eine harte Zeit bereitet, weil er oder sie morgens mit dem falschen Fuß zuerst aufgestanden ist. Und wenn Sie sich nicht gerade in einer einsamen Hütte in den Bergen befinden, ist es sehr wahrscheinlich, dass Sie bald auf jemanden treffen werden, der versucht, auf Ihren Stressknopf zu drücken. Wenn Sie die Menge Ihres zwischenmenschlichen Stresses verringern wollen, müssen Sie die Werkzeuge, Strategien und Taktiken kennen, mit deren Hilfe Sie durch die dornige Welt anderer Menschen navigieren können. Dieses Kapitel zeigt Ihnen, wie Sie Ihre Beziehungen zu und Interaktionen mit anderen Menschen viel zufriedenstellender und weniger stressig gestalten können.

Stress reduzierende Kommunikationsweisen entwickeln

Ihre Kommunikationsfähigkeiten beeinflussen Ihre Beziehungen zu Ihrer Familie, Ihren Freunden, Kollegen, Chefs, Kunden – tatsächlich zu allen Menschen. Nicht wirksame Kommunikation kann zu vielen Problemen beitragen, von einer unglücklichen Ehe bis zum Verlust Ihres Arbeitsplatzes, von einem Sozialleben, das so la-la ist, bis hin zu einem unbefriedigendem Sexleben. Und das bedeutet normalerweise mehr Stress. Wenn Sie sich gestresst fühlen, verschlechtert sich leider wiederum Ihre Kommunikationsfähigkeit. Bevor Sie also an diesen Punkt kommen, finden Sie nachfolgend einige Vorschläge und Strategien, die Ihre Kommunikationsfähigkeiten verbessern können.

Beginnen Sie mit Zuhören

Tatsache ist, dass schlechte Zuhörer mehr Stress in ihrem Leben haben. Wenn Sie schlecht zuhören können, sind Ihre Beziehungen sehr wahrscheinlich nicht so zufriedenstellend und effektiv, wie sie es sein könnten. Gute Zuhörer haben mehr Freunde, bessere Ehen, arbeiten effektiver im Job und haben deshalb normalerweise weniger Unannehmlichkeiten, Spannungen und Konflikte in ihrem Leben. Egal ob Sie ein schlechter oder ein guter Zuhörer sind, nachfolgend finden Sie einige Möglichkeiten, wie Sie zu einem besseren Zuhörer werden können.

Gehen Sie eine mentale Verpflichtung ein

Wenn Sie beim nächsten Mal in einer Situation sind, in der jemand redet und Sie das Gefühl haben, es ist wichtig, dass Sie wirklich zuhören, gehen Sie eine mentale Verpflichtung ein, genau das zu tun. Hören Sie zu. Machen Sie es zu einer Priorität. Legen Sie Mühe und Energie in Ihr Zuhören. Lassen Sie sich nicht ablenken. Schauen Sie nicht auf die Uhr. Gähnen Sie nicht. Schauen Sie nicht herum. Träumen Sie nicht vor sich hin. Wenn es um Sie herum zu laut ist, bitten Sie den Sprecher, Sie an einen ruhigeren Ort zu begleiten. Stellen Sie sich vor, dass Sie sich einem Test unterziehen müssen über das, was die andere Person sagt, und dass Ihr Testergebnis in Ihre Papiere aufgenommen wird.

Verhalten Sie sich wie ein guter Zuhörer

Ein guter Zuhörer tut mehr als nur herumstehen und schweigen. Sie sollten ein aktiver Zuhörer sein. Zeigen Sie verbal und nonverbal, dass Sie zuhören, indem Sie mit einem Nicken, Ihrer Mimik, einer gehobenen Augenbraue, einem »oh, wirklich?«, einem »Ich verstehe« oder sonst irgendetwas reagieren, das dem Sprecher das Gefühl gibt, dass Sie noch bei Bewusstsein sind. Wenn Sie vom Sprecher weit entfernt sind, rücken Sie näher. Lehnen Sie sich leicht zu der sprechenden Person hinüber. Schauen Sie der anderen Person in die Augen. Und wenn Sie Ihre Arme und Beine nicht überkreuzen, deutet das auf eine offenere, verbal empfangende Haltung hin.

Geben Sie Feedback

Um sicherzustellen, dass Sie zuhören, und dem Sprecher das gute Gefühl zu geben, dass Sie aktiv jedem seiner Worte folgen, ist es sehr wirksam, Teile von dem, was Sie hören, zu wiederholen oder zu kommentieren. Ein Beispiel:

Sprecher: »Mein Job wird immer schlimmer. Ich bin jetzt ewig am Arbeitsplatz. Ich fange an, meine Arbeit zu hassen.«

Sie: »Ja, es muss schwer sein, nicht genug Zeit für dich selbst und deine Familie zu haben.«

Diese Reaktion zeigt der anderen Person nicht nur, dass Sie zuhören, sondern auch, dass Sie mitfühlen und das, was er oder sie sagt, verstehen können. Auch wenn Ihr Feedback nicht ganz passt, gibt es dem Sprecher die Möglichkeit, seine Aussagen zu ändern und seine Gedanken und Gefühle zu klären, was ganz ähnlich zu dem ist, was Therapeuten normalerweise in ihren Sitzungen tun. Sie können mit Ihrem Feedback auch einfach nur die Worte des Sprechers in Ihre eigenen Worte fassen. Ein Beispiel:

Sprecher: »Ich bin jetzt von acht Uhr morgens bis acht Uhr abends im Büro! Mir kommt es vor, als sei ich ständig dort!«

Sie: »Von acht bis acht. Das ist eine lange Zeit, die du bei der Arbeit verbringst.«

Diese Art des aktiven Zuhörens ermutigt den Sprecher, mehr seiner Gedanken und Gefühle mit Ihnen zu teilen. Es ruft ein Gefühl der Verbundenheit hervor.

Übertreffen Sie den Sprecher nicht

Wenn jemand spricht, fangen Sie nicht gleich an, Ihr eigenes verbales Comeback zu formulieren. Warten Sie damit, Ihre Antworten zu formulieren. Wenn Sie Ihre wundervolle Geschichte mental proben, während die andere Person ihre erzählt, ist es sicher, dass Sie nur wenig von dem hören, was die andere Person sagt. Zwar kann fast alles, was jemand erzählt, Sie an etwas erinnern, das Ihnen passiert ist, aber widerstehen Sie dem Bedürfnis, zumindest für diesen Moment, einen noch lustigeren Witz oder eine noch bessere Geschichte zu erzählen. Halten Sie, zumindest für eine Weile, diese brillante, schlagfertige Antwort zurück. Unterbrechen Sie nicht. Machen Sie die andere Person nicht herunter. Debattieren Sie nicht. Machen Sie keinen Wettbewerb aus Ihrem Gespräch. Kurz, Sie müssen den Sprecher nicht übertreffen.

Halten Sie Ihre Ratschläge zurück

Wenn andere reden, reden sie oft über das, was in ihrem Leben vorgeht. Vielleicht vertrauen sie sich uns an und teilen uns ein Problem oder eine Sorge mit. Wenn wir von einem Problem oder einer misslichen Lage hören, ist unser natürlicher Instinkt, einen Ratschlag zu geben. Insbesondere Männer haben Schwierigkeiten, keine Lösungen oder Vorschläge auf den Tisch zu legen. Aber auch wenn Ihre Ideen hervorragend und absolut passend sind, ist der Sprecher im Moment vielleicht gar nicht auf der Suche nach Ihren gut gemeinten Ratschlägen, sondern möchte einfach nur seine Gefühle ausdrücken. Sie können immer noch später auf die Person zugehen und sie fragen, ob sie noch weiter über ihr Problem reden und einige Ihrer Ideen anhören möchte.

Sind Sie ein guter Zuhörer?

Die meisten von uns denken, dass sie gute Zuhörer sind. Die meisten von uns denken auch, dass sie einen großartigen Sinn für Humor haben, hervorragend aussehen und wundervolle Autofahrer sind. Vielleicht ja, vielleicht nein. Wenn Sie beim nächsten Mal mit jemandem reden, beobachten Sie sich selbst. Überprüfen Sie, ob Sie wirklich zuhören und auf das achten, was die andere Person sagt. Noch besser, fragen Sie Familienmitglieder und Freunde, ob *sie* denken, dass Sie ein guter Zuhörer sind. Sie können sie auch nach Ihrem Fahrstil, Ihrem Aussehen und Ihrem Sinn für Humor befragen.

Zuhören kann gut für Ihre Gesundheit sein

Sie sind nicht nur höflich, wenn Sie zuhören, Sie können möglicherweise auch länger leben. In seinem Buch, *Language of the Heart*, weist der Psychologe James Lynch darauf hin, dass der Akt des Zuhörens tatsächlich Ihren Blutdruck senkt. Er untersuchte die Blutdruckwerte hypersensibler Patienten und fand heraus, dass es zu einem relativ drastischen Absenken des Blutdruckwertes kam, wenn die Patienten jemandem zuhörten.

Üben Sie das Zuhören

Denken Sie an eine Person in Ihrem Leben, die Sie gern haben und für die Sie kein großartiger Zuhörer sind. Planen Sie explizit, dieser Person aufmerksam zuzuhören, wenn Sie mir ihr reden. Denken Sie an die Richtlinien, die ich in diesem Abschnitt beschrieben habe, und beobachten Sie sich selbst in Hinsicht darauf, wie gut Sie zuhören können. Üben Sie das Zuhören mit dieser Person so lange, bis Sie eine Verbesserung erkennen können. Suchen Sie sich dann eine andere Person, die Sie Ihrer Liste der Personen hinzufügen können, denen Sie besser zuhören sollten usw.

Eine andere Methode, Ihre Zuhörfähigkeiten zu verbessern, besteht darin, sich etwas anzuhören, das Sie langweilig finden. Normalerweise brauchen Sie nicht lange zu warten, bis sich eine derartige Gelegenheit präsentiert. Es könnte eine langweilige Präsentation bei Ihrem nächsten Geschäftstreffen sein oder ein Teamkollege, der ewig über einen trivialen Punkt redet. Es kann auch eine Fernsehsendung über das ökonomische Wachstum in der neu entstandenen Provinz Kalikistan sein. Zwingen Sie sich selbst dazu, dem Gesagten zuzuhören. Vielleicht stellen Sie fest, dass Sie mit der Zeit viel besser zuhören können.

Jetzt sind Sie mit dem Reden dran

Zuhören ist natürlich nur ein Teil des Kommunikationsprozesses. Es gibt Momente, in denen Sie etwas sagen müssen. Was Sie sagen, und wie Sie es sagen, macht einen großen Unterschied in Hinsicht auf die Menge von Stress, die Sie erleben. Einige Kommunikationsrichtlinien können dabei helfen, das, was aus Ihrem Mund kommt, weniger stressig für Sie zu machen und auch für die Menschen, die Sie gern haben.

Üben Sie Schadenbegrenzung

Was aus Ihrem Mund herauskommt, und sicher auch, wie es herauskommt, zeigt, wie Sie sich in dem Moment fühlen. Wenn Sie einen besonders schlechten Tag im Büro haben, kommen Sie wahrscheinlich nicht mit einem Gefühl der Wärme und Zufriedenheit nach Hause. Vielleicht sind Sie verärgert, genervt oder schlimmer. Und sollten Sie mit neuen Forderungen oder Frustrationen begrüßt werden, können Ihre Reaktionen eventuell nicht gerade freundlich sein. Sie laufen in Gefahr, eine ganze Menge Stress zu fühlen und zu verbreiten. Etwas Schadenbegrenzung ist notwendig. Hier sind zwei Vorschläge:

- ✔ **Warnen Sie andere.** Sobald Sie erkennen, dass Ihre Laune in den Keller gesunken ist und richtig giftiges Potenzial hat, teilen Sie dies den anderen Menschen um Sie herum mit. Lassen Sie Ihre Mitmenschen wissen, wie Sie sich fühlen und warnen Sie sie davor, was sie zu erwarten haben. Probieren Sie Folgendes:

  Liebling, es war von Anfang bis Ende ein furchtbarer Tag. Ich habe schlechte Laune und bin für zwischenmenschliche Kontakte gerade nicht zu gebrauchen. Ich sollte für mindestens eine Stunde nicht ernst genommen werden. Es hat nichts mir dir zu tun. Gib mir ein bisschen Zeit und dann sollte ich wieder mein altes wundervolles Selbst sein.«

  Das Witzige ist, dass es, wenn Sie diese Nachricht erst einmal überbracht haben, viel weniger wahrscheinlich ist, dass Sie tatsächlich mit den Menschen um Sie herum negative Zusammenstöße haben werden.

- ✔ **Machen Sie es wieder gut.** Wenn Sie versagt und es geschafft haben, jeden in Ihrer Nähe zu stressen, ist dennoch nicht alles verloren. Sobald Sie Ihr emotionales Gleichgewicht wieder gefunden haben, lassen Sie das Ziel Ihres negativen Ausbruchs wissen, dass es Ihnen Leid tut, dass es nicht er oder sie war, der oder die Ihre emotionale Überreaktion hervorgerufen hat, und dass Sie hart daran arbeiten werden, dass so etwas nicht zu oft passiert.

  Ein bisschen Schadenbegrenzung zu Beginn kann eine Menge mehr Stress am Ende verhindern.

Machen Sie »Ich«-Aussagen

Eine sichere Methode, um aus jeder beliebigen Interaktion eine stressende Konfrontation zu machen, besteht darin, andere zu beschuldigen und Fehler bei anderen zu finden. Sie stellen z.B. fest, dass Sie mehr als ein bisschen ärgerlich werden, während Sie (schon wieder einmal) auf einen Freund warten müssen. Nun könnten Sie sagen:

»Du kommst immer zu spät! Kannst du dich nicht zusammenreißen?«

Dieser Ansatz bringt die andere Person in die Defensive. Sie fühlt sich möglicherweise angegriffen und hat das Gefühl, sich schützen zu müssen. Statt mit einem beschuldigenden »Du« zu beginnen, fangen Sie mit einem »Ich« an. Ein Beispiel:

»Ich habe das Gefühl, dass du mich nicht besonders gern hast, wenn du zu spät kommst. Ich werde genervt und ärgerlich. Ich fände es toll, wenn du versuchen könntest, pünktlich zu sein.«

Mit diesem Ansatz können Sie Ihre Gefühle ausdrücken und der anderen Person mitteilen, was diese Ihrer Meinung nach ändern sollte, aber in einer nicht angreifenden, nicht feindseligen Art und Weise. Nachfolgend finden Sie ein Modell, eine Vorlage, die Ihnen dabei hilft, Ihre Beschuldigungen in einen neuen Rahmen zu fassen.

Beginnen Sie mit:

Wenn du ... (Beschreiben Sie das Verhalten der anderen Person.)

Sagen Sie dann:

fühle ich mich ... (Beschreiben Sie, wie dieses Verhalten sich auf Sie auswirkt.)

Und enden Sie mit:

Ich würde es vorziehen ... (Beschreiben Sie, was Sie gern passieren sehen würden.)

Vermeiden Sie, alles in einen Topf zu schmeißen

Alles in einen Topf schmeißen beschreibt, was Sie tun, wenn Sie eine Reihe von Beschwerden aneinanderreihen und sie zusammen der anderen Person an den Kopf werfen. Ein Elternteil könnte seinen Ärger gegenüber einem Kind folgendermaßen ausdrücken:

»Du kannst nichts richtig machen! Nie bringst du den Müll raus, räumst dein Zimmer auf, stehst rechtzeitig auf oder machst deine Hausaufgaben!«

Die Vorwürfe mögen richtig sein oder auch nicht, aber diese Beschwerden zusammen auszudrücken, stellt gewöhnlich sicher, dass die Reaktion darauf defensiv und wahrscheinlich feindselig ist.

Wenn Sie mehr als einen Vorwurf, eine Beschwerde oder ein Problem haben, bringen Sie diese nacheinander zur Debatte. Und verwenden Sie den Ansatz der Ich-Aussagen statt der anderen Person Schuld zuzuweisen und sie in die Defensive zu treiben.

Etikettieren Sie andere nicht

Wenn wir uns über jemanden geärgert haben (sogar über uns selbst), tendieren wir dazu, einfache, oft aus einem Wort bestehende Bezeichnungen zu benutzen. Wir lieben Etiketten. Sie vereinfachen die Sache. Leider machen Sie die Sache zu einfach. Menschen lassen sich nicht durch eine einzelne Beschreibung klassifizieren. Es gibt wahrscheinlich Momente, in denen jeder etwas tut, das als faul, egoistisch, gemein, dumm oder mit jedem anderen abfälligen Adjektiv beschrieben werden kann, das Ihnen gerade einfällt. Nachfolgend sehen Sie, inwiefern Etiketten destruktiv sein können und wie wir eine einzelne Verhaltensweise hernehmen und daraus einen permanenten Charakterzug machen:

Das Etikett	Das Verhalten
Du bist eine Schlampe.	Du hast deine Sachen nicht aufgeräumt.
Du bist faul.	Du hast deine Hausaufgaben nicht gemacht.
Du bist dumm.	Du wusstest die Antwort auf meine Frage nicht.
Du bist rücksichtslos.	Du hast mich nicht zum Einkaufen eingeladen.
Du bist egoistisch.	Du hast mir nichts von deinem Popcorn angeboten.

Um Stress zu vermeiden, ist es besser, Etiketten zu vermeiden und auf das bestimmte Verhalten einzugehen. Statt die globale Charakterisierung zu verwenden, konzentrieren Sie sich auf den bestimmten Teil des Ereignisses oder der Situation, der Sie ärgert. Es ist einfach. Statt zu sagen: »Du bist faul«, sagen Sie einfach: »Du hast deine Hausaufgaben nicht gemacht.« Statt zu sagen »Du bist rücksichtslos«, sagen Sie »Du hast mich nicht eingeladen, mit dir zum Einkaufen zu gehen«. Sie werden feststellen, dass die andere Person weniger defensiv sein wird und Sie eine bessere Chance haben, eine Änderung oder Verbesserung ihres Verhaltens zu sehen.

Achten Sie auf die »nie« und »immer« Fallen

»Du kannst nie etwas richtig machen!«

»Du schaffst es immer, meine Gefühle zu verletzen!«

»Du nimmst nie auf die Gefühle anderer Rücksicht!«

»Alles, was Du tust, hat ein schlechtes Ende!»

Aussagen mit den Wörtern »immer« und »nie« sind normalerweise Formen der Übertreibung, die verzerren, was geschieht, und das Verhalten der anderen Person falsch darstellen. Sie werden zu Fallen, die die andere Person in die Defensive drängen und es schwieriger machen, den potentiellen Konflikt zu lösen. Versuchen Sie, diese zu sehr globalisierten Charakterisierungen zu vermeiden. Halten Sie möglichst immer ein, wenn Sie merken, dass sich diese Wörter in Ihrem Kopf formen und ersetzen Sie sie durch weniger provokative Beschreibungen. Versuchen Sie stattdessen die Wörter oder Ausdrücke »oft«, »zu häufig«, »häufig« oder »gewöhnlich« zu verwenden.

Antworten Sie zum richtigen Zeitpunkt

Wenn »Standort, Standort, Standort« die Formel für Erfolg in der Immobilienbranche ist, könnte für die Stress reduzierende Kommunikation die Formel »Zeitpunkt, Zeitpunkt, Zeitpunkt« lauten. *Wann* Sie etwas sagen ist genau so wichtig wie *wie* Sie es sagen. Ihr Kind ist z.B. viel später nach Hause gekommen, als Sie es mögen. Ihr Kind weiß das. Sie können eine hitzige Diskussion extrem spät in der Nacht haben, wenn Sie beide emotional bereit für einen Kampf sind, oder die Sache bis zum nächsten Tag ruhen lassen, wenn Sie in der Lage sind, Ihren Unwillen ruhiger (und wirkungsvoller) zum Ausdruck zu bringen. Sollten Sie sich in einem Streitgespräch oder einer hitzigen Diskussion wiederfinden, versuchen Sie sich selbst zu stoppen und die Interaktion auf einen anderen Zeitpunkt zu verschieben, wenn Sie, hoffentlich, einen kühlen Kopf behalten können. »Lass uns morgen weiter darüber diskutieren, okay?«

Ein besserer Zeitpunkt bedeutet gewöhnlich weniger Stress.

Suchen Sie nach einem Muster

Statt sich über jedes kleine bisschen negativen Verhaltens zu beschweren, warten Sie, bis Sie eine Reihe von Situationen mit diesem Verhalten gesammelt haben. Und beschweren Sie sich dann. Nehmen wir z.B. an, dass Sie verärgert sind, weil ein Freund Ihnen anscheinend nicht zuhört, wenn Sie reden, obwohl Sie sehr hart daran arbeiten zuzuhören, wenn er redet. Sie könnten Ihre Gefühle beim nächsten Mal ausdrücken, wenn Sie merken, dass er Ihnen nicht zuhört, oder Sie könnten auf eine bessere Art und Weise damit umgehen. Nachdem Sie festgestellt haben, dass dieses Verhalten anhält, sprechen Sie es zu einem Zeitpunkt an, an dem Sie beide nicht verärgert, wütend oder in der Defensive sind. Bringen Sie es dann als generelles Thema auf (und benutzen Sie eine Ich-Aussage). Sollte sich das Muster fortsetzen, drücken Sie Ihre Gefühle noch einmal aus – aber zum richtigen Zeitpunkt, und weisen Sie dann noch stärker auf Ihr Missgefallen an diesem Verhalten hin.

Entdecken, was es bedeutet, selbstbewusst zu handeln

Handeln Sie selbstbewusst oder nicht bei Ihren Interaktionen mit anderen? Wenn Sie lernen, sich in Ihren zwischenmenschlichen Beziehungen wirkungsvoll selbst zu behaupten, kann dies zu wesentlich weniger emotionalem Stress führen. Immer, wenn Sie nicht selbstbewusst handeln, enden Sie normalerweise mit einem Gefühl der größeren Angst und Spannung, als Sie möchten. Außerdem ist die Wahrscheinlichkeit groß, dass Sie sich ärgern und gegen sich selbst aufgebracht sind, weil Sie nicht Ihre wahren Gefühle ausgedrückt haben. Vielleicht sind Sie frustriert, weil Sie nicht das bekommen, was Ihnen Ihrer Meinung nach zusteht. Sie können sich als Opfer fühlen, herumgeschubst und ausgenutzt. Sie fühlen sich weniger in Kontrolle und haben weniger Hoffnung, dass Sie erreichen können, was Sie gerne erreichen möchten. Ihr Selbstwertgefühl ist herabgesetzt. Sie fühlen sich weniger positiv sich selbst gegenüber und dem, wie andere Sie sehen. Und in den Momenten, in denen Sie sich selbst behaupten, haben Sie vielleicht Schuldgefühle oder sind ängstlich und machen sich über eventuelle Auswirkungen Ihres Verhaltens Sorgen. Alle diese Punkte führen zu einer ganzen Menge Stress. Zum Glück können Sie relativ schmerzlos lernen, richtig mit Ihrem Selbstbewusstsein umzugehen. Der erste Schritt besteht in der Erkenntnis, wie es eigentlich mit Ihrem Selbstbewusstsein aussieht.

Wie selbstbewusst sind Sie?

In der folgenden Liste beschreibe ich einige der Verhaltensweisen und Charakterzüge nicht selbstbewusster Menschen. Lesen Sie jede Aussage und beurteilen Sie, inwieweit die Aussage auf Sie zutrifft: entspricht mir nicht, entspricht mir etwas, entspricht mir sehr:

- ✔ Es ist mir unangenehm, meine Bedürfnisse und Wünsche auszudrücken.
- ✔ Ich hasse Konfrontationen und Diskussionen.
- ✔ Es fällt mir schwer, andere um Hilfe oder einen Gefallen zu bitten.
- ✔ Es fällt mir schwer, Dinge von Leuten zurückzuverlangen, die ich ihnen geliehen habe.
- ✔ Wenn Leute mich um einen Gefallen bitten, kann ich nur schwer nein sagen.
- ✔ Es ist mir unangenehm, Komplimente und Lob anzunehmen.
- ✔ In sozialen Situationen lasse ich gewöhnlich die anderen reden.

- ✔ Es ist mir unangenehm, Gefühle der Liebe und Zuneigung auszudrücken.
- ✔ Es fällt mir schwer jemanden, der mich ärgert, zu bitten aufzuhören.
- ✔ Es fällt mir schwer, in Gesprächen Blickkontakt zu anderen zu halten.
- ✔ Es ist mir unangenehm, einen Fehlkauf zurück in das Kaufhaus zu bringen.
- ✔ Es ist sehr schwierig für mich, in einer Gruppe oder einer Besprechung das Wort zu ergreifen.

Wenn Sie sich Ihr Ergebnis ansehen, wie viele Aussagen ordnen Sie der Kategorie »entspricht mir sehr« zu? Sind es mehr als eine oder zwei, weist das darauf hin, dass Sie die Rolle, die fehlendes Selbstbewusstsein in Ihrer täglichen Ration Stress spielt, weiter untersuchen sollten.

Nachfolgend präsentiere ich Ihnen vier Situationen, mit denen Sie Ihren interaktiven Stil identifizieren können. Nehmen Sie einen Stift und ein Blatt Papier und kreisen Sie die Antwort ein, die Ihr Verhalten am besten darstellt:

1. Sie haben in einem recht netten Restaurant etwas zu essen bestellt – ein großes Steak. Sie mögen Ihr Steak eher blutig und haben dem Kellner Ihren Wunsch mitgeteilt. Das Steak kommt viel mehr durchgebraten, als Sie es mögen. Folgendes würden Sie tun:
   a. Sie lächeln, sagen danke und essen so viel von dem Steak wie Sie können, unzufrieden mit jedem Bissen.
   b. Sie sagen dem Kellner, dass er ein kompletter Idiot ist und dass er ein Hörgerät braucht. Das alles brüllen Sie laut genug, dass jeder im Restaurant es hören kann und Sie insgeheim auf den Mond wünscht.
   c. Sie erklären höflich, dass das Steak nicht so ist, wie Sie es gern hätten, und bitten den Kellner auf eine nette Art und Weise um ein neues.
   d. Keiner der obigen Punkte trifft zu. Ich würde ______________________________.
2. Sie sind in einem Taxi, und der Fahrer fährt viel zu schnell für Ihr Wohlbefinden. Sie beginnen sich nervös zu fühlen. Folgendes würden Sie tun:
   a. Sie grinsen und halten es aus, während Sie in Ihrem Kopf Ihre Erben auflisten.
   b. Sie nennen den Taxifahrer einen rücksichtslosen Idioten und treten mit Ihren Füßen gegen die Absperrung.
   c. Sie bitten den Fahrer ruhig, langsamer zu fahren.
   d. Keiner der obigen Punkte trifft zu. Ich würde ______________________________.
3. Sie sind gerade mitten bei Ihrem Abendessen, als das Telefon klingelt. Es ist jemand, der wissen möchte, ob Sie Interesse daran haben, Ihren Telefonanbieter zu wechseln. Er redet weiter und weiter. Folgendes würden Sie tun:
   a. Sie hören während der gesamten 20 Minuten zu und stimmen der Unterzeichnung zu.

b. Sie sagen ihm, dass Sie in einer Sekunde wieder zurück sein werden, stecken den Telefonhörer in eine Strumpfschublade und beenden Ihr Abendessen.

c. Sie unterbrechen den Anrufer, sagen ihm höflich, dass Sie kein Interesse haben, und legen auf.

d. Keiner der obigen Punkte trifft zu. Ich würde ________________________________.

4. Sie warten geduldig darauf, dass ein Verkäufer einen Kunden neben Ihnen bedient. Ein anderer Kunde taucht auf, stellt sich auf die andere Seite des Kunden, der gerade bedient wird. Obwohl Sie vorher da waren, scheint der Neuling Ihre Anwesenheit nicht zu bemerken. Er gibt dem Verkäufer schnell seine Einkäufe, bevor Sie auch nur die Chance haben, mit den Augen zu blinken. Sie sind nicht gerade glücklich darüber. Folgendes würden Sie tun:

a. Sie sagen und tun nichts.

b. Sie packen den Mann beim Kragen und werfen ihn zu Boden.

c. Sie sagen dem Verkäufer und dem anderen Kunden fest, aber freundlich, dass Sie zuerst da waren und dass Sie zuerst bedient werden möchten.

d. Keiner der obigen Punkte trifft zu. Ich würde ________________________________.

In jeder der obigen Situationen können Sie auf vier verschiedenen Arten reagieren:

✔ **Sie können passiv reagieren** und Ihre wahren Gefühle und Gedanken für sich behalten oder sie in einer bescheidenen, entschuldigenden Art und Weise ausdrücken, so dass die andere Person Sie nicht ernst nimmt (die erste Antwort). Diese Reaktion zeigt, dass Sie Ihre eigenen Bedürfnisse nicht für wichtig halten und Sie das Gefühl haben, dass die Bedürfnisse anderer Menschen immer Vorrang haben.

✔ **Sie können aggressiv reagieren**, indem Sie Ihren Ärger direkt oder in einer eher subtilen, passiv-aggressiven Art und Weise ausdrücken (wie in meinen etwas übertriebenen zweiten Antworten). Mit dieser Reaktion lassen Sie die Rechte und Gefühle der anderen Person außer Acht. Sie wollen gewinnen, aber zu jedem Preis.

✔ **Sie können selbstbewusst reagieren**, wenn Sie die dritte Antwort wählen. Sie stehen für sich selbst ein und drücken Ihre wahren Gefühle aus. Sie nehmen Rücksicht auf die Gefühle anderer Menschen. Sie greifen nicht an oder weisen Schuld zu, werden aber auch nicht unterwürfig und ziehen sich zurück.

✔ **Sie könnten mit der vierten Möglichkeit reagieren.** Diese Reaktion kann eine Kombination der ersten drei sein. Sie kann teilweise passiv und teilweise selbstbewusst sein, oder eine andere Mischung interaktiver Stile.

Nicht zu heiß, nicht zu kalt – gerade richtig

Sich selbstbewusst zu verhalten bedeutet zu wissen, wie Sie Ihre Meinungen, Wünsche und Gefühle in einer Art und Weise ausdrücken, welche die Rechte anderer nicht kompromittiert oder andere herabsetzt. Wenn Sie Ihre eigenen Bedürfnisse klar ausdrücken, lassen Sie sich weder von anderen ausnutzen noch haben Sie Schuldgefühle. Selbstbewusstsein ist mehr als einen kaputten Toaster wieder zurückzubringen oder einem Kellner zu sagen, Ihr falsch zubereitetes Steak wieder zurück zu nehmen. Oft bedeutet größeres Selbstbewusstsein, dass Sie jemand anderem gegenüber positive Gefühle, Zuneigung und Liebe ausdrücken können. Selbstbewusst zu sein bedeutet auch, positive Aussagen annehmen zu können, seien es Komplimente, Danksagungen oder andere Aussagen des Lobs und der Dankbarkeit. Sie sind nicht unterwürfig, Sie sind nicht aggressiv und Sie weisen keine Schuld zu oder verhalten sich ablehnend. Sie fühlen sich gut in Bezug auf Ihre Aktionen. Und Sie spüren weniger Stress.

Beispiele für selbstbewusstes Verhalten

Damit Sie ein besseres Bild davon erhalten, was selbstbewusstes Verhalten ist, liste ich nachfolgend einige selbstbewusste Reaktionen in üblichen Situationen auf.

- ✔ **Eine Bitte zurückweisen:**
  - Es tut mir leid, ich kann dieses Paket nicht für dich zur Post bringen.
  - Dies ist wirklich kein guter Zeitpunkt für mich.
  - Es tut mir leid, aber ich möchte das wirklich nicht tun.
- ✔ **Wenn Sie einen unerwünschten Ratschlag erhalten:**
  - Ich möchte deinen Rat im Moment wirklich nicht.
  - Danke für deine Hilfe, aber es wird schon gehen.
- ✔ **Missbilligung ausdrücken:**
  - Mir gefällt das nicht, was du tust.
  - Ich möchte, dass du damit aufhörst.
- ✔ **Ein Kompliment ausdrücken:**
  - Ich finde, dass du hervorragende Arbeit leistest.
  - Ich finde, du siehst toll aus.
- ✔ **Ein Kompliment entgegennehmen:**
  - Das ist nett, dass du das sagst.
  - Danke.

Was selbstbewusstes Verhalten nicht ist

Ein alter Comic zeigt eine Bürotür mit einem Schild, auf dem es heißt: »Hier findet ein Selbstbewusstseinslehrgang statt. Bitte nicht klopfen, einfach hereinplatzen.« In den 70er Jahren gab es großes Interesse am Thema Selbsbewusstsein. Eine Menge Bücher füllten die Regale, die uns mitteilten, wie wir ungestraft »Nein« sagen und aufstehen, das Wort ergreifen und losgehen konnten, um das zu bekommen, was wir wollten. Lehrgänge zum Selbstbewusstseinstraining blühten und die Straßen waren gefüllt mit Kursteilnehmern, die nur allzu willig waren, ihre Gedanken und Gefühle auszudrücken. Zwar haben die meisten Leute den Punkt größeren Selbstbewusstseins erreicht, aber viele andere haben die ganze Sache falsch verstanden und Selbstbewusstsein als die Erlaubnis interpretiert, all ihre aufgestaute Aggression und Feindseligkeit auszudrücken.

Selbstbewusstsein ist nicht:

- ✔ Einfach nur bekommen, was *Sie* wollen
- ✔ Die Rechte und Gefühle anderer zu missachten
- ✔ Sich kriegerisch oder feindselig zu verhalten
- ✔ Aggressiv oder abweisend zu sein
- ✔ Sich über andere lustig zu machen
- ✔ Empfindlich zu sein
- ✔ Andere zu dominieren, herabzusetzen oder zu demütigen

So werden Sie selbstbewusster

Wenn Sie sich die Menschen ansehen, die Sie kennen, sind Sie vielleicht versucht, eine Beurteilung ihres Selbstbewusstseins abzugeben, und vielleicht denken Sie, dass diese Menschen so geboren wurden. Tatsächlich ist etwas Wahres daran. Wir kommen mir einer Anlage auf diese Welt, die vorbestimmt, ob wir selbstbewusst sind oder nicht. Dann gibt es Ihre Eltern, andere Menschen und Ihre Lebenserfahrungen, die alle dazu beitragen, wie Sie mit anderen Menschen umgehen. Aber auch wenn Ihnen einer dieser Einflüsse oder alle fehlen, können Sie dennoch selbstbewusst werden. Mit etwas Zeit und Mühe können Sie ohne weiteres sehen, wie Sie selbstbewusster werden – und weniger gestresst.

Selbstbewusstes Verhalten beobachten

Nachfolgend finden Sie einige Richtlinien für größeres Selbstbewusstsein:

- ✔ **Beobachten Sie andere.** Beachten Sie, wie und wann andere selbstbewusst handeln. Geben Sie besonders bei Menschen, die Sie bewundern, Acht auf ihr Selbstbewusstsein.
- ✔ **Beobachten Sie sich selbst.** Zeichnen Sie kurz auf, wann Sie selbstbewusst handeln und wann nicht. Nichts Besonderes – machen Sie einfach ein paar Notizen für sich selbst.
- ✔ **Beginnen Sie klein.** Beginnen Sie damit, an Situationen zu arbeiten, in denen Sie sich nur wenig oder mäßig ängstlich fühlen. Arbeiten Sie sich zu den schwereren Sachen hinauf. Erwarten Sie keine sofortige Änderung. Selbstbewusst zu werden bedeutet Jahre anderen Verhaltens zu ändern. Es braucht etwas Zeit, bis Sie neue Denkweisen und Verhaltensweisen gelernt haben.

Zehn Wege, Selbstbewusstsein dauerhaft zu vermeiden

1. Sagen Sie niemals nein zu anderen und vermeiden Sie Konfrontationen um jeden Preis.
2. Stellen Sie die Bedürfnisse anderer immer über Ihre eigenen.
3. Haben Sie immer dann Schuldgefühle, wenn Sie etwas tun, was *Sie* wollen.
4. Glauben Sie daran, dass Ihre Gefühle keine Rolle spielen, dass nur die Gefühle anderer Menschen zählen.
5. Glauben Sie daran, dass Sie egoistisch sind, wenn jemand mit Ihren Entscheidungen oder Aktionen unglücklich ist.
6. Glauben Sie daran, dass Unrecht zu haben oder einen Fehler zu machen, etwas ist, dass Sie unbedingt vermeiden müssen.
7. Tun Sie immer, was Menschen in Führungspositionen Ihnen sagen.
8. Glauben Sie daran, dass Sie nicht so klug oder kompetent sind wie andere Menschen.
9. Glauben Sie daran, dass es unhöflich ist zu widersprechen oder eine gegenteilige Meinung auszudrücken.
10. Akzeptieren Sie niemals ein Kompliment, ohne sich selbst in irgendeiner Art und Weise nieder zu machen.

✔ **Lassen Sie die Zügel locker.** Seien Sie nicht zu hart zu sich selbst, wenn Sie nicht selbstbewusst handeln. Versuchen Sie herauszufinden, was Sie falsch gemacht haben, und es nicht noch einmal passieren zu lassen.

Achten Sie darauf, wie Sie Dinge sagen

Es sind nicht nur die Worte, es ist auch die Art und Weise, wie Sie reden. Während die Worte vielleicht wunderbar selbstbewusst sind, drücken die Art und Weise, wie Sie Ihre Nachricht rüberbringen, und Ihre Körpersprache möglicherweise etwas anderes als Selbstbewusstsein aus. Fragen Sie sich selbst:

✔ Spreche ich mit einer lauten, klaren Stimme?

✔ Murmele ich, wenn ich spreche, oder verschlucke ich meine Wörter?

✔ Schaue ich die Person an, mit der ich rede?

✔ Zappele ich nervös herum, während ich rede?

✔ Sitze oder stehe ich gerade, wenn ich rede?

- ✔ Schreie oder brülle ich?
- ✔ Ist mein Tonfall sarkastisch und herabsetzend?

Achten Sie bei der nächsten Gelegenheit, an Ihrem Selbstbewusstsein zu arbeiten, auf einen oder alle der obigen Punkte. Wenn Sie selbstbewusst handeln, entspricht Ihr nonverbales Verhalten Ihrer Aussage. Ihr ganzes Selbst sagt die gleiche Sache.

Nein sagen (oh, so nett)

Oft ist ein einfaches und direktes »Nein« oder eine andere klare Antwort vollkommen angemessen und sollte die Option Ihrer Wahl sein. Sie brauchen keine weitere Erklärung oder Diskussion. Aber es gibt Momente, in denen direktes selbstbewusstes Handeln etwas kalt ist und als abweisend angenommen werden könnte. Hier wird möglicherweise etwas Takt und Verpackung benötigt.

Nachfolgend finden Sie einige Beispiele:

Situation: Freunde, die neben Ihnen im Kino sitzen, reden während des Films.

Direkte Aussage: »Könnt Ihr bitte ruhig sein?«

Verpackte Aussage: »Jungs, seid etwas leiser. Ich kann nichts hören.«

Situation: Ein Arbeitskollege bittet Sie um Hilfe.

Direkte Aussage: »Nein, ich kann es nicht tun.«

Verpackte Aussage: »Ich würde wirklich gern helfen, aber ich kann jetzt wirklich nicht.«

Situation: Sie werden unterbrochen, während Sie reden.

Direkte Aussage: »Unterbrich mich nicht, während ich rede.«

Verpackte Aussage: »Warte kurz. Ich bin noch nicht fertig.«

Situation: Sie werden von einem Bekannten zum Essen eingeladen. (Sie wollen nicht gehen.)

Direkte Antwort: »Nein danke.«

Verpackte Antwort: »Danke für das Angebot. Aber ich kann wirklich nicht.«

Wenn Sie überrumpelt werden und Ihnen die passenden Worte fehlen, können Sie Ihre Antwort immer verschieben:

»Ich muss in meinen Terminkalender schauen. Ich melde mich dann noch einmal.«

Es ist außerdem nützlich, ein oder zwei wunderbare Entschuldigungen auf Lager zu haben:

»Ich kann wirklich nicht. Mein Neffe kommt an diesem Wochenende zu Besuch.«

»Es tut mir leid, aber wir sind an diesem Abend bereits zum Essen eingeladen.«

Es gibt Momente, in denen eine bequeme Ausrede oder eine Notlüge funktioniert und die angemessene Reaktion ist. Das mag sich anhören, als wäre es eine Verletzung der Prinzipien des Selbstbewusstseins, aber es gibt Zeiten, in denen die Gefühle der anderen Person Ihnen vielleicht wichtiger sind als dass Sie sagen könnten: »Auf keinen Fall. Ich will das einfach nicht tun.« Denken Sie daran, Diskretion ist oft der bessere Teil des Selbstbewusstseins.

Das »Gute-Mädchen«-Syndrom

Insbesondere Frauen treffen auf zusätzlichen Druck, Ihr Selbstbewusstsein zu unterdrücken. Kulturell und historisch gesehen wurde den Frauen immer beigebracht, sich an anderen zu orientieren. Frauen wird gelehrt, dass sie passiv, gehorsam und willfährig sein sollen. Ihnen wird gesagt: »Sei nett, und die Menschen werden dich mögen«, »Stell dich nie in den Mittelpunkt der Aufmerksamkeit«, »Schau nicht zu intelligent aus«. Zwar sind diese Aussagen heutzutage weniger verbreitet, aber sie existieren noch. Mit diesen frühen Sozialisationsaussagen aufzuwachsen, die in die Psyche der Frauen eingebrannt werden, macht das Leben noch komplizierter, wenn man die vielen Rollen bedenkt, die Frauen heute annehmen. Meistens ist es die Frau, die den größten Teil der Verantwortung in der Kindererziehung übernimmt. Frauen werden als die Person gesehen, die hauptsächlich dafür verantwortlich ist, sich um die Sachen zu Hause zu kümmern, auch wenn sie eine schwindelerregende Anzahl von Stunden an einem Arbeitsplatz außer Haus verbringt. Und sollte ein Elternteil krank werden oder Zeit und Aufmerksamkeit brauchen, können Sie raten, wer das meiste ihrer Zeit und Aufmerksamkeit gibt. Verbinden Sie dies mit einer nicht selbstbewussten Grundeinstellung, und der Stress kann enorm groß werden.

Vom Umgang mit schwierigen Menschen

Sie dachten, Ihre Tante Agnes wäre ein harter Brocken. Ob Sie es glauben oder nicht, es gibt Menschen da draußen, die sogar noch schwieriger sind. Sie können schlechte Manieren haben, schlecht gelaunt und gemein sein, und ihnen können scheinbar viele grundlegende zwischenmenschliche Fähigkeiten fehlen. Sie verlieren nur wenig Schlaf darüber, dass sie Ihnen das Leben schwer machen. Früher oder später – und wahrscheinlich eher früher – werden Sie auf einen dieser Typen treffen. Möglicherweise müssen Sie schwerere Geschütze auffahren. Feinere Strategien und Taktiken sind hier notwendig, um Ihnen diesen unerwünschten und vermeidbaren Stress zu ersparen. Die folgenden Abschnitte zeigen Ihnen, was Sie tun sollten.

Bleiben Sie ruhig

Wenn Sie brodeln und Ihnen kleine Rauchwolken aus den Ohren kommen, stehen die Chancen nicht sehr gut, dass Sie effektiv auf eine schwierige Situation reagieren. Ihre erste Strategie sollte darin bestehen, sich selbst in einen gefassteren und ruhigeren Zustand zu bringen. Wenn Sie beim ersten Anzeichen eines Konflikts Ihren Körper entspannen, geben Sie sich selbst die besten Chancen, in einer schwierigen Situation gut zu reagieren. Einige einfache Atemübungen (siehe Kapitel 4) sollten Ihnen dabei helfen. Ich verwende in diesen Situationen gerne einige Übungen zur schnellen Entspannung. Folgendes können Sie tun, um ruhig zu bleiben:

Atmen Sie tief durch Ihre Nase ein und pressen Sie gleichzeitig den Daumen und den Zeigefinger einer Hand zusammen. Halten Sie diesen Atemzug vier bis fünf Sekunden und atmen Sie dann durch Ihre leicht geöffneten Lippen aus. Während Sie ausatmen, lösen Sie die Spannung in Ihrer Hand und lassen Sie eine Welle der Entspannung von Ihrem Kopf bis zu Ihren Zehen fließen. Wiederholen Sie die Übung ein- oder zweimal, bis Sie spüren, dass Ihr Körper entspannter ist.

Beginnen Sie nett und arbeiten Sie sich Ihren Weg hoch bis zu gemein

Ich habe immer die Strategie *steigender Selbstbehauptung* bevorzugt, wenn ich mit schwierigeren Situationen umgehen musste. Bei diesem Ansatz beginnen Sie so höflich und liebenswürdig, wie Sie können, und steigen dann Sprosse für Sprosse der Selbstbehauptungsleiter hoch. Sollten Sie feststellen, dass Sie sich dem Ende der Leiter nähern, ohne große Hoffnung auf Erfolg zu haben, müssen Sie möglicherweise zu etwas härterem Verhalten übergehen. Hier ist, was ich meine.

Nehmen wir an, Sie lesen gerade ein besonders gutes Buch. Ihnen wird bewusst, dass Ihre Stille gerade unterbrochen wurde. Ihr Nachbar hat die Lautstärke seines Fernsehers auf einen höchst störenden Grad eingestellt. Es ist laut. Sehr laut. Sie sind sehr genervt. Sie könnten den Vorfall einfach übersehen, aber da es nicht das erste Mal ist, dass dies passiert, entscheiden Sie, dass etwas Selbstbehauptung notwendig ist. Sie legen fest, dass die steigende Selbstbehauptung der Weg ist, den Sie gehen werden. Nachfolgend gebe ich Ihnen eine Übersicht, wie Sie vorgehen könnten:

Ihre Stimmung	Ihre Handlung
Die Freundlichkeit in Person	Eine höfliche Notiz, die Sie unter der Tür Ihres Nachbarn durchschieben
Ich bin ein bisschen verstimmt	Ein liebenswürdiger, aber bestimmter Anruf
Ich bin genervt	Ein persönlicher Besuch mit festem Blickkontakt
Keine Freundlichkeit in Person mehr	An die Wand hämmern, verbale Drohungen
Bereit zum Kampf	Die Polizei, der Hausmeister, Brief vom Rechtsanwalt
Atomkrieg	Gerichtsverfahren, Sie stellen Ihren Fernseher sehr laut
Niederlage	Ohrenstöpsel

Beginnen Sie mäßig und hoffen Sie, dass Sie Ihr Problem lösen können, bevor Sie zum Ende Ihrer Liste kommen. Der Schlüssel zu steigender Selbstbehauptung ist, die emotionale Kontrolle zu behalten, was bedeutet, daran zu arbeiten, dass Ihr Ärger oder Ihre Enttäuschung Sie nicht übermannen und Sie etwas tun, das Sie später bedauern.

Reden Sie wie eine kaputte Schallplatte

Hartnäckigkeit zahlt sich manchmal aus. Wenn Sie Ihre Bitte wieder und wieder aussprechen, wie eine Schallplatte mit einem Kratzer (erinnern Sie sich noch an LPs?), stellen Sie oft fest, dass Sie bekommen, was Sie wollen. Stellen Sie sich diesen Austausch vor. Sie kaufen eine Lampe, die einen Tag lang gut funktioniert, aber dann hören Sie ein Knacksen in der Fassung, das Sie etwas argwöhnisch macht, die Lampe einzuschalten. Sie entscheiden, mit Recht, die Lampe zurückzubringen.

Sie: »Diese Lampe funktioniert nicht richtig. Ich glaube, dass das Kabel fehlerhaft ist. Ich möchte gerne mein Geld zurück.«

Der Verkäufer: »Haben Sie einen Kassenzettel?«

Sie: »Nein. Aber Sie können an der Verpackung sehen, dass ich die Lampe hier gekauft habe.«

Der Verkäufer: »Ohne Kassenzettel können wir keine Artikel zurücknehmen.«

Sie: »Das mag sein, aber ich hätte gern mein Geld zurück.«

Der Verkäufer: »Ich kann das nicht tun.«

Sie: »Ich hätte gern mein Geld zurück.«

Der Verkäufer: »Aber wir nehmen fast nie Artikel ohne Kassenzettel zurück.«

Sie: »Ich hätte wirklich gern mein Geld zurück.«

Der Verkäufer: »In Ordnung, aber nur dieses eine Mal.«

Sie: »Danke.«

Wie Sie sehen, geht hier nichts Brillantes vor sich. Im Grunde genommen zermürben Sie die andere Person. Sie sind willensfest und wiederholen sich. Die Tonlage Ihrer Stimme ändert sich nicht. Sie sind auf Ihr Ziel konzentriert. Sie kennen nur eine Note. Diese Technik funktioniert am besten, wenn Sie sich an einen Satz halten, den Sie immer wiederholen. Funktioniert dieser Ansatz immer? Nein. Aber wenn Sie bei einer anhaltenden und standhaften Forderung bleiben, werden Sie in mehr Fällen, als Sie sich vorstellen können, feststellen, dass Sie bekommen, was Sie wollen.

Probieren Sie etwas »Vernebelung«

Diese Technik ist eine nettere Version der kaputten Schallplatte, enthält aber einige der gleichen Ideen. Vernebelung nimmt Notiz davon, dass Ihnen die Gefühle der anderen Person wichtig sind, oder dass die andere Person möglicherweise berechtigte Einwände hat oder etwas Sinnvolles von Ihnen verlangt, was Sie aber gerne ablehnen würden. Das folgende Beispiel macht das Prinzip der Vernebelung klarer.

Sie werden gebeten, Geld für eine wohltätige Sache zu spenden, die Ihrer Meinung nach ihre Berechtigung hat, aber Sie haben entschieden, dass Sie diese nicht zu Ihrer Spendenliste hinzufügen wollen. Der Spendensammler meint es gut, ist aber hartnäckig. Der Ansatz der kaputten Schallplatte scheint etwas hart. Sie entscheiden sich für Vernebelung:

Der Spendensammler: »Es ist eine großartige Sache. Sie hilft einer Menge Menschen.«

Sie: »Ich weiß, dass es für eine gute Sache ist. Ich möchte im Moment nicht noch etwas einer Wohltätigkeit spenden.«

Der Spendensammler: »Sie müssen nicht viel geben. Jede Summe ist in Ordnung.«

Sie: »Ich verstehe das. Aber ich möchte diesmal nichts spenden.«

Der Spendensammler: »Warum schreibe ich bei Ihnen nicht 30 Mark auf. Das ist nicht so viel.«

Sie: »Ich weiß, es ist nicht viel. Aber ich möchte lieber nicht spenden.«

Obwohl es der Strategie der kaputten Schallplatte sehr ähnelt, ist dies eine sanftere Interaktion. Sie hören der anderen Person aktiv zu und umschreiben oder gehen auf das ein, was sie sagt. Sie sehen ihren Standpunkt ein und können ihn nachempfinden, aber Sie wollen doch bei Ihrem Standpunkt bleiben. Es ist die perfekte Technik, wenn Sie um Spenden gebeten, Ihnen eine Mitgliedschaft in Komitees oder eine ehrenamtliche Aufgabe angeboten oder Sie um einen Gefallen gebeten werden, Sie aber ablehnen möchten.

Hören Sie auf, alles persönlich zu nehmen

Ein Verkäufer schreit Sie an, Ihr Chef hat schlechte Laune, ein Freund ist wütend auf Sie – jede oder alle diese Situationen können eine Menge Stress hervorrufen. Jeglicher Stress, den Sie erleben, wird aber noch enorm erhöht, wenn Sie glauben, dass Sie der Grund für den Ärger oder die Enttäuschung der anderen Person sind. Aber vielleicht sind Sie es nicht. Vielleicht haben Sie gar nichts getan oder gesagt, was den emotionalen Ausbruch der anderen Person rechtfertigen würde.

Sie nehmen Dinge persönlich, wenn Sie fälschlicherweise annehmen, dass es Ihre Persönlichkeit oder Ihre Verhaltensweise ist, die negative Reaktionen bei anderen auslöst. Wenn Sie seit einiger Zeit dabei sind, lernen Sie schnell, dass jeder über alles eine Meinung hat, und normalerweise eine eindeutige. Und häufig sind es negative Meinungen, die diese Leute gerne mit Ihnen teilen. Wenn Sie die Dinge persönlich nehmen, machen Sie den Fehler, nicht zwischen Meinung und Tatsache zu unterscheiden. Sie nehmen an, dass die Leute Recht haben, weil sie etwas sagen oder eine Kritik äußern. Manchmal haben sie Recht, aber oft haben sie es nicht. Denken Sie daran, andere Menschen haben auch Probleme. Viele zeigen gestörte Persönlichkeiten und andere Formen emotionaler Störungen. Die meisten stehen wahrscheinlich unter zu viel Stress, und sicherlich alle haben andere Prioritäten als Ihre eigenen. Bevor Sie also zu gestresst werden, halten Sie ein und fragen Sie sich: »Liege *ich* hier wirklich falsch?«

Machen Sie eine Generalprobe

Zwischenmenschliche Konflikte und unnötiger Stress werden häufig dann hervorgerufen, wenn wir unvorbereitet getroffen werden. Nehmen Sie sich etwas Zeit und planen Sie, was Sie der anderen Person gerne sagen würden. Manchmal ist es unvermeidbar, dass Sie unvorbereitet sind. Oft können Sie es jedoch kommen sehen und haben eine Chance, sich auf den Austausch vorzubereiten. Machen Sie ein Rollenspiel. Stellen Sie sich vor, was Sie sagen könnten und wie die andere Person reagieren mag. Stellen Sie sich dann vor, wie Sie reagieren. Aber gehen Sie noch weiter als das. Stellen Sie sich auch vor, dass die andere Person feindselig und schwierig wird. Sehen Sie sich selbst die Situation bewältigen. Stellen Sie sich vor, dass Sie ruhig sind, selbstbewusst handeln und in Kontrolle bleiben. Spielen Sie verschiedene Szenen durch, bis Sie das Gefühl haben, für alles bereit zu sein.

Nachfolgend finden Sie einige Situationen, die Sie mental proben können:

- ✔ Sie sind ziemlich unglücklich über einige Dinge, die ein Kollege in letzter Zeit getan hat, und möchten ihm gern klar machen, dass er damit aufhören soll.
- ✔ Sie wissen, dass ein Freund Sie um einen Gefallen bitten wird, einen, den Sie definitiv nicht erfüllen wollen.
- ✔ Sie müssen jemanden darum bitten etwas zu tun, von dem Sie wissen, dass es die andere Person wütend macht.

Übung mag den Meister machen oder auch nicht, aber sie wird sicher Ihren Stress reduzieren.

Die Schlacht verlieren, den Krieg gewinnen

Kaum eine Woche (ein Tag? eine Stunde?) vergeht, ohne dass jemand etwas tut oder sagt, das kriegsauslösendes Potenzial hat. In unser aller Leben sind die Gelegenheiten für Konflikte nicht zu knapp. Vielleicht sind Sie einer der vielen Menschen, die das Gefühl haben, sie müssten auf jede Kränkung, Beleidigung, Ausnutzung oder Provokation reagieren, die ihnen über den Weg läuft, was sie sehr beschäftigt und höchst gestresst halten kann.

Während diese vorpreschende Verhaltensweise einen Platz in Ihren zwischenmenschlichen Fähigkeiten haben sollte, und es Momente gibt, in denen direkte Konfrontation der richtige Weg ist, gibt es auch Momente, in denen die Vermeidung von Konflikten die Option der Wahl ist. Wo steht geschrieben, dass Sie auf alles reagieren müssen, das Ihnen über den Weg läuft? Treten Sie zur Seite, lassen Sie es vorbeigehen, schauen Sie weg, halten Sie Ihren Mund geschlossen. Der Trick ist zu wissen, wann Sie handeln und wann Sie sich zurückziehen sollten. Das bedeutet, diese Begegnungen nicht so zu behandeln, als hätten sie alle die gleiche Bedeutung. Es bedeutet, Ihre Kriege weise auszuwählen und zu entscheiden, die weniger wichtigen Kämpfe zu verlieren, so dass Sie auf lange Sicht der Gewinner sein können.

Benutzen Sie die Ampeltechnik

Mit dieser Technik können Sie jeden Konflikt oder Streit in eine von drei Kategorien ordnen: grüne Interaktionen, rote Interaktionen oder gelbe Interaktionen.

Sie brauchen sich über die grünen nicht den Kopf zu zerbrechen. Dies sind positive Interaktionen, die Sie haben, und davon sollten Sie so viele erleben, wie Sie bekommen können. Rote Interaktionen sind dagegen Begegnungen, Probleme oder Situationen, in denen Sie das Gefühl haben, dass etwas getan werden muss. Sie müssen etwas sagen oder tun, um mit der Situation umzugehen.

Gelbe Interaktionen sind die, die zwischen die beiden anderen Kategorien fallen. Sie sind negativ, aber nicht so schlimm oder stressend, dass sie in die Kategorie rot fallen. Gelbe Probleme können fallen gelassen oder vermieden werden, sie können sie einfach nicht beachten. Stellen Sie sich die folgenden Grenzsituationen vor:

Umstand	Rot oder gelb? (R oder G?)
Jemand hat sie angerempelt.	___________
Jemand hat Sie beim Sprechen unterbrochen.	___________
Jemand hat Sie im Verkehr geschnitten.	___________
Ihr Kellner ist sehr langsam.	___________
Die Person vor Ihnen an der Kasse braucht.	
ewig, um ihre Einkäufe zu bezahlen.	___________
Leute reden während einer Besprechung.	___________
Jemand sagt etwas Dummes.	___________
Sie werden unhöflich behandelt.	___________

In jeder dieser Situationen haben Sie die Wahl, auf die Situation zu reagieren oder sie zu ignorieren. Es gibt Momente, in denen Sie eine oder mehrere dieser Situationen und Begegnungen als Rotlicht einstufen würden. Ich empfehle Ihnen aber, dass Sie mehr dieser Situationen und Begegnungen in die »Lass es gehen«- gelbe Kategorie einordnen. Ersparen Sie sich selbst den Stress. Handeln Sie dann nicht selbstbewusst? Nicht wirklich. Heben Sie sich die emotionale Energie für die wichtigeren Dinge auf.

Nur weil etwas in die gelbe Kategorie fällt, bedeutet das nicht, dass es nicht später einen Rotlicht-Status erhalten kann. Als mein Sohn vergaß, den Müll rauszubringen, ließ ich es gehen. Als es zum zweiten Mal passierte, ließ ich es nicht gehen. Ganz ähnlich dazu habe ich mich für gelb entschieden, als der Maler nicht wie versprochen auftauchte. Beim zweiten Mal, als er es nicht auf die Reihe kriegte, habe ich mich für rot entschieden.

Werte, Ziele und Einstellungen gegen Stress

13

In diesem Kapitel

- Wie Ihre Werte und Ziele zu Stress führen können
- Feststellen, was wichtig ist
- Haben Sie Sinn für Humor?
- Anderen helfen – eine wertvolle Aufgabe
- Spirituelle Dimensionen

Sie können sich jetzt entspannen, Ihr Leben ist bemerkenswert organisiert, Sie ernähren sich wie ein Ernährungswissenschaftler und schlafen wie ein Baby. Aber das ist noch nicht alles. Ebenso wie Ihr Denken eine wichtige Rolle im Entstehen (und Vermindern) Ihres Stresses spielt, können Ihre Werte, Ziele und Einstellungen den Stress in Ihrem Leben beeinflussen. Dieses Kapitel hilft Ihnen, Ihre persönlichen Werte und Ziele zu identifizieren und festzulegen. Es zeigt Ihnen, wie Sie Ihre Welt in einer Art und Weise betrachten können, die dem Stress widersteht.

Den Wert Ihrer Werte erkennen

»Was«, fragen Sie möglicherweise, »haben meine Werte und Einstellungen mit dem Stress in meinem Leben zu tun?« Die Antwort ist: »Viel.« Ihre persönlichen Werte und Ihre allgemeine Philosophie des Lebens spielen eine wichtige Rolle, wenn es um den Stress in Ihrem Leben geht. Ihre Denkweise und Ihre Wertvorstellungen spielen oft in subtilen, aber sehr wichtigen Wegen zusammen, um Sie entweder vor Stress zu schützen oder Ihrem Leben *mehr* Stress hinzuzufügen. Nur selten geht ein Tag vorbei, an dem nicht eine Entscheidung, eine Meinung oder eine Handlung von Ihren Werten und Einstellungen bestimmt oder zumindest geformt wird. Ihre Werte bestimmen zu einem großen Teil Ihre Ziele, Ihre Bedürfnisse und Ihre Wünsche. Und wenn Sie diese Ziele nicht erreichen, oder die Bedürfnisse und Wünsche nicht erfüllen, fühlen Sie sich gestresst.

Möglicherweise ist Ihnen gar nicht bewusst, dass Sie solche Werte und Einstellungen haben. Aber das ist so. Und entweder bewusst oder unbewusst lenken diese viele Ihrer wichtigen Entscheidungen – von Ihrer Ernährung bis zu Ihren politischen Einstellungen, von Ihrem Beruf und Ihren Freizeitbeschäftigungen bis hin dazu, wofür Sie Ihr Geld ausgeben. Das Erkennen Ihrer Werte und Einstellungen ist ein wichtiger erster Schritt für die Entwicklung einer Lebensphilosophie, die widerstandsfähig gegen Stress ist. Je größer die Übereinstimmung zwischen Ihren Werten und Zielen und Ihren Entscheidungen und Handlungen ist, um so niedriger ist Ihr Stresslevel.

Ihre Werte und Einstellungen sind Ihr Wegweiser im Leben. Je besser der Wegweiser, um so geringer ist die Wahrscheinlichkeit, dass Sie einen falschen Weg einschlagen.

An verschiedenen Punkten in Ihrem Leben merken Sie, dass einige Ihrer Werte und Ziele Ihnen nicht das Glück und die Zufriedenheit bringen, die Sie sich wünschen. Viele Ihrer Kernwerte sind vielleicht nicht die, an die Sie wirklich glauben. Dies sind vielleicht die Werte, die Sie von anderen geerbt haben, ohne selbst viel darüber nachzudenken. Diese Werte können von Ihren Eltern, Ihren Mitmenschen, Ihrer Religion, Ihren Lehrern, von Film und Fernsehen, dem Unternehmen oder der Organisation, für das bzw. für die Sie arbeiten, oder der Gemeinde kommen, in der Sie leben. Solche Werte können Ihren eigenen Werten entsprechen. Aber in manchen Fällen reflektieren sie vielleicht nicht das, was Ihnen zum derzeitigen Punkt in Ihrem Leben wirklich bedeutungsvoll oder wichtig ist. Ja, Sie erklimmen die Leiter, aber vielleicht ist es die falsche Leiter. Was an einem Punkt in Ihrem Leben der Mühe wert und wichtig war, mag später nicht mehr so wichtig erscheinen. Ihre Werte und Ziele ändern sich, und von Zeit zu Zeit ist es wichtig, Ihre Werte neu zu setzen und zu überdenken.

Stellen Sie Ihre Werte und Ziele klar

In diesem Abschnitt biete ich Ihnen mehrere Übungen, mit denen Sie erkennen und klarstellen können, welche Werte und Ziele für Sie wichtig sind. Bei diesen Übungen geht es nicht um Bestehen oder Durchfallen oder richtig oder falsch, also seien Sie einfach ehrlich. Bedeutet das, dass einige Werte widerstandsfähiger gegen Stress sind als andere? Absolut. Aber Sie allein können bestimmen, an welchen Ihrer Werte und Ziele Sie festhalten und welche Ihrer Werte und Ziele Sie überdenken oder sogar ganz über Bord werfen können.

Der Grabsteintest

Über Ihren eigenen Tod nachzudenken mag etwas übertrieben dramatisch erscheinen, um sich Ihre eigenen Kernwerte und zentralen Ziele bewusst zu machen, aber es kann bemerkenswert wirkungsvoll sein. Die folgende Übung wurde entwickelt, um Ihnen die ultimative Perspektive zu geben. Nehmen Sie einen Stift und ein Blatt Papier (oder Ihre Tastatur) und beantworten Sie folgende Fragen:

Wenn ich gestorben bin, was würde mein Grabstein über mich sagen?
(Nehmen Sie an, dass Sie einen sehr großen Grabstein haben.)

Fügen Sie in Ihre Grabsteinbeschreibung die Antworten auf folgende, etwas spezifischere, Fragen ein:

- ✔ Wie sollen sich andere Menschen an mich erinnern?
- ✔ Was hätte ich gern im Leben erreicht?

Diese Übung sollte Ihnen helfen, zurückzutreten und sich das Gesamtbild anzusehen. Sie zwingt Sie zu der Überlegung, was Sie als lohnend und wichtig bewerten. Dieser Ansatz hat für Ebenezer Scrooge funktioniert. Versuchen Sie es einfach.

Etwa fünf Jahre zu leben

Dieser Abschnitt gibt Ihnen eine andere schwungvolle Übung. In dieser sind Sie noch nicht tot, werden es aber in Kürze sein. Ihnen wurde mitgeteilt, dass Sie noch fünf Jahre leben werden, aber nicht viel mehr. Ihnen wird versichert, dass Sie keine Schmerzen erleiden und Sie bis zu Ihrem Tod ein völlig normales Leben führen können. Diese Übung unterscheidet sich vom Grabsteintest insofern, als dass sie sich weniger das Gesamtbild anschaut und Sie dazu auffordert, Ihre derzeitigen alltäglichen Beziehungen und Belange zu überdenken und neu zu bewerten.

Denken Sie über die folgende Frage nach:

Wenn Sie nur noch fünf Jahre zu leben hätten, würden Sie die Zeit, die Ihnen bleibt, anders verbringen als Sie es jetzt tun?

Wenn ja, was würden Sie anders machen? Würden Sie an Ihrem Arbeitsplatz bleiben? Würden Sie dort leben, wo Sie jetzt leben? Würden Sie endlich Ihre Mutter anrufen? Usw. ...

Spielen Sie das Bewertungsspiel

Eine der einfachsten Methoden, Ihre Werte und Ziele zu entdecken, besteht darin, eine Liste der weit verbreiteten Werte und Ziele zu beurteilen. Verwenden Sie diese einfache 10-Punkte-Skala, wobei 10 bedeutet »ist mir extrem wichtig« und 0 bedeutet »ist mir gar nicht wichtig«. Ordnen Sie die Punkte nicht nach Wichtigkeit. Ziehen Sie jeden Punkt einzeln in Betracht und bewerten Sie ihn auf einer Skala von 0 bis 10. Probieren Sie es aus:

____ Finanzieller Erfolg

____ Als intelligent angesehen werden

____ Macht haben

____ Führungskraft sein

____ Bei den meisten Dingen gewinnen

____ Anderen helfen

____ Als physisch attraktiv angesehen werden

____ Bewundert werden

____ Als ehrlich angesehen werden

____ Zeit mit meiner Familie verbringen

____ Zeit mit Freunden verbringen

____ Berühmt sein

____ Respektiert sein

____ Geliebt werden

____ Eine starke spirituelle Grundlage haben

Der Zweck dieser Übung besteht darin, Sie dazu zu bringen, bestimmte Ziele und Eigenschaften dahingehend zu beurteilen, welchen Wert Sie für Sie haben und wie wichtig Sie Ihnen sind. Nachdem Sie diese Werte und Ziele beurteilt haben, nehmen Sie sich einen Moment Zeit und schauen Sie sich die Punkte genauer an, die Sie mit 7 oder höher bewertet haben. Führen Sie aus, was dieser Wert oder dieses Ziel für Sie bedeutet. Bedeutet z.B. finanzieller Erfolg, dass Sie Millionen haben müssen, oder heißt es, genug Geld zu haben, so dass Sie sich keine Sorgen machen müssen, wie Sie Ihre Rechnungen bezahlen? Ein oder zwei Sätze sollten reichen. Ich hoffe, dass Ihnen diese Übung helfen kann, etwas darüber zu erfahren, was Ihnen wichtig ist, und vielleicht einige Aspekte Ihres Lebens zu identifizieren, die Sie ändern möchten.

Dinge, die ich gern mache

Diese Übung ist viel einfacher. Hier listen Sie einfach 15 Dinge auf, die Sie wirklich gern machen. Ich rede hier nicht davon, die Welt zu verbessern, sondern von den Dingen, die Sie wirklich gern tun. Das kann alles sein – reisen, einen bevorzugten Sport treiben, Bestseller lesen, lernen, Gartenarbeit, schlafen, fernsehen oder womit Sie auch immer gern Ihre Zeit verbringen. Wenn Sie diese Dinge aufschreiben, realisieren Sie möglicherweise, dass Sie etwas verpassen. Fragen Sie sich dann:

»Warum mache ich nicht mehr von diesen Dingen?«

Wenn Sie gern Golf spielen oder mehr Zeit auf Reisen verbringen würden, fragen Sie sich, warum Sie dies nicht tun. In späteren Abschnitten dieses Kapitels erfahren Sie, wie Sie die Zeit finden können, um diese Aktivitäten in Ihr beschäftigtes Leben einzubringen.

Einige andere faszinierende Fragen als Denkanregung

Wenn Ihr Gehirn bis hierhin noch nicht völlig ausgelaugt ist, können Sie sich noch einige weitere Fragen stellen, um Ihre Werte und Ziele besser kennenzulernen. Wenn Sie jetzt lieber nicht über diese Fragen nachdenken möchten, notieren Sie die Fragen und ziehen Sie eine heraus, wenn Sie sich in einer langen Warteschlange oder in einem Flugzeug oder Zug wiederfinden.

- ✔ Wenn ich in einem anderen Leben als eine andere Person wiederkommen könnte, wer würde ich dann sein? Warum?
- ✔ Wenn ich einen Haufen Geld hätte, was würde ich damit tun?
- ✔ Wenn ich nur drei Anrufe machen könnte, bevor ich diese Welt verlassen müsste, wen würde ich anrufen? Was würde ich sagen?
- ✔ Und der alte Favorit in Bewerbungsgesprächen: Wo möchte ich in einem Jahr sein? In fünf Jahren?

Ihre Werte verwirklichen, Ihre Ziele erreichen

Nachdem Sie sich einige Ihrer wichtigeren Werte nun bewusst gemacht haben, stellen Sie vielleicht fest, dass es sich mehr um Lippenbekenntnisse handelt, als dass Sie Ihnen tatsächlich folgen. Wir haben die große Fähigkeit, an uns wichtigen Werten festzuhalten, doch in unserem alltäglichen Leben schaffen wir es manchmal nicht, ihre Wichtigkeit zu erkennen. Daher werten wir vielleicht die Absicht, mehr Zeit mit unserer Familie zu verbringen, sehr hoch, stellen aber fest, dass wir tatsächlich, aus welchem Grund auch immer, nur sehr wenig Zeit mit Familienmitgliedern verbringen, auch wenn wir die Gelegenheit dazu haben. Um diese Falle zu vermeiden, sollte Ihnen klar werden, wie Sie Ihre Zeit, Ihr Geld und Ihre Energie tatsächlich investieren.

Bleiben Sie auf dem rechten Weg

Mit dieser Übung können Sie eine Menge des Materials, das Sie in den vorigen Übungen gesammelt haben, organisieren und bestimmen, inwieweit Sie Ihre Ziele und die Ihnen wichtigen Werte verwirklichen und erreichen.

Schritt 1: Ordnen Sie Ihre wichtigsten Werte und Ziele

Stellen Sie aus dem, was Sie in den vorhergegangenen Übungen über Sich selbst entdeckt haben, eine geordnete Liste Ihrer Top-10-Werte auf. Unter diesen Werten können eher abstrakte sein (wie z.B. Ehrlichkeit und Aufrichtigkeit) oder spezifische Ziele (mehr Zeit mit der Familie verbringen, sich mehr in die Gemeinde einbringen, usw.).

Bewerten Sie Ihren Fortschritt

In einer zweiten Spalte bewerten Sie, inwieweit Sie das Gefühl haben, die in der ersten Spalte aufgelisteten Werte und Ziele zu verwirklichen oder erreicht zu haben. Benutzen Sie wieder eine einfache 10-Punkte-Skala, wobei 10 »Vollkommen« und 0 »Überhaupt nicht« bedeutet.

Als kleine Hilfestellung für spezifische Ziele und Werte sind hier einige Kategorien für den Anfang: Arbeitsplatz/Karriere, Familie, Freunde, Gesundheit, Geld, Hobbies, Interessen, Reisen und Spiritualismus.

Meine wichtigen Werte und Ziele	Mein Erfolg in der Verwirklichung dieser Werte oder dem Erreichen dieser Ziele
______________________	______
______________________	______
______________________	______
______________________	______
______________________	______
______________________	______

Zeit nehmen

Das Verwirklichen Ihrer Werte und Erreichen Ihrer Ziele verlangt Zeit. Und da Sie sowieso schon unglaublich beschäftigt sind, braucht es vielleicht etwas Planung, um die Zeit für die wichtigeren Dinge in Ihrem Leben zu finden. Sie müssen Ihre Prioritäten planen, statt Ihre Planung zur Priorität zu machen. Mit anderen Worten, beginnen Sie festzulegen, welche Aktivitäten in Ihrem Leben wichtiger sind, und nehmen Sie sich dann die Zeit dafür.

Damit Sie diese Aktivitäten identifizieren können, finden Sie nachfolgend eine Liste, mit der Sie beginnen können. Geben Sie für jeden der Punkte unten an, inwieweit er für Sie eine Priorität ist und wie, wann und wo genau Sie die Zeit für diese Priorität nehmen oder schaffen können.

Ich würde gern mehr Zeit verbringen ...	Wie, wann und wo kann ich das tun?
Mit meinen Kindern	____________________
Mit meinem Partner	____________________
Mit Freunden	____________________
Mit meiner Arbeit oder Karriere	____________________
Mit einem Hobby oder einer Interesse	____________________
mit Sport	____________________
mit Lesen	____________________
mit Fitness	____________________
mit der Pflege meiner Seele	____________________
mit Gemeindeaktivitäten	____________________
mit Reisen	____________________
(Fügen Sie andere Punkte hinzu, die Ihnen einfallen)	
____________________	____________________
____________________	____________________
____________________	____________________
____________________	____________________
____________________	____________________

Kein Witz: Humor ist hervorragende Stressmedizin

Wenn Sie das Leben zu ernst nehmen, haben Sie fast eine Garantie dafür, dass Ihr Stresslevel höher sein wird, als er sein müsste. Das Leben ist voller Unannehmlichkeiten, Schwierigkeiten und einer Fülle anderer Ärgernisse, die Sie entweder in den Wahnsinn treiben oder ein Lächeln auf Ihr Gesicht zaubern können. Und auch die ernsthafteren Probleme, die eventuell auf Ihrem Weg liegen, enthalten oft eine Spur von Humor. Humor gibt Ihnen die Fähigkeit, viel des potentiellen Stresses und Druckes um Sie herum aufzulösen. Ein scharfer Sinn für die Absurditäten kombiniert mit etwas Schrulligkeit kann Ihr Leben viel weniger stressig machen.

Wer lacht, lebt länger

Humor ist ein ernst zu nehmender Stressreduzierer, als Sie vielleicht denken. Hier sind einige Methoden, wie er Ihren Stresslevel senken kann:

✔ **Er entspannt Ihren Körper.** Wir wissen, dass der physische Akt des Lachens in einer allgemeinen Absenkung Ihres physischen Stresslevels resultieren kann. Nach einem kurzen Anstieg während des Lachens, fällt Ihr Blutdruckwert, und Ihre Herzrate verlangsamt sich. Das Gehirn kann außerdem Endorphine freisetzen, die einen ruhigeren physischen Zustand hervorrufen können.

✔ **Er kann Ihre Abwehrkräfte stärken.** Forscher beginnen zu entdecken, dass Humor möglicherweise sogar wichtigere gesundheitliche Auswirkungen hat. Lachen verringert die Produktion der Stresshormone in Ihrem Körper, während es die Produktion von krankheitsabwehrenden T-Zellen und von chemischem Interferon erhöht, was zusammengenommen zu einem stärkeren Immunsystem führen kann.

✔ **Er gibt Ihnen eine Perspektive.** Humor bringt Distanz und Objektivität. Wenn Sie einen Weg finden können, eine potentiell Stress auslösende Situation in einer humorvollen Art und Weise zu sehen, können Sie das Stresspotenzial dieser Situation verkleinern.

✔ **Er kann Sie dazu bringen, sich selbst weniger ernst zu nehmen.** Eine Menge Ihres Stresses liegt darin begründet, dass Sie dem zu viel Bedeutung beimessen, wie Sie sich selbst sehen oder wie andere Sie sehen. Wenn Sie lernen können, über sich selbst zu lachen, nehmen Sie anderen Menschen – und auch den Umständen selbst – die Fähigkeit, Sie zu stressen.

Einige humorvolle Vorschläge

Nur wenige von uns würden zugeben, keinen Sinn für Humor zu haben. Aber zu oft verlieren wir die Fähigkeit zu lachen (oder zumindest zu lächeln), wenn wir den Unsinn und die Verrücktheit des Lebens um uns herum betrachten. Sie müssen kein Stehgreifkomödiant sein oder die Gruppe mit zwerchfellerschütternden Einzeilern verblüffen, um Humor für Sie arbeiten zu lassen. Hier sind einige Methoden, wie Sie Humor zu einem Ihrer Stress reduzierenden Werkzeuge machen können.

✔ **Sehen Sie die Situation in einem neuen Licht.** Dr. Joel Goodman, Direktor des *HUMOR Project* in Saragota Springs, New York, schlägt vor, dass Sie, wenn Sie Schwierigkeiten haben, an einer potentiell stressenden Situation etwas Humorvolles zu sehen, versuchen sollten, die Situationen mit den Augen einer anderen Person zu sehen. Versuchen Sie sich vorzustellen, wie ein Freund mit einem besonders schrägen Sinn für Humor die Situation sehen könnte. Oder fragen Sie sich, wie Situationen wie z.B. das Nichtfinden eines Parkplatzes oder der Verlust der Brieftaschen in einer Episode von *Seinfeld* behandelt werden würden.

✔ **Suchen Sie die Gesellschaft anderer, die Sie zum Lachen bringen.** Der Humor anderer Menschen kann ansteckend sein. Ihr Lachen und Humor können nicht nur Ihren Stresslevel senken, sondern Sie werden auch beginnen, über Ihren eigenen Stress in einer witzigen Art und Weise zu reden.

- **Amüsieren Sie Ihre Phantasie.** Versuchen Sie kleine humorvolle Dinge zu finden und zu sammeln, mit denen Sie ein Lächeln oder ein Lachen herbeizaubern können. Das könnte dieses Bild von Ihnen sein mit dem lächerlichen Gesichtsausdruck. Bringen Sie es am Spiegel in Ihrem Badezimmer an. Oder es könnte ein witziger Spruch oder Comic sein, der Sie zum Kichern bringt. Bringen Sie diesen an Ihrem Kühlschrank an oder stellen Sie ihn sich auf Ihren Schreibtisch im Büro. Immer, wenn ich mich gestresst fühle, weil ich das Haus wieder putzen muss, erinnere ich mich an diesen hervorragenden Ausspruch von Joan Rivers: »Ich hasse Hausarbeit! Du machst die Betten, du machst den Abwasch – und sechs Monate später fängst du wieder von vorn an.«

Alles, was ein Lächeln hervorrufen kann, kann Ihre Laune bessern.

Blähen Sie die Dinge auf

Übertreibung ist eine hervorragende Methode, eine potentiell stressende Situation aufzulösen und ihr viel ihrer Wirkung zu nehmen. Eine Form der Übertreibung verwendet die *Aufblähtechnik*. So funktioniert sie: Nehmen wir an, Sie ärgern sich, weil Ihr Nachbar seinen Fernseher zu laut gestellt hat. Lassen Sie nun Ihre Vorstellung die Sache in die Hand nehmen. Stellen Sie sich vor, dass er das Fernsehen auf volle Lautstärke gestellt hat. Nicht nur das, sondern auch sein Radio ist ohrenbetäubend laut. Sie hören plötzlich Live-Musik und realisieren, dass dies eine Band Ihres örtlichen Gymnasiums ist, die in seinem Wohnzimmer probt. Die Wände wackeln. Ihr Cousin, der einen Kilometer entfernt wohnt, ruft Sie an, weil er wissen will, was los ist. Die Polizei und die Feuerwehr kommen an ... und dann lächeln Sie.

Oder stellen Sie sich Folgendes vor: Nehmen wir an, Sie finden sich gestresst in einem vollen Fahrstuhl wieder. Stellen Sie sich nun vor, dass dieser bereits volle Fahrstuhl im nächsten Stockwerk anhält und noch ein Dutzend mehr Leute hineinkommen. Komplett voll, kein Platz mehr für eine weitere Person, hält der Fahrstuhl in der nächsten Etage, wo wieder ein Dutzend Leute wild darauf sind, in den Fahrstuhl zu kommen. Und sie tun es. Leute stehen und liegen kreuz und quer. Sie haben nicht genügend Platz, um auch nur einen Finger zu bewegen. Die Leute reden darüber, im Guiness-Buch der Rekorde aufgelistet zu werden. Und wieder lächeln Sie.

Übertreibung und Verzerrung können Ihnen helfen, die Dinge klarer zu sehen. Versuchen Sie es.

Wenn witzig nicht so witzig ist

Nicht jeder Humor ist witzig – oder auch wirksam gegen Stress. Jemanden auszulachen oder sarkastischer oder verletzender Humor ist wirklich eine Form verkleideter Aggression. Und die kann zwar Ihren Stresslevel für den Moment senken, kann sich aber auch selbst füttern und auf lange Sicht gesehen zu einem wesentlich stressigeren Ergebnis führen. Wenn Sie über die kleinen Schwächen und Fehler einer Person lachen wollen, machen Sie sich selbst zu dieser Person.

Tun Sie etwas Gutes für jemand anderen

Etwas für andere Person zu tun kann als Stresspuffer agieren und Ihre Widerstandsfähigkeit gegen Stress stärken. Meistens können Sie genau so viel, wenn nicht mehr, für sich selbst herausholen. Und dies kann ohne drastische Verpflichtungen von Ihrer Seite erreicht werden. Sie müssen keine Mutter Teresa sein oder eine Obdachlosenfamilie bei sich aufnehmen. Kleine, einfache Handlungen der Großzügigkeit und Güte können einen langen Weg gehen.

Wie Helfen hilft

Ihre Hilfe für andere wird sicher auch nicht erst im Jenseits belohnt. Hier sind einige der Punkte, warum irgendeine Form des Dienstes an der Gemeinschaft gut für Ihren Stresslevel sein kann:

- ✔ **Es gibt Ihnen das Gefühl, etwas Sinnvolles zu tun.** Für viele von uns kommt zumindest ein Teil unseres Stresses von dem Gefühl der Unsicherheit über die Beschaffenheit unserer Existenz und von der Suche nach einem Sinn und Zweck für unser Leben. Anderen zu helfen kann zu dem Gefühl beitragen, etwas Sinnvolles mit unserem Leben anzufangen und einen aufrichtigen Beitrag für andere zu leisten. Wir fühlen uns besser, wenn wir helfen können.
- ✔ **Es bringt Ihnen Verbindungen.** Fast alle Arten des Dienstes an der Gemeinschaft (abgesehen davon anonyme Schecks zu schreiben) bringt Sie in Kontakt zu anderen Menschen. Das könnte die Person oder Gruppe sein, der Sie helfen, eine Agentur oder ein Dienstleistungsunternehmen, ein Ausschuss, ein Komitee oder ein Mithelfer oder Versorger. Der Akt des Helfens trägt zu Ihrem sozialen Netz bei und stärkt Ihr Gefühl der Verbundenheit mit der Welt um Sie herum.
- ✔ **Es hält Sie beschäftigt.** Anderen in Ihrer Gemeinde zu helfen, in welcher Form auch immer, ist eine Beschäftigung, die Ihre Zeit und Energie lenkt. Sie kann Sie von Ihren Problemen und Sorgen ablenken und Ihre Aufmerksamkeit in eine lohnende und sicherlich weniger stressende Richtung konzentrieren.
- ✔ **Es erhöht Ihr Selbstwertgefühl.** Wenn wir anderen helfen, fühlen wir uns gut. Unsere Selbstachtung ist erweitert, wir fühlen uns etwas wert. Da viel von unserem Stress mit einem Gefühl des fehlenden Selbstwerts verbunden ist, werden unsere Taten für andere zu einer wahrhaft wertvollen Methode, die Art und Weise zu ändern, wie Sie sich selbst sehen.

Wo fange ich an?

Oft besteht das größte Hindernis für ehrenamtliche Arbeit darin herauszufinden, was wir tun können und wohin wir uns wenden sollen. Die meisten Gemeinden haben eine oder mehrere Dachorganisationen oder Anlaufstellen für ehrenamtliche Mitarbeit, die alle ehrenamtlichen Möglichkeiten in Ihrer Nachbarschaft kennen. Um diese zu finden, rufen Sie bei einer der größeren Hilfsorganisationen in Ihrer Stadt an. Sie werden wissen, wohin Sie sich wenden können.

Hier sind einige Ideen für freiwillige Mithilfe:

- ✔ Werden Sie Mentor oder Mentorin für eine andere Person.
- ✔ Helfen Sie ehrenamtlich in einem örtlichen Obdachlosenheim aus.
- ✔ Helfen Sie in einer Bibliothek aus.
- ✔ Helfen Sie in einem örtlichen Museum aus (machen Sie eine Führung oder helfen Sie bei der Spendensuche).
- ✔ Verschönern Sie einen Garten, einen Park oder einen Gehweg in Ihrer Nachbarschaft.
- ✔ Trainieren Sie Kinder in einem Mannschaftssport.
- ✔ Liefern Sie Mahlzeiten für an ihr Haus gebundene oder ältere Menschen aus.
- ✔ Geben Sie Nachhilfe für Kinder mit Lernschwierigkeiten.
- ✔ Helfen Sie in der Verwaltung einer Ihrer bevorzugten Wohlfahrtsorganisationen aus.
- ✔ Helfen Sie bei der Organisation einer Blutspendeaktion.
- ✔ Machen Sie bei einer Telefonseelsorge mit.
- ✔ Bringen Sie Erwachsenen das Lesen und Schreiben bei.
- ✔ Nehmen Sie an einem Deutsch-für-Ausländer-Programm teil.
- ✔ Helfen Sie bei der Spendensammlung eines Radio- oder Fernsehsenders.
- ✔ Arbeiten Sie in einem Kinderheim.
- ✔ Helfen Sie in einer Kindertagesstätte aus.
- ✔ Helfen Sie in einem Seniorenzentrum aus.

Sie werden länger leben

Einige Studien nehmen heute an, dass die Vorteile des Altruismus möglicherweise nicht nur psychologischer Art sind. In einer Studie fand der Forscher Allan Luks, Direktor von *Big Brothers/ Big Sisters* in New York, heraus, dass ehrenamtliche Mitarbeiter, die einige der üblichen Stresssymptome erlebten – Kopfschmerzen, Gelenkschmerzen, Rückenschmerzen – über eine Verbesserung dieser Symptome berichteten. Die Schmerzen, so schien es, wurden durch den positiven Einsatz der Freiwilligen gemildert.

In einer zweiten Studie an der Cornell University in Ithaca, New York, untersuchte Phyllis Moen, Ph.D., die Auswirkungen von ehrenamtlicher Arbeit auf die physische Gesundheit und die Lebensspanne von Frauen. Sie fand heraus, dass die Frauen, die Zeit und Mühe für eine ehrenamtliche Organisation zur Verfügung stellten, länger lebten als die, die es nicht taten. Bei diesen Frauen war die Wahrscheinlichkeit geringer, dass sie depressiv wurden, und sie fühlten sich zufriedener mit der Qualität ihres Lebens. In einer verwandten Studie, die an der University of Michigan an

Männern durchgeführt wurde, die mindestens einmal pro Woche ihre Zeit und Mühe in ehrenamtliche Arbeit steckten, fanden die Forscher heraus, dass die Todesrate für diese Menschen etwa halb so groß war wie die der Menschen, die keine freiwillige Arbeit leisteten. Vielleicht ist Geben wirklich besser als Nehmen?

Zufällige Güte funktioniert ebenfalls

Denken Sie daran, dass Sie auch in einer Art und Weise altruistisch sein können, die keinen regelmäßigen Zeiteinsatz oder die Mitgliedschaft in einer Organisation erfordert. Sie können als »freier« ehrenamtlicher Helfer tätig werden. Es gibt Dutzende von Gelegenheiten, um jemandem zu helfen oder etwas Positives für eine andere Person zu tun. Zufällige Aktionen der Güte – ein nettes Wort, eine kleine Tat, eine Höflichkeit – erzeugen in Ihnen und den Menschen, mit denen Sie es zu tun haben, ein positives und zufriedenes Gefühl.

Helfende Hinweise

In seinem Buch, *Der Mehrwert des Guten. Wenn Helfen zur heilenden Kraft wird.*, bietet Allan Luks einige Richtlinien dazu, welche Art von freiwilligen Hilfeleistungen sich am besten auf Ihren Stress auswirken. Hier sind einige seiner Vorschläge:

- ✔ **Suchen Sie Situationen, die Sie direkt mit anderen in Kontakt bringen, die Hilfe brauchen.** Briefumschläge zu füllen ist in Ordnung, aber Sie werden größere Zufriedenheit in einer praktischen Situation finden.
- ✔ **Suchen Sie sich einen Bereich für Ihre Hilfeleistungen, in dem Sie mit den Menschen mitfühlen können, mit denen Sie arbeiten.**
- ✔ **Suchen Sie eine Beschäftigung, bei der Sie ein Wissen oder eine Fähigkeit, die Sie haben, einsetzen können.**
- ✔ **Gehen Sie nicht zu viele Verpflichtungen ein.** Es ist besser, klein zu beginnen und später mehr dazu zu nehmen.
- ✔ **Strengen Sie sich an, Ihre Hände auszustrecken.** Strecken Sie sich auf irgendeine Art und Weise.

Eine spirituelle Dimension hinzufügen

Einen Glauben an etwas Höheres als Ihre eigenen Erfahrungen zu haben, kann eine mächtige Kraft sein, mit der Sie inneren Frieden erlangen und mit dem Stress in Ihrem Leben umgehen können. Wir leben in einem Universum, das sowohl verwirrend als auch manchmal überwältigend ist. Wir versuchen, unserem all zu kurzen Leben einen Sinn und Zweck zu geben. Der Glaube an etwas Größeres, etwas Kosmisches kann uns helfen, uns mit dem Unbekannten und vielleicht nie zu Begreifenden auseinanderzusetzen. Niemand existiert von Beginn mit einem Gefühl der spirituellen Verbindung. Für viele nimmt dieser Glaube die Form eines Glaubens an Gott und einer Beteiligung an einem traditionellen religiösen Glaubenssystem an. Aber Ihr Spiritualismus hat vielleicht eine andere Form. Vielleicht ist es ein Glaube an eine globalere, eher vage artikulierte höhere Macht oder einen höheren Zweck. Oder sie nimmt die Form eines Glaubens an Werte wie dem menschlichen Geist, der menschlichen Gemeinschaft oder der Natur an.

Die Macht des Wortes

Dr. Herbert Benson, ein Pionier im Bereich des Glaubens, der Entspannung und der Stressreduzierung, hat die Rolle des Gebets und seine Auswirkungen auf Stress untersucht. Dr. Benson fand heraus, dass die Menschen, die Wörter oder Sätze mit religiöser Bedeutung in ihr Programm der meditativen Entspannung aufnahmen, einen bedeutend höheren Grad der Entspannung erreichten als die Menschen, die keine religiösen Inhalte benutzten. Der Inhalt kann so einfach sein wie ein Wort oder ein Satz aus einem traditionellen Gebet (Das Vater Unser, z.B.) oder ein Wort aus der Bibel (*shalom*, bedeutet »Frieden«, oder *echad*, bedeutet »eins«).

Wie Ihr Glaube Ihnen helfen kann, mit Stress umzugehen

Welche Form auch immer Ihr spiritueller Glaube annimmt, wachsende Beweise zeigen, dass Glaube ein machtvoller Stresspuffer sein kann, der Ihre Fähigkeit erweitert, mit den ernsteren Stresssituationen im Leben umzugehen. Ihr Glaube kann Ihnen helfen, mit Krankheiten umzugehen, und er verhilft Ihnen vielleicht auch zu einem längeren Leben. Die Gründe, warum Ihr Glaube Ihnen hilft, sind sowohl direkt als auch indirekt:

- ✔ **Glaube kann Sinn und Zweck bieten.** Ein zutiefst verankertes Glaubenssystem zu haben, kann uns helfen, mit vielen der verwirrenden und stressenden Fragen umzugehen, die mit der Bedeutung des Lebens zu tun haben. Warum sind wir hier? Was ist der Sinn und Zweck des Lebens? Was passiert, wenn wir sterben?
- ✔ **Glaube kann gegen Stress wirksame Werte stärken.** Praktisch alle Religionen fördern Werte der Liebe und Güte anderen gegenüber und lehnen diese Stress hervorrufenden Gefühle und Handlungen wie Wut, Feindseligkeit und Aggression ab.
- ✔ **Glaube kann Hoffnung und Akzeptanz bieten.** Er fördert ein Gefühl des Optimismus und der Hoffnung, dass die Dinge sich aufs Beste entwickeln werden. Ihr Glaube kann Ihnen auch helfen, das zu akzeptieren, von dem Sie wissen, dass es nicht funktionieren wird, und was Sie nicht kontrollieren können.

- **Glaube schafft eine Verbindung zu anderen.** Er kann ein Gefühl der Gemeinschaft erzeugen, das Menschen oft in einer gegenseitig unterstützenden Art und Weise zusammenbringt. Andere Menschen zu haben, mit denen Sie zusammen sein und Dinge teilen können, kann Ihren Stresslevel senken. Wenn Sie einer religiösen Organisation angehören, können Sie in Kontakt mit anderen Menschen in der weiteren Gemeinschaft kommen, die in irgendeinem Punkt weniger glücklich sind als Sie, und das ermöglicht Ihnen, eine helfende Rolle zu spielen.
- **Glaube kann Sie beruhigen.** Oft bringt ein Glaube Gebete und Nachdenken mit sich, was, wie Meditation und andere vorher beschriebene Formen der körperlichen Entspannung, in einer Reihe körperlicher Veränderungen resultieren kann, die Stress reduzieren.

Die Macht des Glaubens

Eine Reihe von Studien dokumentieren heute die Bedeutung des Glaubens in der Stärkung der bewältigenden Fähigkeiten der Menschen. Werfen Sie einen Blick auf diese:

- Eine kürzlich durchgeführte Studie des *National Institute for Mental Health* z.B. fand heraus, dass für die Menschen, für die religiöser Glaube ein zentrales Element ihres Lebens ist, die Menge der erlebten Depressionen niedriger ist als für eine Kontrollgruppe.
- In einer anderen Studie untersuchten Forscher in Evans County, Georgia, die Stress reduzierenden Auswirkungen bei Menschen, die regelmäßig in die Kirche gingen, im Gegensatz zu den Menschen, die nicht in die Kirche gehen. Sie fanden heraus, dass die Blutdruckwerte bei den engagierten Kirchengängern wesentlich niedriger waren. In einer anderen Studie in Washington County, Maryland, fanden Forscher heraus, dass die Menschen, die regelmäßig in die Kirche gingen, wesentlich weniger anfällig dafür waren, an Herzinfarkten zu sterben, als die Menschen, die nur unregelmäßig in die Kirche gehen. (Sie stellten sicher, dass die Ergebnisse nichts mit Rauchen, Trinken oder anderen Variablen zu tun hatten, die die Ergebnisse hätten beeinflussen können.)
- In einer Studie, die in Israel durchgeführt wurde, verglichen Forscher die Gesundheit von freien und orthodoxen Israelis und fanden heraus, dass die weniger religiösen oder nicht religiösen Gruppen im Vergleich zu ihren religiösen Gegenstücken ein viermal höheres Risiko hatten, einen Herzinfarkt zu erleiden. Außerdem wurde festgestellt, dass die nicht religiöse Gruppe höhere Cholesterinwerte vorwies als die religiösere Gruppe.

Wo fange ich an?

Wenn Sie ein Anhänger einer bestimmten religiösen Gruppe sind und sich schon immer gesagt haben, dass Sie gern mehr Zeit damit verbringen würden, an den Gottesdiensten teilzunehmen und sich mehr zu beteiligen, ist vielleicht jetzt die Zeit gekommen das zu tun. Noch einmal, Spiritualismus bedeutet nicht, an der Anbetung im traditionellen religiösen Sinn teilzunehmen. Es könnte ein ökumenisches Zusammentreffen oder eine freie Kirche sein. Sehen Sie sich in Ihrer Nachbarschaft um und schauen Sie, ob Sie eine Gruppe finden können, die Ihren Glauben und

Ihre Werte reflektiert. Probieren Sie es für eine Weile aus und werden Sie Mitglied, wenn Ihnen der Ort gefällt. Nehmen Sie an Aktivitäten teil, sowohl an solchen religiöser Natur als auch an denen nicht religiöser Natur. Nehmen Sie so oft teil, wie Sie können. Stellen Sie sich als Freiwilliger für Komitees zur Verfügung, die Ihnen Spaß machen oder Zufriedenheit bringen. Wenn Sie bereits Mitglied sind, aber die Dinge haben schleifen lassen, ziehen Sie in Betracht, sich wieder mehr zu engagieren.

Etwas Weisheit tut nicht weh

Ein ganzes Sortiment gesammelter Weisheiten kann sich aus den vielen Stresssituationen des Lebens ergeben. Wenn Ihre Sammlung etwas dünn ist, können Sie damit beginnen, die Weisheiten anderer zu sammeln. Kindergartensprüche, kluge Sprüche, Sprichwörter, Urteile, Einsichten, Parabeln und Maximen können Ihnen helfen, mit einer potentiell stressenden Situation umzugehen. Bringen Sie die Aussagen an Ihrem Kühlschrank oder dem Spiegel im Badezimmer an. Hier sind einige meiner Lieblingssprüche für den Anfang:

»Wenn du dort hinkommst, ist dort kein dort.« Gertrude Stein

»Wenn ich mein Leben noch einmal leben könnte, würde ich versuchen, beim nächsten Mal mehr Fehler zu machen. Ich würde mich entspannen, ich würde mich locker halten. Ich würde dümmer sein, als ich es in diesem Leben war. Ich kenne nur sehr wenige Dinge, die ich ernst nehmen würde. Ich würde weniger hygienisch sein. Ich würde mehr Risiken eingehen. Ich würde mehr reisen. Ich würde mehr Berge erklimmen, durch mehr Flüsse schwimmen und mehr Sonnenuntergänge beobachten. Ich würde mehr Eis essen. Ich hätte mehr tatsächliche Sorgen und weniger eingebildete« John Killinger

»Ich bin ein alter Mann, der viele Sorgen gekannt hat – aber die meisten sind niemals eingetroffen.« Mark Twain

»Niemand auf seinem Sterbebett hat sich jemals gewünscht, mehr Zeit im Büro verbracht zu haben.«

»Es sind nicht die großen Dinge, die den Menschen ins Irrenhaus bringen. Auf den Tod ist er vorbereitet oder auf Mord, Inzest, Überfälle, Feuer, Überschwemmungen ... nein, es sind die fortwährenden kleinen Tragödien, die den Menschen ins Irrenhaus bringen ... nicht der Tod seiner Geliebten, sondern ein Schnürsenkel, der reißt, wenn keine Zeit mehr bleibt ...« Charles Bukowski

»Lebe jeden Tag als wäre es dein letzter, denn eines Tages wird es so sein.« Anonym

»Leben ist das, was passiert, wenn du damit beschäftigt bist, andere Pläne zu machen.« John Lennon

»Regel Nr. 1: Plage dich nicht für die kleinen Dinge.«

»Regel Nr. 2: Alles sind kleine Dinge« Robert S. Eliot, M.D.

»Der wahre Wert eines Menschen wird an seinen Zielen gemessen.« Anonym

»Wenn du niemals einen Fehler machen willst, tue nichts, sage nichts, sei nichts.« Anonym

»Andere Menschen sind nicht in dieser Welt, um deinen Erwartungen zu entsprechen.« Fritz Perls

»Die Menschen sind etwa so glücklich, wie sie es zulassen.« Abraham Lincoln

»Für jede Minute der Wut verlierst du sechzig Sekunden des Glücks.« Ralph Waldo Emerson

Teil IV

Stressmanagement in der Praxis

»Ich habe Ayurveda, Meditation und Aromatherapie ausprobiert, aber nichts scheint zu funktionieren. Ich fühle mich immer noch den ganzen Tag schlecht und desorientiert.«

In diesem Teil...

Ich helfe Ihnen, alltägliche Gewohnheiten für zu Hause und Ihren Arbeitsplatz zu entwickeln, die Ihnen helfen werden, ein weniger stressiges Leben zu führen. Der einfache Akt, z.B. eine Pause mit ein paar Streckübungen zu machen, kann die Auswirkungen von Stress am Arbeitsplatz wirksam reduzieren. Und ist Ihnen schon einmal klar geworden, dass Sie, wenn Sie mehr spaßige Dinge in Ihrem Leben machen – mit Freunden ausgehen oder Zeit mit einem Hobby verbringen –, besser mit Stress umgehen können?

Stress am Arbeitsplatz bekämpfen (und trotzdem Ihren Job behalten)

14

In diesem Kapitel

- Ihren berufsbedingten Stress identifizieren
- Verstehen, warum Ihr Arbeitstag tatsächlich am Abend vorher beginnt
- Stress auf dem Weg zur Arbeit vermeiden
- Stressmanagement in Ihren Arbeitstag einbauen
- Einen Arbeitsbereich einrichten, der dem Stress widersteht
- Entspannter nach Hause kommen

Wenn Sie das Gefühl haben, dass Ihr Job stressig ist, stehen Sie nicht allein da. Fragen Sie verschiedene Menschen, woher ihr Stress kommt, und Sie werden als Antwort hören: »Von meinem Job«. Berufsbedinger Stress wird ausgelöst durch unmögliche Kunden, einen schrecklichen Chef, furchtbare Kollegen, lächerliche Abgabetermine und häßlichen Büroklatsch oder durch die Tatsache, dass Sie in den letzten zwei Monaten weder das Tageslicht noch Ihren Erstgeborenen gesehen haben. Bevor Sie also zum Kandidaten für ein Burnout-Seminar werden (und vor allem, bevor Sie etwas tun, das Sie später bedauern), lesen Sie dieses Kapitel. Sie werden herausfinden, wie Sie Ihren berufsbedingten Stress umschichten, in den Griff bekommen und reduzieren können.

Zehn Zeichen, die zeigen, dass Sie bei der Arbeit gestresst sind

Einige Leute blühen mit dem Adrenalinstoß auf, den sie erhalten, wenn sie in die »Herausforderungen« eintauchen, auf die sie an ihrem Arbeitsplatz treffen. Aber wenn Sie nicht davon belebt werden, sondern stattdessen das Gefühl haben, dass Sie untergehen, ist vielleicht berufsbedingter Stress das Problem.

Schauen Sie, ob Sie die Zeichen berufsbedingten Stresses erkennen – kreuzen Sie die Symptome an, die Sie an Ihrem Arbeitsplatz beschreiben:

____ Sie sind oft gereizt.

____ Sie haben Schwierigkeiten, sich zu konzentrieren.

____ Sie sind müde.

____ Sie haben viel Ihres Sinns für Humor verloren.

____ Sie geraten in mehr Streitgespräche als früher.

____ Sie schaffen weniger.

____ Sie werden häufiger krank.

____ Sie kümmern sich weniger um Ihre Arbeit.

____ Es kostet Sie viel Mühe, an einem Arbeitstag morgens aufzustehen.

____ Sie haben weniger Interesse an Ihrem Leben außerhalb Ihres Berufs.

Eine Befragung, die von der *Northwestern National Life Insurance Company* durchgeführt wurde, hatte zum Ergebnis, dass zweimal so viele Beschäftigte ihren Beruf heute als »höchst stressig« ansehen, verglichen mit Arbeitern im Jahr 1985. Die Umfrage belegte außerdem, dass etwa ein Drittel der Befragten ernsthaft in Betracht zieht, ihren Arbeitsplatz zu kündigen, weil sie das Gefühl haben, dass ihre Jobs zu stressig sind. Laut Umfrage wird einer von sieben Beschäftigten seinen Arbeitsplatz schließlich kündigen, um dem Stress zu entkommen.

Herausfinden, was Ihren Stress auslöst

Gut, Sie sind also gestresst an Ihrem Arbeitsplatz. Einer der Schlüsselschritte, um Ihren beruflichen Stress zu managen, besteht in der Erkenntnis, woher der Stress kommt. Kreuzen Sie einfach alle Punkte unten an, die Sie als Hauptursache für Ihren Stress ansehen:

____ Arbeitsüberlastung (zu viel zu tun)

____ Arbeitsunterlastung (zu wenig zu tun)

____ Zu viel Verantwortung

____ Zu wenig Verantwortung

____ Unzufriedenheit mit aktuellem Status oder aktuellen Pflichten

____ Schlechte Arbeitsumgebung (Lärm, Isolation, Gefahr usw.)

____ Lange Arbeitszeiten

____ Fehlen positiver Reaktionen oder Anerkennung

____ Unsicherheit des Arbeitsplatzes

____ Schlechte Bezahlung

____ Übermäßiges Reisen

____ Beschränkte Aufstiegsmöglichkeiten

____ Vorurteile aufgrund des Geschlechts, der Nationalität oder der Religion

____ Probleme mit dem Chef oder Management

____ Probleme mit Kunden

____ Probleme mit Mitarbeitern, Kollegen

____ Bürogepflogenheiten

____ Zu umständliches Pendeln

Haben Sie andere Punkte? Schreiben Sie sie auf:

____

____

____

Der Forscher Robert Karasek und seine Kollegen von der University of Southern California fanden heraus, dass die zwei folgenden Aspekte eines Jobs den meisten Stress auslösen:

1. **Viel Leistungsdruck.** Enge Termine, beschränkte Ressourcen, Produktionsvorgaben, ernsthafte Konsequenzen bei Nichterreichen der Ziele des Managements – all dies kann zu einer höchst bedrückenden Arbeitsumgebung führen.
2. **Fehlende Kontrolle über den Arbeitsprozess.** Stress wird oft ausgelöst, wenn Sie wenig oder keine Eingabe darüber haben, wie Ihre Arbeit erledigt werden sollte.

Was können Sie ändern?

Bestimmen Sie die Stressauslöser an Ihrem Arbeitsplatz und fragen Sie sich dann, inwieweit Sie die Wirkung dieses Stresses entfernen oder zumindest einschränken können. In manchen Fällen haben Sie keine Möglichkeit, die Ursachen des Stresses an Ihrem Arbeitsplatz zu beseitigen: Ihren Chef versetzen zu lassen erfordert einiges an Intrigen und nach einer Gehaltserhöhung zu fragen, wenn das Unternehmen am Tag vorher Pläne zu Entlassungen vorgelegt hat, ist vielleicht auch nicht in Ihrem besten Interesse. Was Sie aber ändern können, sind Sie selbst. Sie können Ihren Stress managen und seine Konsequenzen mildern, indem Sie einige der Ideen in diesem Abschnitt anwenden.

Beginnen Sie Ihren Arbeitstag ohne Stress

In gutem Zustand zu Ihrem Arbeitsplatz zu kommen ist die halbe Schlacht. Wenn Sie an den Punkt kommen, an dem Sie die Tür zu Ihrem Büro öffnen (wenn Sie eins haben), wollen Sie sich nicht so fühlen als hätten Sie bereits in einigen der unwichtigeren Schlachten des Lebens gekämpft (und wahrscheinlich verloren). Seien Sie Ihrem beruflichen Stress einen Schritt voraus. Kommen Sie fit in Ihrem Büro an. Starten Sie den Tag am Abend vorher. Hier sind einige Tipps:

- ✔ **Gehen Sie zu Bett.** Nicht genügend Schlaf in der Nacht vorher zu bekommen kann ein richtiger Stressauslöser sein. Ihre Stressschwelle ist niedriger. Sie stellen fest, dass Sie gereizter sind und es viel schwieriger finden, sich zu konzentrieren. Menschen und Situationen, die Ihnen normalerweise nichts ausmachen, tun es jetzt schon. Wenn Sie müde an Ihrem Arbeitsplatz ankommen, haben Sie eine Garantie dafür, dass dies keiner Ihrer besseren Stresstage wird. (Wenn Sie mit dem Einschlafen Probleme haben, schauen Sie sich den Abschnitt »Schlafen Sie gut« in Kapitel 8 an.)
- ✔ **Stehen Sie etwas früher auf.** Wenn Sie morgens auch nur ein paar Minuten früher aufstehen, haben Sie ein ausreichend großes Sicherheitsnetz, so dass Sie sich nicht beeilen, etwas in letzter Minute suchen oder mit einem Brot in Ihrer Hand aus der Tür stürzen müssen.
- ✔ **Frühstücken Sie.** Um Ihren Stress zu managen ist es wichtig, mit der richtigen Ernährung zu starten. Wenn Sie morgens aufwachen, sind mindestens elf oder zwölf Stunden vergangen, seit Sie zuletzt etwas gegessen haben. Ihr Körper muss wieder auftanken. Vielleicht fühlen Sie sich gut, wenn Sie nicht frühstücken, aber Studien haben gezeigt, dass Menschen, die kein vernünftiges Frühstück zu sich nehmen, sich später am Tag häufig müde und gestresst fühlen. (Wenn Sie nicht wissen, was Sie frühstücken sollen, werfen Sie einen Blick in Kapitel 8.)
- ✔ **Bewegen Sie sich, bevor Sie duschen.** Wenn Sie es schaffen, können Sie einige körperliche Übungen um einiges voran bringen, bevor Ihr Arbeitstag startet. Ein paar Runden auf dem Fitnessfahrrad, Training auf dem Stepper oder sogar ein schneller Spaziergang einmal um den Block kann Sie auf Trab bringen und Sie für Ihren Tag bereit machen. Studien zeigen, dass auch kurze Trainingszeiten Ihre Herzrate erhöhen, die Menge des Sauerstoffs in Ihrem Gehirn steigen lassen und Endorphine freigesetzt werden, die einen beruhigenden Effekt hervorrufen können. Sie sind bereit für alles, was Ihr Job Ihnen vor die Füße werfen mag.

Generell haben die meisten Menschen das Gefühl, dass der Montag der stressigste Tag der Woche ist. Studien zeigen, dass die Wahrscheinlichkeit größer ist, dass Sie an einem Montag einen Schlaganfall oder einen Herzinfarkt erleiden als an jedem anderen Tag der Woche.

Vermeiden Sie SAS (Sonntag-Abend-Stress)

Während sich das Wochenende seinem Ende zuneigt, stellen vielleicht viele von Ihnen fest, dass Sie dem Montagmorgen mit Grauen entgegensehen. Der wahre Übeltäter ist der Sonntagabend. Erst nachdem Sie in Ihrem Büro angekommen sind und ein paar Stunden dort verbracht haben, senkt sich Ihr Stresslevel. Der Trick ist herauszufinden, wie Sie mit dem Abend vorher umgehen. Hier sind einige Tipps:

- ✔ Gehen Sie am Sonntagabend noch etwas früher ins Bett. (Viele Leute finden, dass Ihr Schlaf in der Nacht von Sonntag auf Montag am schlechtesten ist.)
- ✔ Vermeiden Sie dieses späte Sodbrennen-Menü, das Sie garantiert bis Mittwoch wachhalten wird.
- ✔ Planen Sie für den Sonntagabend etwas Angenehmes und Entspannendes, auf das Sie sich freuen können – leihen Sie einen Film aus, machen Sie es sich mit einem guten Buch gemütlich, nehmen Sie ein Schaumbad.
- ✔ Versuchen Sie, Ihre Termine so zu planen, dass Sie nicht am Montag als erstes etwas tun müssen, das Sie gar nicht mögen.
- ✔ Planen Sie etwas für den Montag, auf das Sie sich freuen können. (Wie wäre es mit einem Mittagessen mit einem Freund?)

Gestalten Sie Ihren Anfahrtsweg ruhiger

Ich erinnere mich noch an all die Jahre, als ich einen etwa 40-minütigen Weg zu meinem Arbeitsplatz als Lehrer außerhalb der Stadt hatte. Ich mußte »umgekehrt« pendeln. Ich, zusammen mit einer Handvoll von Hausfachwirtschaftsberatern (manche Leute nennen diese auch Putzfrauen), machte mich auf dem Weg aus der Stadt ins Hinterland, während die meisten Menschen in die Stadt hinein fuhren. Während ich im Zug saß, las ich meine Zeitung, trank meinen Kaffee, entspannte mich und hatte eine ziemlich gute Zeit. Die meisten Menschen haben ganz andere Erfahrungen. Entweder kämpfen sie um einen Sitzplatz (wenn sie Glück haben) im überfüllten Zug oder stehen für eine scheinbare Ewigkeit im Stau. Weit von Spaß entfernt kann der tägliche Weg zur Arbeit einer der hauptsächlichen Stressfaktoren sein. Nachfolgend sind einige Tipps, die Ihnen helfen, den Stress auf Ihrem Weg zur und von der Arbeit zu reduzieren:

- ✔ **Versuchen Sie es mal mit »Auto«-Entspannung.** Probieren Sie diese einfache Technik, wenn Sie im Verkehr steckenbleiben oder an einer roten Ampel anhalten müssen: Üben Sie mit beiden Händen mäßigen Druck auf Ihr Lenkrad aus. Gleichzeitig spannen Sie die Muskeln in Ihren Armen und Schultern an und ziehen Ihre Schultern hoch, als wollten Sie Ihre Ohren damit berühren. Halten Sie diese Spannung etwa drei bis vier Sekunden. Setzen Sie jegliche Spannung frei und lassen Sie alle Muskelspannungen in Ihrem Körper los. Lassen Sie dieses Gefühl der Entspannung langsam durch Ihren ganzen Körper fließen. Warten Sie einige Minuten und wiederholen Sie dann die Übung.
- ✔ **Überlisten Sie die Masse.** Oft macht es einen großen Unterschied in der Qualität Ihrer Fahrt aus, wenn Sie etwas früher oder etwas später losgehen. Sie finden möglicherweise einen Sitzplatz, stellen fest, dass die Straßen weniger voll sind und merken eventuell, dass sich das, was gestern noch schrecklich war, so viel leichter ertragen lässt.

- **Amüsieren Sie sich selbst.** Die Fahrt zur Arbeit kann wie eine freudlose Anstrengung erscheinen. Sie können aber auch die Zeit in Ihrem Auto (oder in der U-Bahn, im Bus oder im Zug) produktiv, unterhaltsam oder zumindest angenehm gestalten.

  Mein persönlicher liebster Zeitvertreib, wenn ich im Verkehr stecken bleibe oder in der U-Bahn sitze, ist es, Tagträumen nachzuhängen. Ich genieße die Gelegenheit, mental abzuschalten und meine Gedanken wandern zu lassen. Natürlich könnte ich auch andere, sozial lohnendere Ablenkungen wählen. Stecken Sie sich etwas Interessantes zum Lesen in die Tasche, wenn Sie aus dem Haus gehen. Das könnte ein amüsantes kleines Taschenbuch sein oder der Artikel, den Sie letzte Woche aus der Zeitung ausgeschnitten und noch nicht gelesen haben.

  Sie können auch Ihr Radio, Ihren CD-Spieler oder Kassettenrecorder zum Trost anschalten. Eine gute Musikauswahl kann Ihre Fahrt ruhiger machen. Heute gibt es eine unglaublich große Auswahl an Audiobüchern. Sie können aus einer Liste wählen, in der die meisten beliebten Romane, Gedichte, Selbsthilfethemen oder Sammlungen von Kurzgeschichten enthalten sind. Sie können sogar eine andere Sprache lernen, wenn Ihnen das Spaß macht.

Tun Sie etwas gegen Stress während Ihres Arbeitstages

Eines der Geheimnisse effektiven Stressmanagements am Arbeitsplatz ist es, Wege zu finden, eine Reihe Stress reduzierender Techniken in Ihren Arbeitstag einzubauen. Wenn Sie diese Methoden regelmäßig anwenden, können Sie Ihren Stress früh auffangen – bevor er eine Chance hat, sich in etwas Schmerzhaftes oder Sorgenbereitendes umzuwandeln.

Werfen Sie einen Blick auf diese erprobten Strategien, die Ihnen dabei helfen, Ihren Stress im Keim zu ersticken:

Vermeiden Sie Muskelspannungen von Anfang an

Ein Tag in der Arbeit ist normalerweise ein Tag voller Probleme, Druck und Forderungen, mit wenig Zeit, um über Ihre neu erworbenen Entspannungsfähigkeiten nachzudenken. Ihr Stress baut sich auf, und eine Menge dieses Stresses nimmt die Form von Spannung in Ihren Muskeln an. Lösen Sie diese Spannung, bevor sie zu einem größeren Problem wird, indem Sie einige der Techniken anwenden, die ich in den Kapiteln 4 und 5 beschrieben habe. Diese können z.B. entspannende Atemübungen sein, schnelle Entspannung, progressive Entspannung, Meditation, Vorstellung oder eine der vielen anderen Entspannungstechniken, die in diesen Kapiteln erklärt werden. Hier sind einige potentielle Entspannungsgelegenheiten:

- jedesmal, wenn Sie den Telefonhörer auflegen
- wenn jemand Ihr Büro verlässt und die Tür schließt
- immer, wenn Sie sich selbst in einer langweiligen Besprechung wiederfinden

Sammeln Sie Meilen

Stehen Sie auf und laufen Sie weg von Ihrem Schreibtisch – holen Sie sich Kaffee oder Wasser, machen Sie Kopien. Laufen Sie viel herum und gehen Sie in der Mittagspause aus dem Büro und machen Sie einen schnellen Spaziergang.

Stehen Sie auf, wenn Sie telefonieren – oder zumindest manchmal, wenn Sie telefonieren. Und wenn Sie eines dieser kabellosen Telefone haben, laufen Sie herum. Dies gibt Ihrem Körper eine Gelegenheit, verschiedene Muskelgruppen zu benutzen und unterbricht jeglichen Aufbau von Spannung.

Strecken Sie sich und greifen Sie nach dem Himmel

Für viele von Ihnen sind die Tage durch lange Zeiträume des Sitzens an einem Schreibtisch oder des Angebundenseins an eine beengte Arbeitsumgebung gekennzeichnet, unterbrochen nur durch kurze Ausflüge zur Kaffeemaschine oder zum Kopierer. Andere Menschen sind den ganzen Tag auf den Beinen. In jedem Fall ist das Strecken eine hervorragende Methode, um jegliche Spannungen, die sich in Ihren Muskeln angesammelt haben, zu lösen. Hier sind einige meiner bevorzugten Streckübungen:

Der Kirschenpflücker

Diese Streckübung ist gut für Ihre Schultern, Arme und Ihren Rücken. Setzen Sie sich auf einen Stuhl, die Füße stehen flach auf dem Boden, oder stellen Sie sich hin. Heben Sie beide Arme über Ihren Kopf und zeigen Sie mit Ihren Fingern direkt zur Decke. Tun Sie nun so, als würden Sie eine Kirsche an einem Ast pflücken wollen, der etwas höher als Ihre rechte Hand ist. Strecken Sie diese Hand ein paar Zentimeter in die Höhe und machen Sie dann eine Faust. Drücken Sie zwei bis drei Sekunden lang. Entspannen Sie Ihre Hand. Tun Sie das Gleiche mit Ihrer rechten Hand. Falls Sie Kirschen nicht mögen, denken Sie an Äpfel.

Bruststrecken

Diese Bewegung ist gut für die Lösung von Anspannungen in Ihren Brust- und Deltamuskeln und Ihrem oberen Rücken. Im Sitzen oder Stehen legen Sie beide Hände mit gekreuzten Fingern hinter Ihren Kopf. Bringen Sie Ihre Ellbogen so weit nach hinten, wie Sie können. (Siehe Abbildung 14.1.) Halten Sie diese Spannung fünf bis zehn Sekunden, lösen Sie die Spannung und machen Sie die Übung noch ein zweites und drittes Mal. Versuchen Sie, diese Übung mehrmals am Tag zu wiederholen.

Abbildung 14.1: Entspannen Sie sich ein bisschen mit der Bruststreckübung.

Beine hoch

Diese Streckübung löst Anspannungen in Ihren Oberschenkelmuskeln und stärkt Ihre Bauchmuskeln. Setzen Sie sich auf einen Stuhl und heben Sie Ihre Beine gerade hoch. Gleichzeitig krümmen Sie Ihre Zehen zu sich hin (siehe Abbildung 14.2). Halten Sie diese Spannung etwa fünf bis zehn Sekunden und lassen Sie dann Ihre Füße auf den Boden fallen. Wiederholen Sie die Übung zwei- oder dreimal und machen Sie sie mehrmals täglich.

Abbildung 14.2: Die Beine-Hoch-Übung ist gut für Ihre Oberschenkel- und Bauchmuskeln.

Den oberen Rücken strecken

Diese Streckübung ist hervorragend zur Muskelentspannung in Ihrem oberen Rücken geeignet. Legen Sie Ihre Fingerspitzen auf Ihre Schultern, die Ellbogen zeigen zur Seite. Heben Sie Ihre Ellbogen, bis sie eine Linie mit Ihren Schultern bilden. Bringen Sie nun Ihre Ellbogen nach vorn, bis Sie sich berühren oder fast berühren. (Siehe Abbildung 14.3) Halten Sie diese Position fünf bis zehn Sekunden und lassen Sie Ihre Arm dann bequem zur Seite fallen. Wiederholen Sie diese Übung zwei- bis dreimal und machen Sie sie mehrmals täglich.

Abbildung 14.3: Bewegen Sie Ihre Ellbogen, um Spannungen im oberen Rücken zu lösen.

Wenn Sie noch ein paar weitere Ideen zu Streckübungen brauchen, werfen Sie einen Blick in *Workouts for Dummies* von Tamilee Webb (IDG Books Worldwide). In diesem Buch finden Sie Dutzende von großartigen Streckübungen, die Ihre Muskelspannungen lösen.

Schaffen Sie sich einen Arbeitsbereich, der gegen Stress wirkt

Vielleicht haben Sie nicht die Kontrolle über jeden Aspekt Ihres Jobs, aber Sie haben die Macht, Ihren persönlichen Arbeitsbereich zu kontrollieren. Ihr Arbeitsbereich kann Ihnen (im wahrsten Sinne des Wortes) Schmerzen verursachen, Ihre Muskeln anstrengen und Ihren Körper ermüden. Der Übeltäter könnte ein schlecht platzierter Computermonitor sein, eine unbequeme Sitzgelegenheit, schlechtes Licht oder einfach ein total vollgestopfter Schreibtisch, auf dem sich irgendwo diese Notiz versteckt, von der Sie wissen, dass Sie sie geschrieben haben, und die Sie jetzt unbedingt brauchen. Ihr Leben ist stressig, wie es ist. Ihr Arbeitsbereich muss nicht unbedingt zu Ihrer täglichen Dosis Stress seinen Teil beitragen. Dieser Abschnitt zeigt Ihnen einige Methoden, mit denen Sie Ihren Arbeitsbereich viel resistenter gegen Stress machen können.

Licht! Sound! Action!

Hier sind einige Wege, wie Sie etwas von dem Stress aus Ihrem Arbeitsbereich entfernen können. Mir ist klar, dass Ihr Arbeitsbereich vielleicht nicht alle Ihre (oder meine) Stress reduzierenden Bemühungen zulässt. Mir ist auch klar, dass es, wenn Sie ein winziges Büro mit drei anderen Leuten teilen müssen, vielleicht schwierig für Sie ist, Duftkerzen abzubrennen, ein Sofa hineinzustellen oder eine Stereoanlage mit mehreren Lautsprechern und Ihren persönlichen Videorecorder zu installieren. Schauen Sie trotzdem, ob Sie mit einigen der folgenden Ideen etwas anfangen können:

- **Beruhigen Sie sich mit Musik.** Wenn Sie es organisieren können, kann beruhigende Musik an Ihrem Arbeitsplatz die Wogen glätten. Ein Radio, Kassetten- oder CD-Recorder und die entsprechende Musik können sehr entspannend sein. Klassische Musik, besonders Bach und Mozart, funktioniert prächtig. Wenn Ihnen diese Komponisten zu anspruchsvoll sind, versuchen Sie einen der »seichten« Radiosender. Stellen Sie Ihr Radio nur leise ein oder benutzen Sie Kopfhörer.

Kürzlich an der University of California durchgeführte Studien haben ergeben, dass die Musik von Mozart, insbesondere die Klaviersonaten, die Fähigkeit einer Person, abstrakt zu argumentieren, bedeutend verbessert. Nicht nur der Stresslevel wird gesenkt, sonder der IQ wird erhöht. Die Musik von Philip Glass oder Metallica dagegen hat nichts bewirkt.

- **Machen Sie Licht.** Obwohl ich sicher bin, dass eine nackte, 300-Watt-Glühbirne, die von der Decke Ihres Büros baumelt, Ihnen mehr als genug Licht geben kann, bin ich mir auch sicher, dass Sie bis zum Ende der Arbeitswoche nach einem Stuhl und einem Strick suchen werden. Die richtige Beleuchtung an Ihrem Arbeitsplatz kann die Anstrengung für Ihre Augen verringern und Ihre Umgebung zu einem angenehmeren Arbeitsort machen. Setzen Sie auf sanfte und indirekte Beleuchtung. Stellen Sie nur sicher, dass Sie genug Licht haben.

- **Richten Sie visuelle Erholungspunkte ein.** Gönnen Sie Ihren Augen – und Ihrem Geist – eine Pause. Schauen Sie regelmäßig weg von Ihrem Computerbildschirm oder Ihren Papieren und konzentrieren Sie sich auf ein entferntes Objekt, um »Ihre Augen zu strecken«. Sie können Ihr Büro visuell auflockern, indem Sie einige interessante Objekte hinzufügen. Einige Beispiele:

  - Platzieren Sie strategisch ein oder mehrere Fotos der Menschen, die Sie gern haben, um Ihrem Herzen ein warmes Gefühl zu geben. Noch besser, lassen Sie das Photo eine Szene beinhalten – ein Urlaub, ein Treffen – die Sie an eine glückliche Erfahrung erinnert.

  - Stellen Sie eine Pflanze oder Blumen an Ihrem Arbeitsplatz auf, um Ihrem Arbeitstag einen Hauch von Schönheit und Entspannung beizufügen. Einigen Pflanzen (z.B. Efeu und Grünlilie) wird sogar nachgesagt, dass Sie die Luft von Verschmutzungen in Räumen säubern – ein zusätzlicher Bonus. Weitere Informationen über die luftreinigenden Vorteile von Pflanzen finden Sie unter *hammock.ifas.ufl.edu/txt/fairs/30881* – der *Cooperative Extension Service Website* der University of Florida.

  - Hängen Sie einige Kunstbilder auf, die Sie beruhigend und friedvoll finden.

- ✔ **Nutzen Sie Ihren Geruchssinn.** Füllen Sie eine Schüssel mit grünen Äpfeln, um Ihrem Büro einen entspannenden Geruch zu geben. Von Zeit zu Zeit tropfe ich etwas Aftershave auf die Papiere in meinem Papierkorb. Hey, bezeichnen Sie mich ruhig als verrückt.
- ✔ **Lagern Sie ein paar Hanteln in Ihrem Büro.** Nehmen Sie ein paar Gewichte oder kleine Hanteln mit in Ihr Büro. In einem freien Moment oder zwei können Sie ein paar Übungen machen und sich etwas entspannter fühlen. Oder legen Sie ein Elastikband in Ihre Schreibtischschublade, das Sie sowohl für Ihre Arme als auch für Ihre Beine benutzen können.
- ✔ **Bewahren Sie eine Spielzeugkiste auf.** Was ist ein Büro ohne ein paar Spielzeuge? (Bälle, die sich gegenseitig treffen ... ein Spiel auf Ihrem Computer ... dieses dreieckige Spiel mit springenden Spielsteinen ...)
- ✔ **Lassen Sie sich nicht anbinden.** Einer dieser Kopfhörer, die sich an Ihr Telefon anschließen lassen, befreit Ihre Hände, um andere Dinge zu tun, z.B. Ihre E-Mail durchgehen, diese Gewichte heben oder das Computerspiel spielen. Die besseren sind kabellos und lassen Sie in Ihrem Büro herumgehen, so dass Sie Ihre Ablage organisieren, Minibasketball spielen oder Ihre Bücher nach Farben neu ordnen können.

Herrscht Chaos auf Ihrem Schreitisch?

Ihr Schreibtisch kann Ihnen Stress verursachen. Ja, dieses polierte Stück Mahagoni (laminiertes Sperrholz?) kann Ihr Feind sein. Machen Sie dieses kurze Wahr-oder-Falsch-Quiz, um zu sehen, ob es an der Zeit ist, Ihren Schreibtisch zu ent-stressen.

1. Wenn neue Angestellte in Ihrem Unternehmen Ihren Schreibtisch zum ersten Mal sehen, fragen Sie, ob Ihr Büro vor kurzem mutwillig verwüstet wurde. Wahr oder Falsch?
2. Ihr Schreitisch riecht komisch. Sie erinnern sich schwach, dass Sie letzten Monat ein halbes Thunfischsandwich unter irgendwelchen Ordnern haben liegen lassen und es seitdem nicht gesehen haben. Wahr oder Falsch?
3. Wenn Sie in der nächsten Stunde eine wichtige Notiz auf Ihrem Schreibtisch finden müssten, und, sagen wir, Ihr Job davon abhinge, wäre es besser, wenn Sie die Zeit damit verbrächten, einen Headhunter anzurufen. Wahr oder Falsch?

Wenn Sie auf einen der obigen Punkte mit Wahr antworten, können Sie davon ausgehen, dass eine Menge Ihres Stresses in Ihrem Schreibtisch begründet liegt.

Wie kann ein ordentlicherer Schreibtisch Stress vermindern? Nun, weil die Ursache vieler Arten von Stress in einem Gefühl begründet liegt, keine Kontrolle zu haben oder überwältigt zu sein. Wenn Ihr Arbeitsbereich wie ein Schlachtfeld aussieht, spüren Sie, wie die Anspannung wächst. Und wenn Sie diesen Bericht nicht finden können, den Sie brauchen, geht Ihr Stresslevel sogar noch höher. Wenn Sie Ihre Ordner und Haufen organisieren, bekommen Sie ein Gefühl (vielleicht fälschlicherweise), dass in all dem Chaos eine Ordnung ist. Räumen Sie also am Ende Ihres Arbeitstages Ihre Sachen auf. Es braucht nur einige Minuten, dies zu tun, und die Belohnung ist groß. Werfen Sie einen Blick in Kapitel 6 für einige Ideen und Richtlinien, die Ihnen helfen, Ihre Schreibtisch- und Bürounordnung zu vermeiden, und Ihrem Ablage- und Organisationssystem einen Kick zu geben.

Werden Sie EK (ergonomisch korrekt)

Ihr Schreibtisch oder Ihre Arbeitsumgebung kann Ihnen auch aus anderen Gründen als der Desorganisation Stress bereiten. Das Problem ist, dass Ihr Körper nicht dazu entwickelt wurde, für lange Zeiträume an einem Platz zu sitzen und zu arbeiten. Wenn Sie für lange Zeiträume in einer festen Position sitzen, ziehen sich Ihre Muskelgruppen zusammen. Der Blutfluss zu diesen Muskelgruppen kann reduziert werden, was zu einer Sauerstoffunterversorgung der Muskeln führt. Dies kann zu Schmerzen, Anstrengung, Muskelschmerzen und Müdigkeit führen.

Hier sind einige Vorschläge, die Ihnen helfen, diese ergonomischen Schmerzen zu vermeiden:

- ✔ Wenn Sie längere Zeiträume tippend an Ihrem Computer verbringen, wird es wichtig, wo und wie Sie sitzen. Die Höhe Ihres Stuhls in Bezug auf Ihre Tastatur und Ihren Monitor sind wichtige Variablen, die Sie in Betracht ziehen sollten, um übermäßige Muskelspannungen und Müdigkeit in Ihren Schultern, Ihrem Nacken und Ihrem oberen Rücken zu vermeiden. Sie sollten Ihren Nacken nicht anstrengen müssen, um auf Ihren Monitor zu schauen. Regulierbarkeit ist der Schlüssel. Wenn Ihr Stuhl oder Ihr Tisch zu hoch oder zu niedrig sind, ersetzen Sie sie. Noch besser, suchen Sie einen regulierbaren Stuhl und Tisch. Die Sitzhöhe sollte je nach Ihrer Größe zwischen 38 und 56 Zentimetern liegen.
- ✔ Es sollte auch eine gepolsterte Stütze für Ihren Lendenbereich (unterer Rücken) geben. Die Rückenstütze sollte über die gesamte Länge gehen und etwa 45 bis 50 Zentimeter über die Sitzfläche Ihres Stuhls herausragen. Wenn Ihr unterer Rücken nicht genügend unterstützt ist, ziehen Sie die Benutzung einer Lendenrolle in Betracht – ein zylindrisches Kissen, das sich gut an Ihr Kreuz anpasst.
- ✔ Ihre Tastatur sollte etwa auf Höhe Ihrer Ellbogen sein, wenn Sie sich setzen. Wenn Sie Ihre Tastatur benutzen, stellen Sie sicher, dass Ihre Finger niedriger liegen als Ihre Handgelenke. Um Verletzungen wegen wiederholten Stresses zu vermeiden (wie z.B. das Karpaltunnelsyndrom), sollten Sie eine ergonomisch geformte Tastatur in Betracht ziehen, die Anstrengungen in Ihren Handgelenken vermeidet. Sie sollten außerdem über eine Unterstützung für Ihr Handgelenk nachdenken, wenn Sie Ihre Maus benutzen.
- ✔ Eine Fußablage zu haben ist eine gute Methode, um etwas der Anstrengung in Ihren Beinen und Ihrem Rücken wegzunehmen, besonders wenn Sie klein sind.

Eine Studie, die von AT&T mit ihren Telefonisten durchgeführt wurden, fand heraus, dass die Benutzung einfach regulierbarer Tische und Stühle zu einer bedeutenden Reduzierung der angegebenen Störungen führte, insbesondere im Rücken, den Schultern und den Beinen. Telefonisten konnten die Höhe des Tisches, auf dem sich ihre Monitoren, und Tastaturen befanden, und der Stühle regulieren.

- ✔ Nicht alle Schreibgeräte sind ergonomisch gleichwertig. Suchen Sie sich einen Stift, mit dem Sie besonders bequem arbeiten können. Das Halten des Stiftes sollte nicht dazu führen, dass Ihre Finger schnell müde werden.
- ✔ Wenn Sie viel Zeit auf Ihren Füßen verbringen, wird die Suche nach dem richtigen Schuhwerk unerlässlich. Wenn Sie feststellen, dass Sie Schönheit für Bequemlichkeit opfern müssen, gehen Sie auf alle Fälle für Bequemlichkeit.

Tennis (ball) gefällig?

Wenn Sie merken, dass Ihre körperliche Anspannung sehr groß ist (noch besser, bevor Sie an diesen Punkt kommen), nehmen Sie sich einen Tennisball oder einen anderen weichen Ball und drücken Sie ihn acht bis zehn Sekunden lang. Lassen Sie dann alle Spannung in Ihren Fingern und Ihrer Hand langsam los. Lassen Sie dieses Gefühl der Entspannung durch den Rest Ihres Körpers fließen. Wiederholen Sie diese Übung mehrmals täglich.

Hören Sie auf Ihre Mutter: Sitzen Sie gerade!

Manchmal hat Ihr Stress die unmöglichsten Ursachen – Ihr Stuhl z.B. Wenn Sie über längere Zeiträume falsch sitzen, können körperliche Müdigkeit, Anspannung und schließlich Schmerzen die Folge sein. Sitzen übt tatsächlich mehr Druck auf Ihre Wirbelsäule aus als Stehen. Wenn Sie zusammensacken oder sich nach vorne kauern, ist der Druck noch größer. Setzen Sie sich mit geradem Rücken in Ihren Stuhl zurück. Ihre Lunge hat nun genügend Raum, um sich zu erweitern, und Sie üben weniger Anstrengung auf Ihren Rücken aus. Sie werden vielleicht feststellen, dass Sie in einen besser unterstützenden Stuhl investieren müssen. Geben Sie das Geld aus – ein guter Stuhl ist das Geld wert.

Delegieren Sie Ihren Stress weg

Und manchmal ist dieser Ansatz der richtige Weg. Wenn Sie mehr als genug zu tun haben und alles alleine machen wollen, haben Sie ein garantiertes Rezept für Stress. Meistens besteht das größte Hindernis bei der Entscheidung delegieren oder nicht delegieren darin, dass die Menschen Angst haben, die Aufgabe könnte nicht so gut erledigt werden, wie wenn sie es selbst tun. Tatsächlich kann es sein, dass ein Mitarbeiter oder Assistent die Aufgabe in Bezug auf Qualität der Durchführung und Leistungseffektivtät nicht so perfekt ausführt. Aber das ist keine Katastrophe – das Resultat kann zufriedenstellend sein, auch wenn es nicht perfekt ist. Manchmal kann ein Absenken Ihrer Standards, und die Tatsache, sich mit einem weniger perfekten Job zufrieden zu geben, zu weniger Stress führen.

Wenn Sie niemanden finden können, der weiß, wie man das tut, was Sie tun müssen, lohnt es sich möglicherweise, die Zeit zu investieren und jemanden anzulernen. Ja, das wird auf kurze Sicht gesehen mehr Zeit in Anspruch nehmen, aber es wird sich auf lange Sicht sicher lohnen.

Nähren Sie Ihren Körper (und Geist)

Was in der Zeit von neun bis fünf (oder acht bis sieben) in Ihren Mund geht, kann einen großen Unterschied in Ihrem Stresslevel ausmachen. Die falschen Lebensmittel zu essen, oder die richtigen, aber in falschen Mengen und/oder zu den falschen Zeiten, kann es Ihnen erschweren, mit dem Stress in Ihrem Leben umzugehen. Wenn Sie sich schlecht ernähren, arbeitet Ihr Körper nicht so effektiv, wie er sollte. Das bedeutet, dass Sie nicht in der besten Position sind, all den Druck und die Anforderungen zu meistern, auf die Sie an Ihrem Arbeitsplatz treffen. Hier sind einige Ideen und Vorschläge, um das, was Sie essen, zu einem Verbündeten in Ihrem Kampf gegen Stress zu machen und nicht zu Ihrem Feind.

Essen Sie zu Mittag (mit dem gewissen Unterschied)

Obwohl die Tage des 3-Martini-Mittagessens vorbei sind, können Sie immer noch den gehetzten Arbeiter finden, der seinen Teller mit der Art von Essen volllädt, das einen hohen Stresslevel für den Rest des Tages garantiert. Einige Vorschläge, um Ihren Körper für den Nachmittag aufzutanken (und keinen toten Punkt zuzulassen):

- ✔ Lassen Sie das Mittagessen niemals aus – egal, wie beschäftigt Ihr Tag ist.
- ✔ Essen Sie beim Mittagessen weniger – keinen Nachschlag.
- ✔ Essen Sie Stress reduzierende Nahrungsmittel. (Kapitel 8 sagt Ihnen, welche das sind.)
- ✔ Trinken Sie keinen Alkohol.
- ✔ Passen Sie beim Nachtisch.

Machen Sie Ihre Mittagspause zu einer Stresspause

Die Mittagspause ist nicht nur zum Essen da: es ist eine großartige Zeit, um etwas gegen Ihren Stress zu tun. Versuchen Sie, während der Mittagspause aus Ihrer Arbeitsumgebung herauszukommen. Auch wenn der Ausflug einfach nur ein Spaziergang um den Block ist, gehen Sie. Noch besser, suchen Sie sich einen Park, eine Bücherei, etwas Wasser – alles, was entspannend ist –, etwas, das Sie in einen anderen Gemütszustand versetzt (wenn auch nur temporär). Suchen Sie sich Ihre Mittagszeitoase.

Trainieren Sie es heraus

Wenn Sie es schaffen können, ist ein kurzer Besuch im Fitnesscenter oder Sportclub eines der besten Dinge, die Sie während Ihrer Mittagspause tun können. Viele Clubs und Studios befinden sich bequem in der Nähe von Unternehmen. Eine Reihe von Trainingseinrichtungen bieten Ihnen vielleicht sogar eine Mitgliedschaft mit Unternehmensrabatten. Noch besser, viele Unternehmen und Organisationen haben Trainingseinrichtungen in ihren Gebäuden. Kommen Sie ins Schwitzen, gehen Sie in die Dusche, und nehmen Sie dann einen schnellen, aber nahrhaften Bissen zu sich.

Die kaffeefreie Kaffeepause

Das Koffein in zwei Tassen Kaffee kann Ihre Herzrate um bis zu 15 Schläge pro Minute erhöhen. Es kann Sie außerdem reizbar und nervös machen. Lassen Sie also diese dritte Tasse Kaffee (und das Stück Kuchen) stehen. Essen Sie statt dessen etwas, das die Funktionsfähigkeit Ihres Körpers unterstützt statt zu schwächen, wie z.B.:

- ✔ einen Becher fettarmer Joghurt
- ✔ eine Schüssel Obstsalat
- ✔ eine Handvoll gemischter Nüsse
- ✔ ein Stück Schokolade (ein Stück!)
- ✔ etwas Obst
- ✔ eine Tasse Kräutertee
- ✔ und, wenn Sie unbedingt die x-te Tasse Kaffee brauchen, versuchen Sie zumindest, den ungeladenen (entkoffeinierten) Weg zu gehen.

Vermeiden Sie Bohnen

Viele Menschen erinnern sich an Ronald Reagan wegen seiner bedeutsamen Erfolge, und das ist auch angemessen. Ich erinnere mich allerdings an diese Dosen mit Weingummibohnen, die strategisch in seinem Büro platziert waren. Zugegebenermaßen bringt es Farbe in Ihr Leben, aber bunte Bonbons während der Arbeit helfen Ihnen nicht gerade bei Ihrem Stress. Ein Zuckerschub gibt Ihnen kurzfristig Energie, lässt Sie aber später am Tag stärker abbauen. Es ist besser, wenn Sie das und andere Süßigkeiten vermeiden. Wenn Sie eine kleine Stärkung brauchen, versuchen Sie etwas aus der Liste im Abschnitt »Die kaffeefreie Kaffeepause« zu wählen.

Entspannter nach Hause kommen (und es auch bleiben)

Sie hatten einen langen, langen Tag. Sie sind müde und haben die Nase voll. Das Letzte, was Sie jetzt wollen, ist, Ihren beruflichen Stress mit nach Hause zu nehmen. Schauen Sie sich diese Richtlinien an, um sicherzustellen, dass Sie in besserer Form zu Hause ankommen als der, in der Sie das Büro verlassen haben:

- ✔ **Stellen Sie eine Liste der Dinge auf, die am nächsten Tag zu tun sind.** Listen zu erstellen ist eine der besten Methoden, um Kontrolle über Ihren Arbeitstag zu haben – und eine der einfachsten. Sie müssen nur die Liste aufstellen. Sie müssen nichts weiter tun, nicht die Punkte auf der Liste abarbeiten oder sie bearbeiten. Einfach die Liste zu haben gibt Ihnen ein Gefühl persönlicher Kontrolle und bietet Ihnen einen Wegweiser für Ihren Wiedereinstieg in die Arbeit am nächsten Tag.

- **Trainieren Sie nach der Arbeit.** Wenn der frühe Morgen oder die Mittagspause für Sie nicht praktisch sind, um in Ihr Fitnesscenter oder Ihren Sportclub zu gehen, können Sie vielleicht direkt nach der Arbeit trainieren. Nehmen Sie Ihre Frustrationen mit und machen Sie sich auf dem Stepper oder in einem Stepp-Kurs Ihre Sorgen. Diese Art des Herauslassens ist nicht nur gesünder, sondern Sie werden auch am nächsten Morgen noch Ihren Arbeitsplatz haben!
- **Lassen Sie Ihre Arbeit an Ihrem Arbeitsplatz.** Eine der weit verbreiteten Stressfallen ist, Ihren berufsbedingten Stress zu nehmen und ihn auszuweiten, so dass die anderen Bereiche Ihres Lebens nun auch stressig werden. Ich bin sicher, dass Sie genug Stress zu Hause haben, ohne dass Sie mehr Stress von Ihrem Arbeitsplatz mitnehmen. Wenn Sie feststellen, dass Sie Arbeit absolut mit nach Hause nehmen müssen, seien Sie sehr bestimmt in Bezug auf das, was Sie erreichen und wie viel Zeit Sie damit verbringen wollen. Nehmen Sie niemals routinemäßig Arbeit mit nach Hause. Und versuchen Sie, an den Wocheneden nicht zur Arbeit zu gehen, es sei denn, es ist absolut notwendig.

Ah, endlich zu Hause, schön! Aber ist es das? Auch wenn Ihre Fahrt nach Hause relativ stressfrei war, kann das Öffnen Ihrer Tür zu ganz neuen Herausforderungen führen. Wenn Sie direkt in diese Stressoren laufen, kann Sie das unvorbereitet treffen und Sie in schlechte Laune versetzen. Wenn Sie nach Hause kommen, stellen Sie sicher, dass Sie eine kurze Phase der relativen Ruhe – sagen wir 15 bis 20 Minuten – genießen können, um den Übergang zu Ihrer zweiten Welt zu bewältigen.

Nachfolgend finden Sie einige Vorschläge für Stress reduzierende Übergänge:

- Nehmen Sie ein entspannendes Bad oder eine Dusche.
- Nehmen Sie einen Drink (einer reicht).
- Setzen Sie sich in Ihrem bevorzugten Sessel und faulenzen Sie einfach.
- Hören Sie sich entspannende Musik an.
- Lesen Sie ein Kapitel in einem guten Buch.
- Treiben Sie Sport.
- Machen Sie einen entspannenden Spaziergang.

Wenn nach dem Öffnen Ihrer Tür das Chaos Sie umfängt und es klar ist, dass keine dieser Aktivitäten auch nur ansatzweise möglich ist, könnten Sie einige dieser entspannenden Übergänge einfügen, bevor Sie Ihr Zuhause erreichen. Ich habe festgestellt, dass es für mich gut funktioniert, wenn ich im Café in der Nähe meines Hauses eine Latte schlürfe und ein Kreuzworträtsel mache. Sie können diesen Spaziergang machen oder ein paar Minuten in einem örtlichen Park verbringen (mit einem guten Buch?), bevor Sie Ihre Tür öffnen. Jetzt sind Sie bereit, mit dem Chaos umzugehen.

Ein gegen Stress resistentes Leben führen

15

In diesem Kapitel

- Stressmanagement in Ihr Leben einbauen
- Sich selbst gegen Stress immunisieren
- In der Gegenwart leben
- Spaß haben

Ihren Stress zu managen entspricht in etwa dem Management Ihres Gewichts. Am Anfang sind Sie begeistert und beginnen mit viel Schwung und Bestimmtheit, die Pfunde zu verlieren. Wochen (oder vielleicht nur Tage) später lässt Ihre Begeisterung nach. Sie fangen sogar an, Gewicht wieder zuzulegen, das Sie vorher verloren hatten. Ihre Versuche, Stress zu reduzieren, können leicht dem gleichen Schicksal zum Opfer fallen. Es ist nicht so leicht, motiviert zu bleiben und die Zeit zu finden, um Ihre Stressmanagement-Fähigkeiten zu üben.

Sie werden vielleicht auch feststellen, dass Sie, obwohl Sie die richtigen Werkzeuge haben, diese selten benutzen. Diese weit verbreitete Situation ist in etwa so, als würden Sie einem Fitnesscenter angehören und nie hingehen. An den meisten Tagen, besonders Ihren sehr beschäftigten, fliegt die Zeit vorbei, und Sie denken noch nicht einmal an etwas, das Stressmanagement auch nur annähernd ähnelt.

Dieses Kapitel zeigt Ihnen, wie Sie die vielen Fallen vermeiden können, die Ihre Stressmanagement-Bemühungen längerfristig zum Entgleisen bringen.

Aber es gibt noch mehr. Effektives Stressmanagement bedeutet mehr als die Benutzung der entsprechenden Werkzeuge und Techniken. Stressmanagement bedeutet, die richtige Balance zwischen dem Druck und den Anforderungen in Ihrem Leben und den positiven Begebenheiten und persönlichen Freuden zu finden, und einen Lebensstil zu entwickeln, der Ihnen die negativen Auswirkungen von Stress erspart. Dieses Kapitel zeigt Ihnen, wie Sie diese Balance erzeugen und die positiven Dinge benutzen können, um Ihre allgemeine Widerstandsfähigkeit gegen Stress zu stärken.

Machen Sie es zu einer Gewohnheit

Einer der Schlüssel zu erfolgreichem Stressmanagement ist es, Ihre Stress reduzierenden Fähigkeiten zu Gewohnheiten zu machen. Wenn wir einige Verhaltensweisen in unser tägliches Leben integrieren, reduzieren wir unsere Abhängigkeit von Motivation und reinem Willen. Denken Sie an eine Gewohnheit wie das Putzen Ihrer Zähne. Nur selten fragen Sie sich: »Fühle ich mich heute danach, meine Zähne zu putzen?« Nein, Sie putzen Ihre Zähne einfach (hoffe ich zumindest). Dieses Verhalten – Ihre Zähne putzen – ist zu einer Gewohnheit geworden. Sie wiederholen dieses Verhalten tagaus, tagein, mit nur wenig Mühe oder Widerstand auf Ihrer Seite. Genauso sollten Sie sich in Bezug auf Stressmanagement verhalten. Die folgenden Abschnitte bieten einige Vorschläge, wie Sie Stressmanagement zu einer Gewohnheit machen können – und zu einer Ihrer besseren.

Diese gefundenen Momente nutzen

Manchmal machen Sie die Situationen, in denen Sie sich befinden, zu einem Gefangenen des Moments. Sie können nicht entkommen. Sie müssen dort sein, wo Sie sind und, um die Dinge noch schlimmer zu machen, Sie haben nicht viel zu tun, während Sie dort sind. Vielleicht warten Sie in der Schlange in Ihrem Supermarkt oder (schluck!) beim TÜV. Warum nicht von diesen Situationen profitieren und sie zu Gelegenheiten machen, um etwas Stressmanagement in Ihr Leben zu bringen? Schummeln Sie ein bisschen entspanntes Atmen, Meditation, schnelle Entspannung, Vorstellung, bewältigende Selbstgespräche oder jede andere Technik zur Stressreduzierung ein, die Sie gemeistert haben. Viele der Stressmanagement-Methoden in diesem Buch funktionieren auch dann ganz gut, wenn Sie nur eine oder zwei Minuten Zeit haben.

Und wo genau finde ich diese Momente?

Es ist nicht immer offensichtlich, wann Sie Ihre Stressmanagement-Fähigkeiten anwenden können. Werfen Sie einen Blick in Tabelle 15.1 für einige potentielle Zeitpunkte, in denen Sie diese Fähigkeiten üben können. Außerdem finden Sie einige Entspannungstechniken, die für sich für den Moment eignen. Wenn Sie ausführlichere Informationen über die in der Tabelle aufgelisteten Entspannungstechniken haben wollen, blättern Sie zurück zu den Kapiteln 4 und 5.

Ort	Entspannungstechnik zum Ausprobieren
Sie sitzen in einer langweiligen Besprechung,	Zwerchfellatmung
auf der Fahrt – in einem Bus, einem Zug oder in einem Taxi	geführte Vorstellung
in einem Flugzeug	Meditation
in einem Fahrstuhl oder auf einer Rolltreppe	schnelle Entspannung
Beim Friseur	Autogene Suggestion
Beim Zahnarzt	Progressive Muskelentspannung
Während einer Toilettenpause	Tiefe Atmung
Im Bett beim Einschlafen	Persönliche Vorstellung

Tabelle 15.1: Orte, an denen Sie Ihre Stressmanagement-Fähigkeiten üben können

Atmen Sie aus, während Sie warten

Wenn Sie auf jemanden oder etwas warten müssen, präsentiert sich Ihnen eine der besseren Gelegenheiten, um etwas Stresserholung in Ihren Tag einzubauen. Selten geht ein Tag vorbei, an dem Sie nicht an irgendeinem Punkt warten müssen. Hier ist nur eine partielle Liste dieser allzu gut bekannten Wartegelegenheiten. Versuchen Sie, von diesen Gelegenheiten in Ihrem eigenen Leben zu profitieren.

- ✔ An einer Ampel warten
- ✔ Auf einen Fahrstuhl warten
- ✔ Im Verkehr warten
- ✔ Auf einen Zug oder einen Bus warten
- ✔ Darauf warten, dass die Mikrowelle Ihr Essen erwärmt
- ✔ Am Telefon in der Warteschleife warten
- ✔ In der Praxis Ihres Arztes warten
- ✔ Darauf warten, dass die Werbepause im Fernsehen vorüber ist
- ✔ Warten, bis eine Datei heruntergeladen wird
- ✔ Im Supermarkt in einer Warteschlange warten
- ✔ Am Geldautomaten warten
- ✔ Irgendwo in einer Warteschlange warten

Entspanntes Atmen, tiefes Atmen, Vorstellung, Meditation und schnelle Entspannung sowie andere »Sofort-Ent-Stresser« sind einige der kurzen, schnellen und wirksamen Methoden, wie Sie Ihrem Stress die kalte Schulter zeigen können, wenn Sie warten müssen.

Von Stichwörtern und Eselsbrücken

Manchmal braucht man im Leben eine kleine Erinnerung. Sie brauchen jemanden oder etwas, der bzw. das Sie anstupst, damit Sie etwas erledigen. Als Sie noch jünger waren, erfüllten Ihre Eltern diese Rolle. (Und wie gut sie darin waren!) Heutzutage stellen Sie aber fest, dass Sie sich selbst an Dinge erinnern müssen. Dieser Abschnitt bietet Ihnen einige Methoden, die Ihnen dabei helfen, sich selbst an Ihre neuen Stressmanagement-Werkzeuge zu erinnern. Sie müssen nur Ihre Stress-Stichwörter und Stress-Eselsbrücken benutzen.

Die Idee ist hier, natürlich und häufig vorkommende Verhaltensweisen – Ihre Stichwörter und Eselsbrücken – als Erinnerungen zu nehmen. Die Ansicht meiner Haustür erinnert mich darin, meine Schlüssel heraus zu holen. In mein Auto einzusteigen löst bei mir die Reaktion aus, meinen Gurt anzulegen. Diese Verhaltensweisen sind automatisch. Ich brauche nicht viel darüber nachdenken. Das gleiche Prinzip kann Ihnen dabei helfen, Methoden aufzubauen, um Ihren Stress zu managen. Immer, wenn Sie auf ein Stichwort oder eine Eselsbrücke treffen, machen Sie weiter und führen sofort eine Übung zur Stresslösung aus – atmen Sie tief, meditieren Sie, wenden Sie Ihre Vorstellungskraft oder schnelle Entspannung an usw.

Hier sind einige weit verbreitete Stress-Stichworte und -Eselsbrücken für den Anfang:

- ✔ Den Telefonhörer auflegen
- ✔ Auf Ihre Uhr schauen
- ✔ Die Tür Ihres Büros schließen
- ✔ An einer roten Ampel anhalten
- ✔ Ihren Anrufbeantworter abhören
- ✔ Ihren Computer ausschalten
- ✔ Ihren Fernseher ausschalten
- ✔ Ein Licht ausschalten

Benutzen Sie einen »Stresspunkt«

Ein Stresspunkt ist nicht mehr als ein Aufkleber, der Sie daran erinnern soll, Stressmanagement zu einem aktiven Teil Ihres Lebens zu machen. Stresspunkte können sehr nützliche Werkzeuge sein, um Ihr Gedächtnis aufzufrischen. Um einen Stresspunkt zu gestalten, suchen Sie in Ihrem örtlichen Bürozubehörgeschäft nach sehr kleinen, runden, bunten Aufklebern (etwa 3 mm Durchmesser sollten ausreichend sein). Oder Sie basteln Ihre eigenen Stresspunkte, indem Sie kleine Kreise aus irgendetwas mit einer klebenden Rückseite ausschneiden. Platzieren Sie diesen Punkt an einen strategischen Ort, so dass er zu einem Stichwort oder einer Eselsbrücke wird und Ihnen signalisieren kann, dass Sie etwas tun sollten, um Ihren Stress zu erleichtern.

Hier sind einige Orte, die für Sie funktionieren könnten:

- ✔ Das Zifferblatt Ihrer Uhr
- ✔ Das Armband Ihrer Uhr
- ✔ Ihr Lenkrad
- ✔ Ihre Kühlschranktür
- ✔ Ihr Computermonitor
- ✔ Ihre Tastatur
- ✔ Ihr Stift

- ✔ Ihre Kaffeetasse
- ✔ Ihr Telefon
- ✔ Ihr Fernseher
- ✔ Ein Lichtschalter

Machen Sie mit sich selbst einen Termin aus

Wenn Sie etwas planen, ist es sehr wahrscheinlich, dass Sie es auch durchführen. Sie gehen fast immer zu Terminen bei Ihrem Arzt, Ihrem Zahnarzt, Ihrem Anwalt, Ihrem Buchhalter, Ihrer Verabredung zum Abendessen und Ihrem Friseur. Warum also nicht das gleiche Prinzip für andere Dinge in Ihrem Leben nutzen, wie z.B. Ihr Stressmanagement? Probieren Sie einige der folgenden Vorschläge aus:

- ✔ Planen Sie regelmäßige Zeitpunkte in Ihre Woche ein, an denen Sie etwas tun werden, um Ihren Stress zu managen. Machen Sie den Donnerstag zum Mittagessen-mit-einem-Freund-Tag. Planen Sie Montag und Donnerstag abends als Zeit in Ihrem Fitnesscenter.
- ✔ Machen Sie Ihre Kaffeepause zu Ihrer Stresspause. Nehmen Sie sich am Vormittag und am Nachmittag ein paar Minuten Zeit, um etwas von der steigenden Spannung in Ihrem Körper und Ihrem Geist zu erleichtern.
- ✔ Nutzen Sie einen Teil jeder Mittagspause für eine Stress reduzierende Aktivität. Gehen Sie ins Fitnesscenter oder versuchen Sie, in einem nahegelegenen Park 20 Minuten lang zu meditieren.
- ✔ Bestimmen Sie gewisse Zeitpunkte während Ihrer Woche als Zeiten, zu denen Sie nicht die Art von Aktivitäten ausführen, die Sie normalerweise machen. Diese Aktivitäten sollten spezielle Stressmanagement-Techniken sein, aber auch Aktivitäten, die ablenkend und entspannend sind – Musik hören, einen Film anschauen, schwimmen gehen, Squash oder Tennis spielen.

Führen Sie von Zeit zu Zeit Protokoll

Probieren Sie diesen Vorschlag für mindestens einen Tag aus. Auf einer Karteikarte, in Ihrem elektronischen Organizer oder einfach auf einem Blatt Papier machen Sie eine Notiz darüber, wann Sie etwas getan haben, um Ihren Stress zu reduzieren. Fassen Sie sich kurz und stellen Sie sicher, dass Ihre Aufzeichnungen Ihren existierenden Stress nicht noch erhöhen. Hier sind einige Beispieleinträge:

Zeit	Wo	Was ich getan habe
9.30 h	Schlafzimmer	15 Minuten lang meditiert
10.20 h	Küche	tiefe Atmung geübt
Mittagspause	auf der Straße	einige Streckübungen gemacht

Zeit	Wo	Was ich getan habe
15.30 h	im Auto während eines Staus	schnelle Entspannungsübungen
16.30 h	auf den Fahrstuhl warten	entspannte Atmung geübt

Sie wissen, was ich meine. Möglicherweise werden Sie feststellen, dass Sie sich durch die Überwachung Ihrer Stressmanagement-Bemühungen der Übungen bewusster werden und sie öfter durchführen. Versuchen Sie es.

Werden Sie zu einem freiberuflichen, unbezahlten Stressmanagement-Guru

Das Thema Stress kommt häufig in Unterhaltungen vor, und wenn nicht, können Sie es immer selbst aufbringen. Wenn Sie es tun, stellen Sie vielleicht fest, dass die meisten Menschen großes Interesse an Ihren Stressmanagement-Aktivitäten haben. Die Leute werden Sie fragen, wie Sie Ihren Stress handhaben. Erzählen Sie es ihnen. Oder zeigen Sie es Ihnen. Einer der besten Wege etwas zu meistern besteht darin, es anderen beizubringen. Lehren Sie einem Freund oder einem interessierten Zuhörer eine oder mehrere Ihrer bevorzugten Stressmanagement-Techniken. Sie werden damit beginnen, diese Tools als Ihre eigenen zu empfinden und sich daraufhin motivierter fühlen sie zu benutzen.

Suchen Sie Ihre Oase (Sand optional)

Um Ihren Stress wirksam managen zu können, brauchen Sie einen Ort, an dem Sie dem Druck und den Forderungen dessen entkommen können, was um Sie herum vorgeht. Tatsächlich brauchen Sie mehrere dieser Orte. Idealerweise sollten dies Orte sein, die ruhig, friedvoll und entspannend sind. Diese Orte werden zu Ihrer Oase – Ihre Zufluchtsorte in einer Welt voller Stress. Solche Orte sind normalerweise nicht so leicht zu finden. Ein mit Holz verkleideter Arbeitsraum oder ein Zen-Garten sind vielleicht nur Produkte Ihrer Phantasie. In der Realität ist der Ort, den Sie als Oase benutzen, vielleicht Ihr Badezimmer oder Ihr Schlafzimmer. Aber diese können genauso gut als Orte für Ihren Rückzug dienen, wenn Ihre Seele etwas Frieden und Ruhe braucht. Fügen Sie Ihrer Liste weitere friedvolle Orte hinzu. Ihre Oasen müssen nicht überragend sein. Sie brauchen nur einen Ort, an dem Sie zumindest für einen kurzen Teil des Tages ungestört sind. In den folgenden Abschnitten mache ich Ihnen einige Vorschläge für den Anfang.

Schaffen Sie sich einen inneren Rückzugsraum

Versuchen Sie sich einen Bereich in Ihrem Zuhause zu schaffen, in dem Sie wirklich gern Ihre Zeit verbringen. Sie sollten mindestens einen Wohlfühlraum oder einen Bereich haben, der emotional einladend ist. Ihre private Ecke kann überall sein – vielleicht ein Fensterplatz, eine warme Küche, ein einladendes Schlafzimmer oder ein gemütliches Arbeitszimmer – wo Sie eine Tür schließen und sich vor allem sicher fühlen, wo Sie sich nicht gehetzt und ungestört fühlen. Dieser Ort ist Ihr inneres Heiligtum, ein Bereich innerhalb eines Bereichs, an den Sie sich zurückziehen können, wenn die Welt draußen wenig einladend erscheint, ein Ort, an dem Sie sitzen, lesen, schreiben, denken, meditieren oder einfach tagträumen können. Bestimmen Sie diesen Ort als einen Ort, an dem Sie sich keine Sorgen machen, keine Rechnungen bezahlen, nicht ans Telefon gehen oder irgendetwas anderes tun, das Ihren Stresslevel auch nur ansatzweise erhöhen könnte. Die positiven Auswirkungen eines ruhigen Rückzugsortes sind enorm groß.

Nehmen Sie ein Bad

Das Badezimmer ist möglicherweise der einzige Ort in Ihrem Haus, an dem Sie das Gefühl haben, dass Sie die Tür hinter sich schließen und allein sein können. Eines der vielen Dinge, die Sie in einem Badezimmer machen können, ist ein Bad zu nehmen. Ein heißes Bad ist ein wundervoller Ort zum Entspannen und völligen Loslassen. Ausgestreckt und umgeben von Wärme, können Sie sich in einem Bad die Erlaubnis geben, sich zu entspannen. Wenn Sie sanfte Beleuchtung, schöne Musik und einen beruhigenden Drink hinzufügen, kann Ihnen dieser Ort wie der Himmel erscheinen.

Parken Sie für eine Weile

Die meisten Städte haben wundervolle Parks, in denen Sie ziellos herumspazieren, die Aktivitäten um Sie herum betrachten oder sich in Ihren eigenen Gedanken und Bildern verlieren können. In den größeren Parks können Sie sich oft relativ allein wiederfinden, einer der wenigen Orte, an denen sonst niemand zu finden ist. Und der Park muss nicht groß sein. Einige sind nicht viel mehr als ein kleines Stück Rasen, einige Bäume und ein oder zwei Bänke. Wenn ich kann, stelle ich fest, dass ein Spaziergang durch den Park auf meinem Weg ins Büro oder meinem Heimweg nach der Arbeit eine wundervolle Methode ist, um mich aufzulockern und mich von meinem stressigen Tag zu lösen.

Jogging, Fahrrad fahren oder Inlineskating im Park sind großartige Wege, körperliche Bewegung mit einem Gefühl des Alleinseins zu verbinden. Sie können sich Kopfhörer aufsetzen, oder, noch besser, es einfach genießen, mit Ihren Gedanken allein zu sein.

Suchen Sie sich Heiligtümer

Wir tendieren dazu, Häuser für den Gottesdienst als religiöse Rückzugsstätten anzusehen, Orte zum Beten. Und natürlich sind sie das. Aber Kirchen und Tempel können auch für nicht religiöse Ausdrucksformen aufgesucht werden. Sie können nachdenken, meditieren oder sich selbst einfach in Träumen verlieren. Sie sind ruhig und oft sanft beleuchtet – ideale Umgebungen zum Alleinsein. Viele Kirchen und Tempel sind ziemlich majestätisch und ausschweifend in ihrer Architektur und regen auch den müdesten Geist an und erfüllen ihn mit neuem Leben. Und, abgesehen von der Mitternachtsmesse und Ostern, sind Ihre Chancen hervorragend, eine leere Reihe zu finden.

Werden Sie zum Lobbyisten

Viele Hotels, besonders einige der älteren, sind wundervolle Gebäude, in denen es sich lohnt, Zeit zu verbringen. Sie werden hier nicht allein sein, aber wahrscheinlich werden Sie in Ruhe gelassen. Obwohl hier viele Menschen kommen und gehen, seien Sie nicht überrascht, wenn Sie einen bequemen Stuhl finden, der in einem relativ ruhigen Teil der Lobby platziert ist.

Verlieren Sie sich in Büchern

Buchhandlungen, besonders die größeren, können hervorragende Orte sein, an denen Sie sitzen, schreiben und den Anforderungen um Sie herum entkommen können. Ich betrachte meine örtliche Buchhandlung als meine persönliche Bibliothek. Es ist ein großartiger Ort, um in einen ruhigeren Zustand zu flüchten. Der Haken? An den Wochenenden kann es wie im Irrenhaus zugehen. An guten Tagen jedoch sind die ruhigen Stockwerke ohne Menschenmassen, die mit wundervollen Büchern gefüllt sind, eine einladende Umgebung, in die Sie sich zurückziehen können.

Und vergessen Sie die öffentlichen Büchereien nicht. Büchereien, besonders die größeren, sind tolle Orte, an denen Sie eine Stunde oder mehr in relativer Einsamkeit verbringen können. Große Tische, viel Platz und erforderte Ruhe tragen alle zu einem idealen Ort zum Arbeiten, Denken und Vorstellen bei.

Betonen Sie das Positive

Wenn Sie darüber nachdenken, Ihren Stress zu vermindern, denken Sie meistens daran, die negativen Seiten in Ihrem Leben zu entfernen oder zumindest zu reduzieren. Werden Sie die unangenehmen Forderungen und den Druck los, und Ihr Leben wird viel weniger stressig sein. Aber einen Lebensstil entwickeln, der wirklich gegen Stress resistent ist, bedeutet nicht nur die negativen Aspekte auszumerzen, sondern auch die positiven Ursachen für Zufriedenheit und Freude zu finden und in Ihr Leben einzubauen. Diese können Sie für die negativen Seiten entschädigen, die Sie nicht loswerden konnten. Ich nenne diese Ihre *Stresspuffer*. Dazu gehören eine ganze Reihe von Aktivitäten, Beziehungen und Verpflichtungen, die positive Gefühle in Ihr Leben bringen.

Leben Sie

Einer der Schlüssel für einen gegen Stress resistenten Lebensstil ist ein mehr als eindimensionales Leben. Das bedeutet, Ihren Lebensstil zu untersuchen und herauszufinden, was fehlt. Machen Sie das Stress-Quiz im Kasten oben, um festzustellen, ob Ihr Lebensstil Ihnen genügend Stresspuffer bietet, um den negativen Auswirkungen von Stress widerstehen zu können.

Haben Sie ein Leben?

Antworten Sie auf die folgenden Aussagen mit »sehr richtig «, »trifft manchmal zu« und »eigentlich nicht«.

- ✔ Ich habe eine Familie, auf die ich mich verlassen kann, wenn es darauf ankommt.
- ✔ Ich habe Freunde, mit denen ich über meine Probleme reden kann.
- ✔ Ich habe Freunde, mit denen ich gerne Zeit verbringe.
- ✔ Ich habe Hobbies und/oder Interessen, die mir Spaß machen.
- ✔ Ich freue mich auf bestimmte Aktivitäten in meiner Woche.
- ✔ Ich bin zufrieden mit meinem Beruf.
- ✔ Ich finde mein Leben zufriedenstellend und bedeutsam.
- ✔ Mein spiritueller Glaube gibt mir Unterstützung und Trost.
- ✔ Ich genieße es, neue Menschen kennen zu lernen.
- ✔ Ich probiere gerne neue Dinge aus.
- ✔ Ich fahre regelmäßig in Urlaub.
- ✔ Ich genieße die Natur und gehe gern nach draußen.
- ✔ Ich mache oft Dinge, die mir Spaß machen.
- ✔ Ich habe ein ausreichendes Einkommen.
- ✔ Ich tue Dinge für Leute, die weniger Glück haben.

Mit anderen Menschen zusammenkommen

Menschen zu haben, mit denen Sie reden, bei denen Sie sich beschweren, mit denen Sie weinen und lachen – ganz zu schweigen von den Menschen, mit denen Sie ins Kino gehen – stellen wichtige Stresspuffer in Ihrem Leben dar. Sich mit Familienangehörigen und Freunden zu verbinden, wird zu einem der wichtigeren Wege, auf denen Sie sich von Stress lösen und Ihre Bewältigungsfähigkeit stärken können.

Familie: Die Verbindungen, die verbinden

Obwohl Ihre Familie Ihnen manchmal als die Ursache einer ganzen Menge Ihres Stresses erscheinen mag, können für die meisten Menschen Familienmitglieder eine wichtige Quelle der Liebe und der emotionalen Unterstützung sein. Schließlich gibt es nur wenige andere Menschen in

Ihrem Leben, die Sie so gut kennen und Ihnen zur Seite stehen, wenn es Ihnen schlecht geht. Mit Ihrer Familie zusammen zu sein und vergangene Erinnerungen zu teilen, kann Ihnen das Gefühl geben, Teil von etwas Größerem zu sein, etwas, das sich warm und beruhigend anfühlt. Familienereignisse wie Geburtstage, Hochzeitstage, Hochzeiten, Taufen und Konfirmationen bringen ein Gefühl der wiederholten Erfahrung und Familienzusammenkunft mit sich und geben Ihnen ein Gefühl der emotionalen Verbundenheit, die Sie vor Stress schützen kann.

Aber, wie Sie bereits wissen, braucht es einige Mühen, Familienverbindungen aufrecht zu erhalten und an diesen guten Gefühlen festzuhalten. Nehmen Sie sich die Zeit, mit den Menschen zusammen zu sein, die Ihnen wichtig sind. Arbeiten Sie daran, diese Beziehungen positiv und zufriedenstellend zu gestalten. Es lohnt sich.

Einige Forschungsdaten bestätigen, was intuitiv als richtig erscheint – dass eine gute Ehe Stress reduzieren kann. Eine Studie, die von Pamela Jackson, Ph.D., einer Soziologin an der Duke University in Durham, North Carolina, durchgeführt wurde, hat ergeben, dass in unterstützenden Ehen die Menge des Stresses, die von den Eheleuten in schwierigen Zeiten empfunden wurde, bedeutend niedriger war als die von den Menschen, die in weniger unterstützenden Beziehungen lebten. Für diese Menschen war es weniger wahrscheinlich, in Depressionen zu verfallen, wenn ihr Leben sehr stressig wurde. Andere Studien unterstützen diese Ergebnisse. Es scheint, dass eine harmonische Ehe zu weniger psychologischen und physischen Zeichen von Stress führt.

Sie brauchen eine Monika, eine Rachel oder einen Ernst

Wenn Sie Menschen fragen, was sie in ihrem Leben als das Wertvollste betrachten, finden Sie am oberen Ende der Liste, direkt unter der Familie, Freunde. Die meisten von uns bedauern oder werden es bedauern, dass wir unsere Freundschaften wegen anderen, oft weniger lohnenden Aktivitäten, vernachlässigen. Wir wünschten, wir hätten mehr Zeit mit Freunden, riefen Sie öfter an und arbeiteten härter daran, unsere Freundschaften zu behalten und zu pflegen.

Ihre Freundschaften sind wahrscheinlich Ihre wichtigsten Stresspuffer. Freunde bieten Ihnen Gesellschaft, machen Ihnen Freude und helfen Ihnen, Gefühle der Einsamkeit zu überkommen. Gute Freunde hören Ihren Problemen zu, geben Ihnen Ratschläge und unterstützen Sie emotional. Sie sind Ihre Therapeuten.

Menschen mit einem umfassenden sozialen Netz empfinden weniger Stress und können besser mit dem Stress umgehen, den Sie fühlen. Studien zeigen, dass Freundschaften die Auswirkungen von Stress in Ihrem Leben ausgleichen können.

Freunde zu haben kann Ihren Blutdruck senken, Ihr Immunsystem stärken und sogar Ihre Lebensspanne erhöhen. In einer Studie mit etwa 7.000 Frauen, die über 17 Jahre durchgeführt wurde, fanden die Forscher heraus, dass Frauen mit wenig Freundschaften ein höheres Risiko hatten, einer Krebserkrankung zu erliegen. Gute Freunde zu haben, so schien es, schützt sogar mehr als eine Ehe.

Eine andere Studie zeigte, dass unter Patienten mit Herzkranzgefäßerkrankungen die Menschen, die weder verheiratet waren noch enge Freunde hatten, mit größerer Wahrscheinlichkeit innerhalb von fünf Jahren starben als die, die verheiratet waren, einen engen Freund hatten oder beides. Es scheint, dass Freude und Familie die zerstörerischen Auswirkungen von Stress auf Ihren Körper vermindern können.

Tun Sie etwas, irgendetwas

Zufriedenheit in einem Hobby oder einem Interesse zu finden ist ein wichtiger Weg, um Ihren Stress zu vermindern. Jedes Hobby – ob es das Sammeln von Bierdosen oder Stofftieren ist, Vögel beobachten oder was auch immer Ihren Neigungen entspricht – kann beschäftigend und ablenkend sein. Tatsache ist, es kommt nicht wirklich darauf an, was Sie tun. Es ist ein großer Fehler, ein Hobby abzulehnen oder aufzugeben, weil Sie denken, dass es nichts wert ist oder von anderen weniger geschätzt wird. Die Tatsache, dass Sie etwas tun, ist das, was zählt. Lassen Sie Ihr Ego außen vor.

Ich habe einen Freund, der Baseball-Karten sammelt. Er kann eine Mickey-Mantle-Rookie-Karte auf zehn Meter Entfernung erkennen. Er geht zu den Kartenmessen, unterhält sich mit Händlern und anderen Käufern und scheint generell eine ziemlich gute Zeit zu haben. Er freut sich darauf, seine Neuerwerbungen zu arrangieren, sammelt und verkauft mit offensichtlichem Eifer und viel Freude. Obwohl ich selbst nur wenig Interesse daran habe, diese Karten zu sammeln, muss ich zugeben, dass ich ein bisschen neidisch bin auf die Freude und das Gefühl der Zufriedenheit, die mein Freund wegen dieser 5x8 cm großen, bunten Papprechtecke empfindet.

Für ihn und zahllose andere Menschen bietet ein Hobby oder eine Freizeitbeschäftigung eine unglaublich positive Erfahrung, die Freude und Interesse bringt und als ein Stresspuffer agiert, der sie von einer ganzen Menge ihrer täglichen Sorgen und kleinen Ärgernisse isoliert. Wenn Sie in ein Hobby oder eine angenehme Freizeitbeschäftigung vertieft sind, scheint die Zeit zu fliegen und oft sind Sie mit anderen Menschen zusammen, die Ihre Interessen teilen.

Aber was ist mit Ihnen? Fragen Sie sich selbst, wie Sie Ihre freie Zeit verbringen und ob irgendwelche Aktivitäten oder Beteiligungen Ihrem Leben Gewinn bringen könnten.

Treten Sie einer Gruppe bei

Jede Stadt hat Gruppen und Organisationen, die Sie mit anderen gleich denkenden Menschen zusammenbringen können. Indem Sie ein gemeinsames Interesse teilen, etablieren Sie eine natürliche Verbindung, die Ihre Beziehungen zu anderen in der Gruppe von einfachen Bekanntschaften in gute Freundschaften verwandeln kann. Hier sind einige Gruppen, denen Sie sich anschließen könnten:

- ✔ Ihre örtliche Kirche
- ✔ die Schule Ihres Kindes (gehen Sie zu Elternabenden, werden Sie Mitglied des Elternbeirats, organisieren Sie eine Spendenaktion, lassen Sie sich als Verkehrslotse einsetzen)

- Ihre Nachbarschaftshilfeorganisation
- eine Gruppe mit speziellen Interessen (eine Literaturgruppe, eine Naturgruppe, eine Musikgruppe, eine politische Gruppe, eine Gruppe mit Singles usw.)

Bilden Sie sich weiter

Sie haben zahlreiche Gelegenheiten, eine Schule zu besuchen oder an einem Kurs über etwas teilzunehmen, das Sie interessiert. Sie wissen nicht, wohin Sie sich wenden sollen? Hier sind einige Vorschläge:

- Universitäten, Fachhochschulen und Volkshochschulen
- Jugendverbände
- Sprachschulen
- Handwerksschulen
- Kochkurse
- Schreibkurse
- Aerobic-Kurse
- Tanzkurse
- Musikkurse

Spielen Sie mit

Oder wie wäre es, an einem Sport oder Spiel teilzunehmen? Falls Sie es vergessen haben, hier ist eine Liste der beliebteren Angebote:

- Bridge
- Tennis
- Golf
- Poker
- Mah-Jongg (ein interessantes japanisches Brettspiel)
- Rasenbowling
- Bowling
- Billard
- Schwimmen
- Gymnastik

- ✔ Eislaufen
- ✔ Baseball
- ✔ Basketball
- ✔ Volleyball
- ✔ Hockey
- ✔ Bingo
- ✔ Sporttauchen

Bieten Sie sich an: Servieren Sie Suppe

Einer der besseren Stresspuffer ist eine ehrenamtliche Tätigkeit. Sie können klein anfangen. Helfen Sie bei Ihrer örtlichen Bücherei oder Kirche aus. Sie können den Menschen helfen, die an Ihr Haus gebunden sind oder einem Kind Nachhilfeunterricht für die Schule geben. Es gibt sehr viele Möglichkeiten, anderen Menschen zu helfen. Wenn Ihnen die Ideen fehlen, werfen Sie einen Blick in die Liste der Vorschläge für ehrenamtliche Tätigkeiten in Kapitel 13.

Holen Sie sich ein Haustier

Ein Haustier ist ein hervorragendes Mittel, um gegen Ihren Stress anzugehen. Überzeugende Daten zeigen, dass Haustiere tatsächlich Ihren Stress vermindern und als wichtige Quelle emotionalen Wohlbefindens dienen können. Die Anwesenheit eines Haustieres kann zu Entspannung führen, Gefühle der Liebe und Zärtlichkeit hervorrufen und Ihnen einen Begleiter geben. Haustiere können Ihren Blutdruck senken, Ihnen ein Gefühl der Entspannung geben und Sie von Ihren alltäglichen Sorgen und Gedanken ablenken. Und da sie sich nicht beschweren, keine gegenteiligen Meinungen äußern oder wissen, wie die Fernbedienung für den Fernseher funktioniert, lösen Haustiere weniger Konflikte und Spannungen aus, als es die Menschen tun, die in Ihrem Haus leben. Als Bonus kümmern sie sich auch um Schaben- und Nagetierprobleme.

Kultivieren Sie Ruhe

Wie oft haben Sie von einem Gärtner gehört, der ausgerastet ist? Tatsächlich dokumentiert wissenschaftliche Literatur die positiven, Stress abblockenden Auswirkungen der Gartenarbeit. In vielen medizinischen und psychologischen Hintergründen wird Gartenarbeit heute weitgehend als Form therapeutischer Intervention angesehen. Die Autorin/Gärtnerin Linda Yang weist darauf hin, dass das Wort Paradies vom griechischen Begriff paradeisos abstammt, was »privater Park der Könige« bedeutet – wo Frieden und Schönheit zwischen Obstbäumen und Blumen weilen.

In einem Garten zu arbeiten kann zufriedenstellend sein. Sie können etwas Beruhigendes und Friedvolles daran finden, eine Petunie einzutopfen oder sich einer Tomatenstaude zu widmen. Warum? Weil Sie die Kontrolle haben. Sie geben die Geschwindigkeit vor, und niemand sagt Ihnen, was Sie falsch machen oder gibt Ihnen einen Termin. Es sind nur Sie und die Natur. Ihr Garten muss nicht sehr groß sein. Es kann eine kleine Terrasse sein, ein gemeinsames Stückchen Erde, ein Kräutergarten im Haus in den Wintermonaten oder einfach mehrere Hauspflanzen, die Sie wässern und pflegen. Ein Blumenbeet funktioniert ebenfalls gut – die Auswirkungen sind die gleichen. Einige Quadratzentimeter Paradies können ein großes Maß der Ruhe in Ihr Leben bringen.

Kochen, backen, schmoren, braten

Ich bin kein besonders guter Koch, aber ich genieße den Prozess. Für mich ist Kochen interessant, kreativ und unglaublich entspannend. Vielleicht ist es die Küche oder meine Liebe zum Essen, aber für mich ist es sehr zufriedenstellend, an einem Rezept herumzubasteln. Das Backen ist besonders beruhigend wegen der wundervollen Gerüche, die aus dem Ofen kommen. Das Endergebnis zu essen macht ebenfalls großen Spaß. Natürlich mag dies für Sie nicht die aufregendste Idee sein, wenn Sie bereits Stunden in der Küche verbracht haben, um den Rest Ihrer Familie zu ernähren. In diesem Fall ist vielleicht eine Reservierung in einem netten Restaurant Ihre Vorstellung einer guten Methode, um Stress zu erleichtern.

Kaufen Sie das Buch

Ah, die Freuden eines fesselnden Bestsellers, einer brodelnden Romanze oder eines zuverlässigen Klassikers. Eines gutes Buch zu lesen ist einer der angenehmeren Wege, Ihren Stress zu reduzieren. Egal ob Sie im Bett oder am Strand liegen oder es sich in Ihrem Lieblingssessel bequem machen, Lesen kann Ihren Puls verlangsamen, Ihren Blutdruck senken (das ist bewiesen) und Sie von den Gedanken und Sorgen um Sie herum ablenken. Lesen kann Sie in eine andere Welt versetzen.

Aber Lesen bietet mehr als Ablenkung. Es kann auch Ihren Geist und Ihre Vorstellungskraft animieren. Es kann Ihre Erfahrungen bereichern und Ihnen neue Informationen, Ideen und Interessen geben. Es kann sogar soziale Vorteile haben. Werden Sie Mitglied eines Lesezirkels, und Lesen bringt Sie in Kontakt zu anderen Menschen, die Ihre Interessen teilen.

Bücher sind relativ günstig, leicht zu transportieren und unglaublich praktisch. Sie können im Zug oder im Flugzeug lesen, während Sie auf einen Verkäufer oder Ihren Zahnarzt warten, oder zu jedem anderen Zeitpunkt, an dem Sie einige Momente Zeit haben.

Heutzutage können Sie Ihren Computer benutzen, um ein Buch zu bestellen, wenn Sie keine Zeit haben und nicht zu einem Buchhändler gehen können. Sie können praktisch jedes Buch online finden und bestellen, oft zu wesentlich günstigeren Preisen. Schalten Sie Ihren Fernseher aus. Lesen Sie ein Buch.

Manchmal sind es die kleinen Dinge

Wenn wir an die Dinge im Leben denken, die uns Freude machen, fallen uns gewöhnlich die großen Sachen ein: die berufliche Beförderung, der Traumurlaub, den Nobelpreis gewinnen. Sie tendieren dazu, die kleineren Wonnen und Freuden zu übersehen, die regelmäßig passieren. Mir macht es große Freude, meine erste Tasse Kaffee am Morgen zu trinken, die Zeitung zu lesen und auf meinem Weg zur U-Bahn am Park vorbei zu gehen. An sich sind diese Ereignisse keine großartige Sache, aber sie summieren sich und tragen zusammen zu einem breiteren positiven Bild bei. Hier ist eine Liste einfacherer Freuden, die zur Qualität Ihres Lebens beitragen können:

- ✔ Der Geruch frisch gemähten Grases
- ✔ Einen Brief an einen Freund schreiben
- ✔ Ein Frühlingsregen
- ✔ Frischer Schnee auf einer vom Mondlicht beschienenen Straße
- ✔ Der Geruch der Luft nach einem Regen
- ✔ Der Duft eines Parfums
- ✔ Die Wärme der Sonne
- ✔ Raschelnde Blätter im Herbst
- ✔ Der Geruch verbrannten Holzes
- ✔ Der Lärm lachender Kinder
- ✔ Das Prasseln eines offenen Feuers
- ✔ Der Geruch frisch gebackener Plätzchen
- ✔ Vogelzwitschern am Morgen
- ✔ Sonnenaufgänge und -untergänge
- ✔ Eine Aufgabe erledigen

Gehen Sie aus dem Haus

Wann haben Sie eines der folgenden Dinge zum letzten Mal getan?

- ✔ Zum Essen ausgehen
- ✔ Ins Kino gehen
- ✔ Tanzen gehen
- ✔ Ins Theater gehen
- ✔ Zu einem Konzert gehen
- ✔ Leute beobachten
- ✔ In eine Disco gehen
- ✔ Im Park spazieren gehen
- ✔ Nur zum Spaß einkaufen gehen

- ✔ Eine neue Nachbarschaft entdecken
- ✔ Ins Tanztheater gehen
- ✔ Eine Sportveranstaltung besuchen
- ✔ Mit Freunden zu Mittag essen
- ✔ In ein Museum gehen
- ✔ In eine Kunstgalerie gehen

Nehmen Sie sich die Zeit, Freude an den kleinen Dingen zu finden und neue Wege zu gehen – und dabei Ihren Stress zu vermindern.

Dinge neu ordnen und in den Griff bekommen

In den Urlaub zu fahren ist ein wundervoller Weg, Dinge neu zu ordnen und neue Perspektiven für Ihr Leben zu gewinnen. Dieser Zwei-Wochen-Urlaub in den Bergen oder am Meer kann einfach toll sein. Das Problem ist, dass Sie um etwa 15.00 Uhr am Montag nach Ihrer Rückkehr reif für einen neuen Urlaub sind, der nun leider 50 Wochen von Ihnen entfernt ist. Statt sich auf diesen Haupturlaub zu verlassen, um sich eine Auszeit zu verschaffen, sollten Sie besser einige kurze oder Miniurlaube planen, die Sie über das Jahr verteilen.

Versuchen Sie, häufigere, kürzere Reisen und Urlaube in Ihr Leben einzubauen. Dieses können die Form eines halben oder ganzen Tags Urlaubs annehmen, oder einer Übernachtung, eines Wochenendes oder eines verlängerten Wochenendes. Stellen Sie sich Ihre Zeit als Tresor vor, der von Zeit zu Zeit geöffnet werden muss. Der Trick ist, diese Pausen gleichmäßig über Ihr Jahr zu verteilen, bevor sich zu viel Druck bildet.

Planen Sie die Zeit des Urlaubs im Voraus

Den häufigsten Grund, den die Menschen dafür angeben, dass sie nicht wegkommen, ist ein Mangel an Zeit. Sie würden gerne einmal wegfahren, aber irgendetwas kommt immer dazwischen. Aber wenn Sie auf den perfekten Zeitpunkt warten, warten Sie möglicherweise für immer.

Fangen Sie damit an, anzunehmen, dass der perfekte Zeitpunkt zum Wegfahren für Sie niemals kommt. Aber nehmen Sie sich vor, trotzdem wegzufahren. Statt auf eine auferlegte Zeitplanung zu reagieren, erstellen Sie früh eine Wegfahrplanung, die versichert, dass Sie Ihre Pläne auch tatsächlich ausführen. Bauen Sie eine Wegfahrzeit ein und machen Sie diese zu einer höheren Priorität in Ihrem Leben. Setzen Sie sich mit Ihrem Kalender hin und blockieren Sie einen längeren und einige kürzere Zeiträume, an denen Sie planen wegzufahren. Verteilen Sie die Daten so, dass sie verschiedenen Zeiträume während des Jahres umfassen, damit Sie die Zeit nicht erst finden müssen – es ist bereits geplant.

Erstellen Sie einen Ausflugsordner

Wenn Sie entkommen wollen, müssen Sie wissen, wohin Sie entkommen wollen. Ist es nicht erstaunlich, wie wenig Sie über mögliche Ausflugsziele wissen, die nur einige Stunden von Ihnen entfernt sind? Fangen Sie an, Informationen über Orte zu sammeln, an die Sie flüchten können. Beginnen Sie mit den wundervollen Büchern über nahe Ausflugsziele in Ihrem Buchladen. Sie können Bücher finden, die alle möglichen Arten von Kurzreisen, Übernachtungsmöglichkeiten sowie Sehenswürdigkeiten und Beschäftigungen beschreiben. Fügen Sie bevorzugte Orte Ihrer Freunde, von denen sie Ihnen erzählt haben, in Ihren Ordner ein, außerdem Artikel aus Zeitungen und Zeitschriften und Broschüren. Erstellen Sie zwei Kategorien: Eine für kürzere Ausflüge, die einen oder zwei Tage umfassen und eine zweite für längere Reisen. Die Bücher, Artikel und Broschüren selbst können größeres Interesse und Freude hervorrufen und Ihnen einige neue Ideen geben, wo Sie hinfahren und was Sie tun können.

Machen Sie einen Miniurlaub

Damit ein Ausflug kurz sein kann, müssen Sie in einer Stunde oder weniger dorthin kommen können. Der Plan ist, für einige Stunden oder einen vollen Tag aus Ihrem Haus zu kommen und am gleichen Tag zurückzukehren. Auch ohne Auto können Sie aus der Stadt herauskommen. Wenn Sie in einer größeren Stadt leben, können Sie Tagesausflüge mit den öffentlichen Verkehrsmitteln zu Orten und Sehenswürdigkeiten machen, die in Ihrer Nähe liegen. Sie werden vielleicht überrascht sein, was es alles zu sehen und zu tun gibt – alles in einem Tag oder weniger.

Einer meiner bevorzugten Tagesausflüge aus der Stadt heraus ist der Besuch eines großen Parks und Walds, der etwa eine Stunde von uns entfernt liegt. In der Mitte des Parks ist ein See, an dem Sie stundenweise Kanus und kleine Segelboote mieten können. Normalerweise nehme ich ein Picknick mit. Es ist ein wunderbarer Tagesausflug.

Hier sind einige andere Ideen, die Sie ausprobieren können:

- ✔ **Verbringen Sie eine Nacht in einem Hotel oder einer Schönheitsfarm.** Eine Nacht oder zwei in einem schönen Hotel kann neue Energie bringen. Am Wochenende sind die Übernachtungen normalerweise auch viel billiger als während der Woche. Stellen Sie sich vor, Sie sind Tourist. Oder, wenn Sie es wollen, brauchen Sie das Hotel auch niemals zu verlassen. Wenn Sie aus der Stadt herauskommen wollen, kann eine Schönheitsfarm genau das Richtige sein, um Ihren müden Geist wieder auf Touren zu bringen.

- ✔ **Gehen Sie zum Wandern.** Wandern in einer natürlichen Umgebung kann eine wohltuende, beruhigende Auswirkung haben. Die Aussichten können spektakulär sein. Bei einem Wanderausflug werden Sie keine Fahrstühle, Faxmaschinen oder Pager finden. Und Sie sehen vielleicht andere Tiere als Tauben, Eichhörnchen, Ratten und Schaben. Viele Routen ermöglichen es Ihnen, mit dem Auto zu kommen und einem Weg zu folgen, der Sie zu Ihrem Ausgangspunkt zurückbringt.

Es gibt Wanderorganisationen (schauen Sie in Ihrem Telefonbuch nach den Telefonnummern), die Ihnen nicht nur Informationen über Wanderungen geben, sondern Sie auch in Kontakt zu Leuten bringen können, wenn Ihnen eine Begleitung fehlt.

- **Nehmen Sie Ihr Fahrrad.** Obwohl ich sicher bin, dass Sie irgendwo in Ihrer Nachbarschaft Fahrrad fahren können, ist es möglicherweise besser, eine weniger befahrene Gegend oder andere Möglichkeiten zu finden. Wenn Sie die Stadt hinter sich gelassen haben, werden Sie viele Fahrradwege und offene Straßen finden, die Ihnen eine großartige Landschaft und wenig Verkehr bieten. Wenn Sie noch keinen haben, ist ein Dachgepäckträger für Fahrräder für Ihr Auto eine hervorragende Investition.
- **Suchen Sie nach Wasser.** Wenn Sie in der Nähe von Wasser wohnen – und es muss nichts Großes sein – kann ein Tag am Wasser ein wundervolles Entkommen aus der Fülle und der Verwirrung Ihres Alltags sein. Auch wenn das Wasser zum Schwimmen zu kalt ist, kann es sehr entspannend sein, an einem Strand oder einer Promenade am Wasser entlang zu spazieren. Viele Leute vergessen die Strände außerhalb der Saison, aber das ist ein Fehler. In den Frühlings-, Herbst- und Wintermonaten sind die Strände sehr schön und auch wunderbar leer.
- **Pflücken Sie Obst.** Einer der beliebtesten Ausflüge meiner Familie ist der Besuch eines der vielen Bauernhöfe, die etwa eine Stunde von unserem Wohnort entfernt sind. Je nach Saison pflücken wir Äpfel, Blaubeeren, Erdbeeren oder Himbeeren. Dann fahren wir nach Hause und überlegen uns, was wir damit tun können. Kuchen sind das einfachste Projekt, aber kürzlich haben wir uns in die Welt der Marmeladen und Gelees gewagt. Viele der Bauernhöfe bieten andere Aktivitäten, wie z.B. Reiten und das Probieren frisch gepressten Ciders.
- **Übernachten Sie in einem Landhof.** Kleine Landhöfe und abgelegene Pensionen bieten den idealen Kontrast zur Größe und Geschäftigkeit der Stadt. Sie sind weg von den langweiligen Motels und Hotels, die den Weg säumen. Wenn Sie sich durch Landstraßen und kleine Wege schlängeln, können Sie dieses besondere, einzigartige Versteck finden, das Ihnen nicht nur ein Bett zur Verfügung stellt, sondern Sie auch mit selbst gekochten Spezialitäten verwöhnt.

  Andererseits, wenn Sie auf dem Land leben, kann ein Ausflug in die Stadt mit einer Sightseeing-Tour, vielleicht einem Besuch im Theater und dem Beobachten der vielen Menschen eine erfrischende Veränderung Ihres gewöhnlichen Lebens bedeuten.

Hier sind noch einige andere Orte, die Sie besuchen können:

- Botanische Gärten
- Naturschutzgebiete
- Schlösser und historische Gebäude, die für die Öffentlichkeit zugänglich sind
- öffentliche Gärten
- Auktionen auf dem Land
- Weinanbaugebiete
- Flohmärkte

Fünfzehn kleine Dinge, die zur Qualität Ihres Lebens beitragen

Manchmal sind es die kleinen Dinge, die Ihren Tag von »gerade okay« in einen verwandeln, der Ihnen das Gefühl der Freude und Zufriedenheit gibt. Es braucht nicht viel. Eine einfache Begegnung, ein Austausch oder ein Ereignis, das Ihre Laune hebt und Sie von Ihren aktuellen Sorgen und Gedanken entfernt. Hier sind einige Vorschläge für Dinge, die Sie tun können, um Ihrem Tag ein bisschen Freude hinzuzufügen:

- ✔ Suchen Sie ein Café, in dem Sie draußen sitzen und einen Moment verweilen können.
- ✔ Scherzen Sie mit einem Verkäufer.
- ✔ Verbringen Sie ein paar Stunden in der öffentlichen Bücherei.
- ✔ Setzen Sie sich auf eine Parkbank und beobachten Sie die Leute, die vorbei gehen.
- ✔ Entdecken Sie eine Nachbarschaft, die Sie noch nicht kennen.
- ✔ Ziehen Sie sich gut an und machen Sie einen Spaziergang im Regen.
- ✔ Kaufen Sie sich Blumen.
- ✔ Kaufen Sie sich ein Eis.
- ✔ Lesen Sie die Zeitung und trinken Sie eine Tasse Kaffee in einem Café.
- ✔ Starten Sie eine Unterhaltung mit einem Fremden.
- ✔ Hören Sie einem Straßenmusikanten zu (und geben Sie ihm/ihr etwas).
- ✔ Gehen Sie spazieren oder joggen.
- ✔ Stöbern Sie in einem Flohmarkt herum.
- ✔ Gehen Sie zu einem Straßenfest.
- ✔ Essen Sie in einem Restaurant, in dem Sie draußen sitzen können.

Es gibt keine Zeit wie die jetzige

Wenn Sie darüber nachdenken, kommt viel von dem Stress, den Sie erleben, entweder daher, dass Sie sich über Dinge ärgern, die in der Vergangenheit passiert sind, oder sich darüber Sorgen machen, was in der Zukunft passieren wird. Sie machen sich Sorgen darüber, was Sie getan haben oder nicht zu einem schwierigen Chef oder nervenden Kollegen gesagt haben, oder quälen sich wegen dieses anstehenden Geschäftstreffens oder Abgabetermins. Die Gegenwart geht leider in diesem Haufen verloren.

Zu dumm, denn wenn Sie sich irgendwie beibringen könnten, in der Gegenwart zu leben und sich darauf zu konzentrieren, was genau in diesem Moment mit Ihnen passiert, könnte Ihr Leben wesentlich weniger stressig sein. Sie werden vielleicht auch feststellen, dass sich Ihr Leben verlangsamt und die Zeit weniger schnell vergeht. Dieser Ansatz hat sogar einen Namen – *Achtsamkeit*. Das Konzept hat seine Ursprünge in der östlichen Philosophie und Religion, hat aber auch für unser heutiges stressiges Leben durchaus Bedeutung.

Vielleicht denken Sie, dass es relativ einfach ist, sich auf den gegenwärtigen Moment zu konzentrieren. Aber das ist es nicht. Für Ihren Geist ist es sehr schwierig, in der Gegenwart zu bleiben. Ihre Vergangenheit und Ihre Zukunft sind wie Magneten, die Ihre Aufmerksamkeit von dem wegziehen, was Sie gerade jetzt tun. Aber wenn Sie es schaffen, die Ablenkungen zu überkommen und sich auf das zu konzentrieren, was hier und jetzt passiert, werden Sie feststellen, dass Sie viel weniger Stress wegen der Dinge empfinden, die in Ihrem Leben vorgehen, und dass Sie sich entspannter und weniger angespannt fühlen.

Es funktioniert wirklich

Studien zeigen, dass Achtsamkeit zu einer bedeutenden Reduzierung von Stress führen kann. Dr. Jon Kabat-Zinn am *Center for Mindfulness in Medicine, Health Care and Society* in Worcester, Massachusetts, verfolgte eine Gruppe von 6.000 Patienten, die eine Reihe stressbedingter Zustände und Störungen zeigten. Er fand heraus, dass Patienten, die einem 8-Wochen-Programm des Achtsamkeitstrainings folgten, weniger stressbedingte Symptome und verbesserte Konditionen zeigten. Kabat-Zinn fand außerdem heraus, dass das Achtsamkeitsprogramm den Menschen half, ihre Ängste und die Ernsthaftigkeit ihrer depressiven Zustände zu mildern. Noch wichtiger, die Veränderungen wurden bei Nachfolgeuntersuchungen beibehalten.

Ihre täglichen Schindereien neu erfinden

Fast jede Aktivität in Ihrem alltäglichen Leben kann auf eine achtsame Art und Weise durchgeführt werden. Ihr Tag ist wahrscheinlich gefüllt mit automatischem, unbewussten Verhalten, das Ihre Aufgaben erledigt, Sie aber wegen irgendeines Teils Ihres Lebens unzufrieden bleiben lässt. Wenn Sie diese Aufgaben und Pflichten achtbar ausführen, können Sie eine völlig neue Erfahrung machen.

Es gibt einen wunderbaren Abschnitt in Jon Kabat-Zinns Buch *Wherever You Go, There You Are: Meditation in Everyday Life*, in dem er beschreibt, wie er achtsam seinen Küchenherd mit Hilfe einer Kassette von Bobby McFerrin putzte. Das Ergebnis war ziemlich poetisch, der Rhythmus des Putzens und Schrubbens, der sich mit Singen, Tanzen und einer generellen totalen Verschmelzung mit dem vermischte, was normalerweise als eine gewöhnliche, zu vergessende Aufgabe angesehen wird. Jede Aktivität kann achtsam ausgeführt werden. Wäsche waschen, abspülen, die Betten machen, Staub saugen, eine Dose Suppe öffnen, sogar essen – all das kann mit größerer Aufmerksamkeit getan werden, mit einer größeren Achtsamkeit für alle Aspekte der Aufgabe.

Sie sind, was Sie essen

Sie haben viele Mahlzeiten vergeudet, weil Sie sich durch den Vorgang des Essens gehetzt haben. Für viele von uns ist der Prozess des Essens einfach eine Frage, Nahrungsmittel vom Teller in den Magen zu bekommen. Versuchen Sie, achtsamer zu essen. Folgendes können Sie tun:

- ✔ Achten Sie besonders darauf, wie Ihr Essen aussieht – die Farben, die Formen, die Beschaffenheit. Schauen Sie sich jeden Bissen an, bevor Sie ihn in Ihren Mund stecken.
- ✔ Nehmen Sie sich die Zeit, die Gerüche zu beachten, die von Ihrem Essen ausgehen.
- ✔ Essen Sie viel langsamer, als Sie es normalerweise tun würden.
- ✔ Genießen Sie jeden Bissen. Achten Sie darauf, wie sich das Essen in Ihrem Mund anfühlt.
- ✔ Kauen Sie Ihr Essen langsam und viel länger, als Sie es normalerweise tun würden.
- ✔ Bevor Sie den nächsten Bissen zu sich nehmen, machen Sie eine kurze Pause. Achten Sie auf den Nachgeschmack Ihres letzten Bissens und empfinden Sie den Geschmack des nächsten Bissens voraus.

Versuchen Sie, von Zeit zu Zeit mit Stäbchen zu essen. Wenn Sie es nicht gewöhnt sind, wird das Essen mit Stäbchen den Prozess für Sie verlangsamen, und Sie werden mehr Aufmerksamkeit auf das legen, was Sie essen und wie Sie es essen. Wenn Sie auf ein großes Stück Fleisch blicken, schneiden Sie es zuerst in essbare Happen zurecht. Als Bonus werden Sie weniger essen – und weniger wiegen – wenn Sie sich dies zur Gewohnheit machen. Wenn Stäbchen nicht Ihr Ding sind, versuchen Sie, mit Ihrer anderen Hand zu essen. Dieser Trick wird Sie genauso verlangsamen.

Nehmen Sie Ihren Spaß ernst

Fragen Sie sich, wann Sie zum letzten Mal etwas getan haben, das einfach nur Spaß machte. Wann haben Sie zum letzten Mal einfach nur gespielt? Oder nichts getan? Manchmal ist Nichtstun oder Spaß haben genau das, was der Arzt angeordnet hat. Es scheint vielleicht sündhaft oder dekadent, und vielleicht fühlen Sie, wie Ihre Schuldgefühle größer werden, wenn Sie nur darüber nachdenken, aber sich die Zeit zu nehmen, *nichts* zu tun ist wirklich ein wichtiger Teil Ihres Stressmanagement-Programms. Spielen oder faulenzen kann Sie von Ihren Problemen ablenken. Es kann Ihnen Zeit geben, um Dinge neu zu ordnen und wieder etwas Gleichgewicht zu erlangen. Sie kehren erfrischt in Ihre Welt zurück und sind bereit, wieder in den Kampf zu gehen.

»Das ist toll«, antworten Sie. »Ich habe mein halbes Leben damit verbracht, herumzuspielen und zu faulenzen, also müsste ich auf dem besten Weg zu einem komplett stressfreien Leben sein.« Nicht ganz. Ich rede nicht von der Zeit, in der Sie all die Dinge vermeiden, hinausziehen und sonstwie vernachlässigen, die Sie besser tun sollten. Das Geheimnis Stress reduzierenden Faulenzens oder Spielens ist, zur richtigen Zeit zu faulenzen oder zu spielen. Es bedeutet, Zeit zum Spielen und Zeit für sich selbst, in der Sie nichts tun, in Ihr Leben einzubauen.

Sie merken z.B., dass ein Projekt, an dem Sie Wochen gearbeitet haben, später am Tag beendet sein wird. An diesem Abend könnten Sie eine ganze Menge Dinge tun – das Haus streichen, Stühle neu polstern oder den ganzen Müll aus Ihrem Keller entfernen. Was Sie wirklich gern tun würden ist, sich dieses Fußballspiel anzusehen. Tun Sie es. Und entwickeln Sie keine Schuldgefühle.

Seien Sie vorsichtig, spielen und Spiele nicht automatisch mit Spaß haben gleichzusetzen. Wenn Ihr Golfschwung oder Ihre Rückhand Ihnen viel Sorge bereiten oder Ihr regelmäßiger wöchentlicher Bridgeabend Ihnen mörderische Gefühle gibt, haben Sie möglicherweise nicht allzu viel Spaß. Spaß und Faulenzen, bedeutet, sich selbst durch und durch zu genießen. Denken Sie daran, Ihr Stresslevel sollte sich senken, nicht steigen.

Teil V

Teil der Zehner

In diesem Teil...

Ich präsentiere Ihnen die Top-Ten-Gewohnheiten höchst effektiver Stressmanager, die Top-Ten der Stressauslöser und die zehn stressigsten Berufe.

Die zehn Gewohnheiten höchst effektiver Stressmanager

16

Nachfolgend finden Sie eine Liste der Qualitäten, die ich als die wichtigsten Fähigkeiten und Verhaltensweisen betrachte, um Stress zu reduzieren oder abzuwehren. Überprüfen Sie, wie viele Sie beschreiben.

1. **Sie können sich entspannen.**

   Sie müssen wissen, wie Sie Spannungen lösen, Ihren Körper entspannen und Ihren Geist beruhigen können.

2. **Sie ernähren sich richtig und bewegen sich oft.**

   Seien Sie vorsichtig mit dem, was Sie sich in den Mund stecken. Engagieren Sie sich für irgendeine Form regelmäßiger physischer Aktivität in Ihrer Woche.

3. **Sie schlafen genügend.**

   Versuchen Sie, sich nicht zu viel aufzuladen. Gehen Sie zu einer Zeit schlafen, die sicherstellt, dass Sie genügend Erholung bekommen.

4. **Sie machen sich keine unnötigen Sorgen.**

   Machen Sie den Unterschied zwischen den Dingen, die wirklich wichtig sind und denen, die es nicht sind. Setzen Sie die Dinge in die richtige Perspektive.

5. **Sie werden nicht oft wütend.**

   Vermeiden Sie, wütend zu werden, aber wenn Sie es doch einmal werden, versuchen Sie, Ihre Wut zu kontrollieren, damit Sie nicht destruktiv wird.

6. **Sie sind gut organisiert.**

   Spüren Sie ein Gefühl der Kontrolle über Ihre Umgebung. Ein unordentliches und unorganisiertes Leben führt zu einem gestressten Leben.

7. **Sie managen Ihre Zeit effektiv.**

   Lernen Sie, wie Sie Ihre Zeit effektiv nutzen können. Kontrollieren Sie Ihren Tagesablauf.

8. **Sie haben und benutzen ein starkes soziales Netz.**

   Verbringen Sie Zeit mit Ihrer Familie, Ihren Freunden und Bekannten. Suchen Sie Menschen in Ihrem Leben, die Ihnen zuhören und Sie gern haben.

9. **Sie leben nach Ihren Werten.**

   Erkennen Sie, was Ihnen wichtig ist und was nicht. Stellen Sie sicher, dass Ihre Ziele bedeutend und lohnend sind.

10. **Sie haben einen guten Sinn für Humor.**

    Lachen Sie über die kleinen Sorgen und Ärgernisse im Leben. Lachen Sie über sich selbst und nehmen Sie sich selbst nicht zu ernst.

Wenn Sie nicht alles (oder gar nichts!) auf sich beziehen können, machen Sie sich keine Sorgen – Sie können alte Gewohnheiten ändern und neue dazulernen. Ihren Stress zu managen ist kein magischer Prozess, sondern einer, der beinhaltet, neue Verhaltensweisen zu lernen und neue Wege zu finden, sich selbst und Ihre Welt zu betrachten.

Die Top-Ten der Stressauslöser

17

Stress, wie Schönheit, liegt oft im Auge des Betrachters. Was für Sie unglaublich stressig sein mag, ist vielleicht für einen anderen Menschen nur eine kleine Irritation, und für noch eine andere Person überhaupt nicht stressig. Es sind vor allem Ihre Wahrnehmung und Interpretation einer Situation oder eines Ereignisses, die diese Situation oder dieses Ereignis stressig machen. Aber, bestimmte Ereignisse werden von den meisten Leuten als stressig empfunden.

Nachfolgend finden Sie eine Liste der zehn Ereignisse, Erfahrungen und Umstände, die von den meisten Menschen als stressig empfunden werden. Zwar stammt diese Liste aus meinen eigenen klinischen Erfahrungen, aber ich erwarte nicht, dass Sie mit allen Punkten einverstanden sind. Sie werden vielleicht überrascht sein, Ereignisse zu sehen, die Sie normalerweise als positiv empfinden – heiraten, ein Kind bekommen –, und die hier als Stressauslöser bezeichnet werden. Aber sie sind es. Wichtige Änderungen in Ihrem Leben, auch gute Änderungen, lösen normalerweise Stress aus.

Der Verlust eines geliebten Menschen

Sicher kann nichts schrecklicher sein als der Tod eines Menschen, der Ihnen sehr nahe steht. Der Verlust Ihres Ehepartners, Ihres Kindes, eines nahen Verwandten oder eines sehr guten Freundes kann zu einer überwältigenden Menge Stress führen. Und dieser Stress kann für eine sehr lange Zeit anhalten. Diese Tragödie steht an der Spitze der Liste für fast jedermann.

Größere Krankheit oder Verletzung

Dies ist auch nicht überraschend. Ich rede nicht über einen verstauchten Knöchel, die Grippe oder einem Fall von Masern. Die Arten von Krankheiten und Verletzungen, die höhere Mengen von Stress hervorrufen, sind die, die schmerzhaft, entkräftend und lang anhaltend sind. Lebensbedrohliche Krankheiten und Verletzungen zählen sicherlich zu denen, die am meisten Stress verursachen. Chronische Krankheiten und Zustände führen oft zu chronischem Stress.

Der Stress kann von den physischen Schmerzen oder der psychologischen Belastung kommen, wenn Sie sich Sorgen machen, wie die Krankheit oder Verletzung verlaufen wird – und von der Trauer um das, was einmal war, sowie dem Verlust von Hoffnungen und Träumen für die Zukunft. Manchmal kann der Stress auch sehr nüchterne Auslöser haben – die Schwierigkeiten, einfach zu versuchen, den Tag zu überstehen.

Scheidung oder Trennung

Dass Beziehungen enden können, ist wohl keine große Neuigkeit. Scheidungen und Trennungen sind weit verbreitet. Jeder kennt jemanden, der in irgendeiner Art und Weise von einer gescheiterten Beziehung betroffen ist. Die weite Verbreitung ehelicher Zusammenbrüche (mehr als die Hälfte aller Ehen in den USA enden mit der Scheidung) lässt Sie vielleicht denken: »Keine große Sache. Es passiert dauernd«. Es sei denn, natürlich, es ist Ihre Beziehung, die in die Brüche geht. Dann merken Sie erst, wie stressig diese Erfahrung sein kann. Gibt es Kinder in der Beziehung, ist die Belastung noch wesentlich größer.

Studien zeigen, dass Menschen, die eine Scheidung durchmachen, wesentlich mehr stressbedingte Zeichen und Symptome zeigen als die Menschen, die verheiratet bleiben. Es kann sehr lange dauern, bis Sie Ihr emotionales Gleichgewicht wiedergefunden haben und bis Ihr Stresslevel auf einen normalen Wert zurückgeht.

Ernsthafte finanzielle Schwierigkeiten

Geld mag die Wurzel allen Übels sein oder auch nicht. Das Fehlen von Geld ist jedoch fast immer die Wurzel von zu viel Stress. Ihre speziellen finanziellen Sorgen sind vielleicht in einem Gehalt begründet, das viel zu niedrig für Ihre Bedürfnisse ist, oder Sie sind eine Familie, die einst zwei Gehälter nach Hause bringen konnte und jetzt von einem Gehalt leben muss, oder Sie haben Ihren Job gewechselt oder sind gekündigt worden, womit weniger Geld in Ihre Tasche fließt. Oder vielleicht wird der Stress durch Ihre Ausgaben ausgelöst. Eine höhere Hypothek als erwartet, diese Super-Sound-Stereoanlage, unerwartete Rechnungen oder die Wünsche Ihrer Kinder lassen Sie möglicherweise grübeln und sich darüber sorgen, wie Sie das alles bezahlen sollen. Und wenn Sie denken, dass Sie es nicht können, stehen Sie unter Stress.

Arbeitslosigkeit

Wenn Sie Ihren Arbeitsplatz verlieren, führt das oft zu dem erwarteten Stress, dass Sie nicht genügend Einnahmen haben, um Ihren Lebensstil aufrecht zu erhalten. Aber der Stress kann komplizierter sein. Viele Menschen tendieren dazu, ihre Egos mit Ihrem Beruf zu verbinden. Arbeitslosigkeit kann wie ein Versagen scheinen, das Ihnen das Gefühl geben kann, als Person weniger wert zu sein. Dazu kommt die zusätzliche Sorge, ob Sie schnell genug einen vergleichbaren Arbeitsplatz finden können, der genug Geld bringt, um Ihren finanziellen Verpflichtungen nachzukommen. Nehmen Sie all das zusammen, und Sie haben ein Rezept für Stress.

Heiraten

»Ich will« zu sagen scheint kein allzu belastender Prozess zu sein. Aber diese wichtige Entscheidung zu fassen und sie mit einer ernsthaften Verpflichtung zu untermauern, kann ein ganze

Menge Verwirrung und Angst stiften. Es ist wahrscheinlich die wichtigste Entscheidung, die Sie in Ihrem Leben treffen werden. Dann sind da die Pläne, die Sie machen müssen. Die Einzelheiten können überwältigend sein: Sie müssen entscheiden, wann und wo Sie heiraten wollen, Sie müssen einen Partyservice, einen Floristen, die Band, eine Limousine usw. organisieren – die Liste scheint endlos.

Und dann haben Sie die Familieninteraktionen nicht nur mit Ihren eigenen netten Verwandten, sondern auch mit dieser neuen Sammlung praktisch Unbekannter. Herzlichen Glückwunsch!

Umziehen

Dieser Punkt ist irreführend. Sie denken vielleicht, dass Umziehen nur relativ wenig Stress hervorruft und einen Platz 35 auf dieser Liste verdient. Aber ein Umzug kann unglaublich viel Stress auslösen. Zunächst haben Sie die praktischen Gesichtspunkte: eine neue Wohnung oder ein Haus suchen, ein Umzugsunternehmen anheuern, die Zeit und Energie finden, um alles einzupacken, nur um sich umzudrehen und am anderen Ende alles wieder auszupacken.

Dann sind da noch die psychologischen Aspekte: Werde ich das neue Haus oder die neue Wohnung mögen? Was ist mit meinen alten Freunden? Werde ich neue Freunde finden? Wenn Sie Kinder haben, haben Sie oft noch den zusätzlichen Stress, sie an eine neue Schule und an neue Freunde zu gewöhnen. Oh, und habe ich die Hypothek erwähnt?

Ein ernsthafter Streit mit einem engen Freund

Ein Streit oder eine ernsthafte Meinungsverschiedenheit mit einem guten Freund, der bzw. die zum Ende der Beziehung führt, kann sehr stressig sein. Der Prozess des Streitens oder Argumentierens an sich ist schmerzlich genug, aber die verbleibenden Gefühle der Wut, der Verwirrung und des Verlusts können enorm belastend sein. Sie haben eine Leere in Ihrem Leben – jemand, der ein Kumpel, Vertrauter und fester Bestandteil Ihres Lebens war, ist nicht mehr da. All dies kann sehr schmerzlich sein.

Die Geburt eines Kindes

Dies, würden Sie denken, ist ein Segen, kein Stress. Und ich bin sicher, es ist eine erfüllte, glückliche Zeit in Ihrem Leben. Aber dieser Segen kommt nicht ohne Sorgen daher. Der Geburtsvorgang an sich kann schmerzhaft sein. Die Gesundheit der Mutter und des Neugeborenen kann zu Sorgen führen. Mit einem neugeborenen Kind kommt zusätzliche finanzielle Verantwortung und oft bedeutet die Geburt ein Gehalt weniger. Sie machen sich Sorgen darüber, wie Sie Ihre Aufgabe als Eltern schaffen werden – werden Sie es schaffen, sich um diesen brandneuen Menschen zu kümmern, wenn Sie ihn oder sie nach Hause bringen? Und wenn das neue Baby Geschwister hat, machen Sie sich vielleicht Sorgen darüber, wie diese auf ihren neuen Bruder oder ihre neue Schwester reagieren werden. Ganz zu schweigen von der Sache mit dem Schlaf. Schlaf? Was ist das?

Pensionierung

Die Pensionierung ist wahrscheinlich die irreführendste Ursache von Stress. Sie stellen sich Ihre Pensionierung als eine Zeit der verlängerten Erholung und Entspannung vor – eine Gelegenheit, all die Dinge zu tun, die Sie tun wollten, aber nicht konnten. Stress? Woher sollte der Stress kommen? Nun, es kann stressig sein, wenn Sie sich selbst wiederfinden, wie Sie von einem eher beteiligtem, gut definiertem Lebensstil zu einem der endlosen Optionen übergehen. Sie werden vielleicht feststellen, dass Sie nach einer Phase der Begeisterung langsam anfangen, sich zu langweilen. Sie werden vielleicht Freunde und Kollegen vermissen. Sie werden möglicherweise feststellen, dass es etwas schwieriger ist, als Sie es sich vorgestellt haben, so viel Zeit mit Ihrem Partner zu verbringen. Weg von Ihrem beruflichen Titel und der akzeptierten Definition Ihrer Pflichten und Verantwortlichkeiten fühlen Sie sich vielleicht etwas weniger sicher und haben Identitätsprobleme.

Seien Sie vorsichtig, was Sie sich wünschen. Ich habe gehört, dass sogar der Garten Eden Stress bot.

Die zehn stressigsten Berufe

18

Welche sind die stressigsten Berufe? In diesem Kapitel präsentiere ich Ihnen die Antwort auf diese Frage aus drei verschiedenen Quellen. Sie finden drei verschiedene Listen der Berufe, die den größten Stress hervorrufen. Nur ein Beruf ist in allen drei Listen zu finden – wissen Sie welcher?

Die Liste der US-Regierung für stressige Berufe

Sie glauben, Ihr Beruf ist stressig? Sie werden vielleicht überrascht sein festzustellen, dass es Berufe da draußen gibt, die noch stressiger sind. Das *National Institute for Occupational Safety and Health (NIOSH)* gibt die zehn Berufsgruppen bekannt, die von ernsthaftem Stress bedroht sind. Die Liste wurde anhand von Krankenhausberichten erstellt, indem festgelegt wurde, welche Berufsgruppen die meisten stressbedingten Beschwerden und Störungen präsentierten. Hier ist die Liste:

1. Arbeiter
2. Sekretärinnen
3. Inspektoren
4. Techniker in klinischen Labors
5. Büromanager
6. Aufseher
7. Manager und Verwaltungsangestellte
8. Kellner und Kellnerinnen
9. Maschinenbetreiber
10. Bauern

Nicht die aufregendsten Karrieren, sagen Sie? Was ist mit den Fluglotsen, Polizisten, Feuerwehrleuten, Aktienhändlern – die Kandidaten, für die Sie viel Stress erwarten? Nun, eine mögliche Erklärung ist, dass es nicht viele Fluglotsen in den ausgewählten Krankenhausbeispielen gab – ganz zu schweigen von Aktienhändlern.

Der Wert dieser Liste besteht darin, dass die Berufe darin eher dem entsprechen, was die *meisten* Menschen wirklich beruflich machen.

Die Institutsliste der stressigen Berufe

Hier ist die Liste, die Sie erwartet haben. Diese Top-Ten-Liste der stressigsten Berufe wurde aus Informationen vom *National Institute on Workers Compensation* und dem *American Institute of Stress* zusammengestellt:

1. Lehrer an städtischen Gymnasien
2. Polizisten
3. Bergleute
4. Fluglotsen
5. Medizinpraktikanten
6. Aktienhändler
7. Journalisten
8. Angestellte im Kundendienst/Beschwerdeabteilung
9. Kellnerinnen (und Kellner?)
10. Sekretärinnen

Die wissenschaftliche Liste stressiger Berufe

Seit einigen Jahren bereits untersuchen der Forscher Robert Karasek und seine Kollegen an der University of Southern California beruflichen Stress aus einer wissenschaftlichen Perspektive. Sie fanden zwei Hauptvariablen, die zu berufsbedingtem Stress führen. Die erste ist etwas, das sie *Entscheidungsgrad* nennen – die Kontrolle, die ein Arbeiter darüber empfindet, was er tut. Die zweite ist etwas, das sie *psychologische Anforderung* nennen, oder die Anforderungen und den Druck des Berufs. Ein sehr stressiger oder sehr belastender Beruf ist einer, in dem die Anforderungen des Berufs hoch sind, aber die Kontrolle, die der Arbeiter hat, niedrig ist.

Durch Festlegung, wie Angehörige der verschiedenen Berufskategorien bei diesen Maßen abschnitten, erhielten die Forscher etwas, das sie als eher wissenschaftliche Beurteilung der stressigsten und wenig stressigen Berufe betrachten. Sie untersuchten nur die Berufe, die einen relativ großen Prozentsatz der Bevölkerung umfassen. Daher sind einige der offensichtlich stressigen Berufe nicht in der Liste zu finden. Hier ist, was sie festgestellt haben:

Berufe mit viel Stress

Menschen in folgenden Berufen erleben viel Druck und haben wenig Kontrolle:

- ✔ Kellner und Kellnerinnen
- ✔ Arbeiter am Fließband

- ✔ Krankenschwestern
- ✔ Schneider
- ✔ Datentypisten
- ✔ Telefonisten
- ✔ Kassierer
- ✔ Setzer

Kellner und Kellnerinnen sind die, die auf allen drei Listen zu finden sind. Wenn Sie beim nächsten Mal in einem Restaurant sind, seien Sie nett zu Ihrem Kellner. Er oder sie hatte wahrscheinlich einen sehr stressigen Tag.

Berufe mit weniger Stress

Menschen in diesen Berufen haben weniger Druck und mehr Kontrolle:

- ✔ Menschen, die etwas reparieren
- ✔ Naturwissenschaftler
- ✔ Architekten
- ✔ Programmierer
- ✔ Streckenarbeiter
- ✔ Bauingenieure
- ✔ Gesundheitstechniker
- ✔ Bibliothekare
- ✔ Professoren

Ich habe den Verdacht, dass die Leute, deren Berufe auf dieser Liste der weniger stressigen Berufe erscheinen, möglicherweise nicht zustimmen, dass ihre Jobs so wenig stressig sind. Tatsache ist, dass kein Beruf ohne Stress ist. Benutzen Sie also die Informationen und Tipps in diesem Buch, um Ihren Stress zu managen.

Textvorlage für Ihre persönliche Entspannungskassette

A

Mit einer eigenen Entspannungskassette können Sie viele der Entspannungstechniken und -methoden, die in diesem Buch beschrieben sind, üben und meistern. Die nachfolgende Textvorlage fasst viele der Entspannungsübungen zusammen, die ich in den Kapiteln 4 und 5 dargestellt habe. Sie beinhaltet entspannte Atmung, progressive Muskelentspannung, Vorstellung und Suggestion.

Ihre Textvorlage vorbereiten

Eine gute Idee für Ihre Entspannungskassette ist, einen Freund mit einer entspannenden Stimme zu bitten, den Text für Sie aufzunehmen. Der Klang Ihrer eigenen Stimme kann eher zu Unruhe führen. (»Höre ich mich wirklich so an«?!)

Die folgenden Tipps sind für die Person, die letztendlich die Anweisungen aufnimmt:

- ✔ Sprechen Sie in einer langsamen, beruhigenden Art und Weise.
- ✔ Sprechen Sie die »Anspannungs«-Anweisungen mit einer eher festen und die Entspannungsvorschläge mit einer sanfteren Stimme.
- ✔ Pausieren Sie zwei oder drei Sekunden, wenn es im Skript (Pause) heißt, es sei denn, eine längere Pause ist angezeigt.
- ✔ Nehmen Sie die Anweisungen in Klammern nicht auf. Sie sind als Anweisungen für den Sprecher gedacht.

Die Textvorlage

Die nachfolgende Textvorlage dient zur Entspannung in einer sitzenden Position. Sie können die Anweisungen natürlich leicht abändern, damit sie auch zutreffen, wenn Sie sich hinlegen.

Wenn Sie Ihre Kassette anhören wollen, suchen Sie sich einen ruhigen, entspannenden Ort, an dem Sie weder durch Ihr Telefon, Ihren Pager oder sonst etwas gestört werden. Lockern Sie beengende Kleidung und ziehen Sie Ihre Schuhe aus, wenn Sie wollen. Genießen Sie Ihre Entspannung!

»... Setze dich hin und mache es dir so bequem wie möglich ... Lass deine Füße bequem auf dem Boden ruhen ... lass deine Arme mühelos auf deinem Schoß oder den Armlehnen deines Stuhls ruhen ... Schließe nun deine Augen ... Nimm dir einige Sekunden Zeit, um eine noch bequemere Position zu finden (10 Sekunden Pause). Nimm nun einen tiefen Atemzug, atme dabei durch deine Nase ein ... fülle deine Lunge ... Halte diesen Atemzug ... halte ihn (5 Sekunden Pause). Atme nun langsam durch deine leicht geöffneten Lippen aus und leere deine Lunge (Pause). Fahre fort, leicht und entspannt zu atmen (15 Sekunden Pause). Stelle dir vor, dass dein Körper wärmer wird ... und schwerer ... Beachte das Gefühl der Entspannung, das sich über deinen gesamten Körper ausdehnt (Pause).

Beginne mit deinen Händen und Armen ... Balle beide Hände zu Fäusten, drücke Sie ziemlich fest zusammen und spanne beide Bizepsmuskeln an ... Halte diese Spannung etwa zehn Sekunden lang ... halte sie ... Spüre die Spannung in deinen Händen, deinen Unterarmen, deinen Bizepsmuskeln ... Konzentriere dich auf dieses Gefühl ... Achte darauf, wie es sich anfühlt (Pause). Lass nun los und löse langsam die Spannung in deinen Fingern, deinen Händen und deinen Armen (Pause). Strecke deine Finger ... und lass deine Arme in deinen Schoß oder auf die Armlehnen deines Stuhls sinken. Entspanne dich etwa 10 Sekunden und fühle die Wärme und Schwere, die mit der Entspannung kommt (15 Sekunden Pause). Lass los und entspanne dich noch mehr (10 Sekunden Pause).

Atme noch einmal tief ein und halte diesen Atemzug einige Sekunden lang (5 Sekunden Pause).

Atme langsam durch deine leicht geöffneten Lippen aus, leere deine Lunge ... Atme bequem und leicht, lass alle Spannungen los und genieße das angenehme Gefühl der Entspannung, das durch deinen Körper fließt (15 Sekunden Pause).

Entspanne nun deine Hände und Arme ein zweites Mal ... Balle beide Hände zu Fäusten, drücke sie ziemlich fest zusammen und spanne gleichzeitig beide Bizepsmuskeln an ... Halte diese Spannung etwa zehn Sekunden lang ... halte sie ... Spüre die Spannung in deinen Händen, deinen Unterarmen, deinen Bizepsmuskeln (Pause). Konzentriere dich auf dieses Gefühl (Pause). Spüre, wie es sich anfühlt (Pause). Lass nun langsam los und löse die Spannung in deinen Fingern, deinen Händen und deinen Armen (Pause). Strecke deine Finger ... und lass deine Arme in deinen Schoß oder auf die Armlehnen deines Stuhls sinken. Entspanne dich etwa 10 Sekunden lang und spüre die Wärme und Schwere, die mit der Entspannung kommt (15 Sekunden Pause). Lass los und entspanne dich noch mehr (10 Sekunden Pause).

Entspanne nun deine Beine und Füße. Hebe beide Beine und strecke sie gerade vor deinem Körper aus, deine Zehen zeigen von dir weg ... Halte diese unbequeme Spannung etwa 10 Sekunden (Pause). Konzentriere dich darauf, wie sich diese Spannung anfühlt (10 Sekunden Pause). Lass deine Beine auf den Boden fallen und löse alle Spannungen ... Löse jede Spannung in deinen Zehen, deinen Beinen und deinen Füßen ... Beachte den Unterschied zwischen dem unbequemen Gefühl der Spannung und dem wundervollen Gefühl der Entspannung ...

Atme noch einmal tief ein und halte diesen Atemzug einige Sekunden lang (5 Sekunden Pause).

Atme langsam durch deine leicht geöffneten Lippen aus, leere deine Lunge ... Atme regelmäßig und langsam weiter ... atme bequem und leicht ... lass alle Spannungen los ... Spüre das Gefühl der Entspannung, das durch deinen Körper fließt (15 Sekunden Pause).

Strecke deine Beine noch einmal. Hebe sie und strecke sie gerade vor deinem Körper aus, deine Zehen zeigen von dir weg ... Halte diese Spannung etwa 10 Sekunden (Pause). Konzentriere dich darauf, wie sich diese Spannung anfühlt (10 Sekunden Pause). Lass deine Beine nun auf den Boden fallen und löse alle Spannungen ... Löse jede Spannung in deinen Zehen, Waden und Beinen ... Dein Körper wird entspannter ... Du kannst spüren, wie dein Körper wärmer wird ... und schwerer ... (15 Sekunden Pause).

Entspanne nun deinen Magen und deine Brust ... Spanne deine Magenmuskeln an, als würdest du dich auf einen Schlag in den Magen vorbereiten ... Spanne diese Muskeln an ... Halte die Spannung ... halte sie (10 Sekunden Pause). Lass nun die Spannung los und entspanne deine Magen- und Brustmuskeln ... Beachte den Unterschied zwischen Spannung und Entspannung ... Atme tief, langsam und bequem ... Lass das Gefühl der Entspannung fließen ...

Spanne deine Magenmuskeln noch einmal an. Halte diese Spannung etwa 10 Sekunden (10 Sekunden Pause) und entspanne sie dann, lass alle Spannungen los. Atme langsam und leicht weiter (15 Sekunden Pause).

Entspanne nun die Muskeln in deinem Nacken, Kopf und Gesicht ... Ziehe deine Schultern hoch, als wolltest du damit deine Ohren berühren ... Schließe deine Augen fest ... Beiße deine Zähne fest zusammen ... Halte diese Spannung für etwa 10 Sekunden ... Beachte das unangenehme Gefühl, das mit dieser Spannung einhergeht (10 Sekunden Pause). Jetzt entspanne dich, öffne deine Augen ... Lass alle Spannungen in deinem Nacken, deinem Kopf, deinem Gesicht los ... Entspanne die Muskeln in deiner Stirn ... lass dein Kinn herunter fallen ... lass deine Schultern in eine bequeme, entspannte Position zurückfallen (15 Sekunden Pause).

Versuche es noch einmal ... ziehe deine Schultern hoch, schließe deine Augen, beiße deine Zähne zusammen ... und halte diese Spannung etwa 10 Sekunden lang ... halte sie ... halte sie (5 Sekunden Pause). Und nun lass los ... öffne deine Augen ... entspanne deine Schultern ... lass dein Kinn herunterfallen ... lass alle Muskeln in deinem Gesicht, deinem Kopf und deinen Schultern erschlaffen (10 Sekunden Pause).

Schließe deine Augen (Pause). Atme tief ein. Halte diesen Atemzug (5 Sekunden Pause) und atme aus, lass jede verbleibende Spannung in deinem Körper los ... Konzentriere dich auf deine Atmung ... Atme bequem und langsam ... Beachte, wie dein Bauch sich langsam hoch und runter bewegt, während du atmest ...

Genieße das Gefühl der Wärme und Schwere, das durch deinen ganzen Körper fließt (Pause). Deine Atmung ist langsam und regelmäßig (Pause). Du spürst, wie der Stress deinen Körper verlässt ... Du fühlst dich vollkommen entspannt ... Du fühlst dich sehr gut (Pause). Du fühlst dich friedvoll (Pause). Atme langsam weiter und entspanne deinen Körper und deinen Geist noch mehr ... noch mehr (20 Sekunden Pause).

Entspanne dich weiter, so lange du willst (Pause). Wenn du deine Augen öffnest, wirst du dich ruhig fühlen ... entspannt ... dein Geist wird friedlich sein und dein Körper frei von Spannungen«. (Ende)

Stichwortverzeichnis

Symbole

A

B

C

D

N

O

P

Q

R

S

T